高职经管类精品教材

税法基础与应用

主　编　翁嘉晨　张灵军
副主编　彭　云　周萍萍　倪银珠
参　编　史永红　丁美芹
主　审　仰先平　储红赞

项目化设计

中国科学技

内 容 简 介

本书包括税收概述，税法基础知识，流转类税收，所得类税收，财产类税收，资源类税收，行为类税收，税收征管基本制度，税收当事人的权利、义务和法律责任，税务行政争议与救济等内容。

本书可作为相关专业教材，也可供相关从业者参考。

图书在版编目(CIP)数据

税法基础与应用 / 翁嘉晨，张灵军主编. 一合肥：中国科学技术大学出版社，2012.1 (2014.1 重印)

ISBN 978-7-312-02945-5

Ⅰ. 税… Ⅱ. ①翁… ②张… Ⅲ. 税法—基本知识—中国 Ⅳ. D922.22

中国版本图书馆 CIP 数据核字(2011)第 259581 号

出版 中国科学技术大学出版社
安徽省合肥市金寨路 96 号，230026
网址：http://press.ustc.edu.cn

印刷 合肥现代印务有限公司

发行 中国科学技术大学出版社

经销 全国新华书店

开本 787 mm×1092 mm 1/16

印张 20.75

字数 527 千

版次 2012 年 1 月第 1 版

印次 2014 年 1 月第 3 次印刷

定价 35.00 元

前　言

当今社会经济和高等职业教育的发展对财经类税收教学提出了新要求，为了适应这一要求，我们组织编写了本书，以期对高等职业教育的税收教学起到推动作用。

本书是适应市场经济发展的需要，根据高职教育的特点和教学改革要求编写而成的。本书在结构和体例上力求有所创新，采取“模块化结构，项目驱动，任务引导”设计结构体系。坚持“理论够用，突出应用”的原则，组织编写教学内容。在编写中，我们充分考虑了我国税法的修订和完善，力争保持教学内容最新。同时，我们还编写了各个项目的思考和训练，以便更好地帮助学习者理解和掌握税法知识，学会运用这些知识解决现实中的税收问题。

本书由长期工作在教育教学一线的教师参与编写。滁州职业技术学院副教授翁嘉晨、淮南联合大学副教授张灵军任主编，安徽电气工程职业技术学院副教授彭云、安庆职业技术学院周萍萍、安徽电气工程职业技术学院倪银珠任副主编。具体分工如下：模块一、模块三由翁嘉晨编写；模块二项目一流转类税收的营业税由张灵军编写；项目一流转类税收的增值税、消费税由淮南联合大学丁美芹编写；项目二所得类税收的企业所得税、个人所得税由安徽电气工程职业技术学院彭云和倪银珠编写；项目四资源类税收，项目一流转类税收的关税，项目五行为类税收的城市维护建设税和教育费附加由滁州职业技术学院史永红编写；项目三财产类税收，项目五行为类税收的印花税、车辆购置税和烟叶税由安庆职业技术学院周萍萍编写。全书由翁嘉晨总纂定稿。

本书在编写中得到了安徽省滁州市地方税务局和安徽海螺水泥集团全椒分公司的支持。滁州市地方税务局仰先平和安徽海螺水泥集团全椒分公司财务负责人储红赞在本书编写过程中参与审阅并给予了指导。在此，感谢他们的支持和帮助！

本书在编写过程中参考了同行专家、学者和业界人士的著作，查阅了国家税务总局等相关网站的有关资料。在此，我们对相关出版社、网站和各位作者致以真诚的感谢！

本书难免存在不成熟、值得商榷，甚至错误之处，敬请读者批评指正。我们诚恳地希望师生提出宝贵意见，以便今后进一步修订。我们希望能够为税收教学，为我国经济社会发展尽一份自己的力量。

编　者

2011年10月30日

目　录

模块一　认识税收

税收是我们生活中经常遇到的一种经济现象。纳税与我们的生活密切相关：日常消费购买商品和接受劳务服务的价格中包含税收；劳动者取得工资收入或劳动报酬要纳税；购买住房或汽车要纳税；企业开展生产经营活动需要纳税；个体工商业户从事经营需要纳税；政府的公共服务支出需要税收；国家的交通、能源等基础设施建设需要税收；国家的科技文化事业发展和国防安全需要税收，等等。可以说，我们的衣食住行离不开税收，企业的生产经营活动离不开税收，政府履行职能、满足公共需要离不开税收，国家的建设和发展离不开税收。

什么是税收？为什么要纳税？如何纳税？纳税人缴纳的税收用于何处？我国现行的税制结构体系如何？这是人们普遍关注的问题，也是税收的基本理论问题。了解税收基本理论问题是我们更好地认识税收的前提和基础，也是我们正确认识、分析和评判现实经济问题的理论需要。今天，在这里，就让我们一起走进税收，来共同认识税收。

项目一 税收概述

项目目标及能力培养

理解税收的概念，掌握税收的特征，明确税收的职能和作用。学会运用税收基本理论解读社会经济生活中常见的税收现象和税收常识。

知识点或技能点

税收的概念；税收的特征；税收的职能；税收的作用。

任务一 认识税收

任务目标

理解税收概念，掌握税收特征，学会区别税与非税。

"皇粮国税，自古有之"。我国的税收已经有几千年的历史。可以说，税收是一个历史的经济范畴。说税收是一个历史的范畴，是因为税收是在一定的历史条件下产生的，它是人类社会发展到一定历史阶段的产物，是伴随着国家的产生而产生的，并随着国家的发展而发展。同时，税收又是一个经济的范畴。在社会再生产活动中，税收处于社会再生产的分配环节，是对社会产品进行分配的一种经济活动。

一、税收的一般概念

税收是政府为满足公共需要，按照法律规定的标准，凭借政治权力，强制无偿地参与一部分社会产品分配，取得财政收入的一种形式。税收概念要从以下几个方面来把握：

(1) 税收的征收主体是国家。税收是为实现国家职能和满足公共需要服务的，只有国家才能是税收的征收主体，其他单位和个人在经济活动或税收分配活动中只是纳税主体。

(2) 税收的客体，即税收分配的对象是一部分社会产品。根据马克思的剩余价值理论，社会产品价值构成即 $W=C+V+M$，税收主要参与的是对 M(剩余价值)部分的分配，M 部分包含了税收和利润。税收参与对 V 的部分的分配，主要是通过征收个人所得税。因此，税收并不参与对全部社会产品的分配，而是参与一部分社会产品的分配。

(3) 税收的目的是满足公共需要。税收是国家实现职能的重要保证，而国家实现职能的目的应以满足社会公共需要为目标。公共需要既是公众的需要，也是国家发展的需要。国家的需要与公共需要应协调一致。

(4) 税收的依据是政治权力。政府征税依据的是政治权力，而不是财产权力。政治权力是超越于其他一切权力之上的权力。只有凭借政治权力征收，才能保证税收强制无偿地取得。国家对国有企业征税也同样依靠政治权力。

(5) 税收的标准是法律规定的。政府的税收工作是通过税收法律法规的形式实现和完成的。政府通过税收立法规范税收活动,税收工作的开展要依法进行。

(6) 税收体现了以国家为主体的分配关系。政府征税的过程,就是一部分社会产品从生产经营单位和个人那里转变为国家所有的过程。政府征税的结果,改变了纳税人对社会产品的占有份额。这种分配关系,一方面体现了以国家为主体的集中性分配,另一方面也表现了政府与纳税人在利益分配上的一种特殊矛盾。

二、税收的形式特征

税收的形式特征是税收本质的外在表现。税收作为一种特殊的分配形式,有其本身固有的形式特征,即强制性、无偿性和规范性。这三个特征也被称为税收"三性"。只有同时具备了这三个特征的以国家为主体的分配形式,才是税收。

1. 税收具有强制性

税收的强制性是指税收这种分配活动是以国家的政治权力为依托,以国家的法律、法令为依据实施的,是一种强制课征。任何单位和个人都必须依法履行纳税义务,对拒不纳税和逃避纳税的,国家依法强制征收或依法予以制裁。我国宪法第五十六条规定:"中华人民共和国公民有依照法律纳税的义务。"我国刑法也对违反税法的行为进行了列举并规定了量刑标准。税法则直接体现了以国家政治权力为依托的税收分配所具有的强制性特征。税收的强制性还同时体现在纳税人依法纳税的无选择性上,纳税人的纳税义务是法律规定的,具有强制性,而无选择性。

2. 税收具有无偿性

税收的无偿性是指国家征税后取得的税收收入不再直接返还给纳税人。纳税人缴纳税收是一种价值单方面的转移。税收的无偿性是由税收满足公共需要的性质所决定的。满足公共需要的公共产品具有共享性和非排他性,是满足全体社会成员共同需要的,而各个成员从中受益程度是无法计量的。就政府和具体纳税人而言,权利和义务关系是不对等的,体现了税收的无偿性;就政府和全体纳税人而言,政府提供公共产品满足公共需要,体现了税收整体上的有偿性。我国社会主义税收是"取之于民,用之于民,造福于民"的。

3. 税收具有规范性

税收的规范性是指国家在征税之前就以法律形式对每种税的征税范围和征收标准做了规定。各个税种的征税对象、纳税人、税目、税率、减免规定、纳税环节和处罚办法等,事先都以法律、法令形式予以颁布,使纳税人明确应该纳什么税,应如何纳税。税法一经颁布,征纳双方必须严格遵守。税收的规范性表明税收征纳关系是以法律为依据的,而不是随意确定的。税收的征纳是有规范标准的,税收的征管要按照法律进行。税收有了规范性,才能保证国家财政收入的稳定、可靠,才能保护纳税人的合法权益不受侵害。

税收三性是相互联系、相互依存的有机统一体。税收的无偿性决定了税收的强制性,而税收的强制性和无偿性又内在地要求税收具有规范性。强制性是税收的保证,无偿性是税收的核心,规范性是税收的必然。税收三性是税收这种财政收入形式区别于其他收入形式的基本标志,也是区别税与非税的标准。

小知识

税收史话——朱子训子

南宋著名的思想家、教育家、诗人朱熹在《朱子训子贴》中曾写道:"国课早完,虽囊空虚,独有余庆。”朱熹教育子女：必须按照国家规定的税法，足额及时地将所纳的税款缴入国库，不应拖欠国家税款一分一厘；即使因此而造成经济拮据，但自己却感到心安理得，内心由衷地感到欣慰，因为自己尽了一个纳税人应尽的义务了。朱熹训子之道，很值得我们学习。

任务二 税收的职能与作用

任务目标

掌握税收职能，能够联系实际地理解市场经济条件下税收所发挥的作用。

职能是事物本身所固有的内在的职责和功能。税收的职能是税收这一社会产品分配活动本身所固有的职责和功能。不论在什么社会形态下，税收的基本职能是共同的。税收的作用是税收职能所发挥出来的效果。不同社会形态下，由于社会经济政治制度不同，税收制度有所不同，因而，税收的作用会有所差异。

一、税收的职能

1. 财政收入职能

是指税收是国家强制地从社会经济组织和成员那里取得财政收入，以满足社会公共需要的职责和功能。这是税收原生的最基本的职能。从税收产生之日起，税收就是国家存在和发展的经济基础。税收分配过程，就是国家筹集财政资金的过程。税收具有强制性、无偿性和固定性，这使税收成为能够及时、可靠、稳定地取得财政收入的最好形式，因此，税收是政府财政收入最主要的来源。

2. 经济调节职能

也称为调节经济职能，是指税收通过对社会产品的分配，直接或间接地对社会经济活动进行调节。税收在执行财政职能的过程中，一方面为国家取得了财政收入，另一方面直接改变了一部分社会产品的所有权和支配权，形成了社会收入的新格局。税收对经济产生的影响，可能是积极的，也可能是消极的。当经济发展出现膨胀或衰退迹象时，我们可以充分发挥税收的经济调节职能，通过征税对象的选择，税种、税目、税率的设计以及税收优惠措施的运用，调整或改善经济运行状况，实现国家经济政策目标，使社会经济能够更好地协调发展。

3. 社会政策职能

也称为社会职能，是指税收在参与社会产品分配过程中发挥的社会政策功能。税收的社会政策职能贯穿在整个税收活动过程中，它通过税收立法以及税收征管活动，贯彻实施国家政策。一方面，对社会经济运行和企业单位的生产经营进行监督检查，及时发现问题，为政府和企业解决这些问题提供依据与线索。另一方面，对社会各利益集团、各阶层、各成员收入水平进行调节，消除或缓解收入差距过大的问题，与物价、工资等其他经济政策相配合，实现社会公平目标。

税收的三个职能是辩证统一的。其中起主导和支配作用的始终是税收的财政职能，任何社会形态下的税收分配都是以取得财政收入为目的的，在税收分配过程中发挥经济调节功能，贯彻社会政策功能，税收的经济调节职能和社会政策职能不可能脱离财政收入职能而独立存在。

二、税收的作用

税收的作用是税收职能在一定社会经济条件下发挥出来的效果，是税收内在职责和功能的外在表现。税收的效果，受社会的主客观条件和税收制度等因素制约。社会制度不同、生产力发展水平不同和税收运用的主观认识不同，税收的作用也就必然在广度和深度上有所差别。社会主义市场经济条件下，税收的作用主要表现在以下几个方面：

1. 组织财政收入，筹集公共资金

税收组织财政收入，为政府筹集公共资金的作用在任何社会形态下和同一社会形态下任何历史发展阶段都是共同的。因为税收能够及时、足额、稳定地取得财政收入，所以，在社会主义市场经济条件下，税收仍然发挥着筹集财政资金，满足社会公共服务需要的作用。随着我国市场经济的发展，政治、经济、科技、文化、教育、卫生、国防、社会福利、社会保障、社会安全稳定等各项事业，无一不需要雄厚的资金来支持，政府满足公共需要的资金需求日益增加。因此，税收组织财政收入的作用只能加强，不能削弱。

2. 引导合理投资，优化经济结构

市场经济条件下，我国社会经济呈现经济成分多元化和产业结构多元化的格局，经济结构的调整必须以市场为导向，但市场机制对资源的配置也存在缺陷，由市场机制所形成的经济结构并不能完全符合经济效益的要求，因此，有必要利用税收杠杆对经济进行必要的再调节。例如，通过征税，可以贯彻国家产业政策，引导投资方向，鼓励企业向长线生产部门投资，从而限制短线投资，以调节投资结构。通过征收消费税，贯彻国家消费政策，可以引导消费方向，从而间接地引导投资方向。此外，还可以采取有利于竞争和对不同产业区别对待的税收优惠政策，引导合理投资，优化经济结构。

3. 贯彻社会政策，促进社会公平

税负公平是市场经济的必然要求。市场离不开竞争，竞争需要公平的市场环境。市场竞争的公平环境由多方面因素构成，而税收是公平竞争外在环境的重要因素。要做到公平税负，就必须根据公平竞争的市场规则，在税制的设计上体现量能负担原则，对不同经济性质的企业、不同地区、不同行业和不同商品，一视同仁，使不同的纳税人在同一起跑线上公平竞争，促进良好市场格局的形成。同时，在由多种经济成分共同发展而决定的多种分配方式并存的现实条件下，依法保护合法收入，允许和鼓励一部分人通过诚实劳动和合法经营先富起来，允许和鼓励资本、技术等生产要素参与收益分配。税收在调节个人收入分配上的作用也显得越来越重要。利用税收手段，建立一个从收入分配到消费再到财产积累和转移的多环节、多层次的税收调节机制，可以发挥税收调节个人收入差距，促进社会公平，实现社会共同富裕的作用。

4. 促进对外往来，维护国家主权

税收主权是国家主权的重要组成部分。随着我国改革开放的深入和经济全球化的进一步加强，捍卫税收主权必然成为各国应对经济全球化对本国经济冲击的最强有力的武器。一方面，我们要高度重视加入 WTO 后世界经济发展变化对我国税源变化、税种设置和税制结构带来的影响，做好与国际惯例接轨的充分准备，增加税制的透明度，提高税收征管效率；另一方面，我们要积极利用和创造有利条件，调整进出口结构，发挥税收在进出口环节的重要调节作用，促进对外经济往来，维护国家主权，增强国家综合实力，提升国际地位。

项目小结

税收是国家为满足公共需要，按照法律规定的标准，凭借政治权力，强制无偿地参与一部分社会产品分配，取得财政收入的一种形式。税收具有强制性、无偿性和规范性三个基本特征。市场经济条件下，税收具有财政收入职能、经济调节职能和社会政策职能。因此，税收在组织财政收入、调节经济结构、促进社会公平、维护国家主权等方面发挥着重要的、不可替代的作用。

思考与讨论

1. 税收具有哪些形式特征？它与政府的其他财政收入形式相比较有何区别？
2. 税收的职能有哪些？为什么说税收是一个重要的经济调节手段？
3. 社会主义市场经济条件下税收发挥着怎样的作用？

训练与测试

一、解释名词

税收；税收的强制性；税收的无偿性；税收的规范性；税收的职能

二、单项选择

1. 税收分配的对象主要是(　　)。

A. 全部社会产品　　B. 一部分社会产品

C. 国内生产总值　　D. 国民生产总值

2. 就税收的最终来源而言，税收来源于(　　)。

A. 生产资料　　B. 消费资料　　C. 生活资料　　D. 社会总产品

3. 税收应以(　　)为目的。

A. 满足政府机构开支需要　　B. 满足国家经济建设需要

C. 满足社会公共需要　　D. 满足对外开放需要

4. 当经济萧条时，政府应采取降低税率政策，刺激投资和消费，这是税收(　　)的体现。

A. 财政收入职能　　B. 经济调节职能　　C. 社会政策职能　　D. 强制性职能

5. 税收分配的对象是指社会总产品价值构成中的(　　)部分。

A. C　　B. $C+V$　　C. $V+M$　　D. M

6. 能够保证政府及时、可靠、稳定地取得财政收入的最好收入形式是(　　)。

A. 政府收费　　B. 罚款　　C. 发行国债　　D. 税收

三、多项选择

1. 下列属税收规范性表现的有(　　)。

A. 征税范围是由法律规定的　　B. 税率在一定时期内保持不变

C. 计税方法是统一的　　D. 纳税期限是明确的

2. 税收包含以下基本特征：(　　)。

A. 强制性　　B. 无偿性　　C. 规范性　　D. 灵活性

3. 我国现阶段税收的主要作用表现在(　　)。

A. 组织财政收入,筹集公共资金　　B. 引导合理投资,优化经济结构

C. 贯彻社会政策,促进社会公平　　D. 促进对外往来,维护国家主权

4. 税收的职能包括(　　)。

A. 财政收入职能　　B. 经济调节职能

C. 社会政策职能　　D. 国家安全职能

四、思考并判断

1. 税收是凭借生产资料占有权取得的财政收入。(　　)

2. 税收属于社会再生产过程的分配范畴。(　　)

3. 税收的目的是满足政府开支需要。(　　)

4. 社会主义税收是有偿性和无偿性的有机结合。(　　)

5. 税收的主体是纳税人。(　　)

6. 政府对需要鼓励发展的产业一般实行低税或免税政策。(　　)

7. 一般来说,在发生通货膨胀的情况下,国家应该降低税率。(　　)

8. 纳税人的纳税义务是法律规定的,具有强制性而无选择性。(　　)

9. 征多少税,取决于税务机关的核定。(　　)

10. 税收作为重要的经济杠杆,能够对经济运行起到调节作用。(　　)

项目二　税法基础知识

项目目标及能力培养

理解税收法律制度的含义和税制建立原则，掌握税法构成要素，了解我国税收管理体制，熟悉税收征管范围的划分。

知识点或技能点

税收法律制度；税收法律关系；税制建立原则；税法构成要素；税收分类；税收管理体制和征管范围的划分。

任务一　税收法律制度及其建立原则

任务目标

理解税收法律制度的含义和税制建立原则，了解我国目前税收法律制度的构成情况。

一、税收法律制度

（一）税收法律制度的含义

税收法律制度，简称税法，是政府根据其税收政策和税收原则，结合本国国情和财政需要所制定的各项税收法律、法规及征收管理办法的总称。税收法律制度是规范税收征纳关系的基本准绳，也是征纳双方应该共同遵守的法律准则。广义上的税收法律制度包括税收基本法、税收管理体制、税收征收管理制度以及税收计划、会计、统计工作制度等。狭义上的税收法律制度是指各个税种的基本法律制度。一般情况下我们说的税收法律制度是指狭义的税收法律制度。

税收法律制度按照内容和作用不同，可以分为税收基本法、税收实体法和税收程序法三个部分：

1. 税收基本法

税收基本法是税收的母法，是指在税收领域具有统领、指导、约束和协调各单行税收法律法规，仅次于宪法法律地位和法律效力的税法。它规定税收制度的性质、制定税制的原则、税收基本政策、税制结构体系、税收管理体制、税收当事人的权利与义务、税务管理机构的设置、税务纠纷的解决、税务司法等税收基本法律问题。目前，我国还没有单独的税收基本法。

2. 税收实体法

税收实体法是税法的核心，它是规定税收法律关系主体权利与义务具体内容的法律规范。也就是说，税收实体法是具体规定各个税种对什么征税、征多少税和由谁纳税、怎么纳税等问题，是征税机关征税和纳税人纳税的基本法律依据。目前，我国的税收实体法都是以单项法律法规形式确立的。如《中华人民共和国企业所得税法》、《中华人民共和国个人所得税法》、《中华人民共和国增值税暂行条例》等，都属于税收实体法。

3. 税收程序法

税收程序法属于税收征管方面的法律，是为保证税收实体法所规定的权利与义务的实现而制定的税收征纳程序方面的法律规范。税收程序法要解决的是税务机关如何征收管理，纳税人发生纳税义务后应如何申报纳税、如何缴纳税款，纳税人与税务机关就征税决定和处罚不服时，通过什么程序和途径解决纠纷等问题。《中华人民共和国税收征收管理法》就属于税收程序法。

税收法律制度由于制定机关的级次不同，因而效力有所不同。我国的税法是由法律、法规和规章组成的多层次的法律体系：

1. 税收法律

税收法律由全国人民代表大会及其常委会制定。我国宪法规定，全国人民代表大会及其常委会行使国家立法权，其他部门和地区无权制定税收法律。在我国现行税法中，《中华人民共和国企业所得税法》、《中华人民共和国个人所得税法》和《中华人民共和国税收征收管理法》属于这一类法律。

2. 税收规定或条例

税收规定或条例是由全国人大或全国人大常委会授权国务院制定的，具有国家法律的性质和地位，其法律效力高于行政法规。在立法程序上还须报全国人大常委会备案。我国现行的大部分税收实体法都属于这一类，如《中华人民共和国增值税暂行条例》、《中华人民共和国消费税暂行条例》等。

3. 税收行政法规

税收行政法规由国务院制定。国务院作为国家最高行政机关，拥有宪法赋予的行政立法权。税收行政法规的地位低于宪法、法律，高于地方法规和部门规章，在全国范围内普遍适用。其目的是保证宪法和法律的实施。它不得与宪法和法律相抵触，否则无效。《中华人民共和国税收征收管理法实施细则》属于这一类。

4. 税收地方性法规

税收地方性法规是由省级地方人民代表大会及其常委会制定的。我国税收立法坚持“统一税法”原则，地方权力机关制定税收地方性法规，必须严格按照税收法律的授权行事。

5. 税收部门规章

税收部门规章是由财政部和国家税务总局根据法律和国务院的行政法规、决定、命令制定的税收部门规章，在全国范围内具有普遍适用效力。如财政部颁布的一些税种条例的实施细则、国家税务总局颁发的各税种的若干问题规定等。

6. 税收地方规章

税收地方规章必须是在税收法律、法规明确授权下制定的。目前主要有房产税等地方税种的实施细则由地方政府制定。

（二）税收法律关系

税收法律关系是指由税收法律制度所规范和调整的、税收征收机关与纳税人在税收征纳活动中所形成的权利和义务关系。税收法律关系与其他法律关系一样，包括税收法律关系主体、客体和内容三个要素。在税收法律关系主体中，征税主体是国家及其各级征收机关，纳税主体是纳税人。税收法律关系的客体，是指税收法律关系主体的权利和义务所共同指向的对象，包括货币、实物、行为等，也就是具体的各项税收收入。税收法律关系的内容，是指税收法律关系主体双方即征纳双方所享有的权利和应承担的义务。与其他法律关系相比，税收法律关系具有以下几个特点：

首先，税收法律关系的征税主体是固定的。在税收征纳活动中，国家及其征税机关始终是以征税主体的身份参与税收法律关系的，另一方主体则是不同的纳税单位和个人。

其次，税收法律关系的产生是以纳税人发生了税法规定的纳税义务为前提的。如企业销售了应税货物或提供了应税劳务，纳税人取得了应税收入等。这些应税行为发生后，税收法律关系也就由此产生了。

再次，税收法律关系双方的权利和义务是不对等的。税法是国家意志的体现，征收机关依法征税，无须征得纳税人同意，征纳双方不具有权利和义务的对等性。在税收法律关系中，征税一方享有单方面的征税权，这种权利同时也是征收机关必须履行的义务；纳税一方负有单方面的纳税义务，纳税主体缴纳税款后，就意味着将财产无偿地让渡给国家。

二、税收法律制度建立的原则

税收原则是税收法律制度建立应遵循的理论准则，也是政府治税思想的集中体现。这些准则是人们在长期的税收实践中总结出来的，是政府在税制设计和税法实施过程中应该遵循的，也是评价税收制度优劣、考核税务行政管理状况的基本标准。我国税制的建立应遵循以下基本原则：

1. 财政原则

是指税收法律制度的确立要保证政府财政收入的需要。为此，要充分考虑税收的充裕性和弹性。税收是国家存在的经济基础。政府征税的目的是为实现国家职能和满足公共需要，而实现国家职能，满足公共需要，必须要有充裕的资金来源。税收是财政收入最主要的来源，我国的财政收入大约95％来自于税收。要取得充裕的税收收入，在税制的设计上就要选择税基较宽，税源充沛，收入确实、可靠的税种。同时，税收收入应能够随着经济的增长而增长。

2. 公平原则

又称公平税负原则，是指政府征税应使纳税人承受的税收负担与其纳税能力相适应，税收应尽可能体现出社会公平。税收应由全体公民共同负担，在纳税问题上不存在任何特权。纳税能力相同的人应缴纳相同的税收，即税收负担的横向公平；纳税能力不同的人应缴纳不同的税收，即税收负担的纵向公平。富裕阶层多纳税，贫困人群少纳税，甚至不纳税。尤其在我国现阶段的市场经济条件下，更要注重税收的公平原则。

3. 效率原则

是指税收法律制度的建立应有利于资源的有效配置和经济机制的有效运行，有利于经济效益的提高，有利于税务行政效率的提高。从经济效率来看，由于政府税收改变了社会资源的占有，必然会对社会经济活动产生影响。税收效率原则要求政府征税尽可能保持中性，给经济造成的额外负担最小化，额外收益最大化，最大限度地促进经济效益的提高。从税收行政效率来看，政府应以最小的税收成本获得尽可能多的税收收入，尽可能减少税务部门的税务行政成本和纳税人的纳税成本，提高税务行政效率。

4. 法治原则

也称税收法定主义、法定性原则，是指政府征税要通过税法来规范，做到有法可依，有法必依，依法征税，依法纳税。简单地说，就是所有税收活动必须依照法律的规定进行。这种法定性的要求是双向的，一方面，要求纳税人依法纳税；另一方面，征收机关课税只能在法律的授权下进行，超越法律的课税是违法的、无效的。同时，国家司法机关在运用税收法律法规处理违法或税务纠纷案件时，要坚持"以事实为依据，以法律为准绳"，"法律面前人人平等"的原则，依法司法。税收法治原则要求我们，要建立健全税收法律制度，规范执法，认真守法，严格司法。

小 知 识

税收负担最重的国家

世界经贸组织提供的统计数字表明，瑞典是目前世界上公认的税收负担最重的国家。

瑞典税法十分严格，20世纪70年代以来税收总负担一直占整个国民经济收入的50%左右，最高时达80%。但瑞典对扣除折旧的规定划得很宽，几乎形成自由折旧，综合折旧率、定额折旧率均高达30%，对库存商品允许就经济价值的50%计算，以扩大企业所得，允许企业将50%的所得收入转入"投资准备金"，不交所得税。

瑞典每个工人的平均年收入为15.6万美元，但向国家上缴的税额占53%，公司还要为雇员代扣代缴税款，税额占全部薪水的37%，但由于居民的收入中有40%以上直接或间接从税收取得，所以居民都拥护国家的税收制度。

任务二 税法构成要素

任务目标

正确理解和掌握税法构成的各个要素，并能够将这些要素与现实经济活动中的税收现象或税收问题联系起来，为现行税制学习打好基础。

税法构成要素亦称税收制度要素，是指组成税收法律制度的共同因素。尽管各个时期各个税种有着不同内容和特点，但构成税收法律制度的要素是相同的，即对什么征税，向谁征税，征多少税，什么时间纳税，如何缴纳等等。这些内容构成了税收法律制度的基本要素。税法构成要素一般包括纳税人、征税对象、税率、纳税环节、纳税期限、减税免税和违法违规处理等。其中纳税人、征税对象、税率是税法构成的三个最基本要素。

一、纳税人

纳税人是税法规定的直接负有纳税义务的单位和个人，是税收负担的直接承担者。税法规定，纳税义务人可以是自然人，也可以是法人。每一种税都有纳税义务人的规定。纳税人解决了向谁征税的问题。与纳税人有关的两个概念是负税人和扣缴义务人：

1. 负税人

是税收负担的最终承担者，负税人不是税法规定的。负税人和纳税人可能一致，也可能不一致。是否一致的关键是纳税人应缴的税款是否转嫁给了第三者负担。税负转嫁是造成纳税人与负税人不一致的根本原因。税负转嫁是一种经济现象。在商品经济条件下，如果纳税人能够通过一定的途径将税款转嫁给他人负担，这时的纳税人就不是负税人；如果纳税人没能将税款转嫁给他人负担，这时的纳税人同时也是负税人。例如，在商品的最后销售环节，作为纳税人的销售企业将本应由自己负担的税款通过定价方式附加在商品价格中，使购买商品的消费者成为税收的最终承担者，即负税人。

2. 扣缴义务人

是税法规定的负有代扣代缴、代收代缴税款义务的单位和个人。扣缴义务人不一定是纳税义务人，自身可能并不发生纳税义务，只是代行税务机关职责从纳税人那里扣缴税款。税法规定扣缴义务人的目的，是实行源泉控制，保证税收收入。一般是在收入零星、纳税分散的情况下，采取由扣缴义务人扣缴税款的办法，如个人所得税由支付单位扣缴。扣缴义务人应按规定履行扣缴税款义务，对应履行而不履行扣缴义务的扣缴义务人，除限令其履行扣缴义务外，还要加收滞纳金或酌情处以罚金。

二、征税对象

征税对象即征税客体，是指对什么征税，即征税的目的物。每种税都有特定的征税对象，如以特殊消费品为征税对象征收的消费税，以个人取得的所得为征税对象征收的个人所得税等。每种税的名称不同及性质上的差异，主要取决于征税对象的不同。因此，征税对象也是一种税区别于另一种税的主要标志。与征税对象有关的概念有税目、计税依据、税源等。

1. 税目

税目是征税的具体项目，是征税对象的具体化。征税对象在具体征纳实施中要明确征税范围，征税范围是对征税对象在内容上的具体化。在征税范围相对较小的情况下，一般采取列举征税项目的形式，即通过列举税目的形式明确征税对象。一般来说，列入税目的就征税，没列入税目的不征税。通过列举税目，可以明确征税项目，可以规定高低不同的税率，体现政府的税收政策。

2. 计税依据

计税依据是计算应纳税额所依据的标准，是征税对象的量化规定。一般来说，从价计算的税收以计税金额为计税依据，从量计算的税收以征税对象的重量、容积、体积、面积、数量等为计税依据。

3. 税源

税源是税收收入的来源或源泉。税收作为对社会产品再分配的形式，其来源主要是社会剩余产品。各种税收都有其具体的经济来源。有的税种的征税对象和税源相同，如所得类税收，其征税对象和税源都是纳税人的所得。有的税种的征税对象和税源有所不同，如财产类税收，征税对象是应税财产，而税源则是财产收益或财产所有人的收入。

三、税率

税率是应纳税额和征税对象数量之间的比率。它是计算应纳税额的尺度，体现了征税的深度。税率的高低，一方面反映了政府的经济政策，关系到国家财政收入；另一方面反映了纳税人的税收负担程度。因此，税率是税收法律制度的核心环节。我国现行税率有三种形式：

（一）比例税率

是对同一征税对象，不论其数额大小，只规定同一比例的一种税率形式。比例税率一般适用于从价计征。

比例税率有单一比例税率和差别比例税率两种基本形式。单一比例税率是对征税对象只规定一个单一的比率。差别比例税率有产品差别、行业差别、地区差别比例税率等表现形式。

比例税率的特点是：计算简便，方便纳税人，有利于税收征管。但比例税率不能体现负担能力大者多征、负担能力小者少征的量能负担原则，税收负担程度不尽合理。通常情况下，所得课税多采用单一比例税率，而流转课税中多采用差别比例税率。

（二）累进税率

是指随着征税对象数额的增大而逐级提高征收比例的一种税率形式。即将征税对象按数额大小划分为若干等级，每个等级由低到高规定相应的税率，征税对象数额越大，税率越高；数额越小，税率越低。

累进税率按照征税对象指标的不同，可以分为绝对额累进和相对率累进两种形式。绝对额累进是以征税对象的绝对额为依据划分累进级数，如现行的个人所得税的工资、薪金所得计税方法就是采用绝对额累进形式。相对率累进是以征税对象的相对率为依据划分级数，如土地增值税采用超率累进就是相对率累进形式。

累进税率按累进的方式不同又分为全额累进税率和超额累进税率、超倍累进税率和超率累进税率几种形式。其中使用最为普遍、最为合理并最为纳税人接受的是超额累进税率和超率累进税率。

1. 全额累进税率

是把征税对象按数额大小划分成若干等级，每个等级由低到高规定不同的税率，对征税对象的全部数额按照相应等级的税率计算税额。在纳税人征税对象提高一个级距时，征税对象全部数额都按照提高一级的税率计税。

【示例1】 采用全额累进税率计算应纳税额。我们假设一个税目税率表如表1.2.1所示。

表1.2.1

级数	所得额级距	税率
1	1 000元以下（含1 000元，下同）的部分	5%
2	1 000～2 000元的部分	10%
3	2 000～3 000元的部分	15%
4	3 000～5 000元的部分	20%
5	5 000元以上的部分	25%

假设张某的收入为2 000元，王某的收入为2 001元。我们采用全额累进税率计算他们的应纳税额。

【计算与分析】 采用全额累进税率的计算方法，张某应纳税额＝2 000×10%＝200

(元),王某应纳税额=2 001×15%=300.15(元)。

【思考】 张某与王某的个人收入仅仅相差1元,采用全额累进方法计算应纳税额,税收负担却相差100.15元。很显然,存在着明显的不合理现象。那么如何解决这一问题呢?于是我们引入了超额累进税率。

2. 超额累进税率

是把征税对象按数额大小划分成若干等级,每个等级由低到高规定不同的税率,纳税人征税对象的全部数额中符合不同级距的数额,分别按照与之相适应的各级距税率计税。一定数量的征税对象可以同时按几个等级的税率计征,当征税对象数额超过某一级距时,仅就超过部分按高一级税率计税。

【示例2】 采用超额累进方法计算应纳税额。我们仍以上述示例为例,采用超额累进方法计算张某和王某的应纳税额。

【计算与分析】 采用超额累进税率的计算方法,张某应纳税额=2 000×10%=200(元)。

王某应纳税额的计算分以下步骤:

2 000×10%=200(元)

1×15%=0.15(元)

王某合计应纳税额=200+0.15=200.15(元)

【思考】 张某与王某的个人收入相差1元,采用超额累进计算方法,仅需多缴0.15元。很显然,与全额累进税率相比,采用超额累进方法计算应纳税额更加科学合理。

速算扣除数的引入:与全额累进税率相比,超额累进税率的累进程度较为缓和,税收负担也较为合理,但计算比较复杂。如果累进级次多,应税收入高,逐级计算就会比较复杂。实践中一般采用简化的速算扣除数法进行计算,计算公式为:应纳税额=应纳税所得额×税率-速算扣除数。

速算扣除数的计算方法如下:本级速算扣除数=上一级最高所得额×(本级税率-上级税率)+上级速算扣除数。

【示例3】 我们以示例1的税目税率表为例,计算速算扣除数。

速算扣除数的计算如下(见表1.2.2):

第一级:0。

第二级:1 000×(10%-5%)+0=50。

第三级:2 000×(15%-10%)+50=150。

第四级:3 000×(20%-15%)+150=300。

第五级:5 000×(25%-20%)+300=550。

表1.2.2

级次	应税所得额	税率	速算扣除数
1	1 000元以下(含1000元,下同)的部分	5%	0
2	1 000~2 000元的部分	10%	50
3	2 000~3 000元的部分	15%	150
4	3 000~5 000元的部分	20%	300
5	5 000元以上的部分	25%	550

【示例4】 假如李某的收入为3 500元，我们分别采用全额累计税率、超额累进税率、速算扣除数三种方法计算其应纳税额。

【计算与分析】 (1) 按全额累进方法计算：李某应纳税额＝3 500×20％＝700 (元)。

(2) 按超额累进方法计算：

① 1 000×5％＝50 (元)；② (2 000－1 000)×10％＝100 (元)；③ (3 000－2 000)×15％＝150 (元)；④ (3 500－3 000)×20％＝100 (元)，李某合计应纳税额＝50＋100＋150＋100＝400 (元)。

(3) 采用速算扣除数法计算：李某应纳税额＝3 500×20％－300＝400 (元)。

结论：(1) 全额累进税率不够科学合理，目前世界各国已经放弃使用这种方法，我国现行税制中应纳税额的计算也没有这种方法了。

(2) 超额累进税率比较科学合理，但如果税目税率表累进级次多，纳税人应税所得多，逐级计算会使应纳税额的计算变得复杂。

(3) 速算扣除数等于按全额累进方法计算的应纳税额减去按超额累进方法计算的应纳税额。速算扣除数的引入使超额累进方法更加便捷。

另外，累进税率的形式还有超倍累进和超率累进形式，超倍累进和超率累进的累进原理与超额累进相同，只是累进的依据不同。

累进税率的基本特点是：征税对象数额越大，税率越高。这样能够较好地体现量能负担，体现税收的公平原则，具有较强的稳定经济的功能。

(三) 定额税率

定额税率是按征税对象的一定计量单位规定单位税额，又称“固定税额”，是比例税率的一种特殊形式。适用于从量计征。

定额税率的基本特点是：税率的高低，不受征税对象数额大小的影响。计算简便，税额不受物价变动影响，税率与征税对象的价格脱离联系。定额税率适用于价格相对稳定、质量等级和品种规格比较单一的大宗商品的征税。我国现行的资源税主要采用定额税率，消费税中的啤酒、黄酒、汽油、柴油等，也采用定额税率。

与税率有关的概念还有附加和加成：附加，是在正税之外附征的一部分税款。加成，是在按照规定税率计算征收的基础上，再征收一定成数的税款。附加和加成是税率的延伸，是根据税收政策的调节需要适当增加纳税人负担的特殊税率形式。

四、纳税环节

纳税环节是税法规定的征税对象从生产到消费的流转过程中应当缴纳税款的环节。

一种产品从生产到消费，中间一般要经过批发、零售等流通环节，每个环节的流通额会有所不同，确定在哪一个环节征税，就涉及纳税环节问题。如果只选择在一个环节征税，称为“一次课征制”，选择在两个或两个以上的环节课征，称为“两次课征制”或“多次课征制”。纳税环节的确定应考虑到是否便利纳税人的经济核算和税款缴纳，是否有利于经济发展和税源控制等因素。

五、纳税期限

纳税期限是税法规定的纳税人向国家缴纳税款的期限。纳税期限是税收规范性和强制性特征在征收时间上的体现。纳税期限有两层含义:一是结算税款的期限,如按期结算、按月结算或按年结算。二是缴纳税款的期限,是指纳税人在结算税款后多少日内向税务机关缴纳税款。税法对每种税都明确规定了纳税期限。

我国税法通常规定有三种纳税期限形式:一是按期纳税,根据纳税义务发生时间来确定纳税的间隔期;二是按次纳税,根据纳税行为的发生次数确定纳税期限;三是按年计征,分期预缴,即以一年为计征期限,按规定的期限预缴税款,年终汇算清缴。

六、减税、免税

减税,是税法规定对应纳税额少征一部分税款;免税,是税法规定对应纳税额全部免征。

减税和免税是为实现一定的社会政策目标而对某些纳税人或者征税对象给予鼓励和照顾的一种税收优惠政策,是一种特殊的税收调节手段。减免税应严格按照税法规定的范围和权限办理。

减免税的形式有多种,可以采取直接降低税率、直接减少应纳税额或者直接缩小计税依据等方式来实现。在减免税问题上涉及的两个重要概念是起征点和免征额:

1. 起征点

是税法规定的征税对象开始征税的起点,未达到起征点的不征税,达到起征点的就征税对象全额征税。

2. 免征额

是税法规定的征税对象中免于征税的数额,凡规定免征额的,不论征税对象多大,都要扣除免征额后再征税。

起征点和免征额的不同作用主要在于照顾的范围不同,起征点是对收入较少、纳税有困难的纳税人给予的照顾,免征额是对所有纳税人给予的照顾。

七、税务违法违规行为处理

税务违法违规行为处理是对纳税人违反税法的行为所作的处理和处罚。税务违法违规行为处理体现了税收的强制性,是确保税收收入的取得,发挥税收调控职能,维护税法严肃性的重要手段。

(一) 税务违法违规行为表现

1. 违反税收管理法

即未按规定办理税务登记、注册登记和使用税务登记证;未按规定办理纳税申报;未按规定建立、使用和保存账簿、凭证、票证;未按规定提供纳税资料,拒绝税务机关监督检查等行为。

2. 欠税

纳税人因故未能按税务机关核定的纳税期限纳税,造成少缴或未缴税款的行为。

3. 漏税

纳税人由于计算失误等并非故意行为造成未缴或少缴税款的行为。

4. 偷税

纳税人使用欺骗、隐瞒等手段逃避纳税的行为。

5. 骗税

纳税人以假报货物出口或以其他欺骗手段骗取国家出口退税的行为。

6. 抗税

纳税人以暴力、威胁方法拒不缴纳税款的行为。

（二）对违法违规的处理措施

1. 征收滞纳金

税务机关依法对未按期缴纳税款、滞纳税款的纳税人所征收的一种罚金。对滞纳税款的，除正常纳税外，按照滞纳税款金额按日加收万分之五的滞纳金。

2. 处以税务罚款

税务机关依法对纳税人违法违规行为所处的一种经济制裁。具体有两种形式：一种是处以应纳税额的数倍罚款，另一种是按一定数额处以罚款。

3. 税收保全措施

税务机关有根据认为纳税人有逃避纳税义务行为的，可在规定的纳税期满之前责令其在一定期限内缴纳应纳税款；在期限内发现纳税人有明显转移、隐匿其应纳税的商品、货物以及其他财产或者应纳税收入迹象的，税务机关可以责成其提供纳税担保。若纳税人不能提供纳税担保，经批准税务机关可以采取税收保全措施：一是书面通知纳税人开户银行或其他金融机构冻结纳税人金额相当于应纳税款的存款；二是扣押、查封纳税人价值相当于应纳税款的商品、货物或其他财产。

4. 其他行政处罚措施

除采取加收滞纳金、罚款外，税务机关对税收违法违规行为还可以采取责令限期改正、没收违法所得、收缴专用发票、停止出口退税权、吊销税务登记证、提请工商行政管理机关吊销营业执照等措施。

5. 追究刑事责任

对违反税收法律法规，偷税、抗税、骗税、违反增值税专用发票管理办法，触犯刑法的纳税人，除按税法扣缴税款并处以罚款外，对直接责任人应移送司法机关追究刑事责任。

任务三　税收分类和税收管理体制

任务目标

理解和掌握主要税收分类，并能够将这些税收分类与现实中的具体税种联系起来；明确我国税收管理体制和税收征收管理范围的划分。

一、税收分类

税收分类是人们从一定的目的和要求出发，按照一定的标志或标准，将性质相同或相近的税收划归为一类，以区别各类税收的不同性质和特点。税收分类有利于了解各类税收或各种税收的特点，以便更好地发挥各类税收或各种税收的职能作用，有利于研究分析国家税制结构体系及功能。目前我国常见的税收分类有以下几种：

（一）按照征税对象不同划分为流转税类、所得税类、资源税类、财产税类、行为税类

1. 流转税类

是指以商品流通额和非商品流通额为征税对象所征收的一类税收。流转税类是我国目前的主体税类，现行的增值税、消费税、营业税、关税都属于这类税收。

2. 所得税类

是指以纳税人的各项所得为征税对象所征收的一类税收。所得税类也是我国目前的主体税类之一，我国现行的企业所得税、个人所得税属于这类税收。

3. 资源税类

是以自然资源及其级差收入为征税对象所征收的一类税收。我国现行的资源税、耕地占用税、城镇土地使用税等，都属于这类税收。

4. 财产税类

是指对属于纳税人所有的财产或者属于其支配的财产的数量和价值征收的一类税收。我国现行的房产税、契税、车船税等都属于这类税收。

5. 行为税类

是指以某些特定行为为征税对象所征收的一类税收。我国现行的城市维护建设税、印花税等属于这类税收。

（二）按照计税依据不同划分为从价税和从量税

1. 从价税

是以征税对象价值或金额为计税依据，按照一定比率征收的一类税收。我国现行的增值税、营业税、关税等都属于这类税收。

2. 从量税

是以征税对象的数量、重量、体积、容积、面积等为计税依据，按照固定税额征收的一类税收。我国现行的资源税、车船税等都属于这类税收。

另外，有的税收是采取从价定率和从量定额复合办法征收的，如现行的消费税，除了采取从价定率和从量定额征收办法外，还采用从价定率和从量定额复合征收办法。

（三）按照税收与价格的关系划分为价内税和价外税

1. 价内税

是指税款附加在商品的价格之内，作为价格组成部分的那一类税收。如现行的流转税类中的消费税、营业税等。价内税有利于国家通过对税负的调整，调节生产和消费，但如果调整不当，容易造成对价格的扭曲。

2. 价外税

是指税款不在商品价格之内，而是作为商品价格之外的附加额的那一类税收。如现行的增值税，在企业生产经营核算过程中采取价外税的形式。价外税的税金与企业的成本核算、利润、价格没有直接关系，能够更真实地反映企业的生产成本和经营成果，不干扰价格对市场供求状况的正确反映。但通常情况下，商品进入最后销售环节时仍是价税合一的。

（四）按照税收负担是否可以转嫁划分为直接税和间接税

在税法构成要素中我们知道了纳税人和负税人有时会不一致，其原因就在于存在着税

负转嫁。税负转嫁又称税收转嫁，是指纳税人在依法纳税的前提下，通过种种途径将应由自己缴纳的税款部分或全部转移给他人负担的经济现象和过程。税负转嫁是商品经济的产物，只要存在着商品流通和商品交换，税收转嫁就不可避免地会发生。

1. 直接税

是由纳税人自己直接负担的、无法转嫁出去的税收。如企业所得税和个人所得税，都是由纳税人直接承担的。

2. 间接税

是指一般能够将税收负担转嫁给他人，由纳税人间接承担的税收。我国现行的消费税、营业税、关税都属于这类税收。

（五）按照税收收入归属不同划分为中央税、地方税和中央地方共享税

1. 中央税

是指由中央政府管理和支配使用的那一类税收。这类税收一般收入规模比较大，征收范围广，政策上需要全国统一，由中央税务机构征收有利于提高效率。我国现行的中央税主要有关税、消费税、车辆购置税、海关代征的增值税和消费税等。

2. 地方税

是指由地方政府管理和支配使用的那类税收。这类税收一般收入比较稳定，税基流动性低，税源比较分散，与地方经济利益关系密切。我国现行的税收中属于地方税的主要有营业税、资源税、土地增值税、印花税、城市维护建设税、房产税和车船税等。

3. 中央地方共享税

是指由中央政府和地方政府共同管理，按照一定比例分成并支配使用的那一类税收。我国现行的中央地方共享税有增值税、企业所得税、个人所得税、资源税、证券交易印花税等。

（六）其他税收分类

对税收考察和研究的需要不同，税收分类的侧重点和方法也就有所不同。除上述主要分类外，税收还以缴纳形式为标准分为实物税和货币税，以税收用途为标准分为一般税和目的税，以税款的确定方法为标准分为定率税和配赋税，以课税权的行使有无连续性为标准分为临时税和经常税，以课税的承载对象为标准分为对人税和对物税等。

需要说明的是，由于流转、所得、财产、行为和资源等在某些情况下可能是同一个事物或过程的不同表述形式，有时一个税种可能兼有两类或两种税收共有的特点，这样，一个税种究竟应该归入哪一类型并不是绝对的。如，耕地占用税，从行为来看，占用了耕地，从占用的耕地来看，耕地又属于资源的范畴。耕地占用税不论是作为行为税类，还是作为资源税类，并不影响耕地占用税本身作用的发挥。

二、税收管理体制与税收征管范围的划分

（一）我国税收管理体制

税收管理体制是在中央与地方以及地方各级政府之间划分税收管理权限的一项制度，是国家税收制度的组成部分，也是财政管理体制的重要内容。税收管理体制的实质是划分税收管理权限。

我国有权制定税法或税收政策的国家机关包括全国人民代表大会及其常务委员会、国务院、财政部、国家税务总局、海关总署、国务院关税税则委员会等。省、自治区、直辖市人民代表大会及其常务委员会，民族自治人民代表大会和省级人民政府，在不与国家的税收法律、法规相抵触的前提下，可以制定地方性的税收法规和规章。

我国税收执法机构主要有财政部、国家税务总局、海关总署等，其职责分工有所不同。

财政部是国务院主管财务收支、财税政策和国有基本金基础工作的宏观调控部门。其职责主要包括：拟定、执行税收发展战略、方针政策、中长期规划、改革方案和其他有关政策；提出运用财税政策实施宏观调控和综合平衡社会财力的建议；提出税收立法计划，与国家税务总局共同审议、上报税法和税收条例草案；根据国家预算安排，确定财政收入计划；提出税种增减、税目税率调整、减免税和对中央财政影响较大的临时特案减免税的建议等。

国家税务总局是国家最高税务机构，是国务院主管税收工作的直属机构。其职责有：拟定有关的税收法律、法规草案，制定实施细则；提出税收政策建议，并与财政部共同审议上报，制定贯彻落实措施；参与研究宏观税收政策、中央与地方的税收权划分；研究税负总水平，提出运用税收手段进行宏观调控的建议；制定并监督执行税收业务的规章制度；指导地方税收征管业务，组织实施税收征管改革；制定税收征管制度；监督税收法律法规、方针政策的贯彻执行；组织实施中央税、中央地方共享税和国家指定的基金的征收管理等工作。

海关总署是国务院直属机构，是主管全国海关工作的行政执法机构。其在税收方面的主要职责是研究、拟定关税征收管理条例及其实施细则，组织实施进出口关税和其他税费的征收管理。

国务院关税税则委员会是国务院的议事协调机构，其主要职责是：审定和调整关税税率、关税配额税率、关税年度暂定税率、特别关税税率和修订关税税则税目、税号等方案；审议上报国务院的重大关税政策和对外关税谈判方案；提出制定和修订进出口关税条例的方针、政策和原则，并审议其修订方案。

（二）我国现行税收征管范围的划分

代表国家行使征税职能的机构是税务机关，税务机关的征税权是国家授予的。1994年的分税制改革，将我国税务系统划分为国家税务局和地方税务局两套机构，分别负责中央税收和地方税收的收入组织和管理。目前，我国有征税权的政府机关包括国家税务机关、地方税务机关和海关系统。各征收机关的征收范围如下：

1. 国家税务系统征收和管理范围

① 增值税；② 消费税；③ 进口产品增值税、消费税、直接对台贸易调节税（海关代征）；④ 铁道、各银行总行、保险总公司集中缴纳的营业税、所得税、城市维护建设税；⑤ 中央企业所得税；⑥ 地方银行和外资银行、非银行金融企业所得税；⑦ 海洋石油企业所得税、资源税；⑧ 证券交易税；⑨ 个人所得税；⑩ 车辆购置税；⑪ 出口退税；⑫ 集贸市场和个体户的增值税、消费税；⑬ 按中央税、中央地方共享税附征的教育费附加。

2. 地方税务系统征收和管理范围

① 营业税；② 个人所得税；③ 土地增值税；④ 城市维护建设税；⑤ 车船税；⑥ 房产税；⑦ 屠宰税；⑧ 资源税；⑨ 城镇土地使用税；⑩ 固定资产投资方向调节税（已停征）；⑪ 地方企业所得税；⑫ 印花税；⑬ 筵席税；⑭ 耕地占用税；⑮ 地方营业税附征的教育费附加；⑯ 契税；⑰ 烟叶税；⑱ 集贸、个体税收。

3. 海关系统征收和管理范围

① 关税；② 船舶吨税；③ 进口增值税、消费税。

为提高税收征管效率，自 2009 年 1 月 1 日起，以 2008 年为基年，2008 年底之前国家税务局、地方税务局各自管理的企业所得税纳税人不作调整。2009 年起新增企业所得税纳税人中，应缴纳增值税的企业，其企业所得税由国家税务局管理；应缴纳营业税的企业，其企业所得税由地方税务局管理。

项目小结

税收法律制度是政府意志的体现。税收法律制度是由纳税人、征税对象、税率、纳税环节、纳税期限、纳税地点、减税免税、违法违规处理等要素构成的。我国现行的税制结构体系是以流转税类为主体，以所得税类为发展重点，其他税种为辅助的多税种结合的复合税制结构体系。在这一税制结构体系中包含了流转税、所得税、资源税、财产税、行为税等各类税收。我国的税收管理体制明确划分了税收管理权限，所有的税种分别划归国家税务局系统、地方税务局系统和海关系统等部门征收和管理。

思考与讨论

1. 税收法律制度的构成要素有哪些？联系现行税制理解各要素。
2. 我国税收法律制度建立应遵循哪些原则？
3. 如何正确理解减税、免税、起征点、免征额？
4. 税收管理体制的实质是什么？
5. 我国的税收征管范围是如何划分的？

训练与测试

一、解释名词

税收法律制度；税收法律关系；纳税人；负税人；征税对象；税目；税率；计税依据；比例税率；累进税率；定额税率；纳税环节；纳税期限；流转税类；价内税；价外税；税负转嫁

二、单项选择

1. 一种税区别于另一种税的主要标志是(　　)。

A. 纳税人　B. 征税对象　C. 税率　D. 纳税环节

2. 反映纳税人税收负担程度的税法要素是(　　)。

A. 纳税人　B. 征税对象　C. 税率　D. 纳税环节

3. 对同一征税对象，不论其数额大小，只规定同一比例的一种税率形式是(　　)。

A. 比例税率　B. 累进税率　C. 定额税率　D. 名义税率

4. 下列税收收入中由中央和地方共享的税种有(　　)。

A. 企业所得税　B. 消费税　C. 车船税　D. 关税

5. 下列税种中收入完全归地方的税种有(　　)。

A. 营业税　B. 个人所得税　C. 印花税　D. 契税

6. 对应纳税额少征一部分税款的是(　　)。

A. 起征点　　B. 免征额　　C. 减税　　D. 免税

7. 纳税人使用欺骗、隐瞒等手段逃避纳税的行为属于(　　)。

A. 漏税　　B. 偷税　　C. 骗税　　D. 抗税

8. 按计税依据分类可以把税收分为(　　)。

A. 流转税、所得税　　B. 实物税、货币税

C. 直接税、间接税　　D. 从价税、从量税

9. 下列税法中属于税收程序法的是(　　)。

A.《中华人民共和国个人所得税法》　　B.《中华人民共和国税收征收管理法》

C.《中华人民共和国增值税暂行条例》　　D.《中华人民共和国企业所得税法》

三、多项选择

1. 税收法律制度构成的三个最基本要素是(　　)。

A. 纳税人　　B. 征税对象　　C. 税率　　D. 纳税期限

2. 我国现行税率的三种基本形式是(　　)。

A. 比例税率　　B. 累进税率　　C. 定额税率　　D. 名义税率

3. 下列属于对税收违法违规行为的处罚措施的有(　　)。

A. 征收滞纳金　　B. 处以税务罚款　　C. 税收保全措施　　D. 追究刑事责任

4. 下列属于流转类税收的是(　　)。

A. 增值税　　B. 消费税　　C. 营业税　　D. 关税

5. 按税收分类的不同标准,增值税属于(　　)。

A. 中央地方共享税　　B. 流转税　　C. 地方税　　D. 间接税

6. 下列属于海关负责征收的税收有(　　)。

A. 关税　　B. 增值税　　C. 个人所得税　　D. 消费税

7. (　　)属于地方税务系统负责征收的税收。

A. 房产税　　B. 车船税　　C. 土地增值税　　D. 增值税

8. (　　)属于国家税务局系统负责征收的税收。

A. 消费税　　B. 车辆购置税　　C. 车船税　　D. 耕地占用税

四、思考并判断

1. 税收法律关系与其他法律关系不一样,具有两个不平等的主体,一个是征税主体,一个是纳税主体。(　　)

2. 全国人民代表大会及其常委会是制定税收法律的最高权力机关。(　　)

3. 税收行政法规是由财政部和国家税务总局制定的。(　　)

4.《中华人民共和国企业所得税法》属于税收实体法。(　　)

5. 税收法律关系的产生是以纳税人发生了税法规定的纳税义务为前提的。(　　)

6. 纳税人既包括法人也包括自然人。(　　)

7. 直接税容易发生税负转嫁。(　　)

8. 全额累进税率与超额累进税率相比税负更加公平。(　　)

9. 导致纳税人与负税人不一致的原因是税负转嫁。(　　)

10. 起征点是税法规定的征税对象开始征税的起点,未达到起征点的不征税,达到起征点的就起征点以上的数额征税。(　　)

模块二　走进现行税制

我国现行的税制结构体系是以流转税类为主体，以所得税类为发展重点，其他税种为辅助的多税种结合的复合税制结构体系。从流转课税来看，在商品的生产、批发、零售和进出口环节，对所有货物和加工、修理修配劳务普遍征收增值税，发挥税收的普遍调节功能。在普遍征收的基础上，选择少量非生活必需品征收消费税，调节消费结构，体现产业政策和消费政策，发挥税收的特殊调节作用。对不实行增值税的劳务和以服务业为主的第三产业征收营业税。对进出口货物征收关税。从所得税类来看，对各类企业征收统一的企业所得税，调节企业利润，促进公平竞争。对个人征收统一的个人所得税，调节个人收入，缩小收入差距。两个税种相互配合，共同发挥税收对企业所得和个人所得的调节作用。除上述的两类主体税类外，在其他领域还开征了一系列辅助税种，如资源税、土地增值税、城镇土地使用税、耕地占用税、房产税、契税、车辆购置税、印花税、城市维护建设税等。通过主体税种和辅助税种的相互配合，更好地发挥税收对经济的调节作用，保证财政收入的稳定取得。

我国目前开征的各个税种的基本征收制度如何？这些征收制度的具体规定和要求在实践中如何运用？让我们带着这些问题，一起走进现行税制。

项目一　流转类税收

流转类税收是以商品流转额(商品销售额)和非商品流转额(劳务收入额)为征税对象所征收的一类税收。它主要以商品销售额或劳务收入额、购进商品支付金额和营业收入额为计税依据,一般采用比例税率的形式,在商品的生产、流通、分配等环节计征。流转税的征收范围广,税源普遍,计算简便,与商品生产和商品交换密切相关,既有利于保证政府财政收入的取得,又便于政府利用税收政策对经济进行有效调节。流转类税收是我国现行税制结构体系中的主体税类,发挥着重要的组织财政收入和调节经济作用。我国现行税制中流转类税收主要包括增值税、消费税、营业税和关税。

项目(一)　增　值　税

项目目标及能力培养

熟悉增值税的基本征收制度,学会正确计算和缴纳增值税。

知识点或技能点

增值税的概念;增值税纳税人身份的确定;增值税的征税范围、税率和征收率;增值税应纳税额的计算和申报缴纳;增值税的会计核算;增值税专用发票的开具、使用和管理。

案例导入

某企业为生产销售电机产品的企业,本月购进原材料10吨,单价3 000元,取得增值税专用发票注明货款30 000元,增值税5 100元;本月销售电机50台,每台不含税价格5 000元,该企业适用增值税率17%。此外,用自产的电机5台捐助地震灾区。

问题思考:① 什么叫增值税?该企业所发生的业务中哪些应当征收增值税?② 增值税的纳税人有哪几种?计税依据如何确定?如何计算增值税?③ 增值税有没有优惠政策?如何进行纳税申报?④ 什么是增值税专用发票?增值税专用发票管理有哪些规定?⑤ 企业应如何对增值税进行会计核算?

任务一　认识增值税

任务目标

理解增值税的概念和特点，明确增值税的作用。

一、增值税的概念

增值税是以增值额为征税对象而征收的一种税。就我国而言，增值税是对在我国境内销售货物和进口货物以及提供加工、修理修配劳务的单位和个人，就其货物或劳务的增值额而征收的一种税。

这里所说的境内是指在中华人民共和国关境以内。货物，是指有形动产，包括电力、热力、气体在内。所销售的货物的起运地和所在地在境内。加工，是指受托加工货物，即委托方提供原料及主要材料，受托方按照委托方的要求，制造货物并收取加工费的业务。修理修配，是指受托方对损伤和丧失功能的货物进行修复，使其恢复原状和功能的业务。单位，是指企业、行政单位、事业单位、军事单位、社会团体及其他单位。个人，是指个体工商户和其他个人。

理解增值税，关键是弄清楚什么是增值额。所谓增值额，是指企业或其他经营者从事生产经营或提供劳务，在购入的商品或者取得的劳务的价值基础上新增加的价值额或商品的附加值。从理论上讲，增值税应按纳税人取得的增值额和税率来计算征收，但在实际操作中，由于新增价值或商品的附加值在商品流转过程中是难以准确计算的，因此，实行增值税的国家或地区一般都采用间接计算的方法，也就是先按商品销售额或劳务收入额依照规定的税率计算出整体税款，然后从中扣除外购商品或劳务中的已纳税款，其余额就是纳税人应缴纳的增值税税款。这种计算方法同样体现了对新增价值或商品附加值征税的原则。

二、增值税的特点

增值税是流转税的一种形式，除具有流转税的一般共性外，又具有自身的特殊性。我国增值税具有以下特点：

1. 仅对增值额征税

增值税是以货物或劳务的增值额作为计税依据的，即只对商品销售额或劳务收入额中属于本单位新创造的、尚未征过税的那部分增值额征税。对销售额或劳务收入额中由其他单位创造并已纳过增值税的那部分不再征税。这是增值税区别于其他流转税的显著特点之一。

2. 普遍征收，税不重征

从征税范围来看，增值税实行普遍征收，征税对象广泛，涉及商品生产、批发零售和各种服务业，甚至农业。这不仅有利于税制的简化和统一，有利于税负的公平与适度，而且还有利于保证税收收入随着国民收入的增长而相应地增长。从纳税环节来看，增值税就生产经营环节的增值额道道征税，即有一个生产环节就征一道税，而不是只在某一环节征税，也不是只征一道税，形成增值税在生产、批发和零售各环节征税。尽管增值税实行多环节征税，但只就每一环节的增值额征税，从而消除了传统间接税对外购商品和劳务重复征税的弊端，体现了普遍征收、税不重征的特点。

3. 税负公平,平等竞争

增值税不因生产经营环节的变化而影响税收负担。就某一商品而言,不论生产经营环节有多少,只要最后的售价相同,其税收负担就能保持一致,体现了公平税负,有利于平等竞争。另外,增值税一般采用单一的税率,对所有货物与劳务一律平等课税。目前,我国采用两档税率的模式,避免由于税率档次过多而造成产品间税负不公平的矛盾,充分体现公平原则。

4. 价外计征,是一种价外税

与以含税价格为计税依据的其他流转税相比,增值税实行价税分离,以不含增值税的价格作为计税依据计征增值税,税收负担明确。但在商品零售环节,价款和税款未分开标明,很难体现增值税税款,没有做到价税分离,这主要是考虑我国消费者的消费心理,但这并没有改变增值税价外税性质。

三、增值税的作用

增值税之所以能够被大多数国家采纳并得到广泛推广和迅速发展,主要原因在于增值税在制度设计上比传统的流转税更合理、更科学,具有传统流转税无法比拟的优势。

1. 避免重复征税,促进专业化协作生产的发展

由于仅就增值额部分征税,所以一种产品的增值税税负不会受生产结构的变化影响,也不会受商品流通环节的变化影响。另外,企业的增值税税负也不会受产品构成中协作件所占比重的影响,这样,有利于促进专业化协作生产的发展。

2. 有利于出口商品退税,激励国际贸易

从增值税的计税原理来看,一种商品的总增值额,即该商品在生产流通各环节增值额之和,相当于该商品实现消费时的最终销售额。各国为了加强本国产品在国际市场上的竞争力和扩大出口贸易,都以不含税的价格向国外输出商品。为了达到这个目的,需要将出口产品从最初流转环节到出口环节所累计缴纳的税款如数退还给经营出口的企业。若不能足额退税,则不利于鼓励出口单位扩大出口贸易,也不利于同别国商品进行竞争。对于进口实行增值税以后,对进口产品只需按进口金额的全值乘以规定税率征一次税,就可以使进口产品和国产产品在平等的税负条件下进行竞争,更好地维护进口国经济利益,保护本国产品生产。

3. 在组织财政收入上具有稳定性和及时性

凡是从事生产经营的单位和个人,只要其生产经营过程中发生了增值就应当纳税。无论商品在生产经营中经历了多少环节,每一道环节都应按其增值额大小分别纳税,从而保证了为国家取得财政收入的普遍性。由于增值税是随着销售额的实现而对其增值额征收的,经营收入一实现,增值税就可及时征收入库,及时为国家取得财政收入。另一方面,增值税整体税负不受流转环节的变化影响,从制度上有效地控制了税源,从而保证了增值税能够为国家稳定地取得财政收入。

4. 在税收征管上可以相互制约,交叉审计

增值税采用特殊的征管办法,纳税人只要在生产经营过程中发生了增值额,就要缴纳增值税,不会因企业的联合而减少税收负担。因为增值税一般是随着销售额的实现而征收的,而企业作为既是销售方又是购进方的双重身份,销售方开具的一式四联的增值税发票,对购进方来说是进项税可以抵扣,双方金额是相等的,所以在税收征管上可以相互制约,交叉审计,避免发生偷税。

小 知 识

增值税的起源

在欧洲近代税制的发展早期,间接税往往是作为辅助税种发展起来的,税率也较低。法国最早开始改革旧有营业税,实现了世界税制发展史上的"惊险一跃"。法国政府于1948年允许制造商品扣除中间投入物后再对产成品价值征税。1954年,法国税务总局局长助理莫里斯·洛雷积极推动法国增值税制的制定与实施,进一步把扣除范围扩大到固定资产已纳税款,将生产税改为增值税并取得成功,这标志着增值税的正式诞生。莫里斯·洛雷被誉为增值税之父。不久,法国又将增值税从工业扩展到农业、商业、交通、服务等行业,在世界上率先建立了一套系统的消费型增值税制度。法国的这次改革,影响广泛,半个世纪以来风靡全球,目前全世界上有近百个国家相继开征了增值税。我国1979年开始试点,1994年税制改革全面推行增值税,2009年1月1日起采用消费型增值税。

任务二 增值税主要法律规定

任务目标

理解并掌握增值税的征税范围、增值税一般纳税人和小规模纳税人身份的认定、增值税的税率及征收率,熟悉增值税优惠政策。

一、增值税的征税范围

增值税的征税对象是货物和劳务,理论上说,应该包括所有的货物和劳务。但各国在确定增值税的征收范围时,一般都根据本国的实际进行不同的选择。我国税法是通过纳税人的限定来体现增值税征税范围的。2009年1月1日实施的《中华人民共和国增值税暂行条例》规定:"在中华人民共和国境内销售货物或者提供加工、修理修配劳务以及进口货物的单位和个人,为增值税的纳税人,应当依照本条例缴纳增值税。"因此,我国对所有的销售货物或进口的货物都征收增值税,并对提供加工、修理修配劳务也征收增值税。

(一) 征税范围的一般规定

1. 在境内销售货物

销售货物,是指有偿转让货物的所有权。有偿,是指从购买方取得货币、货物或者其他经济利益。货物是指有形动产,包括电力、热力、气体在内,所销售的货物的起运地和所在地在境内。

2. 进口货物

是指将货物从我国境外移送到我国境内的行为。税法规定,凡进入我国国境或关境的货物,应于报关进口时向海关缴纳增值税。

3. 在境内提供加工、修理修配劳务

加工,是指受托加工货物,即委托方提供原料及主要材料,受托方按照委托方的要求,制造货物并收取加工费的业务。修理修配，是指受托对损伤和丧失功能的货物进行修复，使其恢复原状和功能的业务。提供加工、修理修配劳务是指有偿提供加工、修理修配劳务，且所提供加工、修理修配劳务发生在境内。单位或者个体工商户聘用的员工为本单位或者雇主提供加工、修理修配劳务，不包括在内。

（二）征税范围的特殊规定

销售货物的实际情况是十分复杂的，税法除对销售货物做出一般规定外，为了公平税负并减少税收漏洞，还对某些货物销售的特殊情形做出了明确界定。

1. 视同销售行为

在企业销售收入总额中，正常销售占较大比例，但存在一些特殊情况，如货物没有对外销售或货物已发出但没有形成真正意义上的销售，应视同销售，征收增值税。视同销售行为主要包括以下几种情况：

（1）将货物交付其他单位或者个人代销；

（2）销售代销货物；

（3）设有两个以上机构并实行统一核算的纳税人，将货物从一个机构移送其他机构用于销售，但相关机构设在同一县（市）的除外；

（4）将自产或者委托加工的货物用于非增值税应税项目；

（5）将自产、委托加工的货物用于集体福利或者个人消费；

（6）将自产、委托加工或者购进的货物作为投资，提供给其他单位或者个体工商户；

（7）将自产、委托加工或者购进的货物分配给股东或者投资者；

（8）将自产、委托加工或者购进的货物无偿赠送其他单位或者个人。

上述八种情况应作为视同销售行为，均要征收增值税。这样做一是保证增值税税款抵扣的连续性，二是避免货物因不同用途而造成税收负担不平衡的矛盾。但这里要特别注意的是，(4)和(5)中并没有将“购进”货物用于非增值税应税项目和集体福利及个人消费作为视同销售，是因为这两种情况实际上企业已经是最终的消费者，而最终的消费者是增值税的最终负担者，所以不应作为企业的视同销售行为。

2. 混合销售行为

一项销售行为如果既涉及货物又涉及非增值税应税劳务，为混合销售行为。这里所说的非增值税应税劳务，是指属于应缴营业税的交通运输业、建筑业、金融保险业、邮电通信业、文化体育业、娱乐业、服务业税目征收范围的劳务。税法规定，从事货物的生产、批发或者零售的企业、企业性单位和个体工商户的混合销售行为，视为销售货物，应当缴纳增值税；其他单位和个人的混合销售行为，视为销售非增值税应税劳务，不缴纳增值税。

税法规定，纳税人的下列混合销售行为，应当分别核算货物的销售额和非增值税应税劳务的营业额，并根据其销售货物的销售额计算缴纳增值税，非增值税应税劳务的营业额不缴纳增值税；未分别核算的，由主管税务机关核定其货物的销售额：

（1）销售自产货物并同时提供建筑业劳务的行为；

（2）财政部、国家税务总局规定的其他情形。

除另有规定外，从事货物的生产、批发或者零售的企业、企业性单位和个体工商户，以及以从事货物生产、批发或零售为主（年货物销售额超过50%）并兼营非应税劳务的企业、企业性单位及个体经营者发生的混合销售行为，视同销售货物，应当征收增值税。其他单位和个人发生的混合销售行为，视为销售非应税劳务，不征收增值税，而征收营业税。纳税人的销售行为是否属于混合销售行为，由国家税务总局所属征收机关确定。

3. 兼营货物销售、应税劳务与非应税劳务

经营活动的多样性使纳税人在经营范围内，在销售应税货物或提供应税劳务的同时，还从事非应税劳务(即营业税规定的各项劳务)，并且这种经营业务并不发生在同一项业务中。当然，除了兼营增值税业务和非增值税业务以外，还包括兼营增值税不同税率或征收率的项目，兼营应税项目和免税项目。例如，某些企业既经营税率为17%的生活资料，又经营税率为13%的农业用生产资料。

税法规定，纳税人兼营非增值税应税项目的，或是不同税率或征收率的项目，兼营应税项目和免税项目，应将不同项目的货物或者应税劳务分别核算其销售额和非增值税应税项目的营业额；未分别核算的，由主管税务机关核定货物或者应税劳务的销售额。

4. 其他规定

属于征税范围的特殊项目：① 货物期货(包括商品期货和贵金属期货)，应当征收增值税，在期货的实物交割环节纳税。② 银行销售金银业务，应当征收增值税。③ 典当业的死当物品销售业务和寄售业代委托人销售寄售物品的业务，均应征收增值税；④ 集邮商品(如邮票、首日封、邮折等)的生产以及邮政部门以外的其他单位和个人销售的，均征收增值税。对邮政部门销售集邮商品、发行报纸杂志，不征收增值税，而征收营业税。⑤ 基本建设单位和从事建筑安装业务的企业附设的工厂、车载斗量生产的水泥预制构件、其他构件或建筑材料，用于本单位或本企业的建筑工程的，应在移送使用时征收增值税。但其建筑现场制造的预制构件，凡直接用于本单位或本企业建筑工程的不征收增值税。⑥ 缝纫应当征收增值税。

二、增值税的纳税人

凡是在中华人民共和国境内销售货物或者提供加工、修理修配劳务以及进口货物的单位和个人，为增值税的纳税人。按照增值税的计算技术要求，纳税人对发生的每一笔应税业务所涉及的税款都要在会计账簿中进行记录，这是正确计算增值税的基础。这就要求纳税人的会计核算制度健全，以保证增值税应纳税额的正确，为税务机关的稽核检查提供必要条件。在现实的经济活动中，大中型企业的会计核算一般比较健全，能够正确地核算增值税税额。但是，众多的小企业和个体经营者，由于受到经营规模的限制，其会计制度不一定完善，不能够准确核算销售和购进时的增值税，但能够按照国家统一的会计制度规定设置账簿，根据合法、有效凭证核算。因此，按照国际上的通行做法，税法将增值税纳税人分为两类：一类是一般纳税人，另一类是小规模纳税人。

(一) 小规模纳税人的认定标准

小规模纳税人销售货物或者应税劳务，实行简单办法计算应纳税额。按照销售额(不包括应纳的增值税税额)和规定的3%的征收率计算应纳税额，不得抵扣进项税额，不得开具增值税专用发票。

增值税细则规定小规模纳税人的标准为：

(1) 从事货物生产或者提供应税劳务的纳税人，以及以从事货物生产或者提供应税劳务为主，兼营货物批发或者零售的纳税人，年应征增值税销售额(以下简称应税销售额)在50

万元以下(含本数,下同)的;以从事货物生产或者提供应税劳务为主,是指纳税人的年货物生产或者提供应税劳务的销售额占年应税销售额的比重在50%以上。

(2) 除以上条款规定以外的纳税人,年应税销售额在80万元以下的。

(3) 年应税销售额超过小规模纳税人标准的其他个人按小规模纳税人纳税;非企业性单位、不经常发生应税行为的企业可选择按小规模纳税人纳税。

小规模纳税人不能领购和使用增值税专用发票,按简易办法计算应纳增值税额。能够认真履行纳税义务的小规模纳税人,经税务机关批准,其销售货物或提供应税劳务可由税务机关代开增值税专用发票。

(二) 一般纳税人的认定标准

一般纳税人是指年应税销售额,包括一个公历年度内的全部应税销售额,超过财政部规定的小规模纳税人标准的企业和企业性单位。年应税销售额未超过规定的小规模纳税人标准以及新开业的纳税人,可以向主管税务机关申请一般纳税人资格认定。对提出申请并且同时符合下列条件的纳税人,主管税务机关应当为其办理一般纳税人资格认定:

(1) 有固定的生产经营场所;

(2) 能够按照国家统一的会计制度规定设置账簿,根据合法、有效凭证核算,能够提供准确的税务资料。

下列纳税人不办理一般纳税人资格认定:① 个体工商户以外的其他个人;② 选择按照小规模纳税人纳税的非企业性单位;③ 选择按照小规模纳税人纳税的不经常发生应税行为的企业。

纳税人应当向其机构所在地主管国家税务机关申请一般纳税人资格认定。

(三) 增值税扣缴义务人

增值税扣缴义务人是指依据法律、行政法规规定,负有代扣代缴增值税税款义务的单位和个人。境外的单位或个人在境内销售应税劳务而在境内未设有经营机构的,其应纳税款以代理人为扣缴义务人,没有代理人的以购买者为扣缴义务人。

三、增值税税率或征收率

(一) 税率

1. 基本税率

纳税人销售或者进口货物,除适用低税率和征收率的个别货物外,适用税率为17%。纳税人提供加工、修理修配劳务(以下称应税劳务),税率为17%。

2. 低税率

纳税人销售或者进口下列货物,税率为13%:

① 粮食、食用植物油;② 自来水、暖气、冷气、热水、煤气、石油液化气、天然气、沼气、居民用煤炭制品;③ 图书、报纸、杂志;④ 饲料、化肥、农药、农机、农膜;⑤ 国务院规定的其他货物。

3. 纳税人出口货物,税率为零;但是,国务院另有规定的除外

纳税人兼营不同税率的货物或者应税劳务,应当分别核算不同税率货物或者应税劳务的销售额；未分别核算销售额的，从高适用税率。税率的调整，由国务院决定。

（二）征收率

小规模纳税人的征收率不再分工业和商业，统一为3%。

（三）特殊规定

一般纳税人销售自产的下列货物，可选择按照简易办法依照6%的征收率计算缴纳增值税：县级及县级以下小型水力发电单位生产的电力，小型水力发电单位，是指各类投资主体建设的装机容量为5万千瓦以下（含5万千瓦）的小型水力发电单位；建筑用和生产建筑材料所用的砂、土、石料；以自己采掘的砂、土、石料或其他矿物连续生产的砖、瓦、石灰（不含黏土实心砖、瓦）；用微生物、微生物代谢产物、动物毒素、人或动物的血液或组织制成的生物制品；自来水；商品混凝土（仅限于以水泥为原料生产的水泥混凝土）。

一般纳税人选择简易办法计算缴纳增值税后，36个月内不得变更。

下列特定货物销售行为的征收率为4%：寄售商店代销寄售物品（包括居民个人寄售的物品在内）；典当业销售死当物品；销售旧货（纳税人销售旧货，按照简易办法依照4%征收率减半征收增值税，不得抵扣进项税额）；经国务院或国务院授权机关批准的免税商店零售免税货物。

四、增值税的优惠政策

（一）《增值税暂行条例》规定的免税项目

(1) 农业生产者销售的自产农产品。这是指直接从事种植业、养殖业、林业、牧业、水产业的单位和个人，销售自产的属于税法规定范围的初级农产品。初级农产品，具体范围由财政部、国家税务总局确定。

(2) 避孕药品和用具。

(3) 古旧图书。这是指向社会收购的古书和旧书。

(4) 直接用于科学研究、科学试验和教学的进口仪器、设备。

(5) 外国政府、国际组织无偿援助的进口物资和设备。

(6) 由残疾人的组织直接进口供残疾人专用的物品。

(7) 销售的自己使用过的物品。这里是指个人（不包括个体经营者）销售自己使用过的除游艇、摩托车、汽车以外的货物。

（二）财政部、国家税务总局规定的其他免税项目

(1) 对资源综合利用、再生资源、鼓励节能减排等方面的主要规定。

(2) 自2008年6月1日起，纳税人生产销售和批发、零售有机肥产品免征增值税。

(3) 对农民专业合作社的增值税政策。① 对农民专业合作社销售本社成员生产的农业产品，视同农业生产者销售自产农业产品，免征增值税。② 对农民专业合作社向本社成员销售的农膜、种子、种苗、化肥、农药、农机，免征增值税。

(4) 免税店销售免税品的增值税政策。纳税人销售免税品一律开具出口发票，不得使用防伪税控专用器具开具增值税专用发票或普通发票。

(5) 除经中国人民银行和商务部批准经营融资租赁业务的单位所从事的融资租赁业务外,其他单位从事的融资租赁业务,租赁的货物的所有权转让给承租方,征收增值税,租赁的货物的所有权未转让给承租方,不征收增值税。

(6) 转让企业全部产权涉及的应税货物的转让,不属于增值税的征税范围,不征收增值税。

(7) 对从事热力、电力、燃气、自来水等公用事业的纳税人收取的一次性费用,凡与货物销售数量有直接关系的,征收增值税;凡与货物销售数量无直接关系的,不征收增值税。

(8) 纳税人代有关行政管理部门收取的费用,凡符合规定条件的,不属于价外费用,不征收增值税。

(9) 纳税人销售货物的同时代办保险而向购买方收取的保险费,以及从事汽车销售的纳税人向购买方收取的代购买方缴纳的车辆购置税、牌照费,不作为价外费用征收增值税。

(10) 纳税人销售软件产品并随同销售一并收取的软件安装费、维护费、培训费等收入,应按照增值税混合销售的有关规定征收增值税,并可享受软件产品增值税即征即退政策。对软件产品交付使用后,按期或按次收取的维护费、技术服务费、培训费等不征收增值税。纳税人受托开发软件产品,著作权属于受托方的征收增值税,著作权属于委托方或属于双方共同拥有的不征收增值税。

(11) 印刷企业接受出版单位委托,自行购买纸张,印刷有统一刊号(CN)以及采用国际标准书号编序的图书、报纸和杂志,按货物销售征收增值税。

(12) 对增值税纳税人收取的会员费收入不征收增值税。

(13) 按债转股企业与金融资产管理公司签订的债转股协议,债转股原企业将货物资产作为投资提供给债转股新公司的,免征增值税。

(14) 各燃油电厂从政府财政专户取得的发电补贴不属于增值税规定的价外费用,不计入应税销售额,不征收增值税。

(三) 增值税起征点的规定

财政部 2011 年 10 月 31 日发布关于修改《中华人民共和国增值税暂行条例实施细则》的决定,上调增值税起征点,修订后的细则从 2011 年 11 月 1 日起施行。

增值税起征点的幅度规定为:

(1) 销售货物的,为月销售额 5 000～20 000 元;

(2) 销售应税劳务的,为月销售额 5 000～20 000 元;

(3) 按次纳税的,为每次(日)销售额 300～500 元。

纳税人兼营免税、减税项目的,应当分别核算免税、减税项目的销售额;未分别核算销售额的,不得免税、减税。

(四) 免税权可自行放弃

纳税人销售货物或者应税劳务适用免税规定的,可以放弃免税,依照《增值税暂行条例》的规定缴纳增值税。放弃免税后,36 个月内不得再申请免税。

任务三　增值税的计算缴纳

任务目标

掌握一般纳税人及小规模纳税人应纳税额的计算；了解进口货物的应纳税额及出口退税的计算；掌握增值税的征收管理及纳税申报。

增值税应纳税额的计算，按照纳税人的不同，分为一般纳税人和小规模纳税人应纳税额的计算。

一、一般纳税人应纳税额的计算

一般纳税人实行抵扣的办法，也就是采用间接计算方法。

当期应纳税额＝当期销项税额－当期进项税额

（一）当期销项税额的计算

销项税额是纳税人在销售货物或提供应税劳务时，按照销售额和规定的税率计算的并向购买方收取的增值税税额。

1. 销售额的一般规定

销售额是指纳税人在销售货物或提供应税劳务时，向购买方收取的全部价款和价外费用，但不包括收取的销项税额。价外费用，包括价外向购买方收取的手续费、补贴、基金、集资费、返还利润、奖励费、违约金、滞纳金、延期付款利息、赔偿金、代收款项、代垫款项、包装费、包装物租金、储备费、优质费、运输装卸费以及其他各种性质的价外收费。但下列项目不包括在内：

(1) 受托加工应征消费税的消费品所代收代缴的消费税；

(2) 同时符合以下条件的代垫运输费用：一是承运部门的运输费用发票开具给购买方的；二是纳税人将该项发票转交给购买方的。

(3) 同时符合以下条件代为收取的政府性基金或者行政事业性收费：一是国务院或者财政部批准设立的政府性基金，由国务院或者省级人民政府及其财政、价格主管部门批准设立的行政事业性收费；二是收取时开具省级以上财政部门印制的财政票据；三是所收款项全额上缴财政。

(4) 销售货物的同时代办保险等而向购买方收取的保险费，以及向购买方收取的代购买方缴纳的车辆购置税等。

凡是随同销售货物或提供应税劳务向购买方收取的价外费用，无论其会计制度如何核算，均应并入销售额计算应纳税额。其目的是防止以各种名目的收费减少销售额，逃避纳税。另外，需要特别注意的是：凡价外费用和逾期未退还的包装物押金，在计税时应视为含税收入，将其换算为不含税收入后并入销售额。

含税销售额换算为不含税销售额的计算公式为：

不含税销售额＝含税销售额÷(1＋税率)

销售额以人民币计算，若以外币结算销售额的，应当折算为人民币计算。

2. 特殊情况下的销售额的确定

在复杂的市场竞争中，企业为了扩大销售，达到促销的目的，采用多种销售方式。不同的销售方式，销售额的确定不同。税法对几种特殊的销售方式的销售额的确定分别做了规定。

(1) 采取折扣方式销售。在确定折扣方式销售情况下的销售额时，一定要区分折扣销售、销售折扣和销售折让等几种不同的销售方式。

① 折扣销售。即商业折扣，是指销货方在销售货物或应税劳务时，因购货方数量较大等原因而给予购货方的价格优惠。如购买 10 件，优惠 10%，购买 20 件，优惠 20%等。销售额和折扣额需在同一张发票上反映，折扣和销售是同时发生的，可以冲减销售额。简单地说，折扣销售，先折扣后销售，企业为促进销售而在商品标价上给予扣除，然后销售发生。

② 销售折扣。即现金折扣。可以用简单方式理解，销售折扣，先销售后折扣，为鼓励购货方在信用期限内尽快付款而给予的销货折扣。如 10 天付款，货款折扣 2%，记作 2/10；20 天付款，折扣 1%，记作 1/20；30 天内付款，没有优惠，记 n/30。

③ 销售折让。是指货物销售后，由于其品种、质量等原因购货方未予退货，但销货方需给予购货方的一种价格折让。

税法对以上三种方式的销售额的确定的规定如表 2.1.1 所示。

表 2.1.1

三种折扣方式	税务处理
折扣销售(商业折扣)	这里主要是指货物价格折扣，看销售额和折扣额是否在一张发票上： 若是在同一张发票上，按折扣后的余额作销售额； 若不在同一张发票上，折扣额另开发票，不论财务如何处理，均不得从销售额中扣减折扣额。 若是实物折扣，应视同销售中的“无偿赠送”处理，实物款额不能从原销售额中扣减。
销售折扣(现金折扣)	发生在销货之后，是一种赊销方式，属于一种融资行为，折扣额不得从销售额中扣减。
销售折让	发生在销货之后，作为已售商品出现品种、质量问题而给予购买方的补偿，是原销售额的减少，折让额可以从销售额中扣减。

【示例 1】 某商场(一般纳税人)销售一批商品，共 100 件，单价 200 元，由于购买方购入数量较多，公司决定按八折销售，并将折扣部分与销售额同开在一张发票上，并给予一定的优惠条件：2/10，1/20，n/30。试计算在不同的付款期，企业的计税销售额是多少？增值税税率 17%。

【计算与分析】 10 天内付款，折扣 2%。

计税销售额＝200×80%×100÷(1＋17%)＝13 675.21(元)

由于销售折扣，折扣额得到扣减，所以三种方式的计税销售额相同。

【示例 2】 某商场(一般纳税人)采取“买一赠一”方式销售空调，本月销售空调 200 台，售价每台 4 000 元(含增值税)，并随机赠送豆浆机 200 台，零售价每台 300 元。两种商品适用的增值税率为 17%，请计算计税销售额。

【计算与分析】 商场零售商品采取“买一赠一”方式销售，赠品的销售额不允许从销售额中扣减，并视同无偿赠送，应一并并入销售额计算。

计税销售额＝(200×4 000＋200×300)÷(1＋17%)＝735 042.74 (元)

(2) 以旧换新方式销售。是指纳税人在销售货物时，折价收回同类旧货物，并以折价款部分抵减货物价款的一种销售方法。它实际上包含销售新货和收购旧货两种业务活动，因此，税法规定：采取以旧换新方式销售货物的，应按新货物的同期售价确定销售额，不得扣减旧货物的收购价格。考虑到金银首饰以旧换新业务的特殊情况，税法规定：对金银首饰以旧换新业务，可以按销售方实际收取的不含增值税的全部价款确定销售额征收增值税。

【示例 3】 某商场(一般纳税人)采取以旧换新方式销售一款电冰箱，新机单价 3 000 元，旧机折价 200 元，本月共销售 500 台，试计算本月计税销售额。

【计算与分析】 由于旧机的折价不得从新机的售价中扣减，所以

计税销售额＝3 000×500÷(1＋17%)＝128 205. 28 (元)

(3) 还本销售方式销售。是指纳税人在销售货物后，到一定期限由销售方一次或分次退还给购货方全部或部分价款的一种销售方式。其实质上是一种筹资活动，是以货物来换取资金的使用价值，到期还本不付息。税法规定：采取还本销售方式销售货物，其销售额就是货物的销售价格，不得从销售额中扣减还本支出。

【示例 4】 某商场(一般纳税人)采取还本销售方式销售一款电视机，电视机单价 9 000 元，分六年三次还本，每两年还价款的三分之一，六年还完。

【计算与分析】 其销售额就是货物的销售价格，不得从销售额中扣减还本支出。所以

计税销售额＝9 000÷(1＋17%)＝7 692.30 (元)

(4) 以物易物方式销售。是指购销双方不是以货币结算，而是以同等价款的货物相互结算，实现货物购销的一种方式。税法规定：以物易物双方都应作购销处理。即以各自发出的货物核算销售额并计算销项税额，以各自收到的货物按规定核算购货额并计算进项税额。在这里我们应该重点指出，在以物易物活动中，双方应分别开具增值税专用发票，如果收到货物不能取得相应的增值税专用发票或其他合法票据的，是不能抵扣进项税额的。

【示例 5】 胜利机床厂以 5 台自制机床换取红星轧钢厂生产的钢材作为生产用原材料，机床出厂价每台 50 000 元；换取钢材一批并取得轧钢厂开具的增值税专用发票上注明价款 200 000 元，增值税税款 34 000 元。机床已发出，钢材运抵企业，余款已转账结算。轧钢厂换取机床后作固定资产使用。试对此项业务进行正确的税务处理。以上售价均为不含税价。

【计算与分析】 胜利机床厂和红星轧钢厂分别存在两种购销行为。所以，

胜利机床厂：(1) 销售机床：销项税额＝50 000×5×17%＝42 500 (元)。

(2) 购进钢材：进项税额＝34 000 (元)。

红星轧钢厂：(1) 销售钢材：销项税额＝34 000 (元)。

(2) 购进机床：进项税额＝42 500 (元)。

(5) 包装物押金计税问题。企业在销售货物时，有时以出借、出租包装物的方式收取押金和租金。两者在税务处理上并不相同。税法规定：纳税人为销售货物而出租、出借包装物收取的押金，如果单独记账核算，时间在一年以内，又未过期的，不并入销售额征税；但对因逾期未收回包装物不再退还的押金，应按所包装货物适用的税率计算销项税额。“逾期”是指合同约定实际逾期或以一年为期限，对收取一年以上的押金，无论是否退还均并入销售额

征税。对于个别包装物周转使用期限较长的，报经税务机关确定后，可适当放宽逾期期限。在将逾期包装物押金并入销售额计算销项税时，应将其押金换算为不含税销售额，再并入销售额计算销项税额。即：不含税押金＝含税押金÷(1＋税率)。

另外，税法规定：对销售除啤酒、黄酒外的其他酒类产品而收取的包装物押金，无论是否返还以及会计上如何核算，均应并入到当期销售额计算征收增值税。

包装物的押金和包装物的租金并不等同，在税务处理上两者并不相同。包装物租金在销售货物时是作为价外费用并入销售额计算销项税额的。

【示例 6】 某酒厂(一般纳税人)本月销售酒类产品如下：销售啤酒 100 000 元，收取押金 10 000 元并单独记账，开具增值税专用发票给购货方。另销售白酒给一小规模纳税人，收取价款 93 600 元，同时收取包装物押金 2 000 元，开具普通发票。均未逾期。试分析计算该酒厂应纳增值税销项税额。

【计算与分析】 酒厂销售啤酒收取的押金因为未逾期且又单独核算，所以啤酒的计税销售额为 100 000 元，而销售白酒并收取的押金按税法规定无论押金是否返还均应并入销售额计算征税。所以，该酒厂：

应纳增值税销项税额＝100 000×17％＋(93 600＋2 000)÷(1＋17％)×17％

＝30 890.6 (元)

若此例中，啤酒的押金到期，对方仍未退还包装物，酒厂有权没收押金，此时应将没收的逾期押金换算为不含税价，补征增值税销项税。即：

逾期押金应补缴增值税销项税额＝10 000÷(1＋17％)×17％＝1 453 (元)

(6) 销售旧货有关政策规定。纳税人销售自己使用过的物品，以下不得抵扣进项税额：① 一般纳税人销售自己使用过的属于增值税条例规定不得抵扣且未抵扣进项税额的固定资产，按简易办法依照 4％征收率减半征收增值税。② 一般纳税人销售自己使用过的其他固定资产，应区分不同情形征收增值税：销售自己使用过的 2009 年 1 月 1 日以后购进或者自制的固定资产，按照适用税率征收增值税；2008 年 12 月 31 日以前未纳入扩大增值税抵扣范围试点的纳税人，销售自己使用过的 2008 年 12 月 31 日以前购进或者自制的固定资产，按照 4％征收率减半征收增值税。③ 一般纳税人销售自己使用过的除固定资产以外的物品，应当按照适用税率征收增值税。④ 小规模纳税人(除其他个人外，下同)销售自己使用过的固定资产，减按 2％征收率征收增值税。⑤ 小规模纳税人销售自己使用过的除固定资产以外的物品，应按 3％的征收率征收增值税。已使用过的固定资产是指纳税人根据财务会计制度已经计提折旧的固定资产。

纳税人销售旧货，按照简易办法依照 4％征收率减半征收增值税，不得抵扣进项税额。旧货，是指进入二次流通的具有部分使用价值的货物(含旧汽车、旧摩托车和旧游艇)，但不包括自己使用过的物品。

(7) 视同销售行为的销售额的确定。对于视同销售行为的销售额，因为没有实际收到款项或是取得索取销售额的凭据，所以其销售额的确定有一定的难度。税法规定：对视同销售行为按以下顺序确定其计税销售额：

① 按纳税人最近时期同类货物的平均销售价格确定；

② 按其他纳税人最近时期同类货物的平均销售价格确定；

③ 按组成计税价格确定。组成计税价格的公式为：

组成计税价格＝成本×(1＋成本利润率)

实际上就是组成计税价格等于成本加利润，只不过利润由同行业成本利润率来决定。不同行业的成本利润率国家有相关的规定。

如果企业销售的商品是征收增值税的货物，同时又是征收消费税的特殊消费品，则其组成计税价格中应加上消费税税额。因为消费税是价内税。

组成计税价格＝成本×(1＋成本利润率)＋消费税税额

或

组成计税价格＝成本×(1＋成本利润率)/(1－消费税税率)

其中，成本分为两种情况：一是若销售自产货物的，成本为实际的生产成本；二是若销售外购货物，成本为实际采购成本。而成本利润率一般由国家税务总局确定为10%，但属于应从价定率征收消费税的货物，其组成计税价格公式中的成本利润率为《消费税若干具体问题的规定》中规定的成本利润率。

【示例7】 某企业将本公司生产的运动服作为福利发放给本单位职工，共发放了2 000套，无同类产品售价，制作运动服的成本为每套200元，计算其组成计税价格是多少？

【计算与分析】 因无同类产品售价，所以采用组成计税价格作为计税价。

组成计税价格＝2 000×200×(1＋10%)＝440 000(元)

(8) 混合销售业务销售额的确定。纳税人发生混合销售行为，主管税务机关认定应征收增值税的，其销售额为货物销售额和非增值税应税劳务营业额的合计。计算销售额时，应将非增值税应税劳务营业额换算为不含增值税的收入，然后再并入货物的销售额计税。

(9) 兼营非应税劳务销售额的确定。纳税人发生的兼营非应税劳务行为，税法规定：应分别核算货物销售额与非增值税应税劳务的营业额，分别计算增值税和营业税。未分别核算的，由税务机关核定货物或者应税劳务的销售额。

3. 含税销售额的换算

增值税是价外税，一般应向购买者开具增值税专用发票，在进行账务处理时，分别核算不含税销售额、销项税额、进项税额，并正确计算出企业应纳的增值税税额。但在实际业务活动中，有时会出现一般纳税人将销售货物与应税劳务采用销售额与销项税额合并定价的方法，这样就会形成含税销售额。因此，在这种情况下，一般纳税人在计算销项税额时，必须将其换算为不含税销售额，计算增值税销项税额。其换算公式如下：

不含税销售额＝含税销售额/(1＋税率)

【示例8】 某商场本月销售给顾客电冰箱100台，每台含税价2 340元，适用增值税税率为17%，试计算该商场电冰箱的不含税售价是多少？

【计算与分析】 不含税售价＝2 340÷(1＋17%)＝2 000(元)。

4. 销项税额的计算

正确计算出不含税销售额后，就可以按照适用的税率计算出销项税额。

销项税额＝不含税销售额×税率

或

销项税额＝含税销售额÷(1＋税率)×税率

(二) 当期进项税额的确定

进项税额为纳税人购进货物或者接受应税劳务所支付或者负担的增值税税额。实际上，进项税额是相对于销项税额而言的，对于销售方来说，收取的销项税额就是购买方支付的进项税额。每一个一般纳税人都会发生收取销项税额和支付进项税额的业务。增值税的核心就是用纳税人收取的销项税额抵扣其支付的进项税额，其余额为纳税人实际应缴纳的增值税税额。但并不是所有的进项税额都可以从销项税额中抵扣。

1. 准予从销项税额中抵扣的进项税额

根据税法的规定，准予从销项税额当中抵扣的进项税额限于下列增值税扣税凭证上注明的增值税税款和按规定的扣除率计算的进项税额：

(1) 纳税人购进货物或应税劳务，从销货方取得的增值税专用发票抵扣联上注明的增值税税额。

(2) 从海关取得的完税凭证上注明的增值税税额。

(3) 购进农产品，除取得增值税专用发票或者海关进口增值税专用缴款书外，按照农产品收购发票或者销售发票上注明的农产品买价和13%的扣除率计算的进项税额。

进项税额＝买价×扣除率(13%)

(4) 购进中国粮食购销企业的免税粮食，可以按取得的普通发票金额的13%抵扣进项税额。

进项税额＝买价×扣除率(13%)

(5) 购进或者销售货物以及在生产经营过程中支付运输费用的，按照运输费用结算单据上注明的运输费用金额和7%的扣除率计算进项税额。运输费用是指运输费用结算单据上注明的运输费用(包括铁路临管线及铁路专线运输费用)、建设基金，不包括装卸费、保险费等其他杂费。进项税额计算公式如下：

进项税额＝运输费用金额×扣除率(7%)

(6) 生产企业一般纳税人购入废旧物资回收经营单位销售的免税废旧物资，可按废旧物资回收经营单位开具的有税务机关监制的普通发票上注明的金额，按10%计算抵扣进项税额。

进项税额＝买价×扣除率(10%)

(7) 企业购置增值税防伪税控系统专用设备和通用设备，可凭借购货所取得的专用发票所注明的税额从增值税销项税额中抵扣。

特别要注意的是，准予抵扣的项目和扣除率的调整，由国务院决定。

2. 不得从销项税额中抵扣的进项税额

税法规定，纳税人购进货物或应税劳务，没有按照规定取得并且保存增值税抵扣凭证或增值税扣税凭证上未按规定注明增值税税额及其他有关事项的，一般纳税人有下列情形之一者，应按销售额依照增值税税率计算应纳税额，不得抵扣进项税额，也不得使用专用发票：会计核算不健全或者不能够提供准确的税务资料的；符合一般纳税人条件，但不申请一般纳税人认定手续的。具体有以下几点：

(1) 用于非增值税应税项目、免征增值税项目、集体福利或者个人消费的购进货物(包括固定资产)或者应税劳务。所谓非应税项目是指提供非应税劳务、转让无形资产、销售不动产和固定资产在建工程等。纳税人新建、改建、扩建、修缮、装饰建筑物，无论财务上如何核算，均属于固定资产在建工程。也就是说，只有专门用于非应税项目、免税项目等的固定资产进项税额才不得抵扣，其他混用的固定资产均可抵扣。所以，对既用于增值税应税项目(不包括免征增值税项目)也用于非增值税应税项目、免征增值税项目、集体福利或者个人消费的固定资产，准予抵扣进项税额。所谓集体福利和个人消费是指企业内部设置的供职工使用的食堂、浴室、理发室、宿舍、幼儿园等福利设施及其设备、物品等或者以福利、奖励、津贴等形式发给职工个人的物品。

(2) 非正常损失的购进货物及相关的应税劳务。

(3) 非正常损失的在产品、产成品所耗用的购进货物或者应税劳务。所谓非正常损失是指生产经营过程中正常损耗以外的损失,包括:自然灾害损失;因管理不善造成的货物被盗窃、发生霉烂变质等损失;其他非正常损失。

(4) 国务院财政、税务主管部门规定的纳税人自用消费品;

(5) 本条第(1)项至第(4)项规定的货物的运输费用和销售免税货物的运输费用。

3. 进项税额转出

进项税额转出,就是扣减当期的进项税额。增值税实行抵扣法,当期购进的货物或应税劳务如果事先并未确定将用于非生产、经营项目,其进项税额会在当期销项税中抵扣。但已经抵扣的进项税的购进货物或应税劳务,如果事后改变了用途,发生了进项税额不得抵扣的事项,应将该项购进货物或应税劳务的已经抵扣的进项税额从当期发生的进项税额中扣减。不能准确确定该项进项税额的,按当期实际成本计算应扣减的进项税额。具体有:

(1) 已作进项税额抵扣的购进货物或应税劳务事后改变用途,用于非应税项目、免税项目、集体福利或个人消费的。

(2) 已作进项税额抵扣的购进货物发生非正常损失、在产品或产成品发生非正常损失。另外,对于出口货物不予退税且不得从内销货物销项税额中抵扣的增值税税额、税务机关查出的违反增值税专用发票使用规定抵扣的增值税税额,均应作进项税额转出处理。

特别注意的是,凡是不得从销项税额中抵扣进项税额的,若企业在购进时已结转了增值税进项税额,一经查实,一律做进项税额转出处理。

4. 进项税额申报抵扣的时间限定

为了保证计算增值税应纳税额的合理性、准确性,增值税一般纳税人必须严格把握当期进项税额从当期销项税额中抵扣这个要点。"当期"是个重要的时间限定,具体是指税务机关依照税法规定对一般纳税人确定的纳税期限,只有在纳税期限内实际发生的,才是法定的当期销项税额或当期进项税额。一般纳税人购进货物或应税劳务,其进项税额申报抵扣的时间限定,国家税务总局已经作出了明确规定,具体有以下几点:

(1) 防伪税控系统开具的增值税专用发票进项税额的抵扣时限。必须自该发票开具之日起 90 天内到税务机关认证,否则不予抵扣进项税额。应在认证通过的当月按照增值税有关规定核算当期进项税额并申报抵扣,否则不予抵扣进项税额。

(2) 海关完税凭证进项税额的抵扣时限。一般纳税人进口货物,取得的海关完税凭证,应当在开具之日起 90 天后的第一个纳税申报期结束以前,向主管税务机关申报抵扣,逾期的不予抵扣进项税额。

(3) 运费发票进项税额的抵扣时限。一般纳税人取得的运费发票,应当在开票之日起 90 天内向主管税务机关申报抵扣,超过 90 天的不予抵扣(必须加盖地税认证的方章)。

(4) 购进废旧物资取得的普通发票进项税额的抵扣时限。一般纳税人取得的废旧物资发票,应当在开具之日起 90 天后的第一个纳税申报期结束以前,向主管税务机关申报抵扣,逾期不得抵扣进项税额。

（三）增值税应纳税额计算示例

按照税法规定，在计算出销项税额和进项税额后，就可以计算出应纳增值税额。计算公式为：

当期应纳增值税额＝当期销项税额－当期准予抵扣的进项税额

【示例 9】 某冰箱厂是一般纳税人，12 月份经营业务如下：

(1) 销售供应商冰箱 5 000 台，每台出厂价 3 000 元。开具增值税专用发票上表明：价款 15 000 000 元，增值税 2 550 000 元。由于市场竞争激烈，该厂通过零售，有 2 000 台按 9 折促销，且折扣在同一张发票上开具。500 台因在 10 日内付款，根据购销合同规定，给予销售折扣 2%；200 台采用以旧换新方式销售给顾客，每台旧冰箱作价 200 元；另外，本企业生产了一批小冰箱，用于职工集体福利 10 台，捐赠给运动会 20 台；本月还发生已经到期无法退还的包装物押金 100 000 元。

(2) 本月购进生产用原材料 800 万元。其中，600 万元款项已付讫并验收入库，并由税务机关当月认证。另 200 万元已付款但尚未入库，未向税务机关认证。入库原材料发生运杂费用 20 万元，其中运输费 15 万元，装卸费 3 万元，保险费 1 万元，建设基金 1 万元已申报抵扣。计算冰箱厂本月应纳增值税税额。

【计算与分析】

1. (1) 直接销售给供应商：销项税额＝2 550 000 (元)。

(2) 采取 9 折销售给顾客的，销售额是含税销售额，且折扣部分在同一张发票上开具，所以，计税依据应是折扣后的含税销售额折算为不含税销售额。

销项税额＝3 000×90%×2 000÷(1＋17%)×17%＝784 615. 38 (元)

(3) 10 日内付款给予 2%的折扣额，不得从销售额中扣减。

销项税额＝500×3 000×17%＝255 000 (元)

(4) 以旧换新，旧机折价不得从新机的售价中扣减。因是销售给一般顾客，所以销售额是含税销售额。

销项税额＝200×3 000÷(1＋17%)×17%＝87 179.49 (元)

(5) 用于本厂福利应视同销售。

销项税额＝10×3 000×17%＝5 100 (元)

(6) 捐赠给运动会视同销售。

销项税额＝20×3 000×17%＝10 200 (元)

(7) 逾期包装物押金不予退还，应还原为不含税收入，计算销项税额。

销项税额＝100 000÷(1＋17%)×17%＝14 529.91 (元)

所以

本月销项税额合计＝2 550 000＋784 615. 38＋255 000＋87 179. 49
＋5 100＋10 200＋14 529.91
＝3 706 624.78 (元)

2. (1) 600 万元直接入库，可以直接抵扣。

可以抵扣的进项税额＝6 000 000×17%＝1 020 000 (元)

(2) 200 万元材料尚未向税务机关认证，所以不得抵扣。

(3) 运杂费中装卸费和保险费不予抵扣。其他费用可以按 7%抵扣进项税额。

可以抵扣的进项税额＝(150 000＋10 000)×7%＝11 900(元)

所以

本月可以抵扣的进项税额＝1 020 000＋11 900＝1 031 900(元)

本月应纳增值税税额＝当期销项税额－当期准予抵扣的进项税额

＝3 706 624.78－1 031 900＝2 674 724.78(元)

二、小规模纳税人应纳税额的计算

小规模纳税人销售货物或者应税劳务，实行按照销售额和征收率计算应纳税额的简易办法，不得抵扣进项税额。应纳税额计算公式如下：

应纳税额＝不含税销售额×征收率

＝含税销售额÷(1＋征收率)×征收率

小规模纳税人增值税征收率为3%。征收率的调整，由国务院决定。但要注意：一是小规模纳税人销售货物或提供应税劳务向购买方取得的全部价款和价外费用，不包括按3%征收率收取的增值税额，即也是不含税销售额，与一般纳税人取得的销售额所包含的内容一致；二是小规模纳税人不得抵扣进项税额。小规模纳税人由于不能够按照国家统一的会计制度规定设置账簿，根据合法、有效凭证核算，不能准确核算销项税额和进项税额。规定3%的征收率，是结合增值税17%和13%两档税率的货物或应税劳务的税收负担水平而设计的，其税收负担与一般纳税人基本一致，因此不能再抵扣进项税额。

【示例10】 某加工企业为增值税小规模纳税人，本月取得加工收入总额61 800元。计算该加工企业本月应纳的增值税税额。

【计算与分析】 取得的加工收入为含税收入，应换算为不含税收入，再计税。

本月应纳增值税税额＝61 800÷(1＋3%)×3%＝1 800(元)

【示例11】 某商店为增值税小规模纳税人，本月取得零售收入总额123 600元，计算该商店当月应纳的增值税税额。

【计算与分析】 取得的销售收入为含税收入，应换算为不含税收入，再计税。

本月应纳增值税税额＝123 600÷(1＋3%)×3%＝3 600(元)

三、进口货物应纳增值税税额的计算

进口货物的应纳增值税税额，不管是一般纳税人还是小规模纳税人，均应按照税法规定的组成计税价格和税法规定的税率计算应纳税额，不得抵扣任何进项税额。组成计税价格和应纳税额计算公式：

组成计税价格＝关税完税价格＋关税＋消费税

＝(关税完税价格＋关税)÷(1－消费税税率)

应纳税额＝组成计税价格×税率

注意：若进口货物不属于消费税征收范围，则上式组成计税价格中不包括消费税。

【示例12】 某进出口公司当月进口100辆小汽车，每辆到岸价10万元。该公司当月实现全部销售，每辆价税合计30万元。小汽车关税税率为120%，消费税税率为5%，计算该公司当月应纳的增值税。

【计算与分析】

进口关税＝100×10×120%＝1 200（万元）

进口消费税＝[（100×10＋1 200）÷（1－5%）]×5%＝115.79（万元）

组成计税价格＝100×10＋1 200＋115.79＝2 315.79（万元）

进口增值税＝2 315.79×17%＝393.69（万元）

当月销项税额＝[30×100）÷（1＋17%）]×17%＝435.90（万元）

当月应纳增值税税额＝435.90－393.69＝42.21（万元）

四、出口货物退(免)税的计算

世界各国为了鼓励本国货物出口，在遵循WTO基本规则的前提下，一般对本国出口的货物都实行出口退（免）税优惠政策。出口货物退（免）税，是指在国际贸易中货物输出国对输出境外的货物免征其在本国境内消费时应缴纳的税金或退还其按本国税法规定已缴纳的税金（增值税、消费税），即对增值税出口货物实行零税率，对消费税出口货物实行免税。因此，对货物出口的不同情况，国家在遵循“征多少，退多少”，“未征不退和彻底退税”基本原则的基础上，制定不同的税务处理办法。

（一）出口货物退（免）税基本政策

我国根据本国实际，对出口货物采取出口退税和免税相结合的政策。具体包括以下几种形式：

1. 出口免税并退税

出口免税，是指对货物在出口销售环节不征增值税、消费税；出口退税，是指对货物在出口前实际承担的税收负担，按规定的退税率计算后予以退还。

2. 出口免税但不退税

出口免税同前所述，出口不退税，是指适用这个政策的出口货物因在前一道生产、销售环节或进口环节是免税的，因此，该货物出口时的价格中本身就不含税，也无须退税。

3. 出口不免税也不退税

出口不免税，是指对国家限制或禁止出口的某些货物的出口环节视同内销环节，照章征税。出口不退税，是指对这些货物出口不退还出口前其所负担的税款。税法规定的限制或禁止出口的货物有天然牛黄、麝香和白银等。

（二）出口货物退（免）税的适用范围

（1）适用出口退（免）税的货物应具备以下条件才准予实行该政策：一是必须是属于增值税、消费税征税范围的货物；二是必须是报关离境的货物；三是必须是在财务上已作销售处理的货物；四是必须是出口收汇并已核销的货物。凡满足上述四个条件者，除另有规定外，均给予免税并退税。

（2）出口货物退（免）税的适用范围。出口企业满足上述四个条件的货物，除另有规定外，给予免税并退税：① 生产企业自营出口或委托外贸企业代理出口的自产货物。② 有出口经营权的外贸企业收购后直接出口或是委托其他外贸企业代理出口的货物。③ 下列特定出口的货物：对外承包工程公司运往境外用于对外承包项目的货物；对外承接修理修配业务的企业用于对外修理修配的货物；外轮供应公司、远洋运输供应公司销售给外轮、远洋货轮而收取外汇的货物；企业在国内采购并运往境外作为在国外投资的货物等。

但对于下列企业出口的货物，除另有规定外，给予免税，但不退税：① 属于生产企业的小规模纳税人自营出口或委托外贸企业代理出口的自产货物。② 外贸企业从小规模纳税人购进并持有普通发票的货物出口，免税但不予退税。③ 外贸企业直接购进国家规定的免税货物（包括免税农产品）出口的，免税但不退税。

具体见表 2.1.2。

表 2.1.2

三种政策	货物	企业
免税并退税	1. 必须是属于增值税、消费税征税范围的货物 2. 必须是报关离境的货物 3. 必须是在财务上作销售处理的货物 4. 必须是出口收汇并已核销的货物	1. 生产企业自营出口或委托外贸企业代理出口的自产货物 2. 有出口经营权的外贸企业收购后直接出口或委托其他外贸企业代理出口的货物 3. 特定出口的货物： (1) 对外承包工程公司运出境外用于对外承包项目的货物 (2) 对外承接修理修配业务的企业用于对外修理修配的货物 (3) 外轮供应公司、远洋运输供应公司销售给外轮、远洋货轮而收取外汇的货物 (4) 企业在国内采购并运往境外作为在国外投资的货物
出口免税不退税	1. 来料加工复出口的货物，即原材料进口免税，加工自制的货物出口不退税 2. 避孕药品和用具、古旧图书，内销免税，出口也免税 3. 出口卷烟：有出口卷烟权的企业出口国家出口卷烟计划内的卷烟，在生产环节免征增值税、消费税，出口环节不办理退税。其他非计划内出口的卷烟照章征收增值税和消费税，出口一律不退税 4. 军品以及军队系统企业出口军需工厂生产或军需部门调拨的货物免税 5. 国家规定的其他免税货物	1. 属于生产企业的小规模纳税人自营出口或委托外贸企业代理出口的自产货物 2. 外贸企业从小规模纳税人购进并持普通发票的货物出口，免税但不予退税 3. 外贸企业直接购进国家规定的免税货物出口的，免税但不予退税
出口不免税也不退税	除经批准属于进料加工复出口贸易以外，下列出口货物不免税也不退税： 1. 出口的原油 2. 援外出口货物 3. 国家禁止出口的货物	对没有进出口经营权的商贸企业，从事出口贸易不免税也不退税

(三) 出口货物的退税率

出口货物的退税率是出口货物的实际退税额与退税计税依据的比例。有17%、15%、14%、13%、11%、9%、8%、6%、5%等。

(四) 增值税出口退税额的计算

我国《出口货物退(免)税管理办法》规定了两种退税计算办法。一是"免、抵、退"办法，主要适用于自营和委托出口自产货物的生产企业;二是"先征后退"办法，主要用于收购货物出口的外贸企业。

1. 生产企业出口退税额的计算

小规模纳税人出口自产货物继续免征增值税。生产企业自营或委托外贸企业代理出口自产货物，除另有规定外，增值税一律实行免、抵、退税管理办法。免税，是指对出口的自产货物，免征增值税。抵税，是指出口自产货物所耗用的原材料、燃料和动力等所含应予以退还的进项税额，抵消内销货物的应纳税额。退税，是指出口的自产货物在当月内应抵消的进项税额大于应纳税额时，对未抵消的部分予以退税。

(1) 当期免抵退税不得免征和抵扣税额的计算

当期免抵退税不得免征和抵扣税额＝出口货物离岸价×外汇人民币牌价×(出口货物征税率－出口货物退税率)－免抵退税不得免征和抵扣税额抵减额;免抵退税不得免征和抵扣税额抵减额＝免税购进原材料价格×(出口货物征税率－出口货物退税率)。

免税购进原材料包括从国内购进免税原材料和进料加工免税进口料件，其中进料加工免税进口料件的价格为组成计税价格，其公式为:

进料加工免税进口料件的组成计税价格＝货物到岸价＋海关实征关税和消费税

(2) 当期免抵退税额的计算

当期免抵退税额＝出口货物离岸价×外汇人民币牌价×出口货物退税率－免抵退税额抵减额;免抵退税额抵减额＝免税购进原材料价格×出口货物退税率。

(3) 当期应纳税额的计算

当期应纳税额＝当期内销货物的销项税额－(当期进项税额－当期免抵退税不得免征和抵扣税额)－上期期末留抵税额。当期应纳税额＞0，当期应纳税额＝当期应缴纳增值税，本期实际退税额为0。当期应纳税额＜0，当期应纳税额＝当期期末留抵税额，表示本期有尚未抵扣完的进项税额。

(4) 当期应退税额和当期免抵税额的计算

若本期期末留抵税额≤当期免抵退税额，则:当期应退税额＝当期期末留抵税额;当期免抵税额＝当期免抵退税额－当期应退税额。

若当期期末留抵税额＞当期免抵退税额，则:当期应退税额＝当期免抵退税额;当期免抵税额＝0。

【示例13】 某生产企业为增值税一般纳税人，2008年6月外购原材料取得防伪税控机开具的进项税额专用发票，注明进项税额137.7万元并通过主管税务机关认证。当月内销货物取得不含税销售额150万元，外销货物取得收入115万美元(假设美元与人民币的比价为1∶8)，该企业适用增值税税率为17%，出口退税率为13%。该企业6月应退的增值税为多少万元。

【计算与分析】 (1) 先计算销项税额：

$$150\times17\%=25.5\text{（万元）}$$

(2) 计算免抵退不得免征和抵扣税额。

免抵退不得免征和抵扣税额转出，计算公式为：

免抵退不得免征和抵扣税额＝(直接出口销售金额－进口材料金额)×(征税率－退税率)

出口折合人民币：

$$115\times8=920\text{（万元）}$$

进项税额转出：

$$920\times(17\%-13\%)=36.8\text{（万元）}$$

(3)实际参与退税的进项税额为：

$$137.7-36.8=100.9\text{（万元）}$$

(4)应退税额(抵减内销销项税)为：

$$100.9-25.5=75.4\text{（万元）}$$

2. 外贸企业出口应退税额的计算

外贸企业出口货物应退税额的计算分两种情况来处理：

一是外贸企业出口的货物在国内购进且持有增值税专用发票，计算出口退税时，可以依据购进出口货物所取得的增值税专用发票上列明的买价和该货物适用的退税率计算退税。其计算公式为：

应退税额＝购进货物时所取得的增值税专用发票上列明的买价金额×退税率

二是出口在国内购进的持有普通发票的特准退税货物，按下列公式计算：

应退税额＝普通发票所列含税金额÷(1＋增值税税率或征收率)×退税率

若出口企业从小规模纳税人购进由税务机关代开的增值税专用发票的货物，则：

应退税额＝增值税专用发票注明的买价金额×退税率

【示例 14】 某进出口公司 2011 年 5 月出口一批商品，购进货物取得的增值税专用发票上注明单价 5 000 元，共 100 件，退税率为 15%，计算其应退税额。

【计算与分析】

该企业应退税额＝5 000×100×15%＝75 000（元）

五、增值税的征收管理

（一）增值税纳税义务发生时间

(1) 销售货物或者应税劳务，纳税义务发生时间为收讫销售款项或者取得索取销售款项凭据的当天；先开具发票的，为开具发票的当天。《增值税暂行条例》规定的收讫销售款项或者取得索取销售款项凭据的当天，按销售结算方式的不同，具体为：

①采取直接收款方式销售货物，不论货物是否发出，均为收到销售款或者取得索取销售款凭据的当天；

②采取托收承付和委托银行收款方式销售货物，为发出货物并办妥托收手续的当天；

③采取赊销和分期收款方式销售货物，为书面合同约定的收款日期的当天，无书面合同的或者书面合同没有约定收款日期的，为货物发出的当天；

④采取预收货款方式销售货物，为货物发出的当天，但生产销售生产工期超过12个月的大型机械设备、船舶、飞机等货物，为收到预收款或者书面合同约定的收款日期的当天；

⑤委托其他纳税人代销货物，为收到代销单位的代销清单或者收到全部或者部分货款的当天。未收到代销清单及货款的，为发出代销货物满180天的当天；

⑥销售应税劳务，为提供劳务同时收讫销售款或者取得索取销售款凭据的当天；

⑦纳税人发生视同销售行为第③项至第⑧项，为货物移送的当天。

(2) 进口货物，为报关进口的当天。

(3) 增值税扣缴义务发生时间为纳税人增值税纳税义务发生的当天。

(二) 增值税纳税期限

增值税的纳税期限分别为1日、3日、5日、10日、15日、1个月或者1个季度。纳税人的具体纳税期限，由主管税务机关根据纳税人应纳税额的大小分别核定；不能按照固定期限纳税的，可以按次纳税。

纳税人以1个月或者1个季度为一个纳税期的，自期满之日起15日内申报纳税；以1日、3日、5日、10日或者15日为一个纳税期的，自期满之日起5日内预缴税款，于次月1日起15日内申报纳税并结清上月应纳税款。

以1个季度为纳税期限的规定仅适用于小规模纳税人。小规模纳税人的具体纳税期限，由主管税务机关根据其应纳税额的大小分别核定。

纳税人进口货物，应当自海关填发海关进口增值税专用缴款书之日起15日内缴纳税款。

扣缴义务人解缴税款的期限，依照以上规定执行。

(三) 增值税纳税地点

(1) 固定业户应当向其机构所在地的主管税务机关申报纳税。总机构和分支机构不在同一县(市)的，应当分别向各自所在地的主管税务机关申报纳税；经国务院财政、税务主管部门或者其授权的财政、税务机关批准，可以由总机构汇总向总机构所在地的主管税务机关申报纳税。

(2) 固定业户到外县(市)销售货物或者应税劳务，应当向其机构所在地的主管税务机关申请开具外出经营活动税收管理证明，并向其机构所在地的主管税务机关申报纳税；未开具证明的，应当向销售地或者劳务发生地的主管税务机关申报纳税；未向销售地或者劳务发生地的主管税务机关申报纳税的，由其机构所在地的主管税务机关补征税款。

(3) 非固定业户销售货物或者应税劳务，应当向销售地或者劳务发生地的主管税务机关申报纳税；未向销售地或者劳务发生地的主管税务机关申报纳税的，由其机构所在地或者居住地的主管税务机关补征税款。

(4) 进口货物，应当向报关地海关申报纳税。

(5) 扣缴义务人应当向其机构所在地或者居住地的主管税务机关申报缴纳其扣缴的税款。

(四) 增值税的纳税申报

1. 纳税申报的时间

纳税人应按月进行纳税申报的，申报期为次月 1 日起 10 日止，如遇最后一日为法定节假日的，顺延 1 日；在申报期限内有连续 3 日以上法定休假日的，按休假日天数顺延。

2. 纳税申报应报送的资料

(1) 增值税一般纳税人应报送的资料

《增值税纳税申报表》(见表 2.1.3)及《增值税纳税申报表附列资料》；使用防伪税控系统的纳税人，必须报送记录当期纳税信息的 IC 卡，明细数据备份在软盘上的纳税人，还须报送备份数据软盘；《资产负债表》和《利润表》；有成品油零售业务的，还须报送《成品油购销存情况明细表》；取得运输发票并计算抵扣进项税额的，还应报送《增值税运输发票抵扣清单》的纸质资料和电子信息；取得需抵扣增值税进项税额的海关完税凭证的，应报送《海关完税凭证抵扣清单》纸质资料和电子数据的软盘(或其他存储介质)。当期未取得海关完税凭证可不向主管税务机关报送《海关完税凭证抵扣清单》；废旧物资回收经营单位应报送《废旧物资发票开具清单》纸质资料和电子数据的软盘(或其他存储介质)。当期未开具废旧物资发票可不向主管税务机关报送《废旧物资开具清单》或《废旧物资抵扣清单》。取得所需抵扣增值税进项税额的废旧物资发票，应报送《废旧物资抵扣清单》纸质资料和电子数据的软盘(或其他存储介质)。当期未取得废旧物资发票可不向主管税务机关报送《废旧物资抵扣清单》。

同时应报送下列备查资料：① 已开具的增值税专用发票和普通发票存根联；② 符合抵扣条件并且在本期申报抵扣的增值税专用发票抵扣联；③ 海关进口货物完税凭证复印件；④ 运输发票复印件；⑤ 购进农产品普通发票复印件；⑥ 购进废旧物资普通发票复印件；⑦ 收购凭证的存根联或报查联；⑧ 代扣代缴税款凭证存根联；⑨ 税务机关要求报送的其他备查资料。

(2) 增值税小规模纳税人应报送的资料

适用于小规模纳税人的增值税纳税申报表(见表 2.1.4)；发票领用存月报表；废旧物资回收经营单位，应报送《废旧物资发票开具清单》纸质资料和电子信息；财务会计报表。

任务四　增值税的会计核算

任务目标

熟悉增值税一般纳税人和小规模纳税人应纳增值税的会计核算。

由于增值税一般纳税人和小规模纳税人在增值税计算方法上存在差异，因此增值税会计处理也不相同。

一、一般纳税人增值税的会计核算

(一) 账户设置

根据现行《企业会计准则》的规定，一般纳税人在进行增值税会计处理时，应在“应交税费”账户下设置“应交税费——应交增值税”和“应交税费——未交增值税”两个明细账户和一个专门账户“应交税费——增值税检查调整”。

表 2.1.3 （新）增值税纳税申报表（适用于一般纳税人）

根据《中华人民共和国增值税暂行条例》第二十二条和第二十三条的规定制定本表。纳税人不论有无销售额，均应按主管税务机关核定的纳税期限按期填报本表，并于次月一日起十日内，向当地税务机关申报。

税款所属时间：自　　年　月　日至　　年　月　日　　　　填表日期：　　年　月　日

纳税人识别号：　　　　　　　　所属行业：　　　　　　　　金额单位：元至角分

纳税人名称	（公章）	法定代表人姓名		注册地址		营业地址	
开户银行及帐号		企业登记注册类型				电话号码	

项目		栏次	一般货物及劳务		即征即退货物及劳务	
			本月数	本年累计	本月数	本年累计
销售额	（一）按适用税率征税货物及劳务销售额	1				
	其中：应税货物销售额	2				
	应税劳务销售额	3				
	纳税检查调整的销售额	4				
	（二）按简易征收办法征税货物销售额	5				
	其中：纳税检查调整的销售额	6				
	（三）免、抵、退办法出口货物销售额	7			—	—
	（四）免税货物及劳务销售额	8			—	—
	其中：免税货物销售额	9			—	—
	免税劳务销售额	10			—	—
税款计算	销项税额	11				
	进项税额	12				
	上期留抵税额	13		—		—
	进项税额转出	14				
	免抵退货物应退税额	15			—	—
	按适用税率计算的纳税检查应补缴税额	16			—	—
	应抵扣税额合计	17=12+13−14−15+16		—		—
	实际抵扣税率	18（如17<11，则为17，否则为11）				
	应纳税额	19=11−18				
	期末留抵税额	20=17−18		—		—
	简易征收办法计算的应纳税额	21				
	按简易征收办法计算的纳税检查应补缴税额	22			—	—
	应纳税额减征额	23				
	应纳税额合计	24=19+21−23				

续表

项目		栏次	一般货物及劳务		即征即退货物及劳务	
			本月数	本年累计	本月数	本年累计
税款缴纳	期初未缴税额(多缴为负数)	25				
	实收出口开具专用缴款书退税额	26			—	—
	本期已缴税额	27=28+29+30+31				
	①分次预缴税额	28		—		—
	②出口开具专用缴款书预缴税额	29		—	—	—
	③本期缴纳上期应纳税额	30				
	④本期缴纳欠缴税额	31				
	期末未缴税额(多缴为负数)	32=24+25+26−27				
	其中:欠缴税额(≥0)	33=25+26−27		—		—
	本期应补(退)税额	34=24−28−29		—		—
	即征即退实际退税额	35	—	—		
	期初未缴查补税额	36			—	—
	本期入库查补税额	37			—	—
	期末未缴查补税额	38=16+22+36−37			—	—

授权声明

如果你已委托代理人申报,请填写下列资料:

为代理一切税务事宜,现授权

(地址)　　　　为本纳税人的代理申报人,任何与本申报表有关的往来文件,都可寄于此人。

授权人签字:

申报人声明

此纳税申报表是根据《中华人民共和国增值税暂行条例》的规定填报的,我相信它是真实的、可靠的、完整的。

声明人签字:

以下由税务机关填写

收到日期:　　　　接收人:　　　　主管税务机关盖章:

本表一式三联(二联按期报主管税务机关、一联企业留存)。

表 2.1.4 增值税纳税申报表(适用小规模纳税人)

纳税人识别号:

纳税人名称(公章): 金额单位:元(列至角分)

税款所属期: 年 月 日至 年 月 日 填表日期: 年 月 日

	项目	栏次	本期数	本年累计
计税依据	(一)应征增值税货物及劳务不含税销售额	1		
	其中:税务机关代开的增值税专用发票不含税销售额	2		
	税控器具开具的普通发票不含税销售额	3		
	(二)销售使用过的应税固定资产不含税销售额	4		
	其中:税控器具开具的普通发票不含税销售额	5		
	(三) 免税货物及劳务销售额	6		
	其中:税控器具开具的普通发票销售额	7		
	(四) 出口免税货物销售额	8		
	其中:税控器具开具的普通发票销售额	9		
税款计算	本期应纳税额	10		
	本期应纳税额减征额	11		
	应纳税额合计	12=10-11		
	本期预缴税额	13		
	本期应补(退)税额	14=12-13		

纳税人或代理人声明:	如纳税人填报,由纳税人填写以下各栏:
此纳税申报表是根据国家税收法律的规定填报的,我确定它是真实的、可靠的、完整的。	办税人员(签章): 财务负责人(签章): 法定代表人(签章): 联系电话:
	如委托代理人填报,由代理人填写以下各栏:
	代理人名称: 经办人(签章): 联系电话: 代理人(公章):

受理人: 受理日期: 年 月 日 受理税务机关(签章):

本表为 A3 竖式一式三份,一份纳税人留存,一份主管税务机关留存、一份征收部门留存

1. "应交税费——应交增值税"账户

借方反映企业购进货物或接受劳务支付的进项税额、实际已缴纳的增值税额和月终转出的应缴未缴的增值税额;贷方反映销售货物或提供应税劳务收取的销项税额、出口货物收到的出口退税以及进项税额转出数和转出多缴增值税;期末借方余额反映企业尚未抵扣的增值税。企业在"应交增值税"明细账内,一般下设九个专栏,并按规定进行明细核算。

(1)"进项税额"专栏,记录企业购入货物或接受应税劳务而支付的、准予从销项税额中抵扣的增值税额。企业购入货物或接受应税劳务支付的进项税额,用蓝字登记;退回所购货物应冲销的进项税额,用红字登记。

(2)“已交税金”专栏,核算企业当月已交本月增值税税额。

(3)“减免税款”专栏,反映企业按规定减免的增值税税额。

(4)“出口抵减内销产品应纳税额”专栏,反映企业按规定的退税率计算的出口货物的进项税额抵减内销产品的应纳税额。

(5)“转出未交增值税”专栏,核算一般纳税企业月终转出应交未交增值税。

上述五个专栏在“应交增值税”明细账的借方。

(6)“销项税额”专栏,记录企业销售货物或提供应税劳务应收取的增值税额。企业销售货物或提供应税劳务应收取的销项税额,用蓝字登记;退回销售货物应冲销的销项税额,用红字登记。

(7)“出口退税”专栏,记录企业出口适用零税率的货物,向海关办理报关出口手续后,凭出口报关单等有关凭证,向税务机关申报办理出口退税而收取退回的税款。出口货物退回的增值税额,用蓝字登记;出口货物办理退税后发生退货或者退关而补交已退税的税额,用红字登记。

(8)“进项税额转出”专栏,记录企业的购进货物,在产品、产成品等发生非正常损失以及其他原因而不应从销项税额中抵扣,按规定转出的进项税额。

(9)“转出多交增值税”专栏,核算一般纳税企业月终转出多交的增值税。

上述四个专栏在“应交增值税”明细账的贷方。

2. “应交税费——未交增值税”账户

为了分别反映企业欠交增值税款和待抵扣增值税情况,企业应在“应交税费”科目下设置“未交增值税”明细科目,核算一般纳税企业月终时转入的应交未交增值税额,转入多交的增值税也在本明细科目核算。“应交税费——未交增值税”账户的期末借方余额反映多交的增值税;贷方余额,反映未交的增值税。

月份终了,企业应将当月发生的应交增值税项目“应交税费——应交增值税”科目转入“未交增值税”明细科目。会计分录为:

借:应交税费——应交增值税(转出未交增值税)

　　贷:应交税费——未交增值税

月份终了,企业将本月多交的增值税自“应交税费——应交增值税”科目转入“未交增值税”明细科目,会计分录为:

借:应交税费——未交增值税

　　贷:应交税费——应交增值税(转出多交增值税)

企业当月上交上月应交未交的增值税时,会计分录为:

借:应交税费——未交增值税

　　贷:银行存款

3. “应交税费——增值税检查调整”专门账户

增值税一般纳税人在税务机关对其增值税纳税情况进行检查后,凡涉及增值税涉税账务调整的,应设立“应交税费——增值税检查调整”专门账户。

(1)凡是检查后应调减账面进项税额或调增销项税额和进项税额转出的数额,借记有关科目,贷记本科目。

(2)凡是检查后应调增账面进项税额或调减销项税额和进项税额转出的数额,借记本科目,贷记有关科目;全部调账事项入账后,应结出本账户的余额,并对该余额进行处理。处理之后，本账户无余额。

（二）会计核算

1. 进项税额的会计核算

(1) 正常购进货物和接受应税劳务的核算。按专用发票上注明的增值税额税额，借记“应交税费——应交增值税(进项税额)”；按专用发票上注明的应当计入采购成本，加工、修理修配等物资的成本的金额，贷记“原材料”、“库存商品”、“生产成本”、“委托加工物资”或“管理费用”等科目；按应支付或实际支付的金额，贷记“银行存款”、“应付账款”等科目。从小规模纳税人处购进货物或接受应税劳务时，往往无法取得增值税专用发票，税法规定，一般纳税人不能凭普通发票抵扣进项税额，所以应将进项税额计入采购成本。

【示例 15】 某工业企业为增值税一般纳税人，2011 年 6 月份购进原材料一批，取得增值税专用发票上注明的材料价款 100 000 元，增值税额 17 000 元，材料已验收入库，支付给承运企业运输费 2 000 元，并取得运输普通发票。上述款项已付。

【计算与分析】 本例中外购货物取得了增值税专用发票，故进项税额 17 000 元准予抵扣；支付的运输费由于也取得了运输普通发票，所以符合税法规定，可以抵扣 7%的进项税额。所以其账务处理如下：

购进时

可抵扣进项税额＝17 000＋2 000×7%＝17 140（元）

原材料＝100 000＋2 000－140＝101 860

企业应做如下会计处理：

借：原材料（或材料采购）	101 860	
应交税费——应交增值税（进项税额）	17 140	
贷：银行存款		119 000

注意：若本例中取得的是普通发票，注明的金额是 117 000 元，或是虽取得增值税专用发票，但不符合抵扣要求，则应将进项税额计入原材料采购成本，不得抵扣进项税额。同样，若取得的运费发票不符合抵扣标准，也不能抵扣 7%的进项税额，也应计入材料采购成本。

【示例 16】 某商场(一般纳税人)从小规模纳税人处购入商品一批，普通发票注明货款 5 000 元，货物已验收入库，货款已付。

【计算与分析】 一般纳税人从小规模纳税人处购进商品，账务处理如下：

借：库存商品	5 000	
贷：银行存款		5 000

注意：若该商场能够取得小规模纳税人委托税务机关代开的增值税专用发票，则可以准予抵扣进项税额。

(2) 进口货物的核算。税法规定，纳税人进口货物，应按照海关提供的完税凭证上注明的增值税税额，作为当期进项税额准予抵扣。

【示例 17】 某电子公司本月从国外进口电子元件一批，到岸价 480 000 元，以信用证存款支付，同时以银行汇票支付进口关税 120 000 元、进口增值税 102 000 元，以转账支票支付该批电子元件国内运费 10 000 元，并取得专业运输公司开具的运费发票。电子元件按实际成本验收入库。

【计算与分析】

应抵扣的进项税额＝(480 000＋120 000)×17％＋10 000×7％＝102 700 (元)

电子元件的采购成本＝480 000＋120 000＋10 000×(1－7％)＝609 300 (元)

公司应做如下会计处理：

	借方	贷方
借：原材料	609 300	
应交税费——应交增值税(进项税额)	102 700	
贷：其他货币资金——信用证		480 000
其他货币资金——银行汇票		222 000
银行存款		10 000

(3) 接受投资和接受捐赠的核算。税法规定，纳税人接受投资者以应税货物投资入股时，按投资者开具的专用发票上注明的增值税额准予抵扣。企业接受捐赠的货物，应按会计规定确定的实际成本，借记“原材料”、“材料采购”、“库存商品”、“周转材料”等科目；一般纳税人如涉及可抵扣的进项税额，可按抵扣增值税进项税额，借记“应交税费——应交增值税(进项税额)”科目；按实际支付的相关款项，贷记“银行存款”等科目；按上述借贷方的差额，贷记“营业外收入”科目。

【示例 18】 某工业企业 10 月份接受某企业投资的材料一批，双方确认价值为 800 000 元，取得投资方开具的增值税专用发票上注明增值税 136 000 元，公司以转账方式支付运费 6 000 元，取得专业运输公司开具的普通发票。按投资协议投资者在公司享有 10 万股股份，每股价值 5 元。原材料按 850 000 元的计划成本验收入库。

【计算与分析】 材料采购时的计算与会计处理：

采购成本＝800 000＋6 000×(1－7％)＝805 580 (元)

可抵扣的进项税额＝136 000＋6 000×7％＝136 420 (元)

	借方	贷方
借：材料采购	805 580	
应交税费——应交增值税(进项税额)	136 420	
贷：股本		500 000
资本公积——股本溢价		436 000
银行存款		6 000

2. 销项税额的会计核算

(1) 一般销售货物或提供应税劳务。企业正常销售货物或提供应税劳务，按照实现的销售收入和按规定收取的增值税额借记“银行存款”、“应收账款”等科目；按实现的销售收入贷记“主营业务收入”、“其他业务收入”等科目；按规定收取的增值税额贷记“应交税费——应交增值税(销项税额)”科目。

【示例 19】 某公司 5 月份销售产品一批，开具的增值税专用发票上注明价款 670 000 元，增值税额 113 900 元，另支付运费 3 000 元，货物已发出，货款以银行存款收讫。

【计算与分析】 销售货物确认收入时的会计处理：

	借方	贷方
借：银行存款	783 900	
贷：主营业务收入		670 000
应交税费——应交增值税(销项税额)		113 900

支付运费时的会计处理：

准予抵扣的进项税额＝3 000×7％＝210 (元)

借：销售费用　　2 790
　应交税费——应交增值税（进项税额）　　210
　贷：银行存款　　3 000

（2）视同销售行为的核算。视同销售行为共有8种情况。这些行为从实质上来看不是真正意义的销售，但在增值税法中，为了保证增值税计算的连续性和平衡各地区的税负，税法规定必须视同销售来处理，按税法规定确定销售额并计算销项税额。

【示例20】 企业将自己生产的产品50件，用于不动产在建工程；30件用于职工福利发给职工；20件作为礼物赠送。产品单位成本10 000元，同类产品对外销售价格为12 000元/件，该产品增值税税率17%。

【计算与分析】 将自产或者委托加工的货物用于非增值税应税项目，视同销售计算缴纳增值税。销项税额＝12 000×100×17%＝20 400（元）；库存商品＝10 000×100＝1 000 000（元）。

借：在建工程　　602 000
　应付职工薪酬——应付福利费　　361 200
　营业外支出　　240 800
　贷：库存商品　　1 000 000
　　应交税费——应交增值税（销项税额）　　204 000

（3）包装物的会计处理。随同产品销售且不单独计价的包装物，其收入应随同所售产品一并计入产品销售收入，账务处理同一般销售业务。随同产品销售单独计价的包装物，其收入不应作为产品销售收入，应作为其他业务收入处理。出租、出借包装物收取押金，由于这部分押金按规定在包装物退还时返还给购货方，所以在收取押金时不作账务处理，即不计入销售收入计税，而作为"其他应付款"处理。若包装物逾期不予退还，没收的押金应当换算为不含税收入计算增值税。

【示例21】 某工业企业是增值税一般纳税人，5月份销售产品一批，增值税专用发票注明销售产品价款230 000元，增值税款39 100元。另收取押金40 000元，款项已通过银行收讫。约定期限已过，没收押金。

【计算与分析】 销售产品时的会计处理：

借：银行存款　　309 100
　贷：主营业务收入　　230 000
　　应交税费——应交增值税（销项税额）　　39 100
　　其他应付款　　40 000

没收押金时的应纳税额计算及会计处理

$$40\ 000\div(1+17\%)\times17\%=5\ 812\text{（元）}$$

借：其他应付款　　40 000
　贷：营业外收入　　34 188
　　应交税费——应交增值税（销项税额）　　5 812

3. 增值税缴纳的会计处理

纳税人在纳税期满时，应根据"应交税费——应交增值税"明细账户各栏本期发生额，计算本期应纳增值税额，在规定期限内申报缴纳。

【示例22】 某企业本期计算应纳增值税50 000元，用银行存款转账交讫。

【会计核算】

借:应交税费——应交增值税(已交税金)　　50 000

　　贷:银行存款　　50 000

二、小规模纳税人账务处理

我国增值税税法规定,小规模纳税人实行简易办法征收,不得抵扣进项税额,适用3%的征收率,不得直接领购增值税专用发票。因此,小规模纳税人在购进货物或接受应税劳务时,均按实际支付的价税合计计入采购成本。销售或提供应税劳务时,按实现的收入计入"主营业务收入"、"其他业务收入",按应收取的增值税贷记"应交税费——应交增值税"账户。无三级明细账户。按规定的纳税期限缴纳税款时,与一般纳税人的会计处理相同。

【示例23】 某企业是小规模纳税人,7月份购进一批原材料,普通发票上注明价税合计90 000元,材料已验收入库,款已付讫。同月销售产品一批,由税务机关代开专用发票注明价款80 000元,增值税额2 400元,货款已收。月末以银行存款缴纳当月应纳的增值税。

【计算与分析】

(1) 购进材料时的会计处理:

借:原材料　　90 000

　　贷:银行存款　　90 000

(2) 销售货物时的会计处理:

借:银行存款　　82 400

　　贷:主营业务收入　　80 000

　　　　应交税费——应交增值税　　2 400

(3) 本月上缴增值税时的会计处理:

借:应交税费——应交增值税　　2 400

　　贷:银行存款　　2 400

任务五　增值税专用发票的使用与管理

任务目标

了解增值税专用发票的内容及式样,掌握增值税一般纳税人不得领购和开具增值税专用发票的情形和专用发票的开具范围及开具要求,重点掌握增值税专用发票抵扣的规定。

为加强增值税征收管理,规范增值税专用发票使用行为,根据《中华人民共和国增值税暂行条例》及其实施细则和《中华人民共和国税收征收管理法》及其实施细则,一般纳税人凭《发票领购簿》、IC卡和经办人身份证明领购专用发票。

一、增值税专用发票的内容和式样

一般纳税人销售货物或者应税劳务,应当向购买方开具增值税专用发票,并在增值税专用发票上分别注明销售额和销项税额。增值税专用发票的基本内容,除一般发票应有的发票名称、发票号码、联次及用途、客户名称、商品名称或经营项目、计量单位、数量、单价、大小写金额、开票人、开票的日期、开票单位名称等外，还包括购货人地址、购货人增值税登记号、增值税税率、供货方名称、地址及增值税登记号。票样见图 2.1.1。

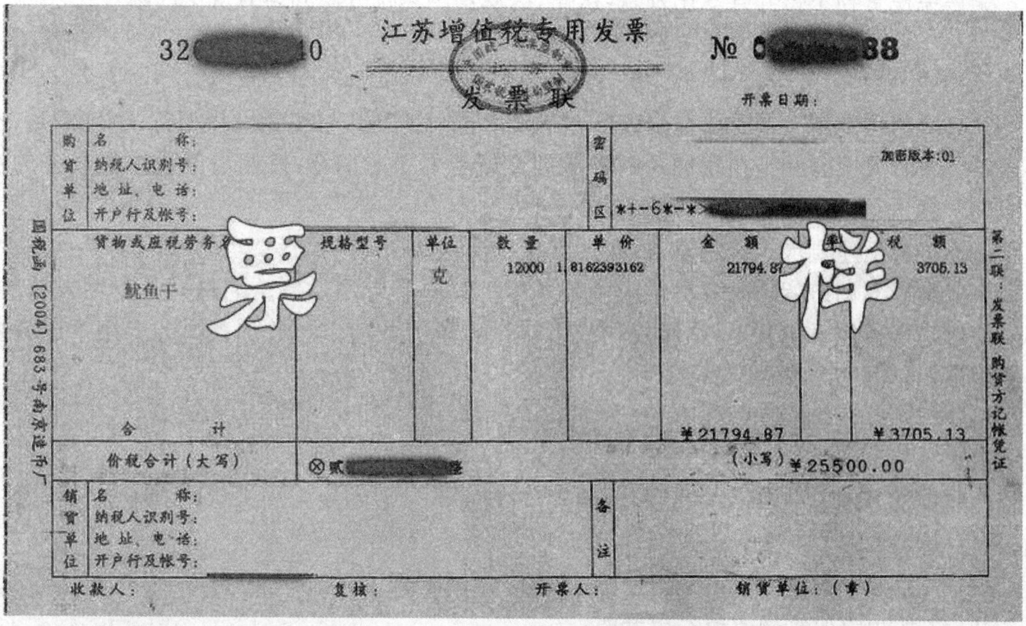
江苏增值税专用发票

32[illegible]0　　　　　　　№ [illegible]88

发票联　　　　　　　开票日期：

购货单位	名称： 纳税人识别号： 地址、电话： 开户行及帐号：			密码区	加密版本:01 *+-6*-*[illegible]		
货物或应税劳务名称	规格型号	单位	数量	单价	金额	税率	税额
鱿鱼干		克	12000	1.8162393162	21794.87		3705.13
合计					￥21794.87		￥3705.13
价税合计（大写）	⊗贰[illegible]				（小写）￥25500.00		
销货单位	名称： 纳税人识别号： 地址、电话： 开户行及帐号：			备注			

收款人：　　复核：　　开票人：　　销货单位：（章）

国税函〔2004〕683号南京造币厂

第二联：发票联 购货方记帐凭证

票样

图 2.1.1

二、一般纳税人有下列情形之一的，不得领购开具专用发票

(1) 会计核算不健全，不能向税务机关准确提供增值税销项税额、进项税额、应纳税额数据及其他有关增值税税务资料的。上列其他有关增值税税务资料的内容，由省、自治区、直辖市和计划单列市国家税务局确定。

(2) 有《税收征管法》规定的税收违法行为，拒不接受税务机关处理的。

(3) 有下列行为之一，经税务机关责令限期改正而仍未改正的：

① 虚开增值税专用发票；

② 私自印制专用发票；

③ 向税务机关以外的单位和个人买取专用发票；

④ 借用他人专用发票；

⑤ 未按规定开具专用发票；

⑥ 未按规定保管专用发票和专用设备；

⑦ 未按规定申请办理防伪税控系统变更发行；

⑧ 未按规定接受税务机关检查。

有上列情形的，如已领购专用发票，主管税务机关应暂扣其结存的专用发票和 IC 卡。

三、开具范围

一般纳税人销售货物或者提供应税劳务，应向购买方开具专用发票。

商业企业一般纳税人零售的烟、酒、食品、服装、鞋帽(不包括劳保专用部分)、化妆品等消费品不得开具专用发票。

增值税小规模纳税人需要开具专用发票的,可向主管税务机关申请代开。

销售免税货物不得开具专用发票,法律、法规及国家税务总局另有规定的除外。

四、开具要求

开具增值税专用发票时要符合以下基本要求:项目齐全,与实际交易相符;字迹清楚,不得压线、错格;发票联和抵扣联加盖财务专用章或者发票专用章;按照增值税纳税义务的发生时间开具。

对不符合上述要求的专用发票,购买方有权拒收。

一般纳税人销售货物或者提供应税劳务可汇总开具专用发票。汇总开具专用发票的,同时使用防伪税控系统开具《销售货物或者提供应税劳务清单》,并加盖财务专用章或者发票专用章。

五、增值税专用发票抵扣的规定

按照规定,除购进免税农产品和自营进口货物外,一般纳税人购进货物有下列情况之一的,不得抵扣进项税额。

(1) 未按规定取得增值税专用发票;

(2) 未按规定保管增值税专用发票;

(3) 销售方开具的增值税专用发票不符合前述开具增值税专用发票要求的。

小知识

我国增值税转型改革

所谓增值税转型,是指从生产型增值税转变为消费型增值税。增值税转型改革的主要内容包括以下几个方面:

(1) 2009 年 1 月 1 日起,全国所有增值税一般纳税人新购进设备所含的进项税额可以计算抵扣。

(2) 购进的应征消费税的小汽车、摩托车和游艇不得抵扣进项税额。

(3) 取消进口设备增值税免税政策和外商投资企业采购国产设备增值税退税政策。

(4) 小规模纳税人征收率降低为 3%。

(5) 将矿产品增值税税率从 13%恢复到 17%。

增值税转型改革,允许企业抵扣其购进设备所含的增值税,这既是一项重大的减税政策,也是积极财政政策的重要组成部分,可以为纳税人减轻税收负担超过 1 200 亿元。有利于消除生产型增值税制存在的重复征税因素,降低企业设备投资的税收负担,有利于鼓励投资和扩大内需,促进企业技术进步、产业结构调整和经济增长方式的转变,对于提高我国企业竞争力和抗风险能力,克服国际金融危机的不利影响,起到积极的作用。

项目小结

增值税是流转税中的一个重要税种。增值税是对在我国境内销售货物和进口货物以及提供加工、修理修配劳务的单位和个人,就其货物或劳务的增值额而征收的一种税。增值税的纳税人分为一般纳税人和小规模纳税人,增值税一般纳税人应纳税额的计算采用当期销项税额减去当期进项税额的办法计算,小规模纳税人的应纳税额采用销售额乘以征收率的办法计算。一般纳税人凭增值税专用发票抵扣进项税额,小规模纳税人则不能使用专用发票,也不允许抵扣进项税额。我国今后将扩大增值税征税范围,逐步取消营业税。

思考与讨论

1. 什么是增值税?增值税有何特点?
2. 增值税的征税范围和税率是如何规定的?
3. 增值税一般纳税人和小规模纳税人是如何划分的?
4. 增值税应纳税额如何计算?
5. 增值税的法定扣税凭证有哪些?如何区分进项税额转出业务?

训练与测试

一、解释名词

增值税;增值额;消费型增值税;销项税额;进项税额;视同销售行为;混合销售行为

二、单项选择

1. 将购买的货物用于(　　)项目,其进项税额准予抵扣。

A. 对外投资　B. 无偿赠送给职工　C. 发放奖品　D. 修建展销厅

2. 纳税人销售下列货物,可免征增值税的是(　　)。

A. 农用薄膜　B. 日用百货　C. 旧货　D. 自产农产品

3. 下列货物销售,适用 17% 税率的是(　　)。

A. 某罐头厂生产鱼罐头销售　B. 某蛋禽厂加工松花蛋销售

C. 某自来水公司生产自来水销售　D. 某煤气公司生产煤气销售

4. 下列项目中,应计算销项税额的项目是(　　)。

A. 将购买的货物用于集体福利

B. 将自产的货物用于非应税项目

C. 将购买的货物委托加工收回后继续用于增值税生产

D. 将购买的货物用于非应税项目

5. 某生产企业为增值税一般纳税人,本期销售收入为 140.4 万元(含税),本期发出包装物收取押金为 4.68 万元,本期逾期未归还包装物押金为 2.34 万元。该企业本期应申报的销项税额为(　　)万元。

A. 20.4　B. 20.74　C. 21.08　D. 20.797 8

6. 某增值税一般纳税人,本月销售一台已作为固定资产使用过的原值为 10 000 元的机床,取得全部收入 12 000 元,则该企业(　　)。

A. 应缴纳增值税额 480 元　B. 应缴纳增值税额 230.77 元

C. 应缴纳增值税额 240 元　D. 应缴纳增值税额 461.54 元

7. 某卷烟厂 2010 年 6 月收购烟叶生产卷烟,收购凭证上注明价款 50 万元,并向烟叶生产者支付了价外补贴。该卷烟厂6月份收购烟叶可抵扣的进项税额为(　　)万元。

A. 6.5　　B. 7.15　　C. 8.58　　D. 8.86

8. 某单位下列已取得增值税专用发票的项目中,可以作为进项税额抵扣的是(　　)。

A. 外购生产设备　　B. 外购修理用备件

C. 外购职工宿舍用水电　　D. 外购发给职工的节日慰问品

9. 下列各项中,属于增值税混合销售行为的是(　　)。

A. 建材商店在销售建材的同时又为其他客户提供装饰服务

B. 汽车建造公司在生产销售汽车的同时又为客户提供修理服务

C. 塑钢门窗销售商店在销售产品的同时又为客户提供安装服务

D. 电信局为客户提供电话安装服务的同时又销售所安装的电话机

三、多项选择

1. 下列项目中,不得抵扣进项税额的有(　　)。

A. 企业为职工购买的服装　　B. 企业为翻修职工浴室购进的建筑材料

C. 生产用的水、电　　D. 非正常损失的货物

2. 下列项目中,计算税款时允许扣除进项税额的有(　　)。

A. 为免税产品购进的原料

B. 为对外投资购进的货物

C. 发给职工的福利用品

D. 向小规模纳税人购进的取得专用发票的货物

3. 下列货物中,适用13%税率征收增值税的有(　　)。

A. 一般纳税人销售农机及零部件　　B. 一般纳税人销售的农药、化肥

C. 一般纳税人销售煤炭　　D. 一般纳税人销售精加工矿产品

4. 某企业为增值税的一般纳税人,其发生下列(　　)业务时,应作进项税额转出。

A. 已抵扣税款的购进货物用于在建工程

B. 水灾后损失的产成品所耗用的购进货物

C. 生产过程废品所耗用的购进货物

D. 为捐赠而购进的货物对外捐赠时

5. 可以退(免)增值税的出口货物应具备的条件有(　　)。

A. 属于增值税的征税范围　　B. 报关离境

C. 财务上做销售处理　　D. 用于宣传而对外赠送的产品

6. 销售方在销售价格之外,向购货方收取的下列费用应并入销售额计征销项税的项目有(　　)。

A. 收取的违约金

B. 收取的单独核算的包装物押金(1年以内)

C. 收取的手续费

D. 收取的包装物租金

7. 下列各项中,属于增值税征收范围的有(　　)。

A. 纳税人随同销售软件一并收取的软件培训费收入

B. 纳税人委托开发的委托方拥有著作权的软件所得的收入

C. 纳税人销售货物同时代办保险而向购买方收取的保险费收入

D. 印刷企业接受出版单位委托印刷有国家统一刊号的图书取得的收入

8. 在计算增值税销项税额时，下列项目可以不计入销售额的有(　　)。

A. 销售折扣　　B. 折扣销售　　C. 实物折扣　　D. 销售折让

9. 增值税纳税义务发生的时间是(　　)。

A. 采取预收货款方式销货时，为收取预收货款的当天

B. 采取分期付款方式销货时，为收到货款的当天

C. 采取托收承付和委托银行收款方式销货的，为发出货物并办妥托收手续的当天

D. 采取代销方式销货的，为收到代销清单的当天

10. 下列各项中，符合增值税专用发票开具时限规定的有(　　)。

A. 采用预收货款结算方式的，为收到货款的当天

B. 将货物交付他人代销的，为收到代销清单的当天

C. 采用赊销方式的，为合同约定的收款日期的当天

D. 将货物作为投资提供给其他单位的，为投资协议签订的当天

四、思考并判断

1. 企业将外购塑钢型材加工成的塑钢门窗用于在建工程，应作进项税额转出。(　　)

2. 商场将购进货物作为福利发放给职工，应作视同销售计征增值税。(　　)

3. 对高校后勤实体为高校师生食堂提供的商品，一律免征增值税。(　　)

4. 增值税小规模纳税人购进货物取得增值税专用发票可抵扣进项税额，取得普通发票不允许扣除进项税额。(　　)

5. 固定业户到外县(市)销售货物时，应向其机构所在地主管税务机关申报纳税，并开具外出经营活动税收管理证明；未开具证明的，应在销售地申报纳税。非固定业户无论在本地销售还是到外县(市)销售的，均在销售地申报纳税。(　　)

6. 酒类产品收取的包装物押金，无论是否返还以及会计上如何核算，均应并入当期销售额征税。(　　)

7. 非固定业户销售货物或应税劳务，应向销售地主管税务机关申报纳税。(　　)

8. 非正常损失，是指生产经营过程中正常损耗外的损失，包括：自然灾害损失；因管理不善造成货物被盗窃、发生霉烂变质、生产过程中发生的正常损失等损失；纳税人应在发生损毁的当期的进项税额中扣减，但对此不作进项税额转出。(　　)

9. 企业采取分期付款方式购进货物，支付首期货款并取得增值税专用发票，应在当期申报抵扣进项税额。(　　)

10. 一般纳税人外购货物所支付的运输费用，根据运费结算单据(普通发票)所列运费金额依7%的扣除率计算的进项税额准予扣除；一般纳税人销售货物所支付的运输费用应并入销售额计算销项税额。(　　)

五、实务题

1. 某企业为增值税一般纳税人，所适用的增值税率为17%，7月份发生以下业务：

(1) 销售给某商场一批货物，开具的增值税专用发票上注明的销售额200万元，该商场尚未付款提货；

(2) 购进一批生产用原材料，取得的增值税专用发票上注明的销售额80万元，税额13.6万元，已支付货款并已验收入库；支付运杂费3万元，其中运费金额2万元，保险费0.1万元，建设基金0.08万元，装卸费0.3万元；

(3) 批发销售一批货物，开具的专用发票上注明的销售额50万元。由于是协作单位，所以给予10%的价格折扣，并已另开发票；

(4) 销售给某商场(小规模纳税人)货物一批，开具的专用发票上注明的销售额20万元。

要求：根据以上资料，计算该生产企业应缴纳的增值税，并说明第(4)笔的做法有无不妥之处？对以上业务做相应的会计核算。

2. 某电视机厂为增值税一般纳税人，10月发生下列业务：销售A型电视机100台，每台售价0.3万元(不含税价)，开具增值税专用发票上注明的销售额30万元，货款已收到；购进电子元件一批，取得增值税专用发票注明的销售额20万元，税额3.4万元，款已付，货入库；支付购进电子元件的运杂费2万元，已取得运输专用发票；购进一台检测设备，取得专用发票上注明的税额0.68万元；售给本厂职工A型电视机20台，每台售价0.2万元；从小规模纳税人处购进一批电子元件，取得增值税专用发票上注明的销售额30万元。

要求：根据以上资料计算电视机厂10月份应缴纳的增值税，并做当月上交增值税的会计核算。

3. 某煤矿企业(为增值税一般纳税人)2010年12月发生下列业务：

(1) 开采原煤40 000吨；

(2) 采用托收承付方式销售原煤500吨，每吨不含税售价为150元，货物已发出，托收手续已办妥，货款尚未收到；

(3) 用原煤加工洗煤150吨，对外销售洗煤60吨，每吨不含税售价为330元，款项已收到；把自产同种洗煤50吨用于职工宿舍取暖，该煤矿原煤与洗煤的选矿比为1∶0.8；

(4) 销售开采原煤过程中产生的天然气45 000立方米，取得不含税销售额70 000元，并收取优质费2 000元；

(5) 采用分期收款方式向某供热公司销售优质原煤2 400吨，每吨不含税单价155元，价款372 000元，购销合同规定，本月收取三分之一的价款，实际取得不含税价款100 000元；

(6) 支付水费并取得增值税专用发票，注明的增值税税额为16 500元，其中的30%用于职工浴池；

(7) 购进煤炭开采机械两台，专用发票上注明的增值税税额为13 600元，运费发票上注明的运输费用为800元；

(8) 把精选煤15吨(选矿比为1∶0.35)赠送给关系单位，该煤矿没有同种选煤的销售价格，但已知每吨成本为460元，成本利润率为10%；

(9) 从一般纳税人企业购进劳保用品，增值税专用发票上注明的价款为20 000元，税额3 400元；

(10) 从某企业(增值税一般纳税人)购进生产用材料，取得增值税专用发票上注明的税额为8 000元。

要求：① 计算当期销项税额；② 计算当期准予抵扣的进项税额；③ 计算本月应纳的增值税税额。

项目(二) 消 费 税

项目目标及能力培养

熟悉消费税的基本征收制度，学会正确计算和缴纳消费税。

知识点或技能点

消费税的概念；消费税的纳税人、征税范围、税率；消费税的征收管理；消费税的计算缴纳；消费税的会计核算。

案 例 导 入

某摩托车厂是增值税一般纳税人，本月发生以下业务：销售自产摩托车50辆，开具普通发票上注明销售额是20万元，另收取运费1万元，包装费2万元；赞助摩托车接力赛5辆特制摩托车(无同类价格的)，每辆成本2万元；外购摩托车轮胎，增值税专用发票上注明增值税1.36万元，当月生产摩托车领用50%。

问题思考：① 消费税的征税范围是什么？是不是所有产品都要征消费税？② 消费税的计税依据如何确定？如何计算消费税？③ 消费税有没有税收优惠政策？如何进行纳税申报？④ 会计上如何对消费税进行账务处理？

任务一 认识消费税

任务目标

理解消费税的概念、特点，明确开征消费税的意义。

一、消费税的概念

消费税是对我国境内从事生产、委托加工和进口应税消费品的单位和个人，就其销售额或销售的数量，在特定的环节征收的一种税。简单地说，消费税就是针对一些特定的消费品征收的一种税。

这里所称在我国境内，是指生产、委托加工和进口属于应当缴纳消费税的消费品的起运地或者所在地在境内。所称单位，是指企业、行政单位、事业单位、军事单位、社会团体及其他单位。个人，是指个体工商户及其他个人。特定的消费品的具体征税范围，由财政部、国家税务总局确定。

二、消费税的特点

消费税是以应税消费品为课税对象的一种税，主要与最终消费品和消费行为有关，所以在应税产品的选择、税率的设计等方面，与其他流转税相比具有以下特点：

1. 消费税的课税对象具有一定的选择性

消费税的课税对象具有一定的选择性，其调节范围主要包括：特殊消费品、奢侈品、高能耗产品、不可再生的稀缺资源消费品；一些税基宽广、消费普遍、征收消费税不会影响人民生活水平，具有一定财政意义的普通消费品。

2. 消费税在生产环节实行单一环节征收

消费税的纳税环节确定在生产环节(金银首饰除外)，具有较大的隐蔽性，容易被消费者所接受，可减少消费税对社会的影响。同时，为了避免重复征税，在应税消费品脱离生产环节进入流通领域后，就不再征收，具有征收环节单一性的特点。

3. 消费税采用产品差别税率，实行价内征收

消费税按照产品不同来设置税目，分别制定高低不同的税率或税额，以具体规定消费税调节的范围。消费税实行价内征收，即消费税是产品价格的组成部分，税与价格互相补充，共同发挥调节经济的杠杆作用。

4. 消费税征收方法多样性

为适应不同应税消费品的情况和便于计算、计征的要求，消费税实行从价定率、从量定额和复合计征三种方法进行计算。对部分价格变化大，便于按价格核算的应税消费品实行从价计征；对部分价格变化小，品种、规格比较单一的大宗应税消费品实行从量计征；对烟、白酒实行从价与从量相结合的复合计征办法。

5. 税收负担具有转嫁性

增值税实行价外税，而消费税实行价内税，这就导致消费税无论在哪个环节征收，只要是价内计税，消费品价格中所含的消费税款最终都是由购买应税消费品的消费者承担。生产销售应税消费品的企业或个人虽然是纳税人，但其所缴纳的税款最终转嫁到了消费者身上。

6. 消费税没有减免税

选择征收消费税的消费品一般为需求弹性较大的非生活必需品，是由有相应消费能力的消费者负担的，不需要通过减免税来满足不合理的消费需求。为了公平税负，确保国家财政收入，充分发挥消费税调节社会特殊消费的作用，除出口的应税消费品外，其余应税消费品一律不得减税免税。

三、消费税的作用

消费税及其特点决定了其在税制结构中和社会经济发展中的重要地位，不仅能为国家筹集财政收入，更集中体现了国家的产业政策，强化了国家对经济进行宏观调控的手段。其具体作用表现如下：

1. 调节消费方向，优化资源配置

为了抑制对人体健康不利或是过度消费会对人体有害及造成环境污染的消费品的生产，将烟、酒、酒精、鞭炮和焰火列入了消费税的征税范围，达到了“寓禁于征”的目的；为了调节特殊消费，将摩托车、小汽车、贵重首饰、珠宝玉石、高尔夫球及球具、高档手表、游艇列入征税范围；为了节约一次能源和保护环境，限制过度消费，将汽油、轮胎、一次性筷子、实木地板列入了征税范围。这样可以以消费需求影响供给，使国家的产业、产品结构得到优化，从而实现资源的优化配置。

2. 调节消费结构,抑制超前消费

国家对部分消费品有选择地征收消费税,总的来说是因为我国目前财力有限,大部分人的生活水平还不是很高,需要政府通过政策正确引导人们的消费方向,这些都体现在消费税立法过程中。对人们日常消费的基本生活用品和企业正常的生产消费物品不征收消费税,但对于超前消费的奢侈品,如贵重首饰、珠宝玉石、高尔夫球及球具、高档手表、游艇等,通过开征消费税,达到引导消费、抑制高水平或超前消费的作用。

3. 调节支付能力,缓解分配不公

人们贫富差距的不同,导致在支付能力上的不同。通过对奢侈品或特殊消费品征收消费税,从调节个人支付能力角度间接增加某些消费者的税收负担或增加支出的超额负担,可以使支付能力强的高收入者受到一定的抑制,从而起到抑制高消费的作用。支付能力弱的低收入者基本上消费基本生活用品,所以不负担消费税,支付能力不受影响。这有利于政府缓解社会收入分配不公、贫富差距较大的矛盾。

4. 稳定税收来源,保证财政收入

消费税是价内税,不受成本等因素的影响,征税范围中大多属于使用广泛、消费量大、具有传统征收高税习惯的重点税源行业的商品,税源稳定、可靠。同时,消费税征税方法灵活,可按消费品的销售额或销售数量征税,使税收与应税消费品生产的增长趋势相适应,保证了财政收入的稳定增长。

小 知 识

消费税的由来

消费税是一种古老的税,在西方最早产生于古罗马帝国。由于当时农业和手工业的发展,城市的兴起和繁荣,相继对盐、酒等产品征税,这是消费税的雏形。消费税作为调节消费、体现产业政策的税种,已经被当今世界各国普遍采用,约有130多个国家和地区开征了消费税。我国早在周朝就有具有消费税性质的“山泽之赋”;西汉时为了体现“寓禁于征”,对酒进行征税;以后各朝代对酒、烟和茶等征税,均体现了消费税性质。新中国成立后,1951年国家颁布了《特种消费行为税暂行条例》,后因种种原因,被迫取消。随着经济的发展,为了调节消费结构,抑制不合理消费行为,1994年我国税制改革,制定并实施《中华人民共和国消费税暂行条例》及其实施细则,2006年财政部、国家税务总局联合下发通知,对消费税的税目、税率及相关政策进行了调整。

任务二　消费税主要法律规定

任务目标

掌握消费税的征税范围、纳税人、税目、税率及纳税环节。

一、消费税的征税范围

目前,我国消费税征税范围包括五大类:

1. 特殊消费品

主要是指过度消费会对人类健康、社会秩序、生态环境等方面造成危害的特殊消费品。如烟、酒、鞭炮、焰火等。通过对这些消费品进行征税，可以抑制其消费。

2. 奢侈品和非生活必需品

如贵重首饰、珠宝玉石、化妆品等。通过对这些消费品征税，可以调节纳税人的收入水平。

3. 高能耗及高档消费品

如小汽车、摩托车、高尔夫球等。这类消费品不仅价格昂贵，而且消耗能源较多，属于少数人消费的高档消费品，对其征税可以体现国家对高消费支出的一种特殊调节。

4. 不可再生和替代的石油类消费品

如汽油、柴油、一次性筷子等。通过对这类消费品征税，体现出国家对稀缺资源的合理配置和消费政策，可以限制对此类消费品的消费，节约能源。

5. 有一定财政意义的产品，如汽车轮胎等

对其征税既不影响居民基本生活，又能确保财政收入的稳定。

消费税的征税范围不是一成不变的，随着我国经济的不断发展，今后还可以根据国家消费政策和经济发展情况及消费结构的变化作适当的调整。

二、消费税的纳税人和扣缴义务人

（一）纳税人

在中华人民共和国境内生产、委托加工和进口条例规定的消费品的单位和个人，以及国务院确定的销售条例规定的消费品的其他单位和个人，为消费税的纳税人。单位，是指企业、行政单位、事业单位、军事单位、社会团体及其他单位。个人，是指个体工商户及其他个人。具体包括：

(1) 在我国境内从事应税消费品生产的单位和个人。

(2) 在我国境内从事委托加工应税消费品生产的单位和个人。委托加工，是指委托方提供原材料和主要材料，受托方只收取加工费和代垫部分辅助材料加工的应税消费品的生产。

(3) 在我国境内从事进口应税消费品的单位和个人。进口应税消费品的消费税，由从事应税消费品进口的进口人或其代理人缴纳。个人携带或邮寄进境的应税消费品的消费税，连同关税一并计征，由携带入境人或者收件人缴纳。

（二）扣缴义务人

消费税的扣缴义务人主要是针对纳税人委托加工应税消费品，以委托单位和个人作为纳税人，受托加工应税消费品的单位为代扣代缴义务人；纳税人委托个体经营者加工应税消费品的，由委托方收回后在委托方所在地缴纳消费税。

三、消费税税目、税率

（一）消费税税目

消费税税目设置的原则是：尽量简化、科学；征税目的明确；课税对象清晰；同时兼顾历史习惯。按税法规定我国现行的消费税设置了 14 个税目，具体内容和规定如下：

1. 烟

下设三个子目：卷烟、雪茄和烟丝。

卷烟，包括各种型号、规格的国产卷烟、进口卷烟、白包卷烟、手工卷烟和未经国务院批准纳入计划的企业及个人生产的卷烟等。具体分为：① 甲类卷烟：每标准条（200 支）调拨价 50 元以上的（含 50 元，不含增值税）；② 乙类卷烟：每标准条（200 支）调拨价 50 元以下的（不含 50 元，不含增值税）。

雪茄烟，包括各种型号、规格的雪茄烟。

烟丝，包括以烟叶为原料加工生产的不经卷制的散装烟，如斗烟、莫合烟、烟末、水烟、黄红烟丝等。

2. 酒及酒精

下设五个子目：白酒、黄酒、啤酒、其他酒和酒精。

其中，白酒分为粮食白酒和薯类白酒。啤酒包括各种包装和散装的啤酒。具体分为：① 甲类啤酒：每吨出厂价（含包装物及包装物押金，不含增值税）3 000 元（含 3 000 元）以上的。② 乙类啤酒：每吨出厂价（含包装物及包装物押金，不含增值税）3 000 元（含 3 000 元）以下的。③ 娱乐业和饮食业自制的。

黄酒，包括各种原料酿制的黄酒和酒精度 12 度及以上的土甜酒。

其他酒，是指除以上三类酒以外，酒精度在 1 度以上的各种酒。具体包括果木酒、药酒、土甜酒、其他原料白酒等。

酒精，包括用蒸馏办法和合成方法生产的酒精度数在 95 度以上的各种工业酒精、医药酒精等。

3. 化妆品

不包括护肤护发用品。具体包括香水、香水精、香粉、口红、指甲油、胭脂、眉笔、成套化妆品和高档护肤化妆品等。舞台、戏剧、影视演员化妆用的上妆油、卸妆油、油彩、发胶等不属于本税目的征税范围。

4. 贵重首饰及珠宝玉石

包括两个子目：金银首饰、铂金首饰和钻石及钻石饰品；其他贵重首饰和珠宝玉石。

5. 鞭炮、焰火

主要包括各种规格、品种的鞭炮、焰火。

6. 成品油

下设 7 个子目：汽油、柴油、航空煤油、石脑油、溶剂油、润滑油和燃料油。

7. 汽车轮胎

主要是指用于各种汽车、挂车、专用车和其他机动车上的内、外胎。包括各种乘用车、载重及公共汽车、摩托车、工程车、农用拖拉机、收割机等其他机动车车胎。

8. 摩托车

包括轻便摩托车和摩托车。

9. 小汽车

包括小轿车、越野车和小客车。下设两个子目，乘用车和中轻型商用客车。

10. 高尔夫球及球具

包括高尔夫球、球杆和球包等各种球具。

11. 高档手表

12. 游艇

13. 木制一次性筷子

14. 实木地板

（二）税率

消费税实行比例税率和定额税率，共设置了17档不同的税率（税额）。具体税目税率见表2.1.5（此表在规定的税目税率表的基础上，经过了调整分析）。消费税税目、税率的调整，由国务院决定。纳税人兼营不同税率的应税消费品，应当分别核算不同税率应税消费品的销售额、销售数量；未分别核算销售额、销售数量，或者将不同税率的应税消费品组成成套消费品销售的，从高适用税率。

表2.1.5　消费税税目税率表

税　目	子　目		税　率
一、烟	1. 卷烟	(1)甲类卷烟：每标准条（200支）调拨价50元以上的（含50元，不含增值税）	比例税率：45%　加： 定额税率：0.003元/支或150元/箱 每标准箱50 000支
		(2)乙类卷烟：每标准条（200支）调拨价50元以下的（不含50元，不含增值税）	比例税率：30%　加： 定额税率：0.003元/支或150元/箱 每标准箱50 000支
	2. 雪茄		25%
	3. 烟丝		30%
二、酒及酒精	1. 白酒	粮食白酒	比例税率：20%　加： 定额税率：0.5元/500克（或者500毫升）
		薯类白酒	比例税率：20%　加： 定额税率：0.5元/500克（或者500毫升）
	2. 黄酒		240元/吨
	3. 啤酒	(1)甲类啤酒：每吨出厂价（含包装物及包装物押金，不含增值税）3 000元（含3 000元）以上的	250元/吨
		(2)乙类啤酒：每吨出厂价（含包装物及包装物押金，不含增值税）3 000元（含3 000元）以下的	220元/吨
		(3)娱乐业和饮食业自制的	250元/吨
	4. 其他酒		10%
	5. 酒精		5%
三、化妆品			30%

续表

税目	子目		税率
四、贵重首饰及珠宝玉石	1.金银首饰、铂金首饰和钻石及钻石饰品。除镀金(银)、包金(银)首饰以及镀金(银)、包金(银)首饰以外的金银首饰;铂金首饰;钻石及钻石饰品		5% 零售环节征收
	2.其他贵重首饰和珠宝玉石		10% 生产环节征收
五、鞭炮、焰火			15%
六、成品油	1.汽油	(1)含铅汽油(含铅量≥0.013克/升)	0.28元/升
		(2)无铅汽油(含铅量＜0.013克/升)	0.20元/升
	2.柴油		0.10元/升
	3.航空煤油(1吨=1 246升)		0.10元/升
	4.石脑油(1吨=1 385升)		0.20元/升
	5. 溶剂油(1吨=1 282升)		0.20元/升
	6.润滑油(1吨=1 126升)		0.20元/升
	7.燃料油(1吨=1 015升)		0.10元/升
七、汽车轮胎			3%
八、摩托车	1.气缸容量(排气量,下同)在250毫升(含250毫升)以下的		3%
	2.气缸容量在250毫升以上的		10%
九、小汽车	1.乘用车	(1)气缸容量(排气量,下同)在1.0升(含1.0升)以下的	1%
		(2)气缸容量在1.0升以上至1.5升(含1.5升)的	3%
		(3)气缸容量在1.5升以上至2.0升(含2.0升)的	5%
		(4)气缸容量在2.0升以上至2.5升(含2.5升)的	9%
		(5)气缸容量在2.5升以上至3.0升(含3.0升)的	12%
		(6)气缸容量在3.0升以上至4.0升(含4.0升)的	25%
		(7)气缸容量在4.0升以上的	40%
	2.中轻型商用客车		5%
十、高尔夫球及球具			10%
十一、高档手表			20%
十二、游艇			10%
十三、木制一次性筷子			5%
十四、实木地板			5%

四、消费税的纳税环节

尽管消费税最终由消费者负担，但为了防止税款流失，加强源泉控制，对消费税的纳税环节作了如下具体规定：

（一）一般规定

消费税一般是确定在生产销售环节，即纳税人生产的应税消费品于销售时纳税。简单地说，消费税纳税义务人为“生产制造商”，纳税义务发生时间为销售收入实现时。在这里要注意的是，生产应税消费品的企业在销售时应当计算缴纳消费税，不生产但销售了应税消费品的企业无需纳税。原因是消费税纳税环节规定在生产环节，而仅仅销售应税消费品的企业并没有生产，且所销售的应税消费品中已经包含了在生产环节缴纳的消费税，这是消费税的单一环节征收和价内税特点所决定的。纳税人生产销售的应税消费品，还包括纳税人用于换取生产资料和消费资料，支付代购手续费或者销售回扣，以及在销售数量之外另付给购货方或中间人作为奖励和报酬的应税消费品，这些行为视同销售。

（二）特殊规定

1. 进口环节

税法规定，对纳税人进口的应税消费品，于报关进口时向报关地海关缴纳消费税。个人携带或邮寄进入我国境内的应税消费品，在报关进口环节连同关税一并计算纳税。

2. 使用环节

税法规定，纳税人自产自用的应税消费品，用于连续生产应税消费品的不纳税；用于生产非应税消费品，为在建工程、管理部门和非生产机构提供劳务以及用于馈赠、赞助、集资、广告、样品、职工福利、奖励等的应税消费品，于移送使用时纳税。

3. 委托环节

委托加工的应税消费品，要注意两点：一是由受托方在向委托方交货时代收代缴消费税款，也就是说，受托方生产应税消费品，由受托方缴纳，但税款由委托方支付。二是委托方委托个体经营者加工应税消费品，由于个体经营者大部分没有健全的纳税手续，所以，税法规定一律于委托方收回后在委托方所在地缴纳消费税。

4. 零售环节

主要是指金银首饰（含镶嵌首饰）、钻石及钻石饰品在零售环节征税。简单地说，就是金银首饰的消费税纳税义务人为“零售商”，纳税义务发生时间为销售收入实现时。

五、消费税的税收优惠

消费税本身征税范围比较窄，税法只列举了十四种特殊消费品，其目的在于调节收入分配、控制过度消费，因此，税法很少对消费税制定优惠政策。从目前来看，新《实施细则》只对纳税人出口的应税消费品免征消费税；国务院另有规定的除外。如果已经征收了消费税，在出口时要办理出口退税。出口应税消费品的免税办法，由国务院财政、税务主管部门规定。消费税出口退税的方法与增值税出口退税的方法相同。

任务三 消费税的计算缴纳和会计核算

任务目标

掌握消费税的计算和缴纳；明确消费税的征收管理规定；学会对消费税进行会计核算。

一、消费税应纳税额的计算

(一) 计税依据及计算方法

消费税的计税依据分别采用从价计征、从量计征两种计税方法。实行从价计税办法征税的应税消费品，计税依据为应税消费品的销售额。实行从量定额办法计税的，通常以每单位应税消费品的重量、容积或数量为计税依据。

(1) 从价计税计征。计税依据为不含增值税的销售额。其计算公式为：

应纳税额＝应税消费品销售额×适用税率

(2) 从量计税计征。计税依据为销售数量。其计算公式为：

应纳税额＝应税消费品销售数量×适用税额

(3) 自产自用应税消费品用于连续生产应税消费品的，不纳税；用于其他方面的，有同类消费品销售价格的，按照纳税人生产的同类消费品销售价格计算纳税，没有同类消费品销售价格的，按组成计税价格计算纳税。

组成计税价格＝(成本＋利润)÷(1－消费税税率)

应纳税额＝组成计税价格×适用税率

(4) 委托加工应税消费品由受托方交货时代扣代缴消费税。按照受托方的同类消费品销售价格计算纳税，没有同类消费品销售价格的，按组成计税价格计算纳税。

组成计税价格＝(材料成本＋加工费)÷(1－消费税税率)

应纳税额＝组成计税价格×适用税率

(5) 进口应税消费品，按照组成计税价格计算纳税。计算公式为：

组成计税价格＝(关税完税价格＋关税)÷(1－消费税税率)

应纳税额＝组成计税价格×消费税税率

(6) 零售金银首饰的纳税人在计税时，应将含增值税的销售额换算为不含税的销售额。

金银首饰的应税销售额＝含增值税的销售额÷(1＋增值税税率或征收率)

对于生产、批发、零售单位用于馈赠、赞助、集资、广告、样品、职工福利、奖励等方面或未分别核算销售额的，按照组成计税价格计算纳税。

组成计税价格＝购进原价×(1＋利润率)÷(1－金银首饰消费税税率)

应纳税额＝组成计税价格×金银首饰消费税税率

(二) 应纳税额的计算

1. 从价定率计税的应纳税额的计算

从价定率法下应纳税额的计算，取决于应税消费品的销售额和适用税率两个因素。

应纳税额＝应税消费品的销售额×适用税率

(1) 一般销售业务销售额一般规定及应纳税额的计算

应税消费品的销售额包括销售应税消费品从购买方收取的全部价款和价外费用。价外费用是指价外向购买方收取的手续费、补贴、基金、集资费、返还利润、奖励费、违约金、滞纳金、延期付款利息、赔偿金、代收款项、代垫款项、包装费、包装物租金、储备费、优质费、运输装卸费以及其他各种性质的价外收费。但下列项目不包括在内:

① 同时符合以下条件的代垫运输费用:一是承运部门的运输费用,发票开具给购买方的;二是纳税人将该项发票转交给购买方的。

② 同时符合以下条件代为收取的政府性基金或者行政事业性收费:一是由国务院或者财政部批准设立的政府性基金,由国务院或者省级人民政府及其财政、价格主管部门批准设立的行政事业性收费;二是收取时开具省级以上财政部门印制的财政票据;三是所收款项全额上缴财政。

除此之外,其他价外费用,无论是否属于纳税人的收入,均应并入销售额计算纳税。

销售额=应税消费品销售额+价外收费

③ 不包括应向购买方收取的增值税税额。如果纳税人应税消费品的销售额中未扣除增值税税额或者因不得开具增值专用发票而发生价款和增值税税额合并收取的,在计算消费税时,应当换算为不含增值税税额的销售额。其换算公式为:

应税消费品的销售额=含增值税的销售额÷(1+增值税税率或征收率)

【示例 1】 某酒厂(增值税一般纳税人)8 月向某商场销售果木酒 10 吨,共取得含税销售额 117 000 元,另外,双方商定由酒厂运输队负责运送该批酒到商场仓库,商场支付运输费 1 000 元。果木酒消费税税率 10%,计算该厂本月应纳消费税税额。

【计算与分析】 销售额为含税销售额,应将其换算为不含增值税销售额;运费应作为价外费用,并入销售额征税。

应税销售额=117 000÷(1+17%)+1 000=101 000(元)

应纳消费税税额=101 000×10%=10 100(元)

【示例 2】 某化妆品生产企业(增值税一般纳税人)9 月 10 日向某商场销售化妆品一批,开具增值税专用发票,取得不含税销售额 50 万元,增值税额 8.5 万元;15 日向某单位销售化妆品一批,开具普通发票,取得含税销售额 3.51 万元,化妆品适用消费税税率 30%。计算该化妆品生产企业本月应纳消费税税额。

【计算与分析】 开具普通发票,其销售额为含税销售额,应将其换算为不含增值税销售额。

应税销售额=50+3.51÷(1+17%)=53(万元)

应纳消费税税额=53×30%=15.9(万元)

纳税人销售的应税消费品,以外汇结算销售额的,其销售额的人民币折合率可以选择结算的当天或当月 1 日的国家外汇牌价(原则上为中间价),纳税人应在事先确定采取何种折合率,确定后一年内不得变更。

(2) 包装物及押金的计税销售额及应纳税额的计算

应税消费品连同包装物销售的,无论包装物是否单独计价,也不论在财务上如何核算,均应并入应税消费品的销售额中征收消费税。如果包装物不作价随同产品销售,而是单独收取押金,则此项押金不应并入应税消费品中征税。但对逾期未收回的包装物不再退还的和已收取一年以上的押金,应换算为不含增值税的销售额,并入应税消费品的销售额,按照应税消费品的适用税率征收消费税。

对既作价随同应税消费品销售，又另外收取押金的包装物押金，凡纳税人在规定的期限内不予退还的，均应并入应税消费品的销售额，按照应税消费品的适用税率征收消费税。

对销售酒类产品而收取的包装物押金，无论押金是否返还及会计上如何核算，均应并入酒类产品销售额中征收消费税。

【示例 3】 某日用化工厂本月销售香水 1 000 箱，每箱不含税（增值税）售价 200 元；销售散装香水 100 公斤，每公斤不含税售价 180 元。由于销售需要，在销售过程中，有以下几种关于包装桶的使用情况：① 有 10 只包装桶随同 50 公斤散装香水销售，但包装桶不作价销售而是收取押金，每只收取押金 80 元；② 有 10 只包装桶随同 50 公斤散装香水作价销售，每只包装桶又另收押金 10 元。计算该厂本月应纳消费税税额。香水的消费税税率 30%。

【计算与分析】 ① 包装物随同香水作价销售。

应纳税额＝1 000×200×30%＝200 000（元）

② 包装物不作价销售而是收取押金。

应纳税额＝50×180×30%＝2 700（元）

若逾期未收回包装物，不予退还的押金应按香水适用税率征收消费税。

应纳税额＝80÷(1＋17%)×10×30%＝205.14（元）

③ 包装物作价销售又另外收取押金。

应纳税额＝50×180×30%＝2 700（元）

若逾期不予退还的押金应按香水适用税率征收消费税。

应纳税额＝10×10÷(1＋17%)×30%＝25.65（元）

【示例 4】 某摩托车厂（增值税一般纳税人）10 月份销售摩托车 100 辆，每辆不含税售价 20 000 元，同时收取包装物押金 40 000 元，另外本月已逾期的包装物押金 35 100 元，计算 10 月份该厂应纳消费税税额。摩托车消费税税率 10%。

【计算与分析】 包装物不作价随同产品销售，而是收取押金，此项押金则不应并入应税消费品中征税。对逾期未收回的包装物不再退还的和已收取一年以上的押金，应并入应税消费品的销售额，按照应税消费品的适用税率征收消费税。

应税销售额＝100×20 000＋35 100÷(1＋17%)＝2 030 000（元）

应纳消费税税额＝2 030 000×10%＝203 000（元）

(3) 自产自用应税消费品销售额的确定及应纳税额的计算

自产自用的应税消费品，根据消费税暂行条例和实施细则的规定，按照本企业同类消费品的销售价格计算应纳税款。同类消费品的销售价格，是指纳税人或者代收代缴义务人当月销售的同类消费品的销售价格，如果当月同类消费品各期销售价格高低不同，应按销售数量加权平均计算。

但销售的应税消费品有下列情况之一的，不得列入加权平均计算：销售价格明显偏低并无正当理由的；无销售价格的。

如果当月无销售或者当月未完结，应按照同类消费品上月或者最近月份的销售价格计税。

【示例 5】 某烟厂将一批自产的雪茄烟用作职工福利，该批雪茄烟的成本为 100 000 元，雪茄烟的成本利润率为 5%，消费税税率 25%。计算该卷烟厂应纳消费税税额。

【计算与分析】 因无同类价，所以采用组成计税价格。

组成计税价格＝(100 000＋100 000×5%)÷(1－25%)＝14 000 (元)

应纳税额＝14 000×25%＝3 500 (元)

税法规定,关于自产自用(视同销售)的应税消费品有三个方面要求:

① 用于连续生产应税消费品,因为是作为生产最终应税消费品的直接材料,并构成最终产品实体,是企业生产流程中的一个阶段,所以,税法规定不需纳税。仅对最终应税消费品于确认销售收入时征税。

② 用于生产非应税消费品和在建工程、管理部门、非生产机构、提供劳务以及用于馈赠、赞助、集资、广告、样品、职工福利、奖励等方面的,按纳税人同类应税消费品的销售价格或组成计税价格计税。

③ 用于换取生产资料和消费资料、投资入股、抵偿债务、支付代购手续费,以及在销售之外另付给购货方或者中间人作为奖励和报酬的应税消费品,以纳税人同类销售价格或组成计税价格计税。

纳税人通过自设非独立核算门市部销售的自产应税消费品,应当按照门市部对外销售额或者销售数量计算征收消费税。

(4) 委托加工应税消费品的销售额的确定及应纳税额的计算

委托加工应税消费品,是指由委托方提供原料和主要材料,受托方只收取加工费和代垫部分辅助材料加工的应税消费品。对于由受托方提供原材料生产的应税消费品,或者受托方先将原材料卖给委托方,然后再接受加工的应税消费品,以及由受托方以委托方名义购进原材料生产的应税消费品,不论在财务上是否作销售处理,都不得作为委托加工应税消费品,而应当按照销售自制应税消费品缴纳消费税。

税法规定,委托加工的应税消费品,由受托方在向委托方交货时代收代缴消费税;按照受托方的同类消费品销售价格计算纳税,没有同类消费品销售价格的,按组成计税价格计算纳税。委托加工的应税消费品收回后直接用于销售的,在销售时不再交纳消费税;收回后用于连续生产应税消费品的,其由受托方代收代缴的消费税按规定准予抵扣。

现行税法规定,对下列连续生产的应税消费品准予从应纳消费税税额中按当期生产领用的数量计算扣除委托加工收回的应税消费品已纳消费税税额。

① 以委托加工收回的已税烟丝为原料生产的卷烟;

② 以委托加工收回的已税化妆品为原料生产的化妆品;

③ 以委托加工收回的已税珠宝玉石为原料生产的贵重首饰及珠宝玉石;

④ 以委托加工收回的已税鞭炮、焰火为原料生产的鞭炮、焰火;

⑤ 以委托加工收回的已税汽车轮胎生产的汽车轮胎;

⑥ 以委托加工收回的已税摩托车生产的摩托车;

⑦ 以委托加工收回的已税杆头、杆身和握把为原料生产的高尔夫球杆;

⑧ 以委托加工收回的已税木制一次性筷子为原料生产的木制一次性筷子;

⑨ 以委托加工收回的已税实木地板为原料生产的实木地板;

⑩ 以委托加工收回的已税石脑油为原料生产的应税消费品;

⑪ 以委托加工收回的已税润滑油为原料生产的润滑油。

上述当期准予扣除委托加工收回的应税消费品已纳消费税税款的计算公式为:当期准予扣除的外购应税消费品已纳税款＝当期准予扣除的外购应税消费品买价×外购应税消费品适用税率。当期准予扣除的外购应税消费品买价＝期初库存的外购应税消费品的买价＋

当期购进的应税消费品的买价－期末库存的外购应税消费品的买价。

外购已税消费品的买价是指购货发票上注明的销售额(不包括增值税税款)。

纳税人用外购的已税珠宝玉石生产的改在零售环节征收消费税的金银首饰,在计税时一律不得扣除外购珠宝玉石的已纳税款。

值得注意的是:允许扣除已纳税款的应税消费品只限于从工业企业购进的应税消费品,对从商业企业购进应税消费品的已纳税款一律不得扣除。

【示例 6】 某酒厂当期外购粮食酒精 100 吨,不含增值税进价为 100 万元,期初库存粮食酒精 10 吨,不含增值税进价为 94 500 元,当期生产领用粮食酒精 50 吨,期末库存粮食酒精 60 吨,不含增值税的进价为 597 000 元,当期销售白酒 10 吨,取得不含增值税的销售额 100 万元,白酒消费税适用税率为 25%,粮食酒精消费税税率为 5%,计算应纳的消费税。

【计算与分析】

当期准予扣除的外购应税消费品买价＝94 500＋1 000 000－597 000＝497 500 (元)

当期准予扣除的外购应税消费品已纳税款＝497 500×5%＝24 875 (元)

应纳消费税税额＝1 000 000×25%＋10×1 000×2×0.5－24 875＝235 125 (元)

【示例 7】 甲酒厂提供一批大米给乙酒厂,委托其加工酒精两吨,现已收回。乙酒厂同类型酒精每吨不含税售价 3 000 元。酒精消费税税率 5%。计算乙酒厂代收代缴消费税税额。

【计算与分析】 因为受托方有同类商品价,所以按同类价计算。

乙酒厂代收代缴消费税税额＝2×3 000×5%＝300 (元)

【示例 8】 某汽车厂委托某橡胶厂加工专用车轮胎 100 套,橡胶由汽车厂提供,共 1 000 公斤,每套轮胎材料成本 150 元,橡胶厂加工一套轮胎的加工费为 50 元,代垫辅料 20 元。汽车厂已经提货。橡胶厂没有同类产品销售价格。汽车轮胎消费税税率 3%。计算橡胶厂代收代缴消费税税额。

【计算与分析】 因无同类价,所以采用组成计税价格计算纳税。

组成计税价格＝(材料成本＋加工费)÷(1－消费税税率)

＝(150＋50＋20)÷(1－3%)＝226.80 (元)

橡胶厂代收代缴消费税税额＝226.80×100×3%＝680.41 (元)

(5) 进口应税消费品,按照不同的计税方法计算方法不同。

① 进口的是实行从价定率办法计算消费税的应税消费品,采用组成计税价格计算纳税。

组成计税价格＝(关税完税价格＋关税)÷(1－消费税比例税率)

应纳税额＝组成计税价格×税率

② 进口的是实行从量定额办法计算消费税的应税消费品。

应纳税额＝进口应税消费品的数量×单位定额税率

③ 进口的是实行复合计税办法计算消费税应税消费品,采用从价和从量结合计算。

组成计税价格＝(关税完税价格＋关税＋进口数量×定额税率)÷(1－消费税比例税率)

应纳税额＝组成计税价格×税率＋进口应税消费品的数量×单位定额税率

【示例 9】 某公司进口一批排气量为 1.6 升的小轿车 50 辆,关税完税价每辆 10 万元,关税税率为 80%。小轿车消费税税率为 5%,计算该批小轿车应纳消费税税额。

【计算与分析】

组成计税价格＝(关税完税价格＋关税)÷(1－消费税税率)

＝(10＋10×80%)÷(1－5%)＝18.95(万元)

应纳税额＝18.95×50×5%＝47.375(万元)

2. 从量定额计税的应纳税额的计算

应纳税额＝应税消费品销售数量×适用税额

销售数量是指应税消费品的数量，具体为：销售应税消费品的，为应税消费品的销售数量；自产自用应税消费品的，为应税消费品的移送使用数量；委托加工应税消费品的，为纳税人收回的应税消费品数量；进口的应税消费品，为海关核定的应税消费品进口征税数量。

【示例 10】 某啤酒厂 8 月份销售啤酒 500 吨，每吨出厂价 4 000 元。计算 8 月份该厂应纳消费税税额。

【计算与分析】 税法规定，每吨啤酒出厂价(含包装物及包装物押金，不含增值税) 3 000 元(含 3 000 元)以上的，定额税率 250 元/吨。

该酒厂应纳税额＝500×250＝125 000(元)

3. 从价定率与从量定额复合计税的应纳税额的计算

我国消费税税法规定，对卷烟、白酒实行从量定额和从价定率相结合的复合计税法计征消费税。计算公式如下：

应纳税额＝应税销售数量×定额税率＋计税销售额×比例税率

粮食白酒和薯类白酒的计税依据与前面从价定率、从量定额相同；卷烟的计税依据有以下特殊规定：

(1) 从量定额计税依据为卷烟的实际销售数量。

(2) 从价定率的计税依据为卷烟的调拨价格或核定价格。调拨价格，是指卷烟生产企业通过卷烟交易市场与购货方签订的卷烟交易价格，由国家税务总局确定并对外公布。核定价格，是指不进入交易中心、交易会交易，没有调拨价格的卷烟，由税务机关核定计税价格。

(3) 每年计税价格和核定价格的确定，由国家税务总局和税务机关根据市场变动情况进行调整。

(4) 实行实际售价与调拨价或核定价格孰高原则。即若实际售价高于调拨价或核定价格的，按实际售价征税；反之，若低于调拨价或核定价格的，按调拨价或核定价格征税。

(5) 非标准条(每条不是 200 支)包装的卷烟应当进行折算成标准条包装卷烟的数量，再根据实际销售收入折算成每标准条的实际售价，确定比例税率，计算征税。

【示例 11】 某烟厂本月生产卷烟 100 箱，每箱不含税售价 2 500 元，其所用原料的烟丝本厂生产 80 000 元，外购 50 000 元；本月将自制无同类价的特制烟 5 箱作为职工福利，发放职工，每箱材料成本 1 000 元，加工费 200 元。烟丝消费税率 30%，卷烟消费税率 45%，定额税率 150 元/标准箱。计算本月烟厂应纳消费税税额。

【计算与分析】 ① 自产自用烟丝用于连续生产卷烟的，不纳税。

② 外购或委托加工收回的已税烟丝用于连续生产应税卷烟，烟丝已纳消费税准予扣除。

准予扣除的烟丝消费税税额＝50 000×30%＝15 000(元)

③ 销售卷烟应纳消费税税额＝100×2 500×45%＋150×100－15 000＝11 2500(元)。

④ 用于其他方面的，有同类消费品销售价格的，按照纳税人生产的同类消费品销售价

格计算纳税，没有同类消费品销售价格的，按组成计税价格计算纳税。

组成计税价格＝(成本＋加工费)÷(1－消费税税率)

应纳税额＝组成计税价格×适用税率

组成计税价格＝[(1 000＋200)×5＋150×5]÷(1－45％)＝12 272.73 (元)

应纳消费税税额＝12 272.73×45％＋150×5＝6 272.73 (元)

⑤本月应纳税额＝112 500＋6 272.73＝118 772.73 (元)。

4. 出口应税消费品退(免)消费税的计算

(1) 出口应税消费品退(免)消费税在政策上分为以下三种情况：出口免税并退税；出口免税但不退税，如对于出口的来料加工产品、军品以及军队系统企业出口的军需工厂生产或军需部门调拨的货物以及卷烟等，免征消费税，但不办理退税；出口不免税也不退税，如禁止出口货物。

只有适用出口免税并退税政策时，才会涉及计算应退消费税的问题。生产企业直接出口应税消费品或委托外贸企业出口应税消费品，按规定直接予以免税的，可不计算应缴消费税。外贸企业出口应税消费品，按规定计算(退)消费税。

(2) 出口应税消费品退税的企业主要包括：有出口经营权的外贸、工贸企业；特定出口退税企业。如对外承包工程公司、外轮供应公司等。

(3) 出口应税消费品退税的范围

① 具备出口条件，给予退税的消费品。这类消费品必须具备四个条件：属于消费税征税范围的消费品；取得《税收(出口产品专用)缴款书》、增值税专用发票(税款抵扣联)、出口货物报关单(出口退税联)、出口收汇单证；必须报关离境；在财务上作出口销售处理。

② 不具备出口条件，也给予退税的消费品。如：对外承包工程公司运出境外用于对外承包项目的消费品，外轮供应公司、远洋运输供应公司销售给外轮、远洋外轮的消费品等。有些消费品虽具备出口条件，但不给予退税优惠，如禁止出口货物等。除规定不退税的应税消费品外，对生产企业委托外贸企业代理出口的消费税应税消费品，一律免征消费税。

(4) 出口应税消费品退税税率的确定

当出口的货物是应税消费品时，应退还的增值税和消费税，分别按增值税的退税率和消费品所适用的消费税税率来计算。企业应将不同消费税税率的出口应税消费品分开核算和申报，凡划分不清适用税率时，一律从低适用税率计算应退消费税。

(5) 出口应税消费品退税的计算

① 从价征收计算退税额。从价定率计征消费税的应税消费品，应依照外贸企业委托从工厂购进货物时计算征收消费税的价格。对含增值税的购进金额应换算成不含增值税的金额，作为计算退税的依据，其计算公式为：

不含增值税的购进金额＝含增值税的购进金额÷(1＋增值税税率或征收率)

应退消费税税款＝出口货物的工厂销售额(出口数额)×税率

② 从量征收计算退税额。从量定额计征消费税的应税消费品，应按货物购进和报关出口的数量计算应退消费税税款，其计算公式为：

应退消费税税款＝出口数量×单位税额

③ 复合征收计算退税额。复合计征消费税的应税消费品，应按货物购进和报关出口的数量以及外贸企业从工厂购进货物时征收消费税的价格计算应退消费税税款，其计算公式为：

应退消费税税额＝出口货物的工厂销售额×税率＋出口数量×单位税额

(6) 其他规定

出口的应税消费品办理退(免)税后，发生退关或者国外退货的，报关出口者必须及时向其所在地主管税务机关申报补缴已退的消费税税款。出口企业收购出口应税消费品的应退税额的计算，以消费税税收(出口货物专用)缴款书注明的税额为准。

【示例 12】 某外贸企业从国外进口 10 000 套化妆品，关税完税价格为 80 万元，关税为 80 万元，当月售出 3 000 套，每套售价 298 元。又从国内一生产厂家(增值税一般纳税人)购进化妆品 5 000 套全部出口，每套工厂销售价 60 元(含增值税)，出口离岸价格为 168 元。请计算该外贸企业当月应缴、应退的消费税。

【计算与分析】 (1) 纳税人进口应税消费品应缴纳消费税

组成计税价格＝(80＋80)÷(1－30%)＝228.57 (万元)

应纳消费税＝228.57×30%＝68.57 (万元)

(2) 外贸企业出口化妆品应退消费税

应退消费税＝出口货物的工厂销售额×税率＝60÷(1＋17%)×5 000×30%＝76 923 (元)

二、消费税的征收管理与纳税申报

(一) 消费税的征收管理

1. 纳税义务发生时间

(1) 纳税人销售应税消费品的，按不同的销售结算方式分别为：采取赊销和分期收款结算方式的，为书面合同约定的收款日期的当天，书面合同没有约定收款日期或者无书面合同的，为发出应税消费品的当天；采取预收货款结算方式的，为发出应税消费品的当天；采取托收承付和委托银行收款方式的，为发出应税消费品并办妥托收手续的当天；采取其他结算方式的，为收讫销售款或者取得索取销售款凭据的当天。

(2) 纳税人自产自用应税消费品的，为移送使用的当天。

(3) 纳税人委托加工应税消费品的，为纳税人提货的当天。

(4) 纳税人进口应税消费品的，为报关进口的当天。

2. 纳税期限

消费税的纳税期限分别为 1 日、3 日、5 日、10 日、15 日、1 个月或者 1 个季度。纳税人的具体纳税期限，由主管税务机关根据纳税人应纳税额的大小分别核定；不能按照固定期限纳税的，可以按次纳税。

纳税人以 1 个月或者 1 个季度为 1 个纳税期的，自期满之日起 15 日内申报纳税；以 1 日、3 日、5 日、10 日或者 15 日为 1 个纳税期的，自期满之日起 5 日内预缴税款，于次月 1 日起 15 日内申报纳税并结清上月应纳税款。

纳税人进口应税消费品，应当自海关填发海关进口消费税专用缴款书之日起 15 日内缴纳税款。

3. 纳税地点

纳税人销售的应税消费品，以及自产自用的应税消费品，除国务院财政、税务主管部门另有规定的外，应当向纳税人机构所在地或者居住地的主管税务机关申报纳税。

委托加工的应税消费品，除受托方为个人外，由受托方向机构所在地或者居住地的主管税务机关解缴消费税税款。

进口的应税消费品，应当向报关地海关申报纳税。

出口的应税消费品办理退税后，发生退关，或者国外退货进口时予以免税的，报关出口者必须及时向其机构所在地或者居住地主管税务机关申报补缴已退的消费税税款。

纳税人直接出口的应税消费品办理免税后，发生退关或者国外退货，进口时已予以免税的，经机构所在地或者居住地主管税务机关批准，可暂不办理补税，待其转为国内销售时，再申报补缴消费税。

纳税人销售的应税消费品，如因质量等原因由购买者退回时，经机构所在地或者居住地主管税务机关审核批准后，可退还已缴纳的消费税税款。

纳税人到外县(市)销售或者委托外县(市)代销自产应税消费品的，于应税消费品销售后，向机构所在地或者居住地主管税务机关申报纳税。

纳税人的总机构与分支机构不在同一县(市)的，应当分别向各自机构所在地的主管税务机关申报纳税；经财政部、国家税务总局或者其授权的财政、税务机关批准，可以由总机构汇总向总机构所在地的主管税务机关申报纳税。

(二) 纳税申报

消费税纳税人根据《中华人民共和国消费税暂行条例》及实施细则、《中华人民共和国税收征收管理法》及实施细则向其所属主管国家税务机关办理纳税申报。

1. 申报办理程序

(1) 采取网上申报方式的消费税纳税人，要按规定准确填写《消费税纳税申报表》，并在申报期内先将申报资料电子数据传递到主管税务机关，其纸质申报资料可于申报结束后根据主管税务机关规定的时限报送至主管税务机关。

(2) 通过纸质实行上门申报方式的消费税纳税人，应在征期内向主管税务机关进行纳税申报，申报征收岗位人员可直接审核其纸质资料，纳税人需要报送的资料可于申报结束后根据主管税务机关规定的时限报送至主管税务机关。

2. 所需资料

纳税人办理消费税纳税申报时，应提供以下资料：

(1)《消费税纳税申报表》一式三份。

(2) 成品油生产企业需上报《生产企业产品销售明细表(油品)》和《生产企业生产经营情况表》。

(3) 需办理消费税税款抵扣手续的，除应按上述规定提供纳税申报所需资料外，还应当提供以下资料：外购应税消费品连续生产应税消费品的，提供外购应税消费品增值税专用发票(抵扣联)原件和复印件。如果外购应税消费品的增值税专用发票属于汇总填开的，除提供增值税专用发票(抵扣联)原件和复印件外，还应提供随同增值税专用发票取得的由销售方开具并加盖财务专用章或发票专用章的销货清单原件和复印件；委托加工收回应税消费品连续生产应税消费品的，提供“代扣代收税款凭证”原件和复印件；进口应税消费品连续生产应税消费品的，提供“海关进口消费税专用缴款书”原件和复印件。

(4) 主管税务机关要求报送的其他资料。

3. 纳税申报表

纳税申报表如表 2.1.6 所示。

表 2.1.6　消费税纳税申报表

填表日期：　年　月　日

纳税编码

纳税人识别号

纳税人名称：　　　　　　　　　　　　地　　址：

税款所属期：　年　月　日至　　年　月　日　　　　联系电话：

应税消费品名称	适用税目	应税销售额（数量）	适用税率（单位税额）	当期准予扣除外购应税消费品买价（数量）				外购应税消费品适用税率（数量）
				合计	期初库存外购应税消费品买价（数量）	当期购进外购应税消费品买价（数量）	期末库存外购应税消费品买价（数量）	
1	2	3	4	5＝6＋7－8	6	7	8	9
合计								

应纳消费税		当期准予扣除外购应税消费品已纳税款	当期准予扣除委托加工应税消费品已纳税款			
本期	累计		合计	期初库存委托加工应税消费品已纳税款	当期收回委托加工应税消费品已纳税款	期末库存委托加工应税消费品已纳税款
15＝3×4－10或3×4－11或3×4－10－11	16	10＝5×9或10＝5×9(1－征减幅度)	11＝12＋13－14	12	13	14

已纳消费税		本期应补(退)税金额			
本　期	累计	合计	上期结算税额	补交本年度欠税	补交以前年度欠税
17	18	19＝15－26－27	20	21	22

截止上年底累计欠税额	本年度新增欠税额		减免税额	预缴税额	多缴税额
	本期	累计			
23	24	25	26＝3×4×征减幅度	27	28

如纳税人填报，由纳税人填写以下各栏		如委托代理人填报，由代理人填写以下各栏			备注
会计主管：（签章）	纳税人（公章）	代理人名称		代理人（公章）	
		代理人地址			
		经办人		电话	
以下由税务机关填写					
收到申报表日期		接收人			

三、消费税的会计核算

（一）账户设置

为了正确反映消费税的计提和解缴情况，缴纳消费税的企业，应在“应交税费”科目下增设“应交消费税”明细科目进行会计核算。

（二）账务处理

消费税的会计处理一般包括两部分，一是计算应交消费税的会计处理，二是实际交纳消费税的会计处理。

企业计算消费税时，借记“营业税金及附加”账户，贷记“应交税费——应交消费税”账户；企业缴纳消费税时借记“应交税费——应交消费税”账户，贷记“银行存款”账户。

【示例 13】 光明橡胶厂计算销售汽车轮胎应纳的消费税为 36 000 元，并缴纳消费税。

（1）橡胶厂计算消费税时的账务处理：

借：营业税金及附加　　36 000

　　贷：应交税费——应交消费税　　36 000

（2）橡胶厂用银行存款交纳上月应交纳的消费税时的账务处理：

借：应交税费——应交消费税　　36 000

　　贷：银行存款　　36 000

另外，除了上述基本情况外，针对不同的销售情况，企业进行相应的消费税账务处理。主要有以下几种情况：

（1）企业将应税产品用于在建工程及非生产机构等方面，按规定应交纳的消费税，借记“固定资产”、“在建工程”、“营业外支出”、“产品销售费用”等科目，贷记“应交税费——应交消费税”科目。

（2）委托加工应税消费品，需要交纳消费税的，在委托方提货时，由受托方代扣代缴税额。受托方按应扣税额，借记“应收账款”、“银行存款”等账户，贷记“应交税费——应交消费税”账户。

（3）进口应税消费品时，进口单位缴纳的消费税应计入应税消费品成本中。按进口成本连同应纳消费税，借记“固定资产”、“材料采购”等账户，贷记“银行存款”、“应付账款”等账户。

（4）金银首饰零售业务的核算，视具体情况而定。若是企业自购自销金银业务，取得的收入记入“主营业务收入”账户，其应交的消费税，借记“营业税金及附加”账户，贷记“应交税费——应交消费税”。若是受托代销金银首饰业务，采取收取手续费方式的，收取的手续费收入记入“其他业务收入——代购代销收入”账户，根据销售价格计算的应缴消费税相应冲减代购代销收入，销售实现时，借记“其他业务收入——代购代销收入”账户，贷记“应交税费——应交消费税”账户；若不采取收取手续费方式，通常由双方签订首饰的协议价，委托方按协议价收取代销货款，受托方实际销售的货款与协议价的差额归已所有，此时，受托方的账务处理同自购自销基本相同。

项目小结

消费税是流转税的一个重要税种，是对我国境内从事生产、委托加工和进口应税消费品的单位和个人，就其销售额或销售数量，在特定的环节征收的一种税。我国目前选择了14种特殊消费品、奢侈品、高能耗产品、不可再生的稀缺资源消费品以及具有一定财政意义的普通消费品征收消费税。消费税采取比例税率和定额税率两种形式，根据应税消费品不同，采取从价定率、从量定额和复合计税的办法计算应纳税额。消费税不仅能为国家筹集财政收入，而且集中体现了国家的产业政策，强化了国家对经济进行宏观调控的手段。为了公平税负，确保国家财政收入，充分发挥消费税调节社会特殊消费的作用，除出口的应税消费品外，其余应税消费品一律不得减税免税。凡是征收消费税的消费品都同时征收增值税。

思考与讨论

1. 什么是消费税？开征消费税有何意义？
2. 消费税的征税范围的基本规定有哪些？
3. 消费税的纳税环节有何规定？
4. 进口消费税如何计征？
5. 说明包装物及押金的计税销售额及应纳税额的计算。

训练与测试

一、单项选择

1. 下列可以抵扣外购应税消费品已纳税额的项目有（　　）。

A. 领用外购已税白酒勾兑白酒　　B. 为零售金银首饰而出库的金银首饰

C. 领用外购已税烟丝生产的卷烟　　D. 为生产化妆品而领用的酒精

2. 下列各项中，不征收消费税的有（　　）。

A. 用于本企业连续生产的应税消费品

B. 用于奖励代理商销售业绩的应税消费品

C. 用于本企业生产性基建工程的应税消费品

D. 用于捐助国家指定的慈善机构的应税消费品

3. 下列各项中，不符合应税消费品销售数量规定的有（　　）。

A. 进口应税消费品的，为海关核定的应税消费品进口征税数量

B. 委托加工应税消费品的，为纳税人收回的应税消费品数量

C. 自产自用应税消费品的，为应税消费品的生产数量

D. 生产销售应税消费品的，为应税消费品的销售数量

4. 下列消费税纳税义务发生时间不正确的是（　　）。

A. 纳税人采用分期收款结算方式的,其纳税义务发生时间,为销售合同规定的收款日期的当天

B. 纳税人进口的应税消费品,其纳税义务发生时间,为报关进口的当天

C. 纳税人采取预收货款结算方式销售应税消费品的,其纳税义务发生时间,为收到预收货款的当天

D. 纳税人采取托收承付方式销售应税消费品的,其纳税义务发生时间,为发出应税消费品并办妥托收手续的当天

5. 以下说法不正确的有( )。

A. 航空煤油暂缓征收消费税

B. 对出国人员免税商店销售的金银首饰不征收消费税

C. 果汁啤酒应按照啤酒税目征收消费税

D. 香粉应按化妆品税目征收消费税

6. 以下应税消费品中,适用复合计税的有( )。

A. 粮食白酒　　B. 酒精　　C. 黄酒　　D. 啤酒

7. 某汽车轮胎厂为增值税一般纳税人,下设一非独立核算的门市部,2000 年 8 月该厂将生产的一批汽车轮胎交门市部,计价 60 万元。门市部将其零售,取得含税销售额 77.22 万元。汽车轮胎的消费税税率为 10%,该项业务应缴纳的消费税额为( )。

A. 5.13 万元　　B. 6 万元　　C. 6.6 万元　　D. 7.72 万元

8. 某外贸公司 2008 年 3 月从生产企业购进烟丝一批,取得增值税专用发票注明价款 30 万元,增值税 5.1 万元,支付购烟丝的运输费用 3 万元,当月该批烟丝全部出口取得销售收入 40 万元。该外贸公司出口烟丝应退的消费税为( )。

A. 9 万元　　B. 12 万元　　C. 9.9 万元　　D. 12.9 万元

9. 酒类企业中的关联企业不按照独立企业之间的业务往来作价的,税务机关按照规定调整其消费税计税收入时,不可以采用的方法有( )。

A. 按照企业开具的增值税专用发票上注明的销售价格

B. 按照独立企业之间进行相同业务活动的价格

C. 按照成本加合理的费用和利润

D. 按照再销售给无关联关系的第三者的价格所取得的收入

10. 下列商品中,应征收消费税的是( )。

A. 高尔夫车　　B. 护肤护发品　　C. 自酿啤酒　　D. 子午线轮胎

二、多项选择

1. 下列货物中应征消费税的有( )。

A. 商店销售自制啤酒　　B. 商店销售外购啤酒

C. 商店销售金银首饰　　D. 商店销售卷烟

2. 委托加工的特点是( )。

A. 委托方提供原料或主要材料

B. 委托方支付加工费,受托方提供原料或主要材料

C. 委托方支付加工费，受托方购买原料或主要材料再卖给委托方进行加工

D. 委托方支付加工费，受托方代垫部分辅助材料并收取加工费

3. 下列各项中，符合我国现行出口消费品的退(免)消费税政策的是(　　)。

A. 免税并退税　　B. 免税但不退税

C. 不免税也不退税　　D. 不免税但退税

4. 下列各项中，有关消费税纳税地点正确的有(　　)。

A. 纳税人进口应税消费品的在报关地海关申报纳税

B. 纳税人自产自用应税消费品在纳税人核算地缴纳消费税

C. 纳税人的总分支机构不在同一县(市)的，应在总机构所在地缴纳消费税

D. 纳税人到外县销售自产应税消费品应回核算地或所在地缴纳消费税

5. 下列各项中，符合消费税有关征收规定的有(　　)。

A. 外购酒精生产的白酒，凡酒精所用原料无法确定的，一律按照粮食白酒的税率征税

B. 对用薯类和粮食以外的其他原料混合生产的白酒，一律按照薯类白酒的税率征税

C. 外购两种以上酒精生产的白酒，一律从高适用税率征税

D. 以外购的不同品种白酒勾兑的白酒，一律按照粮食白酒的税率征税

6. 纳税人销售应税消费品，以外汇结算销售额，计税时其销售额的人民币折合率可以选择(　　)国家外汇价。

A. 结算当天的　　B. 当月1日的

C. 上次申报纳税时的　　D. 当季季初的

7. 下列行为，应作为视同销售缴纳消费税的是(　　)。

A. 自制的化妆品用于换取生产资料

B. 委托加工收回的化妆品继续加工成化妆品

C. 自制的小汽车用于对外单位投资

D. 委托加工收回的珠宝玉石直接销售

8. 某汽车生产企业总部设在上海，生产基地设在河北，则下列关于消费税纳税地点的说法正确的有(　　)。

A. 在上海纳税

B. 在河北纳税

C. 经国家税务总局批准在上海纳税

D. 经由上海、河北国税局协商决定在哪里纳税

9. 某鞭炮企业委托某企业加工一批鞭炮，该加工企业将加工好的鞭炮交付该企业时，未代收代缴消费税，后经查出，主管税务机关对该项行为的税务处理方法有(　　)。

A. 受托企业应按规定补税　　B. 鞭炮企业应按规定补税

C. 对受托企业应给予处罚　　D. 对鞭炮企业应给予处罚

10. 下列企业出口应税消费品不办理退消费税的有(　　)。

A. 有出口经营权的生产企业自营出口自产应税消费品

B. 外贸企业受非生产性商贸委托，代理出口应税消费品

C. 生产企业自产产品委托外贸企业出口代理

D. 有出口经营权的外贸企业从生产企业购进应税消费品直接出口

三、思考并判断

1. 受托加工应税消费品的个体经营者承担代收代缴消费税的义务。( )

2. 某酒厂生产白酒和药酒并将两类酒包装在一起按礼品套酒销售，如果该厂对一并销售的两类酒分别核算了销售额，那么该酒厂按各自适用的税率计征消费税。( )

3. 对酒类生产企业销售啤酒、黄酒而收取的包装物押金，不作价随同产品销售，而是收取押金，且单独核算，又未过期的，此项押金不并入应税消费品的销售额中征税。( )

4. 纳税人用于换取生产资料和消费资料、投资入股和抵偿债务等方面的应税消费品，应当以纳税人同类应税消费品的平均价格作为计税依据计算消费税。( )

5. 企业应将不同消费税税率的出口应税消费品分开核算和申报，凡划分不清适用税率的，一律从低适用税率计算应退消费税税额。( )

6. 消费税纳税人采取赊销和分期收款结算方式的，其纳税义务的发生时间为合同规定的收款日期当天。( )

7. 商业批发企业销售委托其他企业加工的特制白酒，但受托方向委托方交货时没有代收代缴税款的，商业批发企业应在收回后征收消费税。( )

8. 纳税人销售的应税消费品，如因质量等原因由购买方退回，经所在地主管税务机关审核批准后，可退还已征收的消费税税款。纳税人应自行直接抵减应纳税额。( )

9. 化妆品在生产、批发、零售环节均要缴纳增值税和消费税。( )

10. 从其他工、商企业购进的已税消费品，用于继续生产应税消费品销售的，在计征消费税时，生产耗用的外购应税消费品的已纳消费税税款准予扣除。( )

四、实务题

1. 某啤酒厂生产销售甲、乙两种啤酒，甲啤酒每吨不含增值税价格 2 800 元，乙啤酒每吨不含增值税价格 2 600 元，两种啤酒均另收取包装物押金 300 元/吨。当月销售甲啤酒 200 吨、乙啤酒 300 吨，应缴纳多少消费税？

2. 某卷烟厂（增值税一般纳税人）9 月份生产销售情况如下：

(1) 外购烟丝一批，取得增值税专用发票注明销售额 120 万元，货款已付讫；本期期初结存烟丝 50 万元，本期期末账面结存烟丝 120 万元，库存烟丝 40 万元；

(2) 外购生产用水电支付价款 1.5 万元，税金 0.09 万元；

(3) 将本月外购烟丝全部投入生产卷烟销售，销售甲级烟 400 标准箱（每标准条调拨价格 80 元），取得销售额 800 万元；销售丙级烟 200 标准箱（每标准条调拨价格 40 元），取得销售额 200 万元；

(4) 销售给本厂职工丙级烟 8 标准箱，共计 6 万元。

要求：根据以上业务计算烟厂本月应缴纳的增值税和消费税，并进行相应的会计处理。

项目(三) 营 业 税

项目目标及能力培养

熟悉营业税的基本征收制度,学会正确计算和缴纳营业税。

知识点或技能点

营业税的概念;纳税人;征税范围;税率;税收优惠;申报缴纳;应纳税额的计算;营业税会计核算。

案例导入

2011年10月24日,某建筑安装企业为某化工集团安装一个新的生产车间,同时由该企业提供相应的设备材料价款100万元,并从化工集团取得营业外收入(主要为劳务费用)20万元。该企业在上报产值的时候,也将设备价款100万元计入了安装工程产值,但在申报缴纳营业税时,该企业仅以20万元的营业额申报缴纳营业税6 000元。

问题思考:① 该企业发生的经济业务哪些是营业税的征税范围? ② 该案例中纳税人是谁? ③ 如何计征营业税?

任务一 认识营业税

任务目标

理解营业税的概念,掌握营业税的特点。

1984年营业税从工商税中划分出来,成为一个独立税种。1994年税制改革,将营业税的征税范围规定为提供应税劳务、转让无形资产以及销售不动产。我国现行的营业税基本规范是2008年11月10日修订并通过由国务院发布的《中华人民共和国营业税暂行条例》及2008年12月15日财政部、国家税务总局发布的《中华人民共和国营业税暂行条例实施细则》,自2009年1月1日起施行。

一、营业税的概念

营业税是以在我国境内提供应税劳务、转让无形资产或销售不动产所取得的营业额为征税对象所征收的一种税。营业税是以纳税人从事经营活动的营业额为课税对象的税种。

二、营业税的特点

1. 以非货物营业额为征税对象

营业税的这一特点与营业税的征收范围以第三产业为主有关,营业税的征税范围包括交通运输、建筑安装、金融保险、邮电通信、文化体育、娱乐业和服务业在内的各类劳务,以及转让无形资产和销售不动产。

2. 按行业大类设计税目税率

我国现行营业税按不同行业设置相应的税目和税率，主要原因在于第三产业的各个行业大多属于专业性经营业务，彼此之间的自然分工界限较为明确，加上行业之间的盈利水平存在差异，客观上要求通过征税对不同行业的盈利率进行相应的调节，以体现国家的产业政策。

3. 计算简便，征收成本低

在我国现行营业税的征税项目中，除少部分应税项目外，大多数应税项目均以纳税人取得的营业收入全额作为计税依据，不需要扣除相应的成本、费用，营业税应纳税额的计算方法简单，既便于纳税人缴纳，也有利于税务机关节省征管成本。

小 知 识

税收动态——营业税改为征收增值税，上海率先开展试点

财政部公布的统计数据显示，2011 年 1～9 月全国税收总收入完成 71 292.18 亿元人民币。其中，国内增值税完成 18 198.68 亿元，占税收总收入的比重为 25.5%。同期，营业税完成 10 365.63 亿元，占税收总收入的比重为 14.5%。

2011 年 10 月 26 日，国务院召开常务会议，决定开展深化增值税制度改革试点。

为进一步解决货物和劳务税制中的重复征税问题，完善税收制度，支持现代服务业发展，会议决定，从 2012 年 1 月 1 日起，在部分地区和行业开展深化增值税制度改革试点，逐步将目前征收营业税的行业改为征收增值税。

上海市交通运输业和部分现代服务业等将率先开展试点，条件成熟时可选择部分行业在全国范围进行试点。

此外，在现行增值税 17%标准税率和 13%低税率基础上，新增 11%和 6%两档低税率。

试点期间原归属试点地区的营业税收入，改征增值税后收入仍归属试点地区。试点行业原营业税优惠政策可以延续，并根据增值税特点调整。纳入改革试点的纳税人缴纳的增值税可按规定抵扣。

任务二　营业税主要法律规定

任务目标

明确营业税的征税范围、纳税人、扣缴义务人、税率和税收优惠。

一、营业税的纳税人和扣缴义务人

(一) 纳税人

在中华人民共和国境内提供应税劳务、转让无形资产和销售不动产的单位和个人为营业税的纳税人。单位以承包、承租、挂靠方式经营的，承包人、承租人、挂靠人(以下统称承包人)发生应税行为，承包人以发包人、出租人、被挂靠人(以下统称发包人)名义对外经营并由发包人承担相关法律责任的，以发包人为纳税人；否则以承包人为纳税人。中央铁路运营业务的纳税人为铁道部，合资铁路运营业务的纳税人为合资铁路公司，地方铁路运营业务的纳税人为地方铁路管理机构，基建临管线运营业务的纳税人为基建临管线管理机构。

这里所称单位，是指企业、行政事业单位、军事单位、社会团体及其他单位。个人，是指个体工商户和其他个人。

（二）扣缴义务人

(1) 中华人民共和国境外的单位或者个人在境内提供应税劳务、转让无形资产或者销售不动产，在境内未设有经营机构的，以其境内代理人为扣缴义务人；在境内没有代理人的，以受让方或者购买方为扣缴义务人。

(2) 国务院财政、税务主管部门规定的其他扣缴义务人。如：单位或者个人进行演出由他人售票的，其应纳税款以售票者为扣缴义务人；个人转让无形资产的，以受让者为扣缴义务人等。

二、营业税征税范围

（一）一般规定

根据《营业税暂行条例》及实施细则的规定，营业税的征税范围为：在中华人民共和国境内提供的应税劳务、转让无形资产或者销售不动产。

应税劳务，是指属于交通运输业、建筑业、金融保险业、邮电通信业、文化体育业、娱乐业、服务业税目征收范围的劳务。加工和修理修配不属于营业税应税劳务（以下称非应税劳务）。

中华人民共和国境内（以下简称境内）提供的应税劳务、转让无形资产或者销售不动产，是指：

(1) 提供或者接受条例规定劳务的单位或者个人在境内；

(2) 所转让的无形资产（不含土地使用权）的接受单位或者个人在境内；

(3) 所转让或者出租土地使用权的土地在境内；

(4) 所销售或者出租的不动产在境内。

（二）特殊规定

1. 视同发生应税行为

纳税人有下列情形之一的，视同发生应税行为：

(1) 单位或者个人将不动产或者土地使用权无偿赠送其他单位或者个人；

(2) 单位或者个人自己新建（以下简称自建）建筑物后销售，其所发生的自建行为；

(3) 财政部、国家税务总局规定的其他情形。

2. 兼营不同税目的应税行为

纳税人兼有不同税目的应税劳务、转让无形资产或者销售不动产，应当分别核算不同税目的营业额、转让额、销售额，然后按各自的适用税率计算应纳税额；未分别核算营业额的，从高适用税率计算应纳税额。如宾馆附设餐厅、娱乐厅、健身房等就属于兼营不同税目的行为，因为宾馆、餐厅属于“服务业”税目，娱乐厅、健身房属于“娱乐业”税目。

3. 混合销售行为

一项销售行为如果既涉及应税劳务又涉及货物，为混合销售行为。从事货物的生产、批发或者零售的企业、企业性单位和个体工商户的混合销售行为，视为销售货物，不缴纳营业税；其他单位和个人的混合销售行为，视为提供应税劳务，缴纳营业税。货物，是指有形动产，包括电力、热力、气体在内。从事货物的生产、批发或者零售的企业、企业性单位和个体工商户，包括以从事货物的生产、批发或者零售为主，兼营应税劳务的企业、企业性单位和个体工商户在内。如歌舞厅提供娱乐服务并销售烟酒，就发生了娱乐服务（属于营业税的征收范围）和销售烟酒（属于增值税的征收范围）就属于营业税的混合销售行为。

纳税人的下列混合销售行为，应当分别核算应税劳务的营业额和货物的销售额，其应税劳务的营业额缴纳营业税，货物销售额不缴纳营业税；未分别核算的，由主管税务机关核定其应税劳务的营业额：

（1）提供建筑业劳务的同时销售自产货物的行为；

（2）财政部、国家税务总局规定的其他情形。

4. 兼营应税劳务与货物或非应税劳务行为

纳税人兼营应税行为和货物或者非应税劳务的，应当分别核算应税行为的营业额和货物或者非应税劳务的销售额，其应税行为营业额缴纳营业税，货物或者非应税劳务销售额不缴纳营业税；未分别核算的，由主管税务机关核定其应税行为营业额。如书店卖书同时又租书就发生了租书（属于营业税的征收范围）和卖书（属于增值税的征收范围）的兼营应税劳务与货物的行为。

三、营业税的税目、税率

（一）税目

营业税按照行业、类别设置了九个税目，即交通运输业、建筑业、金融保险业、邮电通信业、文化体育业、娱乐业、服务业、转让无形资产、销售不动产等。

1. 交通运输业

（1）陆路运输是指通过陆路运送货物或旅客的运输业务。包括：铁路运输、公路运输、缆车运输、索道运输及电车、公共汽车等其他陆路运输。

（2）水路运输是指通过江、河、湖、川等天然、人工水道或海洋航道运送货物或旅客的运输业务。

（3）航空运输是指使用飞机或其他飞行器，通过空中航线运送货物或旅客的运输业务，以及通用航空业务和为这些业务提供的地面服务。

（4）管道运输是指通过管道设施输送气体、液体、固体物资的运输业务。

（5）装卸搬运是指使用装卸搬运工具或人力、畜力，将货物在运输工具之间、装卸现场之间进行装卸和搬运的业务。

2. 建筑业

（1）建筑是指新建、改建、扩建各种建筑物、构筑物的工程作业。包括与建筑物相连的冷暖气、卫生通风、照明及各种设备或支柱、操作平台的安装或装设的工程作业在内。

（2）安装是指生产设备、动力设备、起重设备、运输设备、传动设备、医疗实验设备及其他各种设备的装配、安置工程作业，包括与设备相连的工作台、梯子、栏杆的安装或装设工程作业及被安装设备的绝缘、防腐、保温、油漆工程作业在内。

(3) 修缮是指对建筑物、构筑物进行修补、加固、养护、改善,使之恢复原来的使用价值或延长其使用期限的工程作业。

(4) 装饰是指对建筑物、构筑物进行修饰,使之美观或具有特定用途的工程作业。

(5) 其他工程作业是指建筑、修缮、安装、装饰以外的各种工程作业。

3. 金融保险业

(1) 金融业是指经营货币资金和信用融通的行业。包括贷款、融资租赁、金融商品转让、信托业和其他金融业务。

(2) 保险是指将通过契约形式集中起来的资金,用以补偿被保险人的经济利益的业务。

4. 邮电通信业

(1) 邮政业是指传递实物信息的业务。包括经营各种信函、包裹、汇兑、邮票发行、集邮和邮件运输、报刊发行等邮政业务活动。

(2) 电信业是指用各种电传设备传送电信号而传递信息的业务。包括:电话、电报、移动电话、无线寻呼、数据传输、图文传真、卫星通信等电信业务和电信传输活动。

5. 文化体育业

(1) 文化业指从事文化活动的业务,包括表演、播映、其他文化业。但广告业务属于"服务业——广告业"。

(2) 体育业指举办各种体育比赛和为体育比赛或体育活动提供场所的业务。以租赁方式为体育比赛提供场所的业务,属于"服务业——租赁业"。

6. 娱乐业

娱乐业是指为娱乐活动提供场所和服务的业务。包括歌厅、舞厅、卡拉OK歌舞厅、音乐茶座、台(桌)球、高尔夫球、保龄球、游艺、网吧等。

7. 服务业

服务业指利用设备、工具、场所、信息或技能为社会提供服务的业务。包括:代理业、旅店业、饮食业、旅游业、仓储业、租赁业、广告业、其他服务业等。

(1) 代理业是指代委托人办理受托范围内的业务。包括代销货物、代办进出口、介绍服务、其他代理服务。

(2) 旅店业是指提供住宿服务的业务。

(3) 饮食业是指经营饮食服务的业务。

(4) 旅游业是指为旅游者安排食宿、交通工具和提供导游等旅游服务的业务。

(5) 仓储业是指利用仓库、货场或其他场所代客贮放、保管货物的业务。

(6) 租赁业是指出租人将场地、房屋、物品、设备或设施等租给承租人使用的业务。

(7) 广告业是指利用图书、报纸、杂志、广播、电视、电影、幻灯、路牌、招贴、橱窗、霓虹灯、灯箱等形式为介绍商品、经营服务项目、文体节目或通告、声明等事项进行宣传和提供相关服务的业务。广告代理业务按"服务业——广告业"税目征收营业税。

(8) 其他服务业是指上述业务以外的服务业务。如沐浴、理发、洗染、照相、美术、裱画、镌刻、打字、誊写、计算、测试、试验、化验、录音、录像、复印、晒图、设计、制图、测绘、勘探、打包、咨询等。

航空勘探、钻井(打井)勘探、爆破勘探按"建筑业"税目征收营业税。

8. 转让无形资产

转让无形资产是指转让无形资产的所有权或使用权的行为。包括转让土地使用权、转让商标权、转让专利权、转让非专利技术、出租电影拷贝、转让著作权和转让商誉。

9. 销售不动产

销售不动产是指有偿转让不动产所有权的行为。包括销售建筑物或构筑物、销售其他土地附着物。单位将不动产无偿赠与他人的行为，视为销售不动产；纳税人自建住房销售给本单位职工，属于销售不动产行为，应照章征收营业税。

以不动产投资入股，参与接受投资方利润分配、共同承担投资风险的行为，不征收营业税。在投资后转让股权的，也不征收营业税。

（二）税率

营业税按照行业、类别的不同采用不同的比例税率，具体规定为：

（1）交通运输业、建筑业、邮电通信业、文化体育业，税率为3%。

（2）金融保险业、服务业、销售不动产、转让无形资产，税率为5%。

（3）娱乐业执行5%～20%的幅度税率，具体适用的税率，由各省、自治区、直辖市人民政府根据当地的实际情况在税法规定的幅度内决定。

营业税税目税率如表2.1.7所示。

税目、税率的调整，由国务院决定。

表2.1.7 营业税税目税率表

税目	征税范围	税率
一、交通运输业	陆路运输、水路运输、航空运输、管道运输、装卸搬运	3%
二、建筑业	建筑、安装、修缮、装饰及其他工程作业	3%
三、金融保险业	金融、保险、典当、社保基金管理业务	5%
四、邮电通信业	经营各种信函、包裹、汇兑、邮票发行、集邮、邮件运输、报刊发行及其他邮政业务；经营电报、电话、移动通信、无线寻呼、数据传输、卫星通信、电话机安装、电信物品销售及其他电信业务	3%
五、文化体育业	表演、播映、经营游览场所、其他文化业及体育业	3%
六、娱乐业	歌厅、舞厅、卡拉OK歌舞厅、音乐茶座、台球、高尔夫球、保龄球场、网吧、游艺场等娱乐场所	5%～20%
七、服务业	代理业、旅店业、饮食业、旅游业、仓储业、租赁业、广告业和其他服务业	5%
八、转让无形资产	转让土地使用权、转让商标权、转让专利权、转让非专利技术、出租电影拷贝、转让著作权和转让商誉	5%
九、销售不动产		5%

四、营业税减免规定

（一）起征点的规定

营业税的起征点，是指纳税人营业额合计达到的开始征税的起点。营业税起征点的适用范围限于个人。财政部2011年10月31日发布关于修改《中华人民共和国营业税暂行条例实施细则》的决定，上调营业税起征点，修订后的细则从2011年11月1日起施行。起征点的幅度规定如下：

（1）按期纳税的，为月营业额5 000～20 000元；

（2）按次纳税的，为每次（日）营业额300～500元。

省、自治区、直辖市财政厅（局）、税务局应当在规定的幅度内，根据实际情况确定本地区适用的起征点，并报财政部、国家税务总局备案。

（二）免税和减税规定

1. 根据《营业税暂行条例》规定，免征营业税的项目

（1）托儿所、幼儿园、养老院、残疾人福利机构提供的育养服务，婚姻介绍，殡葬服务；

（2）残疾人员个人提供的劳务；

（3）医院、诊所和其他医疗机构提供的医疗服务；

（4）学校和其他教育机构提供的教育劳务，学生勤工俭学提供的劳务；

（5）农业机耕、排灌、病虫害防治、植物保护、农牧保险以及相关技术培训业务，家禽、牲畜、水生动物的配种和疾病防治；

（6）纪念馆、博物馆、文化馆、文物保护单位管理机构、美术馆、展览馆、书画院、图书馆举办文化活动的门票收入，宗教场所举办文化、宗教活动的门票收入；

（7）境内保险机构为出口货物提供的保险产品。

需要注意的是：纳税人兼营免税、减税项目的，应当分别核算免税、减税项目的营业额；未分别核算营业额的，不得免税、减税。

2. 根据国家税务总局、财政部或国务院的其他规定，减征或免征营业税的项目

（1）金融保险类

① 保险公司开展的1年期以上返还性人身保险业务的保费收入，免征营业税。对保险公司开办的个人投资分红保险业务取得的保费收入，免征营业税。

② 对外汇管理部门在从事国家外汇储备经营过程中，委托金融机构发放的外汇贷款利息收入免征营业税。

③ 国有独资商业银行、国家开发银行购买金融资产管理公司发行的专项债券利息收入免征营业税。经国务院批准，对地方商业银行转贷用于清偿农村合作基金会债务的专项贷款利息收入免征营业税。

④ 对社保基金理事会、社保基金投资管理人运用社保基金买卖证券投资基金、股票、债券的差价收入，暂免征营业税。

⑤ 对住房公积金管理中心用住房公积金在指定的委托银行发放个人住房贷款取得的利息收入，免征营业税。

（2）科技信息类

① 对单位和个人(包括外商投资企业、外商投资设立的研究开发中心、外国企业和外籍个人)从事技术转让、技术开发和与之相关的技术咨询、技术服务业务取得的收入,免征营业税。技术转让是指有偿转让专利和非专利技术的所有权或使用权的行为。

② 科研单位承担以国家财政资金设立的科技项目而取得的收入(包括科研经费),属于技术开发而取得的收入,免征营业税。

③ 对科普单位的门票收入,以及县及县以上(包括县级市、区、旗)党政部门和科协开展科普活动的门票收入免征营业税。

(3) 文化教育类

① 从事学历教育的学校提供教育劳务取得的收入免征营业税。对学生勤工俭学提供劳务取得的收入,免征营业税。

② 对学校从事技术开发、技术转让业务和与之相关的技术咨询、技术服务业务取得的收入,免征营业税。

③ 对托儿所、幼儿园提供育养服务取得的收入,免征营业税。

④ 对政府举办的高等、中等和初等学校(不含下属单位)举办进修班、培训班取得收入,收入全部归该学校所有的,免征营业税和所得税。对政府举办的职业学校设立的主要为在校学生提供实习场所、并由学校出资自办、由学校负责经营管理、经营收入归学校所有的企业,其从事营业税"服务业"税目规定的服务项目(广告业、桑拿、按摩、氧吧等除外)所取得的收入,免征营业税。

⑤ 广播电影电视行政主管部门(包括中央、省、地市及县级)按照各自职能权限批准从事电影制片、发行、放映的电影集团公司(含成员企业)、电影制片厂及其他电影企业取得的销售电影拷贝收入、转让电影版权收入、电影发行收入以及在农村取得的电影放映收入免征增值税和营业税。

⑥ 文化企业在境外演出从境外取得的收入免征营业税。

(4) 医疗卫生类

① 对非营利性医疗机构按照国家规定的价格取得的医疗服务收入,免征营业税。不按照国家规定价格取得的医疗服务收入不得享受此政策。

② 对营利性医疗机构取得的直接用于改善医疗卫生条件的收入,自执业登记之日起3年内,经主管税务机关审核批准后免征营业税。

③ 对疾病控制机构和妇幼保健机构等卫生机构按照国家规定的价格取得的卫生服务收入,免征营业税。不按照国家规定的价格取得的卫生服务收入,不得享受此政策。

(5) 销售不动产

① 自2010年1月1日起,个人购买不足5年的非普通住房对外销售的,全额征收营业税;个人将购买超过5年(含5年)的非普通住房或者不足5年的普通住房对外销售的,按照其销售收入减去购买房屋的价款后的差额征收营业税;个人将购买超过5年(含5年)的普通住房对外销售的,免征营业税。

② 对按政府规定价格出租的公有住房和廉价住房暂免征收营业税。对企业、行政事业单位按房改成本价、标准价出售住房的收入,暂免征收营业税。

(6) 转让无形资产

① 个人转让著作权,免征营业税。

② 将土地使用权转让给农业生产者用于农业生产,免征营业税。

任务三　营业税的计算缴纳和会计核算

任务目标

掌握营业税计税依据及税收优惠条件，熟悉不同行业营业税的计算缴纳及相应的会计核算。

一、营业税应纳税额的计算

（一）营业税计税依据

营业税的计税依据为营业额，营业额为纳税人向对方收取的全部价款和价外费用。

价外费用，包括收取的手续费、补贴、基金、集资费、返还利润、奖励费、违约金、滞纳金、延期付款利息、赔偿金、代收款项、代垫款项、罚息及其他各种性质的价外收费，但不包括同时符合以下条件代为收取的政府性基金或者行政事业性收费：① 由国务院或者财政部批准设立的政府性基金，由国务院或者省级人民政府及其财政、价格主管部门批准设立的行政事业性收费；② 收取时开具省级以上财政部门印制的财政票据；③ 所收款项全额上缴财政。

（二）营业税计税方法

营业税按照营业额和规定的适用税率计算应纳税额。计算公式为：

应纳税额＝营业额×税率

纳税人提供应税劳务、转让无形资产或销售不动产价格明显偏低又没有正当理由，主管税务机关可按下列顺序核定其营业额：

① 按纳税人当月提供的同类应税劳务或者销售不动产的平均价格核定；

② 按纳税人最近时期提供的同类应税劳务或者销售同类不动产的平均价格确定；

③ 按计算公式核定计税价格，计算公式为：

计税价格＝营业成本或工程成本×(1＋成本利润率)÷(1－营业税税率)

公式中的成本利润率，由省、自治区、直辖市人民政府所属税务机关确定。

【示例 1】 某房地产开发公司将一建筑物销售给某钢铁厂，该建筑物的工程成本为 600 万元，销售价格双方商定为 610 万元，该企业交纳了营业税 30.5 万元，税务机关在审查时，发现价格偏低且无正当理由，请问该企业应补缴的营业税(该纳税人所在地税务机关确定的建筑业成本利润率为 10%)为多少？

【计算与分析】 首先计算营业税的组成计税价格：

组成计税价格＝6 000 000×(1＋10%)÷(1－5%)＝6 947 368.42 (元)

应纳营业税额＝6 947 368.42×5%＝347 368.42 (元)

应补交的营业税＝347 368.42－305 000＝42 368.42 (元)

二、各行业营业税的计算缴纳和会计核算

营业税是价内税，不实行税款抵扣，营业税包含在实现的营业额中，从接受应税劳务的客户收取并缴纳给税务机关。营业税是企业的一项费用，应从收入中扣除，为此，应设置“营

业税金及附加"账户，反映应缴纳的营业税。按营业额和适用的税率计算应缴纳的营业税，借记"营业税金及附加"等账户，贷记"应交税费——应交营业税"账户。

（一）建筑业

建筑业的营业额为纳税人承包建筑工程、修缮工程、安装工程、装饰工程和其他工程作业所取得的营业收入额，即建筑安装企业向建设单位收取的工程价款及价外费用。

（1）纳税人将建筑工程分包给其他单位的，以其取得的全部价款和价外费用扣除其支付给其他单位的分包款后的余额为营业额。

（2）纳税人自建自用房屋的行为不纳税；如纳税人将自建的房屋对外销售，其自建行为首先应按建筑业缴纳营业税，再按销售不动产缴纳营业税。

（3）纳税人提供建筑业劳务（不含装饰劳务）的，其营业额应当包括工程所用原材料、设备及其他物资和动力价款在内，但不包括建设方提供的设备的价款。

（4）纳税人提供装饰劳务的，按照其向客户实际收取的人工费、管理费和辅助材料等收入（不含客户自行采购的材料价款和设备价款）确认营业额。

其他建筑安装工程的营业额也不应包括设备价值，具体设备名单可由省级地方税务机关根据各自实际情况列举。

【示例 2】 甲建筑工程公司承包一项工程，总承包款为 10 000 000 元，并将土建工程分包给有资质的乙建筑工程公司，承包合同约定的分包款为 1 800 000 元。按工程进度，本月收到建设单位第一期承包款 2 000 000 元，按分包工程合同的规定，支付乙建筑工程公司分包工程款 1 200 000 元。计算甲建筑工程公司当月应纳的营业税及代扣代缴乙建筑工程公司的营业税（营业税税率为 3%），分别做甲建筑公司和乙建筑工程公司的会计处理。

【计算与分析】 （1）总承包人应当计算的营业税和代扣代缴营业税：

总承包人应当计算的营业税＝（2 000 000－1 200 000）×3%＝24 000（元）

代扣代缴营业税＝12 000 000×3%＝36 000（元）

（2）取得第一期承包款时的会计处理：

借：银行存款　　2 000 000

　贷：主营业务收入　　2 000 000

（3）按分包合同规定，支付乙建筑工程分包款时的会计处理：

借：主营业务收入　　1 200 000

　贷：应付账款——乙建筑工程公司　　36 000

　　　银行存款　　1 164 000

（4）计提甲建筑工程公司应缴营业税及代扣代缴营业税时的会计处理：

借：营业税金及附加　　24 000

　　应付账款　　36 000

　贷：应交税费——应交营业税　　60 000

（5）乙建筑工程公司收到分包款时的账务处理：

借：银行存款　　1 164 000

　贷：主营业务收入　　1 164 000

（二）交通运输业

交通运输业的营业额为从事交通运输业的纳税人提供交通运输劳务所取得的全部运价和价外费用。

(1) 运输企业自中华人民共和国境内运输旅客或货物出境，在境外改由其他运输企业承运旅客或货物，以全程运费减去付给该承运企业的运费后的余额为营业额。

(2) 纳税人将承揽的运输业务分给其他单位或个人的，以其取得的全部价款和价外费用扣除支付给其他单位或个人的运输费用后的余额为营业额。

【示例3】 某运输公司本月承接货运业务，取得直运运费收入100 000元、联运业务收入200 000元，支付联运费用100 000元。款项均通过银行存款支付。营业税税率为3%。计算该运输公司本月应缴纳的营业税税额并进行相应的会计处理。

【计算与分析】 (1) 计算本月应纳营业税：

营业税＝(100 000＋200 000－100 000)×3%＝60 000（元）

(2) 取得收入时的会计处理：

借：银行存款　　300 000

　贷：主营业务收入　　300 000

(3) 支付联运费用的会计处理：

借：主营业务收入　　100 000

　贷：银行存款　　100 000

(4) 计提当月的营业税金的会计处理：

借：营业税金及附加　　60 000

　贷：应交税费——应交营业税　　60 000

（三）金融保险业

1. 金融业

金融业的营业额主要包括贷款利息收入、金融商品转让收益、融资租赁收益以及从事金融经纪业务和其他金融业务的手续费收入。其营业额的确定有三种方法：一是以收入全额为营业额；二是以余额为营业额；三是以手续费收入为营业额。

(1) 融资租赁业务以其向承租者收取的全部价款和价外费用(包括残值)减去出租方承担的出租货物的实际成本后的余额为营业额。计算公式为：

本期营业额＝(应收取的全部价款和价外费用－实际成本)×(本期天数÷总天数)

实际成本＝货物购入原价＋关税＋增值税＋消费税＋运杂费＋安装费＋保险费＋支付给境外的外汇借款利息和人民币借款利息

(2) 外汇、有价证券、期货等金融商品买卖业务，以卖出价减去买入价后的余额为营业额。计算公式为：

本期营业额＝卖出价－买入价

卖出价是指卖出原价，不得扣除卖出过程中支付的各种费用和税金。

买入价是指购进原价，不包括购进过程中支付的各种费用和税金，但买入价应依照财务会计制度规定，以股票、债券的购入价减去股票、债券持有期间取得的股票、债券红利收入。

金融企业买卖金融商品(包括股票、债券、外汇及其他金融商品)，可在同一会计年度末，将不同纳税期出现的正差和负差按同一会计年度汇总的方式计算并缴纳营业税。如果汇总计算应缴纳的营业税税额小于本年已缴纳的营业税税额，可以向税务机关申请办理退税，但不得将一个会计年度内汇总后仍为负差的部分结转下一会计年度。

(3) 金融经济业务和其他金融业务营业额为手续费全部收入。贷款业务的营业额为贷款利息收入(包括各种加息、罚息等)。金融企业从事代收电话费、水费、煤气费、信息费、学杂费、寻呼费、社保统筹费、交通违章罚款、税款等业务，以全部收入减去支付给委托方价款后的余额为营业额。

2. 保险业

保险业的营业额为纳税人从事保险业务向对方收取的全部收入。

(1) 办理初保业务。营业额为纳税人经营保险业务向对方收取的全部价款，即向被保险人收取的全部保险费。

(2) 保险企业开展无赔偿奖励业务的，以向投保人实际收取的保费为营业额。

(3) 储金业务。储金业务是指保险公司采用收取储金方式取得经济利益的一种保险业务。储金业务的营业额为纳税人在纳税期内的储金平均余额乘以人民银行公布的1年期存款的月利率。储金平均余额为纳税期期初储金余额与期末余额之和乘以50%。

【示例4】 某银行分行2011年某季度取得自有资金贷款利息收入800 000元，办理结算业务手续费收入100 000元。销售支票等取得收入5 000元。营业税税率为5%。计算该银行分行应缴纳的营业税税额并进行相应的会计处理。

【计算与分析】

应纳营业税＝(800 000＋100 000＋5 000)×5%＝45 250(元)

计算营业税时的会计处理：

借：营业税金及附加　　45 250

　贷：应交税费——应交营业税　　45 250

(四) 邮电通信业

1. 邮政业

邮政业务的营业额为纳税人从事传递函件或者包件、邮汇、报刊发行、邮政物品销售、邮政储蓄或其他邮政业务所取得的营业收入额。

2. 电信业

电信业的营业额为纳税人提供电报、电话、电传、电话机安装、电信物品销售或其他电信业务所取得的营业收入额。

电信部门以集中受理方式为集团客户提供跨省的出租电路业务，由受理地区的电信部门按取得的全部价款减除分割给参与提供跨省电信业务的电信部门的价款后的差额为营业额计征营业税；对参与提供跨省电信业务的电信部门，按各自取得的全部价款为营业额计征营业税。

邮政电信单位与其他单位合作，共同为用户提供邮政电信业务及其他服务并由邮政电信单位统一收取价款的，以全部收入减去支付给合作方价款后的余额为营业额。如中国移动通信集团公司通过手机短息公益特服号“8858”为中国儿童少年基金会接受捐款业务，以全部收入减去支付给中国儿童少年基金会的价款后的余额为营业额。

【示例5】 某邮局某月直接取得报刊发行收入20万元，邮政储蓄业务收入10万元，信封、信纸销售收入2万元，其他邮政业务收入5万元。计算该邮局应缴纳的营业税税额并进行相应的会计处理。营业税税率为3%。

【计算与分析】 应纳税额=(报刊发行收入+邮政储蓄业务收入+信封、信纸销售收入+其他邮政业务收入)×适用税率=(20+10+2+5)×3%=1.11(万元)。

计算营业税时的会计处理：

借：营业税金及附加　　　　11 100

　贷：应交税费——应交营业税　　　　11 100

(五) 文化体育业

文化体育业的营业额为从事文化体育业的单位和个人所取得的营业收入额，包括演出收入、播映收入、其他文化收入、经营游览场所收入和体育收入。

单位或个人进行演出，以全部票据收入或者包场收入减去付给提供演出场所的单位、演出公司或经纪人的费用后的余额为营业额。提供演出场所的单位取得的场租收入按照“服务业——租赁业”计税，演出公司或者经纪人取得的收入按照“服务业——代理业”计税。

【示例6】 某有线电视台8月份取得收入如下：有线电视节目收视费10万元，“点歌台”栏目点歌费0.7万元，广告播映费4万元。计算该电视台应缴纳的营业税税额并进行相应的会计处理。

【计算与分析】 (1) 计算应缴纳的营业税。

应纳税额=营业额×适用税率

=(10+0.7)×3%+4×5%=0.52(万元)

(2) 计算营业税时的会计处理：

借：营业税金及附加　　　　5 200

　贷：应交税费——应交营业税　　　　5 200

(3) 上缴营业税时的会计处理：

借：应交税费——应交营业税　　　　5 200

　贷：银行存款(或“库存现金”等科目)　　　　5 200

(六) 娱乐业

娱乐业的营业额为经营娱乐业收取的全部价款和价外费用，包括门票收费、台位费、点歌费，烟酒、饮料、茶水、鲜花、小吃等收费及经营娱乐业的其他各项收费。

【示例7】 某卡拉OK歌舞厅某月门票收入为60万元，台位费收入30万元，相关的烟酒饮料收入20万元，适用的税率为20%。计算该歌舞厅应缴纳的营业税税额并进行相应的会计处理。

【计算与分析】 (1) 计算应缴纳的营业税。

应纳税额=营业额×适用税率=(60+30+20)×20%=22(万元)

(2) 计算营业税时的会计处理：

借：营业税金及附加　　　　220 000

　贷：应交税费——应交营业税　　　　220 000

(3) 上缴营业税时的会计处理：

借：应交税费——应交营业税　　　　220 000

贷：银行存款（或“库存现金”等科目）　　220 000

（七）服务业

服务业的营业额为纳税人从事各项服务业所取得的营业收入额。

1. 代理业

营业额为纳税人从事代理业务向委托方实际收取的报酬。

(1) 服务性单位从事餐饮中介服务的营业额为向委托方和餐饮者实际收取的中介服务费，不包括其代委托方转付的就餐费用。

(2) 福利彩票机构发行销售福利彩票取得的收入不征收营业税。对福利彩票机构以外的代销单位销售福利彩票取得的手续费收入应征收营业税。

(3) 外事服务单位为外国常驻机构、“三资”企业和其他企业提供人力资源服务的，按“服务业——代理业”税目征收营业税，其营业额为从委托方取得的全部收入减除代委托方支付给聘用人员的工资及福利费和缴纳的社会统筹、住房公积金后的余额。

(4) 纳税人从事代理报关业务，以其向委托人收取的全部价款和价外费用扣除查验费、打单费等国家税务总局规定的费用项目金额后的余额为营业额。

(5) 纳税人从事无船承运业务，以其向委托人收取的全部价款和价外费用扣除其支付的海运费以及报关、港杂、装卸费用后的余额为计税营业额申报缴纳营业税；纳税人从事无船承运业务，应按照其从事无船承运业务取得的全部价款和价外费用，向委托人开具发票，同时应凭其取得的开具给本纳税人的发票或其他合法有效凭证作为缴纳营业税的扣除凭证。

2. 旅店业

营业额为提供住宿服务的各项收入。

3. 饮食业

营业额为向顾客提供饮食消费服务而收取的餐饮收入。

4. 旅游业务

以其取得的全部价款和价外费用扣除替旅游者支付给其他单位或者个人的住宿费、餐费、交通费、旅游景点门票和支付给其他接团旅游企业的旅游费后的余额为营业额。

旅游企业组织旅游团到中华人民共和国境外旅游，在境外改由其他旅游企业接团，以全程旅游费减去付给该接团企业的旅游费后的余额为营业额。

5. 广告业

为从事广告设计、制作、刊登、发布等活动取得的广告收入。

从事广告代理业务的，以其全部收入减去支付给其他广告公司或广告发布者(包括媒体、载体)的广告发布费后的余额为营业额。

6. 租赁业务

营业额为经营租赁业务所取得的租金收入全额，不得扣除任何费用。

7. 仓储业

营业额为经营仓储业务向顾客收取的全部费用。

试点物流企业将承揽的仓储业务分给其他单位并由其统一收取价款的，应以该企业取得的全部收入减去付给其他仓储合作方的仓储费后的余额为营业额。

8. 其他服务业

营业额为发生其他服务业劳务时，向对方收取的全部价款和价外费用。

(1) 劳务公司接受用工单位的委托，为其安排劳动力，凡用工单位将其应支付给劳动力的工资和为劳动力上交的社会保险(包括养老保险、医疗保险、失业保险、工伤保险等，下同)以及住房公积金统一交给劳务公司代为发放或办理的，以劳务公司从用工单位收取的全部价款减去代转付给劳动力的工资和为劳动力办理社会保险及住房公积金后的余额为营业额。

(2) 从事物业管理的单位，以与物业管理有关的全部收入减去代业主支付的水、电、燃气以及代承租者支付的水、电、燃气、房屋租金的价款后的余额为营业额。

(3) 对勘察设计单位将承担的勘察设计劳务分包或转包给其他勘探设计单位或个人并由其统一收取价款的，以其取得的勘察设计总包收入减去支付给其他勘察设计单位或个人的勘察设计费后的余额为营业额。

(4) 消费者持服务单位销售或赠与的固定面值消费卡进行消费，应确认为该服务单位提供了营业税服务业应税劳务，发生了营业税纳税义务，对该服务单位应征收营业税，其营业额为消费者持卡消费时，服务单位所冲减的有价消费卡面值额。

【示例 8】 某旅行社本月组织团体旅游，收取旅游费共计 35 万元；其中组团境内旅游收入 15 万元，替旅游者支付给其他单位餐费、住宿费、交通费、门票共计 8 万元；组团境外旅游收入 20 万元，付给境外接团企业费用 12 万元，计算该旅行社本月应纳的营业税并进行相应的会计处理。

【计算与分析】 (1) 计算应纳营业税。

营业税=[(15−8)+(20−12)]×5%=0.75 (万元)

(2) 计提营业税时的账务处理：

借：营业税金及附加　　7 500

　贷：应交税费——应交营业税　　7 500

(3) 上缴营业税时的账务处理：

借：应交税费——应交营业税　　7 500

　贷：银行存款(或“库存现金”等科目)　　7 500

(八) 转让无形资产

(1) 转让无形资产的营业额为转让无形资产所取得的转让额，具体包括无形资产受让方支付给转让方的全部货币、实物和其他经济利益。

(2) 纳税人转让土地使用权，以全部收入减去土地使用权购置或受让原价后的余额为营业额。

(3) 纳税人转让抵债所得的土地使用权，以全部收入减去抵债时该项土地使用权作价后的余额为营业额。

(九) 销售不动产

(1) 销售不动产的营业额为纳税人销售不动产而向不动产购买者收取的全部价款和价外费用。

(2) 纳税人销售或转让其购置的不动产，以全部收入减去不动产的购置原价后的余额为营业额。

(3) 纳税人销售或转让抵债所得的不动产,以全部收入减去抵债时该项不动产作价后的余额为营业额。

【示例 9】 甲公司出售一座建筑物,原价为 1 000 000 元,已计提折旧 500 000 元,未计提减值准备,实际出售价格为 600 000 元,已通过银行收回价款。

【计算与分析】 (1) 将出售固定资产转入清理时:

借:固定资产清理 500 000
　累计折旧 500 000
　贷:固定资产 1 000 000

(2) 计算销售该固定资产应交纳的营业税,按规定适用的营业税税率为 5%,应纳税额为 600 000×5%=30 000 (元)。

借:固定资产清理 30 000
　贷:应交税费——应交营业税 30 000

(3) 收回出售固定资产的价款时:

借:银行存款 600 000
　贷:固定资产清理 600 000

(4)结转出售固定资产实现的利得

借:固定资产清理 70 000
　贷:营业外收入——非流动资产处置利得 70 000

(十) 营业额的其他规定

(1) 计算缴纳营业税后因发生退款减除纳税人的营业额的,应当退还已缴纳营业税税款或者从纳税人以后的应缴纳营业税税额中减除。

(2) 单位和个人在提供营业税应税劳务、转让无形资产、销售不动产时,将价款与折扣额在同一张发票上注明的,以折扣后的价款为营业额;将折扣额另开发票的,不论其在财务上如何处理,均不得从营业额中减除。

(3) 营业额扣除有关项目的合法有效凭据。纳税人提供应税劳务、转让无形资产或者销售不动产,按营业税有关规定可以扣除有关项目金额后以余额确定营业额的,纳税人必须提供与扣除项目金额相对应的符合国务院税务主管部门有关规定的凭证(以下统称合法有效凭证):

① 支付给境内单位或者个人的款项,且该单位或者个人发生的行为属于营业税或增值税征收范围的,以该单位或者个人开具的发票为合法有效凭证;

② 支付的行政事业性收费或者政府性基金,以开具的财政票据为合法有效凭证;

③ 支付给境外单位或者个人的款项,以该单位或者个人的签收单据为合法有效凭证,税务机关对签收单据有疑义的,可以要求其提供境外公证机构的确认证明;

④ 国家税务总局规定的其他合法有效凭证。

纳税人不提供或提供的扣除有关项目凭证不符合法律、行政法规或者国务院税务主管部门有关规定的,该项目金额不得扣除。

【示例 10】 某饭店某月取得住宿收入 60 万元,餐厅收入 40 万元,打字、复印收入 10 万元,卡拉 OK 歌舞厅收入 20 万元,代理服务手续费收入 2 万元。计算饭店当月应纳的营业税税额。

【计算与分析】 (1) 住宿、餐厅、打字、复印、代理服务手续费收入按"服务业"纳税：

应纳营业税=(60+40+10+2)×5%=5.6(万元)

(2) 卡拉OK歌舞厅收入应按娱乐业征税：

应纳营业税=20×20%=4(万元)

(3) 当月应纳营业税税额合计=5.6+4=9.6(万元)。

三、营业税的征收管理

(一) 纳税义务发生时间

营业税纳税义务发生时间为纳税人提供应税劳务、转让无形资产或者销售不动产并收讫营业收入款项或者取得索取营业收入款项凭据的当天。

取得索取营业收入款项凭据的当天，为书面合同确定的付款日期的当天；未签订书面合同或者书面合同未确定付款日期的，为应税行为完成的当天。

(1) 纳税人转让土地使用权或者销售不动产，采取预收款方式的，其纳税义务发生时间为收到预收款的当天；

(2) 纳税人提供建筑业或者租赁业劳务，采取预收款方式的，其纳税义务发生时间为收到预收款的当天；

(3) 纳税人发生将不动产或者土地使用权无偿赠送其他单位或者个人的，其纳税义务发生时间为不动产所有权、土地使用权转移的当天；

(4) 纳税人发生自建行为的，其纳税义务发生时间为销售自建建筑物的纳税义务发生时间；

(5) 营业税扣缴义务发生时间为纳税人营业税纳税义务发生的当天。

(二) 纳税期限

营业税的纳税期限分别为5日、10日、15日、1个月或者1个季度。纳税人的具体纳税期限，由主管税务机关根据纳税人应纳税额的大小分别核定；不能按照固定期限纳税的，可以按次纳税。银行、财务公司、信托投资公司、信用社、外国企业常驻代表机构的纳税期限为1个季度。纳税人以1个月或者1个季度为一个纳税期的，自期满之日起15日内申报纳税；以5日、10日或者15日为一个纳税期的，自期满之日起5日内预缴税款，于次月1日起15日内申报纳税并结清上月应纳税款。

(三) 纳税地点

(1) 纳税人提供应税劳务应当向其机构所在地或者居住地的主管税务机关申报纳税。但是，纳税人提供的建筑业劳务以及国务院财政、税务主管部门规定的其他应税劳务，应当向应税劳务发生地的主管税务机关申报纳税。

(2) 纳税人转让无形资产应当向其机构所在地或者居住地的主管税务机关申报纳税。但是，纳税人转让、出租土地使用权，应当向土地所在地的主管税务机关申报纳税。

(3) 纳税人销售、出租不动产应当向不动产所在地的主管税务机关申报纳税。

(4) 扣缴义务人应当向其机构所在地或者居住地的主管税务机关申报缴纳其扣缴的

税款。

纳税人应当向应税劳务发生地、土地或者不动产所在地的主管税务机关申报纳税而自应当申报纳税之月起超过6个月没有申报纳税的，由其机构所在地或者居住地的主管税务机关补征税款。

（四）纳税申报

营业税纳税人根据《中华人民共和国营业税暂行条例》及其实施细则、《中华人民共和国税收征收管理法》及其实施细则向其所属主管税务机关办理纳税申报。

1. 申报办理程序

(1) 采取网上申报方式的营业税纳税人，要按规定准确填写《营业税纳税申报表》(如表2.1.8所示)，并在申报期内先将申报资料电子数据传递到主管税务机关，其纸质申报资料可于申报结束后根据主管税务机关规定的时限报送至主管税务机关。

(2) 通过纸质实行上门申报方式的营业税纳税人，应在征收期内向主管税务机关进行纳税申报，申报征收岗位人员可直接审核其纸质资料，纳税人需要报送的资料可于申报结束后根据主管税务机关规定的时限报送至主管税务机关。

2. 纳税申报资料

纳税人办理营业税纳税申报时，应报送以下资料：

(1)《营业税纳税申报表》；

(2) 按照本纳税人发生营业税应税行为所属的税目，分别填报相应税目的营业税纳税申报表附表；同时发生两种或两种以上税目应税行为的，应同时填报相应的纳税申报表附表；

(3) 凡使用税控收款机的纳税人应同时报送税控收款机IC卡；

(4) 主管税务机关要求报送的其他资料。

项目小结

营业税是我国现行流转税中的一个税种，它和增值税、消费税及关税共同构成我国的流转税体系。凡在我国境内提供应税劳务、转让无形资产和销售不动产，都要征收营业税。目前的征收范围包括：交通运输业、建筑业、金融保险业、邮电通信业、文化体育业、娱乐业、服务业以及转让无形资产和销售不动产。营业税实行比例税率，其计税依据为营业额，营业额为纳税人向对方收取的全部价款和价外费用。营业税应纳税额等于营业额乘以营业税税率。应注意的是，营业税与增值税的征收范围具有排斥关系，互不交叉。

思考与讨论

1. 什么是营业税？营业税有何特点？
2. 营业税的征税范围、计税依据和减免税是如何规定的？
3. 营业税的纳税人和扣缴义务人是如何规定的？
4. 营业税的纳税地点和纳税期限是怎样规定的？
5. 如何确定营业税纳税义务发生时间？

表 2.1.8　营业税纳税申报表(适用于查账征收的营业税纳税人)

纳税人识别号：　　　　电脑代码：纳税人名称(公章)　　　　税款所属时间：自　　年　月　日至　　年　月　日

填表日期：　　年　月　日　　　　金额单位：元(列至角分)

税目	行次	营业额									税率	本期税款计算			税款缴纳								
		应税收入	前期多缴项目营业额				应税减除项目金额	应税营业额	免应税收入		小计	本期应纳税额	免(减)税额	期初欠缴税额	前期多缴税额	本期已缴税额				本期应缴税额计算		
			小计	营业额冲减	事后审批减免	其他										小计	已缴本期应纳税额	本期已被扣缴税额	本期已缴欠缴税额	小计	本期期末应缴税额	本期期末应缴欠缴税额
		1	2=3+4+5	3	4		6	7=1−6			10=11+12	11=7×9	12=8×9	13	14=2×9	15=16+17+18	16	17	18	19=20+21	20=11−14−16−17	21=13−18
交通运输业																						
建筑业																						
邮电通讯业																						
服务业																						
娱乐业 5%税率																						
娱乐业 10%税率																						
娱乐业 20%税率																						
金融保险业																						
文化体育业																						

续表

税目	行次	营业额								税率	本期税款计算			税款缴纳								
		应税收入	前期多缴项目营业额				应税减除项目金额	应税营业额	免应税收入		小计	本期应纳税额	免（减）税额	期初欠缴税额	前期多缴税额	本期已缴税额				本期应缴税额计算		
			小计	营业额冲减	事后审批减免	其他										小计	已缴本期应纳税额	本期已被扣缴税额	本期已缴欠缴税额	小计	本期期末应缴税额	本期期末应缴欠缴税额
		1	2＝3＋4＋5	3	4		6	7＝1－6			10＝11＋12	11＝7×9	12＝8×9	13	14＝2×9	15＝16＋17＋18	16	17	18	19＝20＋21	20＝11－14－16－17	21＝13－18
销售不动产																						
转让无形资产																						
合　计																						
代扣代缴项目																						
总　计																						

纳税人或代理人声明：	如纳税人填报，由纳税人填写以下各栏：
此纳税申报表是根据国家税收法律的规定填报的，我确定它是真实的、可靠的、完整的。	办税人员（签章）：　财务负责人（签章）：　法定代表人（签章）：　联系电话：
	如委托代理人填报，由代理人填写以下各栏：
	代理人名称：　经办人（签章）：　联系电话：　代理人（公章）：

以下由税务机关填写：

受理人：　　　　受理日期：　　年　月　日　　　　受理税务机关（签章）

本表为 A3 横式一式三份，一份纳税人留存，一份主管税务机关留存，一份征收部门留存。

训练与测试

一、单项选择

1. 根据营业税法律制度的规定，下列销售行为中，应当一并征收营业税的是(　　)。

A. 贸易公司销售货物同时负责安装

B. 百货商店销售商品同时负责运输

C. 建筑公司提供建筑业劳务的同时销售自产货物并实行分别核算

D. 餐饮公司提供餐饮服务的同时销售酒水

2. 某纳税人销售购置的不动产，其营业额的下列确定方法中，正确的有(　　)。

A. 以全部收入为营业额

B. 以销售时的评估价格为营业额

C. 以全部收入减去不动产折余价值后的余额为营业额

D. 以全部收入减去不动产购置原价后的余额为营业额

3. 根据营业税法律制度的规定，纳税人以 1 个月为一个纳税期的，应在一定期限内向税务机关申报纳税，该一定期限是(　　)。

A. 自期满之日起 5 日内　　B. 自期满之日起 7 日内

C. 自期满之日起 10 日内　　D. 自期满之日起 15 日内

4. 根据营业税法律制度的规定，下列各项中，不属于营业税征税范围的是(　　)。

A. 加工、修理修配业　　B. 建筑安装业

C. 交通运输业　　D. 邮电通信业

5. 下列经营者中为营业税纳税人的是(　　)。

A. 发生销售货物并负责运输所售货物的运输单位

B. 从事货物保管业务的单位

C. 从事缝纫业务的个体户

D. 从事修配业务的个体户

6. 某运输公司 8 月份取得运营收入 450 万元，另取得联运收入 200 万元，其中支付给其他承运单位承运费 150 万元，已知交通运输业适用营业税税率为 3%，该公司当月应缴纳的营业税税额为(　　)万元。

A. 3　　B. 12　　C. 15　　D. 18

7. 2011 年 8 月，某市邮政局发生以下经济业务：传递函件、包件取得收入 6 万元，报刊发行收入 9 万元，其他邮政业务收入 8 万元，发生工资等支出 6 万元。已知邮政局适用的营业税税率为 3%。该邮政局 8 月份应缴纳的营业税为(　　)万元。

A. 1.18　　B. 1　　C. 0.69　　D. 0.45

8. 某歌星租用大华体育馆举办个人演唱会，每场租金 30 000 元，共演出四场，由体育馆售票，共取得票款收入 600 000 元，按票款收入的 2%向歌星经纪人支付佣金。营业税税率为 3%。体育馆应为该歌星代扣代缴的营业税税额为(　　)元。

A. 14 040　　B. 18 000　　C. 14 400　　D. 17 640

9. 下列营业税组成计税价格公式书写正确的是(　　)。

A. 组成计税价格＝计税营业成本或工程成本×(1＋成本利润率)÷(1－营业税税率)

B. 组成计税价格＝计税营业成本或工程成本×(1－成本利润率)÷(1－营业税税率)

C. 组成计税价格＝计税营业成本或工程成本×(1＋成本利润率)÷(1＋营业税税率)

D. 组成计税价格＝计税营业成本或工程成本×(1－成本利润率)÷(1＋营业税税率)

10. 某羽毛球馆对外提供场地，2011年8月取得场租收入8 000元。当地规定营业税按月纳税的起征点为2 500元，文化体育业和服务业适用的营业税税率分别为3%和5%，该羽毛球馆应当缴纳的营业税为(　　)元。

A. 165　　B. 275　　C. 240　　D. 400

二、多项选择

1. 关于营业税纳税地点的下列表述中，正确的有(　　)。

A. 纳税人提供建筑业劳务，应当向应税劳务发生地的主管税务机关申报纳税

B. 纳税人出租土地使用权，应当向土地所在地的主管税务机关申报纳税

C. 纳税人提供旅游服务，应当向应税劳务发生地的主管税务机关申报纳税

D. 纳税人提供金融服务，应当向其机构所在地或居住地的主管税务机关申报纳税

2. 下列关于营业税纳税地点的表述中，符合营业税法律制度规定的有(　　)。

A. 纳税人销售不动产，应当向不动产所在地主管税务机关申报纳税

B. 纳税人从事运输业务，应当向运输劳务发生地主管税务机关申报纳税

C. 纳税人转让土地使用权，应当向土地所在地主管税务机关申报纳税

D. 纳税人在本省从事建筑劳务，应当向其机构所在地主管税务机关申报纳税

3. 根据营业法律制度的规定，下列各项中，应视同发生应税行为征收营业税的有(　　)。

A. 个人将不动产无偿赠送单位　　B. 单位将土地使用权无偿赠送个人

C. 单位自建自用房屋的行为　　D. 单位自建房屋销售的行为

4. 根据营业税法律制度的规定，下列项目中，免征营业税的有(　　)。

A. 医院提供的医疗服务　　B. 幼儿园提供的育养服务

C. 学生勤工俭学提供的劳务　　D. 残疾人员提供的劳务

5. 经甲演出公司联系协商，某歌舞团在乙剧院进行演出，由乙剧院代售门票，乙剧院代售门票收入88万元。根据协议，歌舞团支付给甲演出公司中介费10万元，支付给乙剧院租场费8万元。上述业务税务处理正确的有(　　)。

A. 歌舞团自行申报缴纳营业税3.5万元

B. 歌舞团应纳营业税2.1万元，由乙剧院代扣代缴

C. 歌舞团应纳营业税2.64万元，由乙剧院代扣代缴

D. 乙剧院自行申报缴纳营业税0.4万元

6. 根据营业税法律制度的规定，下列各项业务中，按“服务业”税目征税的是(　　)。

A. 广告代理　　B. 文学讲座　　C. 体育比赛　　D. 广告播映

7. 以下各种情况需要征收营业税的包括(　　)。

A. 邮政部门销售集邮商品　　B. 邮政部门发行报刊

C. 集邮商品的生产调拨　　D. 其他单位个人销售集邮商品

8. 营业税所称“在中华人民共和国境内”是指(　　)。

A. 境内保险公司为出口货物提供的保险劳务

B. 境外保险公司以在境内的物品为标的提供的保险劳务

C. 所销售的不动产在境内

D. 转让无形资产在境内使用

9. 下列经营者中，属于营业税纳税人的是(　　)。

A. 销售集邮商品的个人　　B. 转让著作权的个人

C. 从事货物保管业务的单位　　D. 从事修理修配业务的个体工商户

10. 下列属于营业税混合销售行为的有(　　)。

A. 商场销售货物同时负责送货上门

B. 机场提供运输服务并附设商场销售货物

C. 火车上销售食品饮料

D. 歌舞厅提供娱乐服务并销售烟酒

三、思考并判断

1. 单位和个人提供应税劳务、转让无形资产和销售不动产时，因受让方违约而从受让方取得的赔偿金收入，不应并入营业额中征收营业税。(　　)

2. 对于某一项经济业务，凡缴纳营业税的不再缴纳增值税，缴纳增值税的不再缴纳营业税。(　　)

3. 营业税纳税人提供应税劳务价格明显偏低又没有正当理由的，主管税务机关可按纳税人当月提供的同类应税劳务的最高价格核定其营业额。(　　)

4. 单位及个人进行演出，以全部票价收入为营业额征收营业税。(　　)

5. 混合销售行为应当征收营业税的，营业额为应税劳务营业额与货物销售额的合计。(　　)

6. 凡与运营业务有关的各项劳务活动，均属交通运输业的税目征收范围，应统一按3%的税率征收营业税。(　　)

7. 纳税人兼营免税、减税项目的，应当分别核算免税、减税项目的营业额；未分别核算营业额的，不得免税、减税。(　　)

8. 纳税人营业额未达到国务院财政、税务主管部门规定的营业税起征点的，免征营业税；达到起征点的就其超过部分计算缴纳营业税。(　　)

9. 纳税人提供建筑业劳务(不含装饰劳务)的，其营业额应当包括工程所用原材料、设备及其他物资和动力价款及建设方提供的设备的价款在内。(　　)

10. 提供加工、修理修配劳务应缴纳营业税。(　　)

四、实务题

1. 某温泉度假酒店是一家集餐饮、住宿和娱乐为一体的综合性餐饮企业，酒店设有餐饮部、客房部、娱乐部等经营部门，各经营部门业务实行独立核算。2008年6月酒店取得以下收入：① 餐饮收入150万元；② 住宿收入86万元；③ 出租商业用房租金收入9万元；④ 卡拉OK门票收入17万元、点歌费收入6万元、台位费收入23万元、烟酒和饮料费收入71万元。服务业适用的营业税税率为5%，娱乐业适用的营业税税率为20%。

要求：① 计算该酒店当月餐饮收入应缴纳的营业税税额；② 计算该酒店当月住宿收入应缴纳的营业税税额；③ 计算该酒店当月租金收入应缴纳的营业税税额；④ 计算该酒店当月娱乐收入应缴纳的营业税税额。

2. 某房地产开发公司将自建的一栋商品楼销售给有共同经济利益的某企业，每平方米售价2 000元，建筑面积为5 000平方米，共取得销售价款1 000万元。经税务机关确认，该公司 2 000 元/平方米的销售价格明显偏低且无正当理由。其他有关资料：该公司建此商品楼的工程成本为 750 万元；该公司所在省建筑业成本利润率为 10%；同类商品楼的销售价格为 2 500 元/平方米，建筑业营业税税率为 3%，不动产营业税税率为 5%。分析计算该公司应如何交纳营业税？

3. 甲建筑工程公司 2006 年 1 月份承建一项住宅工程，全部工程于 2006 年 12 月份竣工并通过验收，取得工程总价款 7 860 万元。另外，由于工程保质保量提前完工，获得建设单位额外奖励 10 万元。在施工期间，甲公司将建筑工程的装饰装修部分转包给乙公司来完成，按合同支付给乙公司 1 800 万元的装饰装修工程款。甲公司承建住宅工程期间，支付工程原料价款 3 782 万元，支付员工劳动保护费、工资和过节补助费等 173 万元，建筑储料场、员工宿舍、食堂等临时设施支出 28 万元，发放优秀员工奖金 4 万元，支付业务招待费 24 万元，支出水、电、暖和施工现场管理费 64 万元。建筑业适用的营业税税率为 5%，甲公司承建住宅工程已预缴营业税 273 万元。

要求：① 计算甲公司承建住宅工程的营业额；② 计算甲公司承建住宅工程应缴纳的营业税税额；③ 计算甲公司应代扣代缴乙公司的营业税税额；④ 计算甲公司承建住宅工程应补缴的营业税税额。

4. 某美容中心兼营美容和化妆品销售业务，2010 年 3 月取得美容服务收入 27 000 元，化妆品销售收入 3 600 元。经主管税务部门确定，该美容中心应分别交纳营业税和增值税。请计算其应纳的营业税和增值税。

5. 某运输公司 2011 年 3 月取得运输收入 500 000 元，同月该公司还转让一间废旧仓库的永久使用权，取得销售收入 2 000 000 元，转让一项非专利技术，取得收入 900 000 元，请计算该运输公司该月应纳的营业税。

6. 某金融机构二季度取得贷款业务利息收入 3 000 000 元，取得转贷业务利息收入 2 000 000元，支付转贷业务借款利息 1 200 000 元，请计算该金融机构二季度应纳的营业税。

项目(四) 关 税

项目目标及能力培养

熟悉关税的基本征收制度，学会正确计算和缴纳关税。

知识点或技能点

关税的概念；关税的分类；关税税则和税率；关税完税价格；关税的减免；关税的计算和缴纳；关税的会计核算。

案例导入

国内某大型商贸公司于 2011 年 6 月 10 日进口一批化妆品，支付国外的买价是 200 万元，购货佣金 10 万元，国外的经纪费 5 万元；支付运抵我国海关地前的运输费用 15 万元，装卸费用和保险费用 10 万元；支付国内运输费、装卸费和保险费共计 10 万元。

问题思考：① 该批商品进口是否需要交纳关税？② 进口商品过程中支付的各项费用哪些能计入关税的完税价格？③ 海关在向商贸公司征收关税时还应代征哪些税？④ 商贸公司应在什么时候缴纳关税？

任务一 认识关税

任务目标

理解关税的概念和特点，明确关税的分类。

一、关税的概念

关税是指国家授权海关对出入关境的货物和物品征收的一种税。

国境为国家的政治界线，包括国家全部的领土、领海、领空。关境又称“海关境域”或“关税领域”，是一国海关法全面实施的领域。在通常情况下，关境与国境一致，但如果一国国境内设立了自由港、自由贸易区等，这些区域就进出口关税而言则处在关境之外，此时，关境小于国境；如果国家之间的货物往来不征收关税，而只对来自或运往其他国家的货物进出共同关境时征收关税，这时关境大于任何一个成员国的国境，例如，欧洲联盟就组成了一个共同关境。

我国现行关税以全国人民代表大会于 2000 年 7 月修正颁布的《中华人民共和国海关法》为法律依据，以国务院于 2003 年 11 月发布的《中华人民共和国进出口关税条例》以及由国务院关税税则委员会审定并报国务院批准，作为条例组成部分的《中华人民共和国海关进出口税则》和《中华人民共和国海关入境旅客行李物品和个人邮递物品征收进口税办法》为基本法规。

二、关税的特点

1. 关税是单一环节的价外税

关税的完税价格中不包括关税，即在征收环节中，是以实际成交价格为计税依据，关税不包括在内。但海关代征增值税、消费税时，其计税依据包括关税在内。

2. 关税的征收对象是进出境的货物和物品

这里的“境”指的是关境，即海关法全面实施的领域。货物和物品只有进出关境时，才能被征收关税。

3. 关税具有较强的涉外性

随着世界经济一体化的发展，世界各国的经济联系越来越密切，贸易关系不仅反映简单的经济关系，也是一种政治关系，因此，一国的关税政策、关税措施往往和经济政策、外交政策紧密相连，具有涉外性。

4. 关税由海关代表国家征收

关税由主权国家设置在边境、沿海口岸或境内的水陆空国际交往通道的海关根据国家制定的关税税法、税则征收，其他任何单位和个人无权征收关税。

三、关税的分类

（一）按货物的流向，可把关税分为进口关税、出口关税和过境关税

1. 进口关税

是海关对进口货物和物品所征收的关税。一般是在货物进入关境时征收，或在货物从海关保税仓库转出投入国内市场时征收。进口关税是当前世界各国征收关税的最主要的一种，在许多国家已不征收出口关税和过境关税的情况下，它成为唯一的关税。

2. 出口关税

是海关对出口的货物和物品所征收的关税。由于征收出口关税会增加出口货物的成本，不利于本国货物在国际市场的竞争，目前西方发达国家都取消了出口关税。目前还在征收的主要是发展中国家，目的是取得财政收入和调节市场供求关系。我国目前对少数货物还征收出口关税。

3. 过境关税

是对过境货物征收的关税。过境货物是指由境外启运、通过境内继续运往境外的货物。由于过境货物对本国工农业生产和市场不产生影响，而且还可以从交通运输、港口使用、仓储保管等方面获得收入，因而目前绝大多数国家都不征收过境关税。

（二）按计税标准不同，可分为从价关税、从量关税、复合关税、选择关税和滑动关税

1. 从价关税

即以货物的价格为征收标准而计算征收的关税。从价关税的优点是税负较为合理，关税收入随货物价格的升降而增减，其不足之处是完税价格必须严格审定，征税手续比较复杂。从价关税是关税的主要征收形式。

2. 从量关税

是以货物的计量单位(重量、数量、体积等)为征收标准而计算征收的一种关税。从量关税的优点是无须审定货物的价格、品质、规格，计税简便，对廉价进口商品有较强的抑制作用。其缺点是对同一税目的商品，在规格、质量、价格相差较大的情况下，接同一定额税率计征，税额不够合理，且在物价变动的情况下，税收的收入不能随之增减。

3. 复合关税

即对同一种进口货物采用从价、从量两种标准课征的一种关税。课征时，或以从价税为主，加征从量税；或以从量税为主，加征从价税。计征手续较为繁琐，但在物价波动时，可以减少对财政收入的影响。

4. 选择关税

即在税则中对同一税目规定从价和从量两种税率，在征税时可由海关选择其中一种计征。一般是选择税额较高的一种。选择的基本原则是：在物价上涨时，使用从价税；在物价下跌时，使用从量税。

5. 滑动关税

亦称“滑准关税”或“伸缩关税”。是根据进出口商品价格或数量的变动而升降税率的一种关税。

（三）按征税性质分类，可以分为普通关税、优惠关税和差别关税

1. 普通关税

又称一般关税，是指一国政府对与本国没有签署友好协定、经济互助协定的国家和地区按普通税率征收的关税。

2. 优惠关税

即指一国对特定的受惠国给予优惠待遇，使用比普通税率低的优惠税率。具体形式有：互惠关税、特惠关税、普惠关税、最惠国待遇。

3. 歧视关税

是指对某些输出国、生产国的进口货物，因某种原因（如歧视、报复、保护和经济方面的需要等）使用比正常税率高的税率所征收的关税。在歧视关税中，使用较多的是反倾销税和反补贴税。

小　知　识

关税史话

在我国，西周时期就在边境设立关卡。《周礼·地官》中有了"关市之征"的记载。春秋时期以后，诸侯割据，纷纷在各自领地边界设立关卡，"关市之征"的记载也多了起来。关税的本来意义是对进出关卡的物品征税；市税是在领地内商品聚散集市上对进出集市的商品征税。关税和市税都是对商品在流通环节中征税。《管子·问篇》曾提到"征于关者勿征于市，征于市者勿征于关"，对同一商品不主张重复征税，以减轻商人负担。关市之征是我国关税雏形，我国的"关税"的名称也是由此演进而来的。

任务二　关税主要法律规定

任务目标

掌握关税的纳税人、征税对象、税率，能正确确定关税的完税价格，正确计算关税。

一、纳税人

按照关税条例规定，进口货物的收货人、出口货物的发货人、进境物品的所有人，是关税的纳税义务人。进出口货物的收、发货人应当是依法取得对外贸易经营权，并进口或者出口货物的法人或者其他社会团体。进出境物品的所有人包括该物品的所有人和推定为所有人的人。一般情况下，对于携带进境的物品，推定其携带人为所有人；对以邮递方式进境的物品，推定其收件人为所有人；以邮递或其他运输方式出境的物品，推定其寄件人或托运人为所有人。

二、征税对象

关税的征税对象是准许进出境的货物和物品。货物，是指贸易性进出口商品。物品，是指非贸易性进出口商品，包括入境旅客随身携带的行李物品，个人邮递进境的物品，各种运

输工具上的服务人员携带的进口物品、馈赠物品以及以其他方式进境的个人物品。关税在货物或物品进出关境的环节一次性征收。货物或物品入境后,其在国内流通的任何环节均不再征收关税。

三、关税税则、税率

(一) 关税税则

关税税则又称海关税则、关税税率表,是指一国制定和公布的对进出其关境的货物征收关税的条例和税率的分类表。自 2002 年 1 月 1 日起,为履行中国加入世界贸易组织承诺的关税减让义务和中国加入《亚太贸易协定》的需要,我国对进口税则中的税目每年都进行了调整,2011 年的《关税税则》在海关税则 8 位和 10 位编码的基础上加到了 11 位编码,包括货品名称、进口税率(最惠国税率、中巴税率、普通税率)、增值税率、出口退税率、计量单位、监管条件以及准确规范的英文商品名称各栏,并加列了进口协定、特惠、暂定税率表、进出口申报说明等以及 2011 年出口税则。2011 年进出口税目总数增至 7 977 个。

(二) 进口关税税率

目前,我国进口货物关税设有最惠国税率、协定税率、特惠税率、普通税率、关税配额税率。对进口货物在一定期限内可实行暂定税率。其适用范围分别为:

1. 最惠国税率

该税率适用原产于与我国共同适用最惠国待遇条款的 WTO 成员国或地区的进口货物,或原产于与我国签订有相互给予最惠国待遇条款的双边贸易协定的国家或地区进口的货物,以及原产于我国境内的进口货物。

2. 协定税率

该税率适用原产于与我国签订含有关税优惠条款的区域性贸易协定的国家或地区的进口货物,如“亚太贸易协定”协定税率、中国—东盟自由贸易区协定税率、中国—智利自由贸易区协定税率等。

3. 特惠税率

该税率适用原产于与我国签订含有特殊优惠关税协定的国家或地区的进口货物,目前对原产于老挝等东南亚 4 国、埃塞俄比亚等非洲 31 国、阿富汗等 6 国共 41 个联合国认定的最不发达国家实施特惠税率。

4. 普通税率

该税率适用于原产于上述国家或地区以外的其他国家或地区的进口货物。按照普通税率征税的进口货物,经国务院关税税则委员会特别批准,可以适用最惠国税率。

5. 关税配额税率

该税率适用于实行关税配额管理的在关税配额内的进口货物;关税配额外的,其税率的适用按上述规定执行。目前,国家对部分进口农产品(如小麦和豆类等)和化肥产品(如尿素等)实行关税配额,即一定数量内的上述进口商品适用税率较低的配额内税率,超出该数量的进口商品适用税率较高的配额外税率。

任何国家或地区违反与我国签订或共同参与的贸易协定及相关协定,对我国贸易单方面采取禁止、限制、加征关税或其他影响正常贸易措施的,可以对原产于该国或地区的进口货物适用报复性关税税率。

（三）出口关税税率

征收出口关税在17、18世纪曾是欧洲各国的重要财政来源。19世纪资本主义迅速发展，各国认识到征收出口关税不利于本国的经济发展。因为出口关税增加了出口货物的成本，会提高本国产品在国外的售价，从而降低了本国产品的市场竞争能力，影响了本国产品的出口。因此，19世纪后期，各国相继取消了出口关税。目前还有少数国家征收出口关税。我国只对少数商品征收出口关税。

小 知 识

2010年我国对原产于智利的商品实施中国—智利自由贸易协定税率，包括7 029个税目，平均税率为1.3%，平均优惠幅度为87.7%。对原产于巴基斯坦的商品实施中国—巴基斯坦自由贸易协定税率，包括6 240个税目，平均税率为5.3%，平均优惠幅度为43%。对原产于新西兰的商品实施中国—新西兰自由贸易协定税率，包括7 040个税目，平均税率为4.0%，平均优惠幅度为61.6%。对原产于新加坡的商品实施中国—新加坡自由贸易协定税率，包括2 753个税目，税率均为零，平均优惠幅度为100%。自2010年起，中国—东盟自贸区协定将实施第四批正常商品降税，双方90%以上的商品将实施零关税，中国—东盟自贸区将全面实现货物贸易自由化。

四、进出口货物关税完税价格

（一）进口货物完税价格

进口货物的完税价格是由海关以该货物的成交价格为基础审查确定，并应当包括货物运抵我国境内输入地点起卸前的运输及其相关费用、保险费。

1. 进口货物的成交价格

是指卖方向我国境内销售该货物时买方为进口该货物向卖方实付、应付的并经一定调整后的价款总额，包括直接支付的价款和间接支付的价款。这里的进口货物的成交价格应当符合有关条件。一般来说，进口货物的成交价格应当符合下列条件：

(1) 对买方处置或者使用该货物不予限制，但法律、行政法规规定实施的限制、对货物转售地域的限制和对货物价格无实质性影响的限制除外；

(2) 进口货物的价格不得受到使该货物成交价格无法确定的条件或者因素的影响；

(3) 卖方不得直接或者间接获得因买方销售、处置或者使用进口货物而产生的任何收益，或者虽然有收益但是能够按照有关规定做出调整；

(4) 买卖双方没有特殊关系，或者虽有特殊关系但未对成交价格产生影响。

进口货物的成交价格不符合上述规定条件的，或者成交价格不能确定的，海关经了解有关情况，并与纳税义务人进行价格磋商后，依次以下列价格估定该货物的完税价格：

(1) 相同货物成交价格估价方法。指海关以与进口货物同时或者大约同时向中华人民共和国境内销售的相同货物的成交价格为基础，审查确定进口货物的完税价格的估价方法。

(2) 类似货物成交价格估价方法。指海关以与进口货物同时或者大约同时向中华人民共和国境内销售的类似货物的成交价格为基础，审查确定进口货物的完税价格的估价方法。

(3) 倒扣价格估价方法。指海关以进口货物、相同或者类似进口货物在境内的销售价格为基础，扣除境内发生的有关费用后，审查确定进口货物完税价格的估价方法。

(4) 计算价格估价方法。指海关以下列各项的总和为基础，审查确定进口货物完税价格的估价方法：生产该货物所使用的料件成本和加工费用；向境内销售同等级或者同种类货物通常的利润和一般费用（包括直接费用和间接费用）；该货物运抵境内输入地点起卸前的运输及相关费用、保险费。

(5) 合理方法。指当海关不能根据成交价格估价方法、相同货物成交价格估价方法、类似货物成交价格估价方法、倒扣价格估价方法和计算价格估价方法确定完税价格时，海关根据规定的原则，以客观量化的数据资料为基础审查确定进口货物完税价格的估价方法。

纳税义务人向海关提供有关资料后，可以提出申请，颠倒前款第(3)项和第(4)项的适用次序。

2. 计入完税价格的相关费用

进口货物的下列费用应当计入完税价格：

(1) 由买方负担的购货佣金以外的佣金和经纪费；

(2) 由买方负担的在审查确定完税价格时与该货物视为一体的容器的费用；

(3) 由买方负担的包装材料费用和包装劳务费用；

(4) 与该货物的生产和向我国境内销售有关的，由买方以免费或者以低于成本的方式提供并可以按适当比例分摊的料件、工具、模具、消耗材料及类似货物的价款，以及在境外开发、设计等相关服务的费用；

(5) 作为该货物向中华人民共和国境内销售的条件，买方必须支付的、与该货物有关的特许权使用费；

(6) 卖方直接或者间接从买方获得的该货物进口后转售、处置或者使用的收益。

进口时在货物的价款中列明的下列税收、费用，不计入该货物的完税价格：

(1) 厂房、机械、设备等货物进口后进行建设、安装、装配、维修和技术服务的费用；

(2) 进口货物运抵境内输入地点起卸后的运输及其相关费用、保险费；

(3) 进口关税及国内税收。

（二）出口货物的完税价格

出口货物的完税价格由海关以该货物的成交价格为基础审查确定，并应当包括货物运至我国境内输出地点装载前的运输及其相关费用、保险费。

1. 出口货物的成交价格

是指该货物出口时卖方为出口该货物应当向买方直接收取和间接收取的价款总额。出口货物的成交价格不能确定的，海关经了解有关情况，并与纳税义务人进行价格磋商，依次以下列价格估定该货物的完税价格：

(1) 与该货物同时或者大约同时向同一国家或者地区出口的相同货物的成交价格；

(2) 与该货物同时或者大约同时向同一国家或者地区出口的类似货物的成交价格；

(3) 根据境内生产相同或者类似货物的成本、利润和一般费用（包括直接费用和间接费用）、境内发生的运输及其相关费用、保险费计算所得的价格；

(4) 以合理方法估定的价格。

2. 计入出口货物完税价格的相关费用

包括货物运至中华人民共和国境内输出地点装载前的运输及其相关费用、保险费。但下列税收、费用不计入出口货物的完税价格：

(1) 出口关税；

(2) 在货物价款中单独列明的货物运至中华人民共和国境内输出地点装载后的运输及其相关费用、保险费；

(3) 在货物价款中单独列明由卖方承担的佣金。

五、减税免税

我国关税减免政策可分为法定减免、特定减免和临时减免三种类型。下面主要介绍关税法定减免的情形：

(1) 下列进出口货物，免征关税：

① 关税税额在人民币 50 元以下的一票货物；

② 无商业价值的广告品和货样；

③ 外国政府、国际组织无偿赠送的物资；

④ 在海关放行前损失的货物；

⑤ 进出境运输工具装载的途中必需的燃料、物料和饮食用品。

(2) 在海关放行遭受损坏的货物，可以根据海关认定的受损程度减征关税。

(3) 因品质或者规格原因，出口货物自出口之日起 1 年内原状复运进境的，不征收进口关税。

(4) 因品质或者规格原因，进口货物自进口之日起 1 年内原状复运出境的，不征收出口关税。

(5) 因残损、短少、品质不良或者规格不符原因，由进出口货物的发货人、承运人或者保险公司免费补偿或者更换的相同的货物，进出口时不征收关税。被免费更换的原进口货物不退运出境或者原出口货物不退运进境的海关应当对原进出口货物重新按照规定征收关税。

(6) 法律规定的其他免征或者减征关税的货物，海关根据规定予以免征或者减征。

任务三　关税的计算缴纳和会计核算

任务目标

掌握关税应纳税额的计算和缴纳，学会对关税进行会计核算。

一、关税应纳税额的计算

(一) 从价计税应纳税额的计算

关税税额＝应税进(出)口货物数量×单位完税价格×税率

在实践中计算缴纳关税也可以采用下列计算公式，即：

进口关税税额＝到岸价格×进口关税税率

出口关税税额＝［离岸价格/(1＋出口税税率)］×出口关税税率

进口货物的成交价格，因有不同的成交条件而有不同的价格形式，常用的价格条款有FOB、CFR、CIF三种。

(1)"FOB"是含义为"船上交货"的价格术语的简称。这一价格术语是卖方在合同规定的装运港把货物装上买方指定的船上并负责货物装上船为止的一切费用和风险，又称"离岸价格"。

(2)"CFR"是含义为"成本加运费"的价格术语的简称，又称"离岸加运费价格"。这一价格术语是指卖方负责将合同规定的货物装上买方指定运往目的港的船上，负责货物装上船为止的一切费用和风险并支付运费。

(3)"CIF"是含义为"成本加运费、保险费"的价格术语的简称。这一价格术语是指卖方负责将合同规定的货物装上买方指定运往目的港的船上，办理保险并支付运费和保险费。

【示例1】 某进出口公司从国外进口货物一批，该批货物在出口国的离岸价格(FOB)折合人民币5 000万元，运抵我国关境内输入地点起卸前的运输费、保险费和其他费用共220万元；支付货物在我国输入地点起卸后的运输费用为10万元。假设该货物适用的关税税率为60％，试计算该公司应缴的关税。

【计算与分析】

关税完税价格＝5 000＋220＝5 220(万元)

进口关税＝5 220×60％＝3 132(万元)

【示例2】 某铁合金厂向日本出口一批铬铁，国内港口FOB价格折合人民币为280 000元，铬铁出口关税税率为40％，关税以支票付讫，计算出口关税税额。

【计算与分析】

出口关税税额＝280 000/(1＋40％)×40％＝80 000(元)

注：海关在征收关税时应代征增值税和消费税，其计算公式为：

增值税税额＝(到岸价＋进口关税额＋消费税额)×增值税税率

从价计征的消费税税额＝(到岸价＋关税额)/(1－消费税税率)×消费税税率

从量计征的消费税税额＝应征消费税的商品数量×消费税单位税额。

【示例3】 接示例1，如该批进口货物还需缴纳增值税、消费税，增值税税率为17％，消费税税率为10％，试计算海关代征的增值税和消费税税额。

【计算与分析】

进口消费税＝［(5 220＋3 132)÷(1－10％)］×10％＝928(万元)

进口增值税＝(5 220＋3 132＋928)×17％＝1 577.6(万元)

(二) 从量计税应纳税额的计算

从量税以进出口商品的重量、容积、长度、面积等计量单位为计税依据，按照规定的单位税额计算应交税金。其应纳税额的计算公式为：

关税税额＝应税进(出)口货物数量×单位货物税额

【示例4】 某公司向国外进口啤酒200箱，每箱24瓶，每瓶容积500毫升，价格为CIF 2 400美元，已知该啤酒适用的优惠税率为3元/升。计算应纳关税。

【计算与分析】

应纳关税税额＝200×24×500/1 000×3＝7 200（元）

（三）复合税应纳税额的计算

复合税是对某种进出口商品同时使用从价和从量计征的一种计征关税的方法。目前我国对录像机、放像机、摄像机、数字照相机和摄录一体机实行复合税，我国实行的复合税都是先计征从量税，再计征从价税。关税税额＝应税进(出)口货物数量×单位货物税额＋应税进(出)口货物数量×单位完税价格×税率。

【示例 5】 某公司进口两台日本产电视录像机，价格为 CIF 11 000 美元，征收日人民币与美元的外汇折算率为 1∶6.48，适用优惠税率为，每台完税价格高于 5 000 美元的，从量税每台 12 960 元，再征从价税 3%，计算该公司应缴纳的关税。

【计算与分析】

应纳关税税额＝2×12 960＋11 000×6.48×3%＝28 058.4（元）

（四）滑准税应纳税额的计算

滑准税是指关税的税率随着进口商品价格的变动而反方向变动的一种税率形式，即价格越高，税率越低，税率为比例税率。其主要特点是可保持滑准税商品的国内市场价格的相对稳定，尽可能减少国际市场价格波动的影响。目前我国对配额外进口的一定数量棉花实行 6%～40%的滑准税。

关税税额＝应税进(出)口货物数量×单位完税价格×滑准税税率

二、关税的申报缴纳

（一）纳税申报

进口货物的纳税义务人应当自运输工具申报进境之日起 14 日内，出口货物的纳税义务人除海关特准的外，应当在货物运抵海关监管区后、装货的 24 小时以前，向货物的进出境地海关申报。进口货物到达前，纳税义务人经海关核准可以先行申报。纳税义务人应当自海关填发税款缴款书之日起 15 日内向指定银行缴纳税款。

纳税义务人因不可抗力或者在国家税收政策调整的情形下，不能按期缴纳税款的，经海关总署批准，可以延期缴纳税款，但是最长不得超过 6 个月。

（二）税款缴纳的有关规定

1. 滞纳税款的处理

纳税义务人未按期缴纳税款的，从滞纳税款之日起，按日加收滞纳税款万分之五的滞纳金。海关征收关税、滞纳金等，应当按人民币计征。

2. 多缴税款的退还

海关发现多征税款的，应当立即通知纳税义务人办理退还手续。纳税义务人发现多缴税款的，自缴纳税款之日起 1 年内，可以以书面形式要求海关退还多缴的税款并加算银行同期活期存款利息；海关应当自受理退税申请之日起 30 日内查实并通知纳税义务人办理退还手续。纳税义务人应当自收到通知之日起 3 个月内办理有关退税手续。

有下列情形之一的，纳税义务人自缴纳税款之日起 1 年内，可以申请退还关税，并应当以书面形式向海关说明理由，提供原缴款凭证及相关资料：

(1) 已征进口关税的货物，因品质或者规格原因，原状退货复运出境的；

(2) 已征出口关税的货物，因品质或者规格原因，原状退货复运进境，并已重新缴纳因出口而退还的国内环节有关税收的；

(3) 已征出口关税的货物，因故未装运出口，申报退关的。

3. 税款的补征和追征

进出口货物放行后，海关发现少征或者漏征税款的，应当自缴纳税款或者货物放行之日起 1 年内，向纳税义务人补征税款。但因纳税义务人违反规定造成少征或者漏征税款的，海关可以自缴纳税款或者货物放行之日起 3 年内追征税款，并从缴纳税款或者货物放行之日起按日加收少征或者漏征税款万分之五的滞纳金。

4. 税收保全和强制执行

进出口货物的纳税义务人在规定的纳税期限内有明显的转移、藏匿其应税货物以及其他财产迹象的，海关可以责令纳税义务人提供担保；纳税义务人不能提供纳税担保的，经直属海关关长或者其授权的隶属海关关长批准，海关可以采取下列税收保全措施：一是书面通知纳税义务人开户银行或者其他金融机构暂停支付纳税义务人相当于应纳税款的存款；二是扣留纳税义务人价值相当于应纳税款的货物或者其他财产。

进出口货物的纳税义务人，应当自海关填发税款缴款书之日起十五日内缴纳税款；逾期缴纳的，由海关征收滞纳金。纳税义务人、担保人超过三个月仍未缴纳的，经直属海关关长或者其授权的隶属海关关长批准，海关可以采取下列强制措施：

(1) 书面通知其开户银行或者其他金融机构从其存款中扣缴税款；

(2) 将应税货物依法变卖，以变卖所得抵缴税款；

(3) 扣留并依法变卖其价值相当于应纳税款的货物或者其他财产，以变卖所得抵缴税款。

小 知 识

中华人民共和国海关是国家进出境监督管理机关，实行垂直领导体制。在组织机构上分为 3 个层次：第一层次是海关总署；第二层次是广东分署，天津、上海 2 个特派员办事处，41 个直属海关和 2 所海关学校(上海海关学院和秦皇岛海关学校)；第三层次是各直属海关下辖的 600 个隶属海关和办事处，通关监管点近 4 000 个。中国海关现有关员(含海关缉私警察)约 5 万人。基本任务是出入境监管、征税、打私、统计，对外承担税收征管、通关监管、保税监管、进出口统计、海关稽查、知识产权海关保护、打击走私、口岸管理等主要职责。

三、关税的会计核算

(一) 进口业务关税的账务处理

进出口企业自营进口商品的进口关税，应通过“应交税费——进口关税”和“库存商品”或“物资采购”账户加以反映。应缴纳的进口关税，借记“库存商品”或“物资采购”，贷记“银行存款”或“应付账款”和“应交税费”账户；缴纳税金时，借记“应交税费”，贷记“银行存款”或

“现金”账户。

【示例 6】 某外贸企业从国外自营进口商品一批，完税价格折合人民币为 20 万元，进口关税税率为 30%，代征增值税税率为 17%，代征消费税税率为 20%，根据海关开出的专用缴款书，以银行转账支付税款。

【计算与核算】 (1)计算有关税金。

① 应交关税＝20×30%＝6 (万元)；

② 代征消费税＝(20＋6)/(1－20%)×20%＝6.5 (万元)；

③ 代征增值税＝(20＋6＋6.5)×17%＝5.525 (万元)。

(2) 进行会计核算。

① 计提关税时的会计处理：

借：物资采购	325 000	
贷：应交税费——进口关税		60 000
应交税费——应交消费税		65 000
应付账款		200 000

② 支付关税、消费税和增值税时的会计处理：

借：应交税费——进口关税	60 000	
应交税费——应交增值税(进项税额)	55 250	
应交税费——应交消费税	65 000	
贷：银行存款		180 250

注：代理进口业务，若受托单位代委托单位向海关缴纳了关税，日后仍要从委托方收回，在会计核算上应通过“应交税费”、“应付账款”、“应收账款”等账户核算。

(二) 出口业务关税的账务处理

我国对大多数出口商品不征收出口关税，只对极少数的商品征收出口关税。出口商品若需要缴纳关税，则通过“营业税金及附加”和“应交税费——出口关税”两个账户反映。计算应纳税额时，借记“营业税金及附加”，贷记“应交税费”；实际缴纳时，借记“应交税费”，贷记“银行存款”或“现金”账户。

【示例 7】 某外贸公司自营出口商品一批，我国口岸 FOB 价格折合人民币为 720 000 元，价款未收。出口关税税率为 20%，根据海关开出的专用缴款书，以银行转账支票付讫税款。

【计算与核算】 (1) 计算出口关税并进行账务处理：

出口关税＝720 000/(1＋20%)×20%＝120 000 (元)

借：营业税金及附加	120 000	
贷：应交税费——出口关税		120 000

(2) 实际缴纳时的账务处理：

借：应交税费——出口关税	120 000	
贷：银行存款		120 000

值得注意的是：由于经营进出口业务的形式与内容不同，其具体核算方法有所不同。

项目小结

关税是国家授权海关对出入关境的货物和物品征收的一种税。关税是单一环节的价外税。其征收对象是进出境的货物和物品。进口货物的收货人、出口货物的发货人、进境物品的所有人,是关税的纳税义务人。关税的主要分类有:按货物的流向,可把关税分为进口关税、出口关税和过境关税;按计税标准不同,可分为从价关税、从量关税、复合关税、选择关税和滑动关税;按征税性质分类,可以分为普通关税、优惠关税和差别关税。目前,我国进口货物关税设有最惠国税率、协定税率、特惠税率、普通税率、关税配额税率。我国只对少数商品征收出口关税。关税由海关代表国家征收。

思考与讨论

1. 什么是关税?关税有何特点?开征关税有何意义?
2. 说说国境和关境的区别和联系。
3. 关税的分类有哪些?
4. 关税的完税价格是如何确定的?

训练与测试

一、解释名词

关税;货物与物品;国境与关境;关税税则;滑准关税;完税价格;FOB;CFR;CIF

二、单项选择

1. 下列不属于关税征税对象的是( )。

A. 从国外进口的设备

B. 入境旅客随身携带的行李物品

C. 企业出口的设备

D. 国家禁止出口的物品

2. 下列属于全国人大审定颁布的是( )。

A.《海关法》

B.《进出口条例》

C.《中华人民共和国海关进出口税则》

D.《中华人民共和国海关入境旅客行李物品个人邮递物品征收进口税办法》

3. 纳税义务人或他们的代理人应在海关填发税款缴纳证之日起( )内,向指定银行缴纳税款。

A. 15 日　B. 30 日　C. 7 日　D. 10 日

4. 任何国家或者地区对其进口的原产于我国的货物征收歧视性关税或者给予其他歧视性待遇的,我国对原产于该国家或者地区的进口货物征收( )。

A. 保障性关税　B. 报复性关税　C. 反倾销税　D. 反补贴税

5. 关于关税特点的说法,正确的是( )。

A. 关税的高低对进口国的生产影响较大，对国际贸易影响不大

B. 关税是多环节价内税

C. 关税是单一环节的价外税

D. 关税不仅对进出境的货物征税，还对进出境的劳务征税

6. 下列不属于关税纳税人的有（　　）。

A. 经营进出口货物的收、发件人

B. 进口个人邮件的发件人

C. 携带行李物品进境的外国游客

D. 各种运输工具上携带物品的服务人员

7. 进出口货物完税后，如果发生少征或漏征税款，并不是纳税人违反海关法造成的，海关应当自缴纳税款或放行之日起（　　）内，向纳税人补征。

A. 半年　　B. 1 年　　C. 2 年　　D. 3 年

8. 纳税义务人、担保人超过规定期限未缴纳税款的，海关可以依法采取强制扣缴措施。其规定期限是（　　）。

A. 15 天　　B. 1 个月　　C. 3 个月　　D. 6 个月

9. 选择适用最惠国税率、协定税率、特惠税率及普通税率的依据是（　　）。

A. 货物的销售地　　B. 货物的原产地

C. 货物的生产地　　D. 货物的发出地

10. 下列进口货物中实行滑准税的是（　　）。

A. 棉花　　B. 小轿车　　C. 录像机　　D. 设备

三、多项选择

1. 下列哪些货物属于法定减免税范围（　　）。

A. 无商业价值的货样、广告

B. 外国政府无偿赠送的物资

C. 进出境运输工具装载的途中必需的燃料、物料和饮食用品

D. 进口的科教用品

2. 进口货物的到岸价格应包括货价及货物运抵中国关境内输入地起卸前的（　　）等费用。

A. 保险费　　B. 运输费　　C. 包装费　　D. 其他劳务费

3. 关税的强制执行措施有（　　）。

A. 处以应纳关税的 1～5 倍罚款　　B. 征收滞纳金

C. 变价拍卖抵税　　D. 强制扣缴

4. 我国特别关税的种类有（　　）。

A. 报复性关税　　B. 进口附加税

C. 保障性关税　　D. 反倾销税和反补贴税

5. 下列各项中，属于关税法定纳税义务人的有（　　）。

A. 进口货物的收货人　　B. 出口货物的发货人

C. 进口货物的代理人　　D. 出口货物的代理人

四、思考并判断

1. 关税的征税对象是贸易性商品，不包括入境旅客携带的个人行李和物品。（　　）

2. 滑准税是一种关税税率随进口商品价格由高到低而由低至高设置计征关税的方法，可以使进口商品的价格越高，其进口关税税率越低；进口商品的价格越低，其进口关税税率越高。（ ）

3. 如果一国境内设有自由贸易区、自由港等，则该国的关境大于国境。（ ）

4. 报复性关税的纳税人是倾销或补贴产品的进口经营者。（ ）

5. 任何国家对原产于我国的货物征收歧视性关税的，我国对原产于该国家的进口货物征收报复性关税。（ ）

6. 货物或物品入境后，其在国内流通的任何环节均不再征收关税。（ ）

7. 纳税义务人因不可抗力或者在国家税收政策调整的情形下，不能按期缴纳税款的，经海关总署批准，可以延期缴纳税款，但是最长不得超过3个月。（ ）

8. 因品质或者规格原因，出口货物自出口之日起1年内原状复运进境的，不征收进口关税。（ ）

五、实务题

1. 某外贸公司2011年7月1日进口一批应税消费品，该批货物的货价为300万元人民币，支付途中运输费40万元，保险费10万元；关税税率10%，消费税率30%，增值税率17%。7月1日海关填了税款缴纳证，但该公司7月30日才一次缴清关税（增值税、消费税已在规定日期缴清）。请分别计算关税、消费税、增值税和滞纳金。

2. 某丝绸进出口公司出口生丝一批，离岸价格为550万元人民币，出口税率为100%，请计算出口关税税额。

3. 有进出口经营权的某外贸公司，2011年3月经有关部门批准从境外进口小轿车30辆，每辆小轿车货价15万元，运抵我国海关前发生的运输费用、保险费用无法确定，经海关查实其他运输公司相同业务的运输费用占货价的比例为2%，保险费按照"货价加运费"的3‰计算，向海关缴纳了相关税款，并取得了完税凭证。公司委托运输公司将小轿车从海关运回本单位，支付运输公司运输费用9万元，取得了运输公司开具的普通发票。当月售出24辆，每辆取得含税销售额40.95万元，公司自用两辆并作为本企业固定资产。（提示：小轿车关税税率60%，货物关税税率20%，增值税税率17%，消费税税率8%。）

要求：① 计算小轿车在进口环节应缴纳的关税、消费税和增值税；② 计算国内销售环节3月份应缴纳的增值税。

项目二　所得类税收

所得税是指国家对法人、自然人和其他经济组织在一定时期内的各种所得征收的一类税。所得类税收属于直接税，其主要特点是与纳税人的生产经营和所得密切联系。从企业所得税来看，税额的多少与企业生产经营成本的高低和盈利的多少直接相关，有利于财政收入的稳定取得。所得税采取量能负担原则，所得多则多征，所得少则少征，无所得不征，有利于政府对收入分配的调节。在开征所得税的世界各国的税制结构体系中，大多数国家都把所得类税收作为主体税类或税种。在我国现行税制结构体系中，所得类税收包括企业所得税和个人所得税，它们在我国的税制结构体系中发挥着重要的作用。

项目(一)　企业所得税

项目目标及能力培养

熟悉企业所得税的基本征收制度，学会正确计算和缴纳企业所得税。

知识点或技能点

企业所得税的概念和特点；企业所得税的纳税人、征税对象、税率、税收优惠；企业所得税的计算缴纳以及会计核算。

案例导入

安徽宏伟公司是在安徽合肥注册成立的一家股份有限公司，被税务机关认定为增值税一般纳税人，会计核算健全，生产经营情况良好。该公司主要生产家用电器。截至 2010 年 12 月 31 日该公司股本总额为 6 000 万元，固定资产原值 2 000 万元(其中机器设备 1 000 万元，房屋、建筑物 600 万元，其他固定资产 400 万元)，在职人员 600 人(其中生产人员 500 人)。

2010 年全年的经营情况如下：全年实现境内产品销售收入 8 500 万元，固定资产盘盈收入 20 万元，取得国家发行的国债利息收入 20 万元；2010 年度结转境内产品销售成本 5 000 万元；缴纳增值税 320 万元，消费税 80 万元，城市维护建设税 28 万元，教育费附加 12 万元；发生产品销售费用 1 500 万元(其中广告费用 1300 万元)；发生财务费用 120 万元(其中向非银行金融机构贷款支付的利息为 24 万，贷款利率为 6%，同期银行贷款利率为 5%)，发生管理费用 402 万元(其中业务招待费 100 万元，新产品研究开发费用 90 万元)；发生营业外支出 70 万元(其中含通过当地民政部门向农村某小学捐赠款 20 万元，因排污不当被环保部门罚款1万元);全年计入各种成本费用中的工资总额为760万元,并按工资总额的2%、14%、2.5%计算提取了职工工会经费、职工福利费、职工教育经费。主管税务机关核定的计税工资标准为1 000元/人/月。

问题思考:该公司是否是企业所得税的纳税人?如果是,其适用的企业所得税税率为多少?发生的各项成本、费用是否能全部扣除?2010年该公司实际应缴纳的企业所得税额又是多少?

任务一 认识企业所得税

任务目标

理解企业所得税的概念和特点,学会区分企业所得税与流转税及其他税种。

一、企业所得税的概念

企业所得税是国家对企业的生产经营所得和其他所得征收的一种税。企业所得税是现代市场经济国家普遍开征的一种税,它是国家参与企业利润分配并调节其收益水平的一个重要税种,体现了国家与企业之间的分配关系。

1958年,我国对企业所得税的征税称为工商所得税。1991年4月9日,第七届全国人大第4次会议通过了《外商投资企业和外国企业所得税法》,1993年11月26日国务院发布了内资企业适用的《企业所得税暂行条例》,1994年2月4日财政部发布了《企业所得税暂行条例实施细则》,形成外资和内资企业的企业所得税方面两税并立的局面。现行企业所得税是2007年3月第十届全国人民代表大会第5次会议通过,自2008年1月1日起施行的《中华人民共和国企业所得税法》(简称《企业所得税法》)。

二、企业所得税的特点

1. 计税依据为年应纳税所得额,计算比较复杂

企业所得税的计税依据是纳税人的收入总额减去不征税收入、免税收入、各项法定扣除项目以及弥补的以前年度亏损之后的余额。它既不等于企业实现的会计利润,也不等于企业的增值额,更不是企业的销售额或营业额。由于企业所得税法中关于法定扣除项目的规定较为复杂,因而其年应纳税所得额的计算也较为复杂。

2. 量能负担体现了税收的公平性

企业所得税以纳税人的生产经营所得和其他所得为计税依据,按照量能负担的原则计征,即所得多、负担能力强的,就多纳税;所得少、负担能力小的,就少纳税;无所得、没有负担能力的,就不纳税。这种将所得税负担轻重和纳税人的所得联系起来计征税款的方法,正是税收公平性的体现。

3. 实行按年计征、分期预缴的征收管理办法

企业所得税以全年的应纳税所得额作为计税依据,在税款缴纳方式上实行"总分结合"模式:即分月或分季预缴,到年终再统一汇算清缴。这与会计年度及核算期限一致,有利于税收的征收管理和企业核算期限的一致性。

4. 实际负税人与纳税人一致

所得税属于直接税，其税收负担由纳税人直接承担，通常不容易转嫁给他人。也就是说，所得税的实际负税人与纳税人是一致的。

任务二 企业所得税主要法律规定

任务目标

理解居民企业和非居民企业的划分；掌握企业所得税的征税对象、税率；熟悉企业所得税的税收优惠；学会判断企业所得税的纳税人及其应承担的纳税义务和适用的税率，学会合理运用税收优惠政策。

一、企业所得税的纳税人

企业所得税的纳税人，是依据企业所得税法规定负有纳税义务的企业和其他取得收入的组织。具体包括各类企业（国有企业、集体企业、私营企业、联营企业、股份制企业、外商投资企业、外国企业等）、事业单位、社会团体、民办非企业单位和从事经营活动的其他组织。但是考虑到个人独资企业、合伙企业属于自然人性质企业，没有法人资格，股东承担无限责任，所以不属于企业所得税的纳税人，其应当依法缴纳的是个人所得税。

为了有效行使我国税收管辖权，最大限度维护我国的税收利益，根据国际上通行的做法，我国选择了来源地税收管辖权和居民税收管辖权相结合的混合管辖权标准，以企业登记注册地和实际管理机构作为划分标准，把企业所得税的纳税人分为居民企业和非居民企业，分别确定不同的纳税义务。

企业登记注册地，是指企业依照国家有关规定登记注册的住所地。依法在中国境内成立的企业，包括依照中国法律、行政法规在中国境内成立的企业、事业单位、社会团体以及其他取得收入的组织。依照外国（地区）法律成立的企业，包括依照外国（地区）法律成立的企业和其他取得收入的组织。

实际管理机构，是指对企业的生产经营、人员、账务、财产等实施实质性全面管理和控制的机构。

1. 居民企业

居民企业，是指依法在中国境内成立，或者依照外国（地区）法律成立但实际管理机构在中国境内的企业。居民企业承担的是无限纳税义务，应当就其来源于中国境内、境外的全部所得缴纳企业所得税。

2. 非居民企业

非居民企业，是指依照外国（地区）法律成立且实际管理机构不在中国境内，但在中国境内设立机构、场所的，或者在中国境内未设立机构、场所，但有来源于中国境内所得的企业。非居民企业承担的是有限的纳税义务，一般只就来源于中国境内的所得纳税。

（1）非居民企业在中国境内设立机构、场所的，应当就其所设机构、场所取得的来源于中国境内的所得，以及发生在中国境外但与其所设机构、场所有实际联系的所得，缴纳企业所得税。

（2）非居民企业在中国境内未设立机构、场所的，或者虽设立机构、场所但取得的所得与其所设机构、场所没有实际联系的，应当就其来源于中国境内的所得缴纳企业所得税。

这里的机构、场所，是指在中国境内从事生产经营活动的机构、场所，包括：

① 管理机构、营业机构、办事机构；

② 工厂、农场、开采自然资源的场所；

③ 提供劳务的场所；

④ 从事建筑、安装、装配、修理、勘探等工程作业的场所；

⑤ 其他从事生产经营活动的机构、场所。

非居民企业委托营业代理人在中国境内从事生产经营活动的，包括委托单位或者个人经常代其签订合同，或者储存、交付货物等，该营业代理人视为非居民企业在中国境内设立的机构、场所。

这里的来源于中国境内、境外的所得，按照以下原则确定：

① 销售货物所得，按照交易活动发生地确定；

② 提供劳务所得，按照劳务发生地确定；

③ 转让财产所得，不动产转让所得按照不动产所在地确定，动产转让所得按照转让动产的企业或者机构、场所所在地确定，权益性投资资产转让所得按照被投资企业所在地确定；

④ 股息、红利等权益性投资所得，按照分配所得的企业所在地确定；

⑤ 利息所得、租金所得、特许权使用费所得，按照负担、支付所得的企业或者机构、场所所在地确定，或者按照负担、支付所得的个人的住所地确定；

⑥ 其他所得，由国务院财政、税务主管部门确定。

这里的实际联系，是指非居民企业在中国境内设立的机构、场所拥有据以取得所得的股权、债权，以及拥有、管理、控制据以取得所得的财产等。

在中国境内未设立机构、场所的，或者虽设立机构、场所但取得的所得与其所设机构、场所没有实际联系的非居民企业，就其取得的来源于中国境内的所得应缴纳的所得税，实行源泉扣缴，以支付人为扣缴义务人。税款由扣缴义务人在每次支付或者到期应支付时，从支付或者到期应支付的款项中扣缴。

对非居民企业在中国境内取得工程作业和劳务所得应缴纳的所得税，税务机关可以指定工程价款或者劳务费的支付人为扣缴义务人。

二、企业所得税的征税对象

企业所得税的征税对象是纳税人取得的生产经营所得和其他所得。其中，生产经营所得具体包括销售货物所得、提供劳务所得；其他所得包括转让财产所得、股息红利等权益性投资所得、利息所得、租金所得、特许权使用费所得、接受捐赠所得以及企业解散或破产后的清算所得。

三、企业所得税的税率

企业所得税的税率是企业每一纳税年度的应纳所得税额与应纳税所得额的比率。

(一) 基本税率

企业所得税实行比例税率，基本税率为25%。《企业所得税法》规定：居民企业以及在中国境内设立机构、场所且取得的所得与其所设机构、场所有实际联系的非居民企业，应当就其来源于中国境内、境外的所得缴纳企业所得税，适用的税率为25%。

(二) 优惠税率

1. 20%的优惠税率

《企业所得税法》规定，符合条件的小型微利企业，减按20%的税率征收企业所得税。

符合条件的小型微利企业，是指从事国家非限制和禁止行业，并符合下列条件的企业：

(1) 工业企业，年度应纳税所得额不超过30万元，从业人数不超过100人，资产总额不超过3 000万元；(2) 其他企业，年度应纳税所得额不超过30万元，从业人数不超过80人，资产总额不超过1 000万元。

2. 15%的优惠税率

《企业所得税法》规定，国家需要重点扶持的高新技术企业，减按15%的税率征收企业所得税。国家需要重点扶持的高新技术企业，是指拥有核心自主知识产权，并同时符合下列条件的企业：① 产品(服务)属于《国家重点支持的高新技术领域》(2009)规定的范围；② 研究开发费用占销售收入的比例不低于规定比例；③ 高新技术产品(服务)收入占企业总收入的比例不低于规定比例；④ 科技人员占企业职工总数的比例不低于规定比例；⑤ 高新技术企业认定管理办法规定的其他条件。

《国家重点支持的高新技术领域》和高新技术企业认定管理办法由国务院科技、财政、税务主管部门同国务院有关部门制订，报国务院批准后公布施行。

3. 10%的优惠税率

《企业所得税法》规定，在中国境内未设立机构、场所的，或者虽设立机构、场所但取得的所得与其所设机构、场所没有实际联系的，应当就其来源于中国境内的所得，减按10%的税率征收企业所得税。

小 知 识

在印度，公司法人中印度公司交纳35%加5%附加税，外国公司(含分公司和项目办事处)交纳40%加5%附加税。

四、企业所得税的税收优惠

税收优惠，是指国家运用税收政策在税收法律、法规中规定对某一部分特定纳税人和征税对象给予减轻或免除税收负担的一种措施。《企业所得税法》规定的企业所得税的税收优惠包括减免税、税率优惠、加计扣除、抵扣应纳税所得额、加速折旧、减计收入、抵免应纳税额等优惠政策。

(一) 减免税的规定

企业取得的下列所得，可以免征、减征企业所得税：

(1) 从事农、林、牧、渔业项目的所得。企业从事下列项目取得的所得，免征企业所得税：① 蔬菜、谷物、薯类、油料、豆类、棉花、麻类、糖料、水果、坚果的种植；② 农作物新品种的选育；③ 中药材的种植；④ 林木的培育和种植；⑤ 牲畜、家禽的饲养；⑥ 林产品的采集；

⑦ 灌溉、农产品初加工、兽医、农技推广、农机作业和维修等农、林、牧、渔服务业项目；⑧ 远洋捕捞。

(2) 企业从事下列项目的所得，减半征收企业所得税：

① 花卉、茶以及其他饮料作物和香料作物的种植；② 海水养殖、内陆养殖。

企业从事国家限制和禁止发展的项目，不得享受上述企业所得税优惠。

(3) 企业从事国家重点扶持的公共基础设施项目的投资经营的所得，自项目取得第 1 笔生产经营收入所属纳税年度起，第 1 年至第 3 年免征企业所得税，第 4 年至第 6 年减半征收企业所得税，简称“三免三减半”。

国家重点扶持的公共基础设施项目，是指《公共基础设施项目企业所得税优惠目录》规定的港口码头、机场、铁路、公路、城市公共交通、电力、水利等项目。

企业承包经营、承包建设和内部自建自用上述项目，不得享受上述企业所得税优惠。

(4) 企业从事符合条件的环境保护、节能节水项目的所得，自项目取得第 1 笔生产经营收入所属纳税年度起，第 1 年至第 3 年免征企业所得税，第 4 年至第 6 年减半征收企业所得税。

符合条件的环境保护、节能节水项目，包括公共污水处理、公共垃圾处理、沼气综合开发利用、节能减排技术改造、海水淡化等。项目的具体条件和范围由国务院财政、税务主管部门会商国务院有关部门制定，报国务院批准后公布施行。

依照上述第(3)、(4)点的规定享受减免税优惠的项目，在减免税期限内转让的，受让方自受让之日起，可以在剩余期限内享受规定的减免税优惠；减免税期限届满后转让的，受让方不得就该项目重复享受减免税优惠。

(5) 符合条件的居民企业在一个纳税年度内技术转让所得不超过 500 万元的部分，免征企业所得税；超过 500 万元的部分，减半征收企业所得税。

享受减免企业所得税优惠的技术转让应符合以下条件：① 享受优惠的技术转让主体是企业所得税法规定的居民企业；② 技术转让属于财政部、国家税务总局规定的范围；③ 境内技术转让经省级以上科技部门认定；④ 向境外转让技术经省级以上商务部门认定；⑤ 国务院税务主管部门规定的其他条件。

享受技术转让所得减免企业所得税优惠的企业，应单独计算技术转让所得，并合理分摊企业的期间费用；没有单独计算的，不得享受技术转让所得企业所得税优惠。

(二) 税率优惠

(1) 符合条件的小型微利企业，减按 20%的税率征收企业所得税。

(2) 国家需要重点扶持的高新技术企业，减按 15%的税率征收企业所得税。

(3) 在中国境内未设立机构、场所的，或者虽设立机构、场所但取得的所得与其所设机构、场所没有实际联系的非居民企业，其取得的来源于中国境内的所得，减按 10%的税率征收企业所得税。企业取得下列所得可以免征企业所得税：

① 外国政府向中国政府提供贷款取得的利息所得；

② 国际金融组织向中国政府和居民企业提供优惠贷款取得的利息所得；

③ 经国务院批准的其他所得。

（三）加计扣除

企业的下列支出，可以在计算应纳税所得额时加计扣除：

1. 开发新技术、新产品、新工艺发生的研究开发费用

研究开发费用的加计扣除，是指企业为开发新技术、新产品、新工艺发生的研究开发费用，未形成无形资产计入当期损益的，在按照规定据实扣除的基础上，按照研究开发费用的50%加计扣除；形成无形资产的，按照无形资产成本的150%摊销。

【示例1】 某企业2010年利润总额为200万元，当年开发新产品研发费用实际支出为20万元，假定税法规定研发费用可实行150%加计扣除政策。则该企业2010年计算应纳税所得额时可以扣除的研发费用是多少？

【计算与分析】 因为开发新技术、新产品、新工艺发生的研究开发费用，在按照规定据实扣除的基础上，按照研究开发费用的50%加计扣除。所以，该企业2010年计算应纳税所得额时可以扣除的研发费用＝20×150%＝30（万元）。

2. 安置残疾人员及国家鼓励安置的其他就业人员所支付的工资

企业安置残疾人员所支付的工资的加计扣除，是指企业安置残疾人员的，在按照支付给残疾职工工资据实扣除的基础上，按照支付给残疾职工工资的100%加计扣除。

（四）抵扣应纳税所得额

创业投资企业采取股权投资方式投资于未上市的中小高新技术企业2年以上的，可以按照其投资额的70%在股权持有满2年的当年抵扣该创业投资企业的应纳税所得额；当年不足抵扣的，可以在以后纳税年度结转抵扣。

【示例2】 甲公司属于创业投资企业，于2010年4月1日采取股权投资方式向乙公司（未上市的中小高新技术企业）投资1 000万元，甲公司在计算2010年应纳税所得额时，可以抵扣多少万元？

【计算与分析】 因为创业投资企业采取股权投资方式投资于未上市的中小高新技术企业2年以上的，可以按照其投资额的70%在股权持有满2年的当年抵扣该创业投资企业的应纳税所得额，所以甲公司在计算2010年应纳税所得额时，可以抵扣1 000×70%＝700（万元）。

（五）加速折旧

企业的固定资产由于技术进步等原因，确需加速折旧的，可以缩短折旧年限或者采取加速折旧的方法。采取缩短折旧年限方法的，最低折旧年限不得低于规定折旧年限的60%；采取加速折旧方法的，可以采取双倍余额递减法或者年数总和法。

可以采取缩短折旧年限或者采取加速折旧方法的固定资产包括：由于技术进步，产品更新换代较快的固定资产；常年处于强震动、高腐蚀状态的固定资产。

（六）减计收入

企业以《资源综合利用企业所得税优惠目录》规定的资源作为主要原材料，生产国家非限制和禁止并符合国家和行业相关标准的产品取得的收入，减按90%计入收入总额。原材料占生产产品材料的比例不得低于前述优惠目录规定的标准。

（七）抵免应纳税额

企业购置并实际使用《环境保护专用设备企业所得税优惠目录》、《节能节水专用设备企业所得税优惠目录》和《安全生产专用设备企业所得税优惠目录》规定的环境保护、节能节水、安全生产等专用设备的，该专用设备的投资额的10%可以从企业当年的应纳税额中抵免；当年不足抵免的，可以在以后5个纳税年度结转抵免。享受上述规定的企业所得税优惠的企业，应当实际购置并自身实际投入使用上述规定的专用设备；企业购置上述专用设备在5年内转让、出租的，应当停止享受企业所得税优惠，并补缴已经抵免的企业所得税税款。

（八）民族自治地方优惠

民族自治地方的自治机关对本民族自治地方的企业应缴纳的企业所得税中属于地方分享的部分，可以决定减征或者免征。自治州、自治县决定减征或者免征的，须报省、自治区、直辖市人民政府批准。

对民族自治地方内国家限制和禁止行业的企业，不得减征或者免征企业所得税。

任务三　企业所得税的计算缴纳和会计核算

任务目标

掌握居民企业和非居民企业所得税应纳税额的计算，学会进行企业所得税纳税申报，能够对企业所得税进行相应的会计核算。

一、居民企业所得税应纳税额的计算

居民企业所得税的应纳税额，是指居民企业的应纳税所得额乘以适用税率，减除按照《企业所得税法》关于税收优惠的规定减免和抵免的税额后的余额。居民企业所得税应纳税额的计算公式为：

应纳税额＝应纳税所得额×适用税率－减免税额－抵免税额

（一）居民企业应纳税所得额的确定

1. 直接计算法

直接计算法下，企业所得税的应纳税所得额，是指企业每一纳税年度的收入总额，减除不征税收入、免税收入、各项扣除以及允许弥补的以前年度亏损后的余额。

应纳税所得额＝收入总额－不征税收入－免税收入－各项扣除－允许弥补的以前年度亏损

(1) 收入总额

企业收入总额包括企业以货币形式和非货币形式从各种来源取得的收入。具体有：销售货物收入，提供劳务收入，转让财产收入，股息、红利等权益性投资收益，利息收入，租金收入，特许权使用费收入，接受捐赠收入以及其他收入。

企业取得收入的货币形式包括现金、存款、应收账款、应收票据、准备持有至到期的债券以及债务的豁免等；企业取得收入的非货币形式包括固定资产、生物资产、无形资产、股权投资、存货、不准备持有至到期的债券投资、劳务以及有关权益等。企业以非货币形式取得的收入，应当按照公允价值确定收入额。公允价值是指按照市场价格确定的价值。

① 销售货物收入。是指企业销售商品、产品、原材料、包装物、低值易耗品以及其他存货取得的收入。企业销售货物收入的确认，必须遵循权责发生制和实质重于形式原则。

企业销售商品同时满足下列条件的，应确认收入的实现：(a) 商品销售合同已经签订，企业已将商品所有权相关的主要风险和报酬转移给购货方；(b) 企业对已售出商品，既没有保留通常与所有权相联系的继续管理权，也没有实施有效控制；(c) 收入的金额能够可靠地计量；(d) 已发生或将要发生的成本能够可靠地计量。

符合收入确认条件，采取下列商品销售方式的，应按以下规定确认收入实现时间：(a) 销售商品采用托收承付方式的，在办妥托收手续时确认收入；(b) 销售商品采取预收款方式的，在发出商品时确认收入；(c) 销售商品需要安装和检验的，在购买方接受商品，以及安装和检验完毕时确认收入，如果安装程序比较简单，可在发出商品时确认收入；(d) 销售商品采用支付手续费方式委托代销的，在收到代销清单时确认收入；(e) 销售商品采用分期收款方式的，按照合同约定的收款日期确认收入。

特殊销售收入的确认：(a) 采用售后回购方式销售商品的，销售的商品按售价确认收入，回购的商品作为购进处理。在证据表明不符合销售收入确认条件的，如以销售商品方式进行融资，收到的款项应确认为负债，回购价格大于原售价的，差额应在回购期间确认为利息费用；(b) 销售商品以旧换新的，销售商品应当按照销售商品收入确认条件确认收入，回收的商品作为购进商品处理；(c) 企业为促进商品销售而在商品价格上给予的扣除属于商业折扣，商品销售涉及商业折扣的，应当按照扣除商品折扣后的金额确定销售商品收入金额；(d) 债权人为鼓励债务人在规定的期限内付款而向债务人提供的债务扣除属于现金折扣，销售商品涉及现金折扣的，应当按扣除现金折扣前的金额确定销售商品收入金额，现金折扣在实际发生时作为财务费用扣除；(e) 企业因售出商品的质量不合格等原因而在售价上给的减让属于销售折让，企业因售出商品质量、品种不符合要求等原因而发生的退货属于销售退回。企业已经确认销售收入的售出商品发生销售折让和销售退回，应当在发生当期冲减当期销售商品收入。

② 劳务收入。是指企业从事建筑安装、修理修配、交通运输、仓储租赁、金融保险、邮电通信、咨询经纪、文化体育、科学研究、技术服务、教育培训、餐饮住宿、中介代理、卫生保健、社区服务、旅游、娱乐、加工以及其他劳务活动取得的收入。

企业在各个纳税期末，提供劳务交易的结果能够可靠估计的，应采用完工进度(百分比)法确认提供劳务收入。

提供劳务交易的结果能够可靠估计，是指同时满足下列条件：(a) 收入的金额能够可靠地计量；(b) 交易的完工进度能够可靠地确定；(c) 交易中已发生和将发生的成本能够可靠地计量。

企业提供劳务完工进度的确定，可选用下列方法：(a) 已完工作的测量；(b) 已提供劳务占劳务总量的比例；(c) 发生成本占总成本的比例。

采用完工进度(百分比)法确认劳务收入的方法：企业应按照从接受劳务方已收或应收的合同或协议价款确定劳务收入总额，根据纳税期末提供劳务收入总额乘以完工进度扣除以前纳税年度累计已确认提供劳务收入后的金额，确认为当期劳务收入；同时，按照提供劳务估计总成本乘以完工进度扣除以前纳税期间累计已确认劳务成本后的金额，结转为当期劳务成本。

下列提供劳务满足收入确认条件的，应按规定确认收入：

(a) 安装费。应根据安装完工进度确认收入。安装工作是商品销售附带条件的，安装费在确认商品销售实现时确认收入。

(b) 宣传媒介的收费。应在相关的广告或商业行为出现于公众面前时确认收入。广告的制作费，应根据制作广告的完工进度确认收入。

(c) 软件费。为特定客户开发软件的收费，应根据开发进度确认收入。

(d) 服务费。包含在商品售价内可区分的服务费，在提供服务的期间分期确认收入。

(e) 艺术表演、招待宴会和其他特殊活动的收费。在相关活动发生时确认收入。收费涉及几项活动的，预收的款项应合理分配给每项活动，分别确认收入。

(f) 会员费。申请入会或加入会员，只允许取得会籍，所有其他服务或商品都要另行收费的，在取得该会员费时确认收入。申请入会或加入会员后，会员在会员期内不再付费就可得到各种服务或商品，或者以低于非会员的价格销售商品或提供服务的，该会员费应在整个受益期内分期确认收入。

(g) 特许权费。属于提供设备和其他有形资产的特许权费，在交付资产或转移资产所有权时确认收入；属于提供初始及后续服务的特许权费，在提供服务时确认收入。

(h) 劳务费。长期为客户提供重复的劳务收取的劳务费，在相关劳务活动发生时确认收入。

③ 转让财产收入。是指企业转让固定资产、生物资产、无形资产、股权、债权等财产取得的收入。

企业转让股权收入，应于转让协议生效且完成股权变更手续时，确认收入的实现。转让股权收入扣除为取得该股权所发生的成本后，为股权转让所得。企业在计算股权转让所得时，不得扣除被投资企业未分配利润等股东留存收益中按该项股权可能分配的金额。

④ 股息、红利等权益性投资收益。是指企业因权益性投资从被投资方取得的收入。股息、红利等权益性投资收益，除国务院财政、税务主管部门另有规定外，按照被投资方作出利润分配决定的日期确认收入的实现。

被投资企业将股权(票)溢价所形成的资本公积转为股本的，不作为投资方企业的股息、红利收入，投资方企业也不得增加该项长期投资的计税基础。

⑤ 利息收入。是指企业将资金提供他人使用但不构成权益性投资，或者因他人占用本企业资金取得的收入，包括存款利息、贷款利息、债券利息、欠款利息等收入。利息收入，按照合同约定的债务人应付利息的日期确认收入的实现。

⑥ 租金收入。是指企业提供固定资产、包装物或者其他有形资产的使用权取得的收入。租金收入，按照合同约定的承租人应付租金的日期确认收入的实现。

如果交易合同或协议中规定租赁期限跨年度且租金提前一次性支付的，根据《实施条例》规定的收入与费用配比原则，出租人可对上述已确认的收入，在租赁期内，分期均匀计入相关年度收入。出租方如为在中国境内设有机构场所且采取据实申报缴纳企业所得税的非居民企业，也按上述规定执行。

⑦ 特许权使用费收入。是指企业提供专利权、非专利技术、商标权、著作权以及其他特许权的使用权取得的收入。特许权使用费收入，按照合同约定的特许权使用人应付特许权使用费的日期确认收入的实现。

⑧ 接受捐赠收入。是指企业接受的来自其他企业、组织或者个人无偿给予的货币性资产、非货币性资产。接受捐赠收入，按照实际收到捐赠资产的日期确认收入的实现。

企业以买一赠一等方式组合销售本企业商品的，不属于捐赠，应将总的销售金额按各项商品的公允价值的比例来分摊确认各项的销售收入。

⑨ 其他收入。是指企业取得《企业所得税法》具体列举的收入外的其他收入，包括企业资产溢余收入、逾期未退包装物押金收入、确实无法偿付的应付款项、已作坏账损失处理后又收回的应收款项、债务重组收入、补贴收入、违约金收入、汇兑收益等。

企业发生债务重组，应在债务重组合同或协议生效时确认收入的实现。

(2) 不征税收入

不征税收入，是指从性质和根源上不属于企业营利性活动带来的经济利益、不负有纳税义务并不作为应纳税所得额组成部分的收入。不征税收入包括：① 财政拨款；② 依照收取并纳入财政管理的行政事业性收费、政府性基金；③ 国务院规定的其他不征税收入。

(3) 免税收入

免税收入是纳税人的应税收入总额的组成部分，是国家为了实现某些经济和社会目标，在特定时期或者对特定项目取得的经济利益给予的税收优惠。免税收入包括：

① 国债利息收入，即企业持有国务院财政部门发行的国债取得的利息收入。

② 符合条件的居民企业之间的股息、红利等权益性投资收益，即居民企业直接投资于其他居民企业取得的投资收益。

③ 在中国境内设立机构、场所的非居民企业取得与该机构、场所有实际联系的股息、红利等权益性投资收益。

第②、③项的股息、红利等权益性投资收益，不包括连续持有居民企业公开发行并上市流通的股票不足 12 个月取得的投资收益。

④ 符合条件的非营利组织的收入，不包括非营利组织从事营利性活动取得的收入，但国务院财政、税务主管部门另有规定的除外。

(4) 各项扣除

企业发生的支出，是否准予在税前扣除，以及扣除范围和标准的大小，直接决定着企业应纳税所得额的计算，进而影响企业的应纳税额。

① 准予扣除项目的基本范围

税法规定，企业实际发生的与取得收入有关的、合理的支出，包括成本、费用、税金、损失和其他支出，准予在计算应纳税所得额时扣除。除税法另有规定外，企业实际发生的成本、费用、税金、损失和其他支出，不得重复扣除。

(a) 成本，是指企业在生产经营活动中发生的销售成本、销货成本、业务支出以及其他耗费。

(b) 费用，是指企业在生产经营活动中发生的销售费用、管理费用和财务费用，已经计入成本的有关费用除外。

(c) 税金，是指企业发生的除企业所得税和允许抵扣的增值税以外的各项税金及其附加。即纳税人按照规定缴纳的消费税、营业税、资源税、土地增值税、关税、城市维护建设税、教育费附加，以及发生的房产税、车船税、土地使用税、印花税等税金及附加。企业缴纳的房产税、车船税、土地使用税、印花税等，已经计入管理费用中扣除的，不再作为税金单独扣除。企业缴纳的增值税属于价外税，故不在扣除之列。

(d) 损失，是指企业在生产经营活动中发生的固定资产和存货的盘亏、毁损、报废损失，转让财产损失，呆账损失，坏账损失，自然灾害等不可抗力因素造成的损失，以及其他损失。企业发生的损失，减除责任人赔偿和保险赔款后的余额，依照国务院财政、税务主管部门的规定扣除。企业已经作为损失处理的资产，在以后纳税年度又全部收回或者部分收回时，应当计入当期收入。

(e) 其他支出，是指除成本、费用、税金、损失外，企业在生产经营活动中发生的与生产经营活动有关的、合理的支出。有关的支出，是指与取得收入直接相关的支出。合理的支出，是指符合生产经营活动常规，应当计入当期损益或者有关资产成本的必要和正常的支出。

② 准予扣除项目的扣除标准

根据有关规定，下列项目允许按照实际发生额或规定的标准扣除：

(a) 工资、薪金支出。企业发生的合理的工资薪金支出，准予扣除。工资薪金，是指企业每一纳税年度支付给在本企业任职或者受雇的员工的所有现金形式或者非现金形式的劳动报酬，包括基本工资、奖金、津贴、补贴、年终加薪、加班工资以及与员工任职或者受雇有关的其他相应支出。合理工资薪金，是指企业按照股东大会、董事会、薪酬委员会或相关管理机构制定的工资薪金制度规定实际发放给员工的工资薪金。

【示例3】 某国有企业2010年在册职工平均人数为1 200人，当地政府规定的月人均计税工资标准为1 000元。当年该企业发放基本工资1 100万元，奖金280万元，津贴补贴150万元。计算该企业2010年度的应纳税所得额时，可以从收入总额中扣除的工资费用额。

【计算与分析】 企业发生的合理的工资薪金支出，准予扣除。工资薪金包括基本工资、奖金、津贴、补贴等。而当地人均月计税工资标准为1 000元，则年计税工资标准为1 000×1 200×12＝1 440（万元），该企业2010年实际发放的工资为1 100＋280＋150＝1 530（万元），超过了计税工资标准，所以可以从收入总额中扣除的工资费用额只能为1 440万元。

(b) 职工福利费、工会经费、职工教育经费。企业发生的职工福利费、工会经费、职工教育经费按标准扣除，未超过标准的按实际数扣除，超过标准的只能按标准扣除。企业发生的职工福利费支出，不超过工资薪金总额14%的部分，准予扣除。企业拨缴的工会经费，不超过工资薪金总额2%的部分，准予扣除。除国务院财政、税务主管部门另有规定的外，企业发生的职工教育经费支出，不超过工资薪金总额2.5%的部分，准予扣除；超过部分，准予在以后纳税年度结转扣除。

【示例4】 某企业2010年计算申报的全年应纳税所得额为200万元。经查，其费用中列支了工会经费10万元、职工福利费70万元、职工教育经费10万元，但其核定的工资总额为480万元。计算该企业2010年从应纳税所得额中可以扣除的"三费"分别为多少万元。

【计算与分析】 因为工会经费、职工福利费、职工教育经费"三费"扣除的标准为不超过工资薪金总额2%，14%，2.5%，核定的工资总额为480万元。

所以工会经费的扣除标准为480×2%＝9.6（万元），实际列支了10万元，超过了标准，只能扣除9.6万元；

职工福利费的扣除标准为480×14%＝67.2（万元），实际列支了70万元，超过了标准，只能扣除67.2万元；

职工教育经费的扣除标准为：480×2.5%＝12（万元），实际列支了10万元，没有超过标准，可以全额扣除 10 万元；

所以，该企业 2010 年从应纳税所得额中可以扣除的"三费"分别为 9.6 万元，67.2 万元，10 万元。

(c) 社会保险费。企业依照国务院有关主管部门或者省级人民政府规定的范围和标准为职工缴纳的基本养老保险费、基本医疗保险费、失业保险费、工伤保险费、生育保险费等基本社会保险费和住房公积金，准予扣除。

自 2008 年 1 月 1 日起，企业为在本企业任职或者受雇的全体员工支付的补充养老保险费、补充医疗保险费，分别在不超过职工工资总额的 5%标准内的部分，在计算应纳税所得额时准予扣除；超过的部分，不予扣除。

除企业依照国家有关规定为特殊工种职工支付的人身安全保险费和国务院财政、税务主管部门规定可以扣除的其他商业保险费外，企业为投资者或者职工支付的商业保险费，不得扣除。

(d) 利息费用。非金融企业向金融企业借款的利息支出、金融企业的各项存款利息支出和同业拆借利息支出、企业经批准发行债券的利息支出准予扣除；非金融企业向非金融企业借款的利息支出，不超过按照金融企业同期同类贷款利率计算的数额的部分准予扣除，超过的部分不准扣除。

【示例 5】 某企业 2010 年度实现会计利润总额 25 万元。经某注册会计师审核，"财务费用"账户中列支有两笔利息费用：向银行借入生产用资金 200 万元，借用期限 6 个月，支付借款利息 5 万元；经过批准向本企业职工借入生产用资金 60 万元，借用期限 10 个月，支付借款利息 3.5 万元。该公司 2010 年借款利息可以税前扣除的金额为多少？

【计算与分析】 因为非金融企业向金融企业借款的利息支出准予扣除，所以向银行借入 200 万元所支付的利息 5 万元可以扣除；向非金融企业借款的利息支出不超过按照金融企业同期同类贷款利率计算的数额的部分，准予扣除，超过的部分不准扣除，向职工借入的 60 万元按金融企业同期同类贷款利率计算的利息为(5÷6÷200)×60×10=2.5 (万元)，所以向职工借入的 60 万元所支付的利息 3.5 万元不能全额扣除，只能扣除 2.5 万元。所以，该公司 2010 年借款利息可以税前扣除的金额为 5+2.5=7.5 (万元)。

(e) 业务招待费。企业发生的与生产经营活动有关的业务招待费支出，按照发生额的 60%扣除，但最高不得超过当年销售(营业)收入的 5‰。

【示例 6】 某企业 2010 年销售收入 3 000 万元，固定资产处置收益 30 万元，业务招待费支出 30 万元。根据企业所得税法律制度的规定，该企业在计算应纳税所得额时，计算准予在税前扣除的业务招待费支出是多少万元。

【计算与分析】 业务招待费按照发生额的 60%扣除，但最高不得超过当年销售(营业)收入的 5‰。

(1) 业务招待费发生额的 60%为 30×60%=18 (万元)。

(2) 在计算业务招待费的扣除限额时，销售(营业)收入包括主营业务收入、其他业务收入、视同销售收入，但不包括营业外收入(固定资产处置收益 30 万元)，所以当年销售(营业)收入的 5‰为 3 000×5‰=15 (万元)。

因此该企业准予在税前扣除的业务招待费支出为 15 万元。

(f) 广告费和业务宣传费。企业发生的符合条件的广告费和业务宣传费支出，除国务院财政、税务主管部门另有规定外，不超过当年销售(营业)收入 15%的部分，准予扣除；超过部分，准予在以后纳税年度结转扣除。

企业在计算业务招待费、广告费和业务宣传费等费用扣除限额时，其销售（营业）收入额应包括企业发生非货币性资产交换，以及将货物、财产、劳务用于捐赠、偿债、赞助、集资、广告、样品、职工福利或者利润分配等用途等应当视同销售（营业）的收入额。

【示例 7】 某企业 2010 年销售收入 4 000 万元，转让技术使用权收入 200 万元，广告费支出 650 万元，业务宣传费 40 万元，则该企业计算应纳税所得额时可以扣除的广告费和业务宣传费支出多少万元？

【计算与分析】 广告费和业务宣传费支出，不超过当年销售（营业）收入 15%的部分，准予扣除。

(1) 在计算广告费和业务宣传费的扣除限额时，销售（营业）收入包括主营业务收入和其他业务收入，技术使用权转让收入属其他业务收入，所以广告费和业务宣传费扣除标准为 (4 000＋200)×15%＝630（万元）。

(2) 广告费和业务宣传费实际发生额为 650＋40＝690（万元），超过了扣除标准 630 万元。

因此，该企业计算应纳税所得额时可以扣除的广告费和业务宣传费支出为 630 万元。

(g) 公益性捐赠支出。企业发生的公益性捐赠支出，在年度利润总额 12%以内的部分，准予在计算应纳税所得额时扣除。

年度利润总额，是指企业依照企业会计准则的规定计算的大于零的年度会计利润。

公益性捐赠，是指企业通过公益性社会团体或者县级（含县级）以上人民政府及其部门，用于《中华人民共和国公益事业捐赠法》规定的公益性事业的捐赠。

【示例 8】 某企业 2010 年度营业外支出中捐赠支出 35 万元，其中 10 万元是通过中国教育发展基金会向农村义务教育进行的捐赠，20 万元是通过该企业的主管行政机关向灾区进行的捐赠，5 万元是该企业直接向某中学进行的捐赠。该企业当年实现利润总额为 200 万元。假设无其他调整项目，计算该企业允许税前扣除的捐赠支出限额及准予扣除的金额为多少万元。

【计算与分析】 公益性捐赠支出，在年度利润总额 12%以内的部分，准予在计算应纳税所得额时扣除。公益性捐赠，是指企业通过公益性社会团体或者县级（含县级）以上人民政府及其部门，用于《中华人民共和国公益事业捐赠法》规定的公益性事业的捐赠。

(1) 该企业 2010 年 35 万元的捐赠中，通过该企业的主管行政机关向灾区进行的捐赠的 20 万元和直接向某中学进行的捐赠的 5 万元，不属公益性捐赠，不得扣除。只有通过中国教育发展基金会向农村义务教育捐赠的 10 万元，属公益性捐赠，在扣除限额内可以扣除。

(2) 该企业允许税前扣除的捐赠支出限额为 200×12%＝24（万元）。

(3) 该企业实际的公益性捐赠额为 10 万元，没有超过捐赠支出限额，所以该企业允许税前扣除的金额为 10 万元。

(h) 租赁费。以经营租赁方式租入固定资产发生的租赁费支出，按照租赁期限均匀扣除；以融资租赁方式租入固定资产发生的租赁费支出，按照规定构成融资租入固定资产价值的部分应当提取折旧费用，分期扣除。

(i) 其他费用扣除标准。企业参加财产保险，按照有关规定缴纳的保险费，准予扣除。企业发生的合理的劳动保护支出，准予扣除。企业依照法律、行政法规有关规定提取的用于环境保护、生态恢复等方面的专项资金，准予扣除。上述专项资金提取后改变用途的，不得扣除。企业在货币交易中，以及纳税年度终了时将人民币以外的货币性资产、负债按照期末即期人民币汇率中间价折算为人民币时产生的汇兑损失，除已经计入有关资产成本以及与向所有者进行利润分配相关的部分外，准予扣除。

企业发生与生产经营有关的手续费及佣金支出，不超过规定计算限额以内的部分，准予扣除；超过部分，不得扣除。财产保险企业按照全部保费收入扣除退保金等后余额的15%计算限额；人身保险企业按当年全部保费收入扣除退保金等后余额的10%计算限额。其他企业按与具有合法经营资格中介服务机构或个人（不含交易双方及其雇员、代理人和代表人等）所签订服务协议或合同确认的收入金额的5%计算限额。企业为发行权益性证券支付给有关证券承销机构的手续费及佣金不得在税前扣除。

③ 不得扣除的项目

在计算应纳税所得额时，下列支出不得扣除：(a) 向投资者支付的股息、红利等权益性投资收益款项；(b) 企业所得税税款；(c) 税收滞纳金；(d) 罚金、罚款和被没收财务的损失；(e) 年度利润总额12%以外的公益性捐赠支出；(f) 赞助支出，赞助支出，是指企业发生的与生产经营活动无关的各种非广告性质支出；(g) 未经核定的准备金支出，未经核定的准备金支出，是指不符合国务院财政、税务主管部门规定的各项资产减值准备、风险准备等准备金支出；(h) 与取得收入无关的其他支出。

企业之间支付的管理费、企业内营业机构之间支付的租金和特许权使用费，以及非银行企业内营业机构之间支付的利息，不得扣除。

(5) 弥补的亏损

企业纳税年度发生的亏损，准予向以后年度结转，用以后年度的所得弥补，但结转年限最长不能超过5年。这里所说的亏损，不是企业财务报表中反映的亏损额，而是企业财务报表中的亏损额经税务机关按规定核实调整后的金额。企业在汇总计算缴纳企业所得税时，其境外营业机构的亏损不得抵减境内营业机构的盈利。

【示例9】 某居民企业2010年经营业务如下：取得销售收入6 000万元，销售成本2 500万元，发生销售费用1 250万元（其中广告费950万元），管理费用980万元（其中业务招待费30万元），财务费用120万元（其中向非银行金融机构贷款利息为20万元，贷款利率为6%，同期银行贷款利率为5%），营业税金及附加320万元（含增值税240万元），营业外收入160万元，营业外支出200万元（含通过公益性社会团体向贫困山区捐款130万元，支付税收滞纳金12万元），计入成本、费用中的实发工资总额300万元、拨缴职工工会经费6万元、提取职工福利费46万元、职工教育经费10万元。要求：运用直接计算法计算该居民企业的应纳税所得额和应纳税额。

【计算与分析】 (1) 直接计算法下居民企业应纳税所得额的计算：

应纳税所得额＝收入总额－不征税收入－免税收入－各项扣除－允许弥补的以前年度亏损

① 收入总额＝6 000＋160＝6 160 (万元)。

② 不征税收入为0。

③ 免税收入为0。

④ 各项扣除＝2 500＋(1 250－950＋900)＋(980－30＋18)＋(120－20＋16.67)＋(320－240)＋(200－130＋123.6－12)－(6＋46＋10－55.5)＝5 039.77 (万元)。

其中：广告费的扣除限额为6 000×15%＝900 (万元)。

业务招待费的扣除限额为30×60%＝18 (万元)，没有超过6 000×5‰＝30 (万元)。

利息扣除限额为20÷6%×5%=16.67（万元）。

捐赠支出扣除限额为1 030×12%=123.6（万元）。

年会计利润为6 000+160−2 500−1 250−980−120−(320−240)−200=1 030（万元）。

税收滞纳金不得扣除。

工会经费扣除限额为300×2%=6（万元）。

职工福利费扣除限额为300×14%=42（万元）。

职工教育经费扣除限额为300×2.5%=7.5（万元）。

“三费”扣除限额为6+42+7.5=55.5（万元）。

⑤ 允许弥补的以前年度亏损为0。

⑥ 应纳税所得额=6 160−0−0−5 039.77−0=1 120.23（万元）。

(2) 居民企业所得税应纳税额的计算：

应纳税额=应纳税所得额×适用税率−减免税额−抵免税额

=1 120.23×25%−0−0=280.06（万元）

2. 间接计算法

是在会计利润总额的基础上加、减按照税法规定调整的项目金额后，得到应纳税所得额。

应纳税所得额=年会计利润总额±纳税调整项目金额

纳税调整项目金额包括：

(1) 企业的财务会计处理和税收规定不一致的应予以调整的金额；

(2) 企业按税法规定准予扣除的金额。

【示例10】 接示例9，要求运用间接法计算该企业2010年企业所得税应纳税所得额及应纳税额。

【计算与分析】 间接计算法下居民企业应纳税所得额的计算公式如下：

应纳税所得额=年会计利润总额±纳税调整项目金额

(1) 年会计利润总额=6 000+160−2 500−1 250−980−120−(320−240)−200=1 030（万元）。

(2) 纳税调整项目：

① 广告费调增所得额=950−6 000×15%=950−900=50（万元）。

② 业务招待费支出的限额为30×60%=18（万元），没有超过6 000×5‰=30（万元）。

业务招待费调增所得额=30−18=12（万元）

③ 利息支出的限额为20÷6%×5%=16.67（万元）。

利息调增所得额=20−16.67=3.33（万元）

④ 捐赠支出扣除限额为1 030×12%=123.6（万元）。

捐赠支出调增所得额=130−123.6=6.4（万元）

⑤ 税收滞纳金不得扣除，调增所得额为12（万元）。

⑥ 工会经费的扣除限额为300×2%=6（万元），实际拨缴6万元，无需调整。

职工福利费扣除限额为300×14%=42（万元）。

职工福利费调增所得额=46−42=4（万元）

职工教育经费的扣除限额为300×2.5%=7.5（万元）。

职工教育经费调增所得额=10−7.5=2.5（万元）

“三项经费”共调增所得额为 4+2.5=6.5（万元）。

⑦ 纳税调整项目合计=50+12+3.33+6.4+12+6.5=90.23（万元）。

(3) 应纳税所得额=1 030+90.23=1 120.23（万元）。

(4) 应纳税额=应纳税所得额×适用税率－减免税额－抵免税额=1 120.23×25%－0－0=280.06（万元）。

【示例 11】 某企业 2010 年度实现收入总额 3 000 万元（其中包括产品销售收入 2 700 万元、购买国库券利息收入 300 万元），发生各项成本费用共计 1 200 万元，其中包括：合理的工资薪金总额 400 万元，业务招待费 100 万元，职工福利费 80 万元，职工教育经费 2 万元，工会经费 30 万元，税收滞纳金 20 万元，提取的各项准备金支出 200 万元。另外，企业当年购置环境保护专用设备 700 万元，购置完毕即投入使用。假定企业以前年度未弥补的亏损为 100 万元，计算该企业当年应纳税额为多少万元。

【计算与分析】 间接计算法下居民企业应纳税所得额的计算公式如下：

应纳税所得额=会计利润总额±纳税调整项目金额

(1) 2010 年度会计利润=3 000－1 200=1 800（万元）。

(2) 2010 年纳税调整项目：

① 购买国库券利息收入 300 万元属免税收入，调减所得额 300 万元。

② 业务招待费支出的限额为 100×60%=60（万元），超过了 2700×5‰=13.5（万元），业务招待费调增所得额=60－13.5=86.5（万元）。

③ 职工福利费扣除限额为 400×14%=56（万元），职工福利费调增所得额为 80－56=24（万元）。

职工教育经费的扣除限额为 400×2.5%=10（万元），实际发生 2 万元，没有超过限额，无需调整。

工会经费的扣除限额为 400×2%=8（万元），工会经费调增所得额 30－8=22（万元）。

“三项经费”共调增所得额为 24+22=46（万元）。

④ 提取的准备金不得扣除，应调增所得额 200 万元。

⑤ 税收滞纳金不得扣除，应调增所得额 20 万元。

⑥ 纳税调整项目合计=－300+86.5+46+200+20=52.5（万元）。

(3) 可以在当年应纳税所得额中扣除的以前年度未弥补的亏损为 100 万元，所以 2010 年应纳税所得额=1 800+52.5－100=1 752.5（万元）。

(4) 根据企业所得税税收优惠规定，企业当年购置并实际使用的环境保护专用设备投资额的 10%可以从企业当年的应纳税额中抵免，所以 2010 年应纳税额=1 752.5×25%－700×10%=438.125－70=368.125（万元）。

3. 资产的税务处理

根据税法规定，企业的固定资产、生产性生物资产、无形资产、长期待摊费用、投资资产、存货等各项资产，以历史成本作为计税基础。历史成本是指企业取得该项资产时实际发生的支出。

企业持有各项资产期间资产增值或者减值，除国务院财政、税务主管部门规定可以确认损益外，不得调整该资产的计税基础。

企业转让资产，该项资产的净值，准予在计算应纳税所得额时扣除。资产的净值，是指有关资产、财产的计税基础减除已经按照规定扣除的折旧、折耗、摊销、准备金等后的余额。

除另有规定外，企业在重组过程中，应当在交易发生时确认有关资产的转让所得或者损失，相关资产应当按照交易价格重新确定计税基础。

(1) 固定资产的税务处理

固定资产是指企业为生产产品、提供劳务、出租或者经营管理而持有的、使用时间超过12个月的非货币性资产，包括房屋、建筑物、机器、机械、运输工具以及其他与生产、经营有关的设备、器具、工具等。

① 固定资产计税基础的确定

(a) 外购的固定资产，以购买价款和支付的相关税费以及直接归属于使该资产达到预定用途发生的其他支出为计税基础。

(b) 自行建造的固定资产，以竣工结算前发生的支出为计税基础。

(c) 融资租入的固定资产，以租赁合同约定的付款总额和承租人在签订租赁合同过程中发生的相关费用为计税基础，租赁合同未约定付款总额的，以该资产的公允价值和承租人在签订租赁合同过程在发生的相关费用为计税基础。

(d) 盘盈的固定资产，按同类固定资产的重置完全价值为计税基础。

(e) 通过捐赠、投资、非货币性资产交换、债务重组等方式取得的固定资产，以该资产的公允价值和支付的相关税费为计税基础。

(f) 改建的固定资产，除改建的已足额提取折旧和租入的固定资产计入长期待摊费用的外，以改建过程中发生的改建支出增加为计税基础。

② 固定资产折旧计提的范围

企业在计算应纳税所得额时，下列固定资产不得计算折旧扣除：(a) 房屋、建筑物以外未投入使用的固定资产；(b) 以经营租赁方式租入的固定资产；(c) 以融资租赁方式租出的固定资产；(d) 已足额提取折旧仍继续使用的固定资产；(e) 与经营活动无关的固定资产；(f) 单独估价作为固定资产入账的土地；(g) 其他不得计算折旧扣除的固定资产。

③ 固定资产折旧计提的方法

固定资产按照直线法计算的折旧，准予在计算应纳税所得额时扣除。企业应当根据固定资产的性质和使用情况，合理确定固定资产的预计净残值。固定资产的预计净残值一经确定，不得随意变更。企业应当自固定资产投入使用月份的次月起计算折旧；停止使用的固定资产，应当自停止使用月份的次月起停止计算折旧。

④ 固定资产折旧计提的年限

除国务院财政、税务主管部门另有规定外，固定资产计算折旧的最低年限如下：(a) 房屋、建筑物，为20年；(b) 飞机、火车、轮船、机器、机械和其他生产设备，为10年；(c) 与生产经营活动有关的器具、工具、家具等，为5年；(d) 飞机、火车、轮船以外的运输工具，为4年；(e) 电子设备，为3年。

从事开采石油、天然气等矿产资源的企业，在开始商业性生产前发生的费用和有关固定资产的折耗、折旧方法，由国务院财政、税务主管部门另行规定。

(2) 生产性生物资产的税务处理

生产性生物资产，是指企业为生产农产品、提供劳务或者出租等而持有的生物资产，包括经济林、薪炭林、产畜和役畜等。

① 生产性生物资产计税基础的确定。(a) 外购的生产性生物资产，以购买价款和支付的相关税费为计税基础；(b) 通过捐赠、投资、非货币性资产交换、债务重组等方式取得的生

产性生物资产，以该资产的公允价值和支付的相关税费为计税基础。

② 生产性生物资产计提折旧的方法。生产性生物资产按照直线法计算的折旧，准予扣除。企业应当根据生产性生物资产的性质和使用情况，合理确定生产性生物资产的预计净残值。生产性生物资产的预计净残值一经确定，不得变更。企业应当自生产性生物资产投入使用月份的次月起计算折旧；停止使用的生产性生物资产，应当自停止使用月份的次月起停止计算折旧。

③ 生产性生物资产计提折旧的年限。生产性生物资产计算折旧的最低年限如下：(a) 林木类生产性生物资产为10年；(b) 畜类生产性生物资产为3年。

(3) 无形资产的税务处理

无形资产，是指企业为生产产品、提供劳务、出租或者经营管理而持有的、没有实物形态的非货币性长期资产，包括专利权、商标权、著作权、土地使用权、非专利技术、商誉等。

① 无形资产计税基础的确定。(a) 外购的无形资产，以购买价款和支付的相关税费，以及直接归属于使该资产达到预定用途发生的其他支出为计税基础。(b) 自行开发的固定资产，以开发过程中该资产符合资本化条件后达到预定用途前发生的支出为计税基础。(c) 通过捐赠、投资、非货币性资产交换、债务重组等方式取得的无形资产，以该资产的公允价值和支付的相关税费为计税基础。

② 无形资产摊销的范围。企业在计算应纳税所得额时，下列无形资产不得计算摊销费用扣除：(a) 自行开发的支出已在计算应纳税所得额时扣除的无形资产；(b) 自创商誉；(c) 与经营活动无关的无形资产；(d) 其他不得计算推销费用扣除的无形资产。

③ 无形资产摊销的方法。无形资产按照直线法计算的摊销费用，准予扣除。外购商誉的支出，在企业整体转让或者清算时，准予扣除。

④ 无形资产摊销的年限。无形资产的摊销年限不得低于10年。作为投资或者受让的无形资产，有关法律规定或者合同约定了使用年限的，可以按照规定或者约定的使用年限分期摊销。

(4) 长期待摊费用的税务处理

长期待摊费用，是指企业发生的应在一个年度以上或几个年度进行摊销的费用。

① 长期待摊费用摊销的范围。(a) 已足额提取折旧的固定资产的改建支出；(b) 租入固定资产的改建支出；(c) 固定资产的大修理支出；(d) 其他应当作为长期待摊费用的支出。

这里的固定资产的改建支出，是指改变房屋或者将住屋结构延长使用年限等发生的支出。

固定资产的大修理支出，即同时符合下列条件的支出：修理支出达到取得固定资产时计税基础的50%以上；修理后固定资产的使用年限延长2年以上。

② 长期待摊费用摊销的年限及方法。(a) 已足额提取折旧的固定资产的改建支出，按照固定资产预计尚可使用年限分期摊销。(b) 租入固定资产的改建支出，按照合同约定的剩余租赁期限分期摊销。(c) 固定资产的大修理支出，按照固定资产尚可使用年限分期摊销。(d) 其他应当作为长期待摊费用的支出，自支出发生月份的次月起分期摊销，摊销年限不得低于3年。

(5) 投资资产的税务处理

投资资产，是指企业对外进行权益性投资和债权性投资形成的资产。

① 投资资产成本的确定。(a) 通过支付现金方式取得的投资资产，以购买价款为成本；

(b) 通过支付现金以外的方式取得的投资资产,以该资产的公允价值和支付的相关税费为成本。

② 投资资产成本的扣除方法。企业对外投资期间,投资资产的成本在计算应纳税所得额时不得扣除。企业在转让或者处置投资资产时,投资资产的成本准予扣除。

(6) 存货的税务处理

存货,是指企业持有以备出售的产品或者商品、处在生产过程中的在产品、在生产或者提供劳务过程中耗用的材料和物料等。

① 存货的计税基础。(a) 通过支付现金方式取得的存货,以购买价款和支付的相关税费为成本;(b) 通过支付现金以外的方式取得的存货,以该存货的公允价值和支付的相关税费为成本;(c) 生产性生物资产收获的农产品,以产出或者采收过程中发生的材料费、人工费和分摊的间接费用等必要支出为成本。

② 发出存货成本的计算方法。企业使用或者销售存货,按照规定计算的存货成本,准予在计算应纳税所得额时扣除。企业发出存货的成本计算方法,可以在先进先出法、加权平均法、个别计价法中选用一种。计价方法一经选用,不得随意变更。

(二) 境外已纳税额的抵免

税收抵免是避免对同一所得重复征税的一种重要措施。企业应当提供中国境外税务机关出具的税款所属年度的有关纳税凭证,依照企业所得税法规定申请抵免企业所得税税额。

1. 境外直接所得已纳税额的抵免

《企业所得税法》规定:企业取得的来源于境外的直接所得已在境外缴纳的所得税额,可以从其当期应纳税额中抵免,抵免限额为该项所得依照本法规定计算的应纳税额;超过抵免限额的部分,可以在以后 5 个年度内,用每年抵免限额抵免当年应抵税额后的余额进行抵补。

(1) 境外直接所得。企业取得的来源于境外的直接所得包括:①居民企业来源于中国境外的应税所得;②非居民企业在中国境内设立机构、场所,取得发生在中国境外但与该机构、场所有实际联系的应税所得。

(2) 抵免限额。是指企业来源于中国境外的直接所得,依照企业所得税法及其实施条例的规定计算的应纳税额。其计算公式如下:抵免限额=中国境内、境外所得依照企业所得税法和条例的规定计算的应纳税额×来源于某国(地区)的应纳税所得额÷中国境内、境外应纳税所得总额。

(3) 抵免方法。除国务院财政、税务主管部门另有规定外,抵免应纳税额时应当采取分国(地区)不分项的方法。即纳税人在境外已纳税额应按国(地区)进行抵扣,并应分国(地区)计算抵扣限额。纳税人在境外各国(地区)已纳税额低于计算出的该国(地区)境外所得已纳税额抵免限额的,可以按实际境外已纳税额从应纳税额中扣除。超过抵扣限额的,当期只能按抵扣限额扣除,超过部分,可以在超过抵免限额的次年起连续 5 个纳税年度,用每年抵免限额抵免当年应抵税额后的余额进行抵补。

【示例 12】 某企业 2010 年境内应纳税所得额为 100 万元,适用 25%的企业所得税税率。另外,该企业分别在 A、B 两国设有分支机构(我国与 A、B 两国已经缔结避免双重征税协定),在 A 国分支机构的应纳税所得额为 60 万元,A 国企业所得税税率为 20%;在 B 国的分支机构的应纳税所得额为 40 万元,B 国企业所得税税率为 30%。两个分支机构在 A、B

两国分别缴纳的都是 12 万元的企业所得税。要求计算该企业汇总时在我国应缴纳的企业所得税税额。

【计算与分析】 企业取得的来源于境外的直接所得已在境外缴纳的所得税额,可以从其当期应纳税额中抵免,抵免限额为该项所得依照本法规定计算的应纳税额。抵免应纳税额时应当采取分国(地区)不分项的方法。抵免限额＝中国境内、境外所得依照企业所得税法和条例的规定计算的应纳税额×来源于某国(地区)的应纳税所得额÷中国境内、境外应纳税所得总额。

(1) 该企业按我国税法计算的境内、境外所得应纳税额＝(100＋60＋40)×25％＝50 (万元)。

(2) A 国的扣除限额＝50×[60÷(100＋60＋40)]＝15 (万元)(或 A 国的扣除限额＝60×25％＝15 (万元))。在 A 国实际缴纳的所得税为 12 万元,低于扣除限额 15 万元,可全额扣除。

B 国的扣除限额＝50×[40÷(100＋60＋40)]＝10 (万元)(或 B 国的扣除限额＝40×25％＝10 (万元))。在 B 国缴纳的所得税为 12 万元,高于扣除限额 10 万元,当年只能扣除 10 万元,其超过扣除限额的部分 2 万元可以在超过抵免限额的次年起连续 5 个纳税年度,用每年抵免限额抵免当年应抵税额后的余额进行抵补。

(3) 汇总时在我国应缴纳的所得税＝50－12－10＝28 (万元)。

2. 境外投资所得已纳税额的抵免

《企业所得税法》规定:居民企业从其直接或间接控制的外国企业分得的来源于中国境外的股息、红利等权益性投资收益,外国企业在境外实际缴纳的所得税税额中属于该项所得负担的部分,可以作为该居民企业的可抵免境外所得税税额,在该法规定的抵免限额内抵免。

(1) 直接、间接控制的含义。① 直接控制,是指居民企业直接持有外国企业 20％以上股份;② 间接控制,是指居民企业以间接持股方式持有外国企业 20％以上股份,具体认定办法由国务院财政、税务主管部门另行制定。

(2) 抵免方法。比照境外直接所得已纳税额抵免的规定在抵免限额内抵免。

企业依照《企业所得税法》规定抵免企业所得税税额时,应当提供中国境外税务机关出具的税款所属年度的有关纳税凭证。

小 知 识

美国《国内收入法典》规定,纳税人在某一纳税年度已纳外国税收如超过当年抵免限额,其超限额部分可向前转 2 年、向后转 5 年,在同类抵免限额内抵免。日本所得税法也规定,跨国纳税人当年已纳外国税收的超限额部分可向后转 5 年内结转,在同一外国抵免限额内抵免。

二、非居民企业所得税应纳税额的计算

非居民企业所得税的应纳税额,是指非居民企业的应纳税所得额乘以适用税率后的金额。非民民企业所得税应纳税额的计算公式为:应纳税额＝应纳税所得额×适用税率。

在中国境内未设立机构、场所的,或者虽设立机构、场所但取得的所得与其所设机构、场

所没有实际联系的非居民企业，其取得的来源于中国境内的所得，按照下列方法计算其应纳税所得额：

(1) 股息、红利等权益性投资收益和利息、租金、特许权使用费所得，以收入全额为应纳税所得额。

(2) 转让财产所得，以收入全额减除财产净值后的余额为应纳税所得额。财产净值，是指有关资产、财产的计税基础减除已经按照规定扣除的折旧、折耗、摊销、准备金等后的余额。

(3) 其他所得，参照前两项规定的方法计算应纳税所得额。

非居民企业在中国境内设立的机构、场所，就其中国境外总机构发生的与该机构、场所生产经营有关的费用，能够提供总机构出具的费用汇集范围、定额、分配依据和方法等证明文件并合理分摊的，准予扣除。

三、企业所得税的缴纳

（一）企业所得税的纳税地点

1. 居民企业所得税的纳税地点

(1) 除税收法律、行政法规另有规定外，居民企业以企业登记注册地为纳税地点；但登记注册地在境外的，以实际管理机构所在地为纳税地点。

(2) 居民企业在中国境内设立不具有法人资格营业机构的，应当汇总计算并缴纳企业所得税。企业汇总计算并缴纳企业所得税时，应当统一核算应纳税所得额，具体办法由国务院财政、税务主管部门另行制定。

2. 非居民企业所得税的纳税地点

(1)非居民企业在中国境内设立机构、场所的，以机构、场所所在地为纳税地点。非居民企业在中国境内设立两个或者两个以上机构、场所的，经税务机关审核批准，可以选择由其主要机构、场所汇总缴纳企业所得税。非居民企业经批准汇总缴纳企业所得税后，需要增设、合并、迁移、关闭机构、场所或者停止机构、场所业务的，应当事先由负责汇总申报缴纳企业所得税的主要机构、场所向其所在地税务机关报告；需要变更汇总缴纳企业所得税的主要机构、场所的，依照前述规定办理。

(2)在中国境内未设立机构、场所的，或者虽设立机构、场所但取得的所得与其所设机构、场所没有实际联系的非居民企业，以扣缴义务人所在地为纳税地点。

《企业所得税法》规定，在中国境内未设立机构、场所的，或者虽设立机构、场所但取得的所得与其所设机构、场所没有实际联系的非居民企业，就其取得的来源于中国境内的所得应缴纳的所得税，实行源泉扣缴，以支付人为扣缴义务人。

对非居民企业在中国境内取得工程作业和劳务所得应缴纳的所得税，税务机关可以指定工程价款或者劳务费的支付人为扣缴义务人。

可以指定扣缴义务人的情形，包括：①预计工程作业或者提供劳务期限不足一个纳税年度，且有证据表明不履行纳税义务的；②没有办理税务登记或者临时税务登记，且未委托中国境内的代理人履行纳税义务的；③未按照规定期限办理企业所得税纳税申报或者预缴申报的。

扣缴义务人在每次向非居民企业支付或者到期应支付上述所得时，应从支付或者到期应支付的款项中扣缴企业所得税，并在代扣之日起 7 日内向其所在地税务机关缴纳所扣的税款。

依照《企业所得税法》规定应当扣缴的所得税，扣缴义务人未依法扣缴或者无法履行扣缴义务的，由纳税人在所得发生地缴纳。在中国境内存在多处所得发生地的，由纳税人选择其中之一申报缴纳企业所得税。

（二）企业所得税的纳税期限

企业所得税按年计征，分月（季）预缴，年终汇算清缴，多退少补。

企业所得税的纳税年度，自公历1月1日起至12月31日止。企业在一个纳税年度中间开业，或者终止经营活动，使该纳税年度的实际经营期不足12个月的，应当以其实际经营期为1个纳税年度。企业依法清算时，应当以清算期间作为1个纳税年度。

企业应当自月份或者季度终了之日起15日内，向税务机关报送预缴企业所得税纳税申报表，预缴税款。企业分月或者分季预缴企业所得税时，应当按照月度或者季度的实际利润额预缴；按照月度或者季度的实际利润额预缴有困难的，可以按照上一纳税年度应纳税所得额的月度或者季度平均额预缴，或者按照经税务机关认可的其他方法预缴。预缴方法一经确定，该纳税年度内不得随意变更。

企业应当自年度终了之日起5个月内，向税务机关报送年度企业所得税纳税申报表，并汇算清缴，结清应缴应退税款。

（三）企业所得税的纳税申报

企业在纳税年度内无论盈利或者亏损，都应当依照规定期限，向税务机关报送预缴企业所得税纳税申报表、年度企业所得税纳税申报表、财务会计报告和税务机关规定应当报送的其他有关资料。

企业所得税以人民币计算。所得以人民币以外的货币计算的，应当折合成人民币计算并缴纳税款。

企业所得税纳税年度申报表分为主表和附表，主表样式见表2.2.1：

四、企业所得税的会计核算

企业按照税法规定计算应交的企业所得税，在“应交税费”一级科目下开设“应交企业所得税”明细科目核算。

（1）计算应交的企业所得税时：

借：所得税费用

　　贷：应交税费——应交企业所得税

（2）实际缴纳时：

借：应交税费——应交企业所得税

　　贷：银行存款（库存现金）

【示例13】 某企业2010年销售收入为1 200万元，经过调整后准予扣除的成本费用为820万元，适用的企业所得税税率为25%。要求计算该企业2010年应缴纳的企业所得税税额并作出相应的会计处理。

【分析与核算】

（1）该企业2010年应缴纳的企业所得税税额＝（1 200－820）×25%＝95（万元）。

表 2.2.1 中华人民共和国企业所得税年度纳税申报表(A 类)

税款所属期间　　年　月　日至　　年　月　日

纳税人名称：　　　　　　　　　　　　　　金额单位:元(列至角分)

纳税人识别号:纳税人识别号:□□□□□□□□□□□□□□□

类别	行次	项　目	金　额
利润总额计算	1	一、营业收入(填附表一)	
	2	减:营业成本(填附表二)	
	3	营业税金及附加	
	4	销售费用(填附表二)	
	5	管理费用(填附表二)	
	6	财务费用(填附表二)	
	7	资产减值损失	
	8	加:公允价值变动收益	
	9	投资收益	
	10	二、营业利润	
	11	加:营业外收入(填附表一)	
	12	减:营业外支出(填附表二)	
	13	三、利润总额(10+11−12)	
应纳税所得额计算	14	加:纳税调整增加额(填附表三)	
	15	减:纳税调整减少额(填附表三)	
	16	期中:不征税收入	
	17	免税收入	
	18	减税收入	
	19	减、免税项目所得	
	20	加计扣除	
	21	抵扣应纳税所得额	
	22	加:境外应税所得弥补境内亏损	
	23	纳税调整后所得(13+14−15+22)	
	24	减:弥补以前年度亏损(填附表四)	
	25	应纳税所得额(23−24)	

续表

类别	行次	项　　目	金　额
应纳税额计算	26	税率(25%)	
	27	应纳所得税额(25×26)	
	28	减:减免所得税额(填附表五)	
	29	减:抵免所得税额(填附表五)	
	30	应纳税额(27－28－29)	
	31	加:境外所得应纳所得税额(填附表六)	
	32	减:境外所得抵免所得税额(填附表六)	
	33	实际应纳所得税额(30＋31－32)	
	34	减:本年累计实际已预缴的所得税额	
	35	其中:汇总纳税的总机构分摊预缴的税额	
	36	汇总纳税的总机构财政调库预缴的税额	
	37	汇总纳税的总机构所属分支机构分摊预缴的税额	
	38	合并纳税(母子机制)成员企业就地预缴比例	
	39	合并纳税企业就地预缴的所得税额	
	40	本年应补(退)的所得税额(33－34)	
附加资料	41	以前年度多缴的所得税额在本年抵减额	
	42	以前年度应缴未缴在本年入库所得税额	

纳税人公章: 经办人: 申报日期：　年　月　日	代理申报中介机构公章: 经办人执业证件号码: 代理申报日期：　年　月　日	主管税务机关受理专用章: 受理人: 受理时间：　年　月　日

(2) 会计处理。

计算应交的企业所得税时：

借:所得税费用　　95

　贷:应交所得税——应交企业所得税　　95

实际缴纳时：

借:应交税费——应交企业所得税　　95

　贷:银行存款(库存现金)　　95

项 目 小 结

企业所得税是对企业的生产经营所得和其他所得征收的一种税。企业所得税的纳税人分为居民纳税人和非居民纳税人。居民企业承担无限纳税义务,应当就其来源于中国境内、境外的全部所得缴纳企业所得税。非居民企业承担有限纳税义务,一般只就来源于中国境内的所得纳税。企业所得税的计税依据是纳税人的收入总额减去不征税收入、免税收入、各项法定扣除项目、弥补的以前年度亏损之后的余额。企业所得税的基本税率为25%。企业所得税的缴纳实行按年计征、分期预缴、年终汇算清缴的方法。企业所得税会计核算时，需设置“应交税费”科目核算应纳税额。

思考与讨论

1. 居民企业与非居民企业如何界定？其纳税义务分别是如何规定的？

2. 企业所得税的优惠政策主要体现在哪些方面？

3. 企业所得税应纳税所得额与会计利润有什么异同？

4. 不征税收入和免税收入有什么不同？分别包括哪些内容？

5. 在计算企业所得税时，哪些项目允许扣除？哪些项目不允许扣除？允许扣除的项目在税务上又是如何处理的？

训练与测试

一、解释名词

应纳税所得额；居民企业；非居民企业；计税收入；不征税收入；免税收入

二、单项选择

1. 下列企业或单位中，不属于企业所得税纳税人的是(　　)。

A. 个人独资企业　　B. 联营企业　　C. 集体企业　　D. 股份企业

2. 在中国境内设立机构、场所且所得与机构、场所有实际联系的非居民企业适用的企业所得税税率是(　　)。

A. 10%　　B. 20%　　C. 25%　　D. 33%

3. 下列收入项目中不需征收企业所得税的是(　　)。

A. 财政拨款收入　　B. 特许权使用费收入

C. 财产租赁收入　　D. 股息收入

4. 在计算企业应纳税所得额时，下列支出可以加计扣除的是(　　)。

A. 新技术、新产品、新工艺的研究开发费用

B. 为安置残疾人员所购置的专门设施

C. 赞助支出

D. 职工教育经费

5. 根据企业所得税法的规定，下列各项中，不应计入应纳税所得额的是(　　)。

A. 股权转让收入

B. 因债权人确实无法支付的应付款项

C. 依法收取并纳入财政管理的行政事业性收费

D. 接受捐赠收入

6. 某企业2008年度销售收入净额为2 000万元，全年发生业务招待费25万元，且能提供有效凭证。该企业在计算企业所得税应纳税所得额时，准予扣除的业务招待费为(　　)。

A. 25万元　　B. 20万元　　C. 15万元　　D. 10万元

7. 根据企业所得税法的规定，下列各项中，在计算应纳税所得额时准予按一定比例扣除

的公益、救济性捐赠是(　　)。

A. 纳税人直接向某学校的捐赠

B. 纳税人通过企业向自然灾害地区的捐赠

C. 纳税人通过电视台向灾区的捐赠

D. 纳税人通过民政部门向贫困地区的捐赠

8. 根据企业所得税法的规定，企业发生的公益性捐赠支出，在计算企业所得税应纳税所得额时的扣除标准是(　　)。

A. 全额扣除

B. 在年度应纳税所得额 12%以内的部分扣除

C. 在年度利润总额 12%以内的部分扣除

D. 在年度应纳税所得额 3%以内的部分扣除

9. 企业所得税的纳税人发生年度亏损的，可用以后年度所得逐年延续弥补，但延续弥补期最长不得超过(　　)。

A. 1 年　　B. 3 年　　C. 5 年　　D. 10 年

10. 某小型微利企业经主管税务机关核定，2008 年度亏损 20 万元，2009 年度盈利 35 万元。该企业 2009 年度应缴纳的企业所得税税额为(　　)。

A. 1.5 万元　　B. 2.25 万元　　C. 3 万元　　D. 3.75 万元

三、多项选择

1. 依据企业所得税法的规定，下列各项中，属于企业所得税纳税人的有(　　)。

A. 合伙企业　　B. 个人独资企业

C. 有限责任公司　　D. 股份有限公司

2. 依据企业所得税法的规定，判定居民企业的标准有(　　)。

A. 登记注册地标准　　B. 所得来源地标准

C. 经营行为实际发生地标准　　D. 实际管理机构所在地标准

3. 以下属于非居民企业的有(　　)。

A. 依中国法律在中国境内成立的企业

B. 依照外国(地区)法律成立但实际管理机构在中国境内的企业

C. 依照外国(地区)法律成立且实际管理机构不在中国境内，但在中国境内设立机构、场所的企业

D. 在中国境内未设立机构、场所，但有来源于中国境内所得的企业

4. 企业的下列收入中，属于企业所得税免税收入的有(　　)。

A. 国债利息收入

B. 符合条件的居民企业之间的股息、红利等权益性投资收益

C. 在中国境内设立机构场所的非居民企业从居民企业取得与该机构、场所有实际联系的股息、红利等权益性投资收益

D. 符合条件的非营利组织的收入

5. 根据企业所得税法的规定，下列各项中，纳税人在计算企业所得税应纳税所得额时准予扣除的项目有(　　)。

A. 消费税　　B. 营业税　　C. 土地增值税　　D. 增值税

6. 根据企业所得税法的规定，下列支出项目中，在计算企业所得税应纳税所得额时，不

得扣除的有(　　)。

A. 税收滞纳金　　B. 银行按规定加收的罚息

C. 被没收财物的损失　　D. 未经核定的准备金支出

7. 在中国境内未设立机构、场所的非居民企业从中国境内取得的下列所得,应按收入全额计算征收企业所得税的有(　　)。

A. 股息　　B. 转让财产所得　　C. 租金　　D. 特许权使用费

四、思考并判断

1. 只有依照中国法律在中国境内成立的企业才是居民企业。(　　)

2. 居民企业应当就其来源于中国境内、境外的所得缴纳企业所得税,非居民企业应当就其来源于中国境内的所得缴纳企业所得税。(　　)

3. 国家需要重点扶持的高新技术企业,减按20%的税率征收企业所得税。(　　)

4. 企业开发新技术、新产品、新工艺发生的研究开发费用,可以在计算应纳税所得额时按照实际发生额据实扣除,还可以按照规定比例加计扣除。(　　)

5. 企业发生的销售退回,只要购货方提供退货的适当证明,可冲销退货当期的销售收入。(　　)

6. 国债的利息收入不征税。(　　)

7. 企业所得税的计税依据是企业的会计利润。(　　)

8. 企业发生的符合条件的广告费和业务宣传费支出,按照不超过当年销售(营业)收入的5‰计算。(　　)

9. 纳税人的各种行政性的罚款、罚金,不得扣除。(　　)

10. 纳税人发生的固定资产租赁费可在当期成本费用中扣除。(　　)

11. 企业境内外之间的盈亏可以相互弥补。(　　)

12. 纳税人在纳税年度发生的经营亏损,可以用下一年度的所得弥补;下一纳税年度的所得不足弥补的,可以逐年延续弥补,但是延续弥补期最长不得超过5年。(　　)

13. 发生年度亏损的企业,不必向税务机关报送会计决算报表,不必进行纳税申报。(　　)

五、实务题

1. 某企业为居民企业,2010年经营业务如下:取得销售收入5 000万元,销售成本2 200万元,发生销售费用1 340万元(其中广告费900万元),管理费用960万元(其中业务招待费30万元),财务费用120万元,营业税金及附加320万元(含增值税240万元),营业外收入140万元,营业外支出100万元(含通过公益性社会团体向贫困山区捐款60万元,支付税收滞纳金12万元),计入成本、费用中的实发工资总额300万元,拨缴职工工会经费6万元,提取职工福利费46万元、职工教育经费10万元。要求:计算该企业实际应缴纳的企业所得税税额。

2. 某居民企业2010年全年取得收入总额为3 100万元;取得租金收入50万元;销售成本、销售费用、管理费用、财务费用、营业税金及附加共计2 700万元;“营业外支出”中列支35万元,其中,通过希望工程基金委员会向某灾区捐款10万元,直接向某困难地区捐赠5万元,非广告性赞助20万元,假设没有减免和抵免金额,没有投资收益、公允价值变动损益和资产减值损失等。要求:计算该企业全年应缴纳的企业所得税额。

3. 某企业在2010年度境内经营应纳税所得额为200万元,其在A、B两国设有分支机构(我国已与A、B两国签订避免双重征税协定)。A国分支机构所得为40万元,A国规定的税率为20%,在A国实际缴纳的所得税额为8万元。B国分支机构所得为60万元,B国规定的税率为30%,在B国实际缴纳的所得税额为18万元。要求:计算企业汇总2010年所得时在我国应缴纳的企业所得税。

4. 2010年12月,某市国税稽查局对该市某房地产开发企业2009年度和2010年上半年企业所得税进行了专项稽查,该户企业于2008年1月开始从事房地产开发,所得税实行查账征收,所得税税率为25%,在稽查过程中发现的涉税问题如下:

(1) 企业目前开发的土地属应收债权置换所得,为该企业法人代表刘某先期承包市区沿江防洪大堤及水渠工程应收工程款1 430万元,由政府通过划拨土地78.725亩抵欠刘某工程款,但企业会计核算中原始凭证上仅为政府下辖的新区开发建设办公室于2008年10月18日开出的证明为据,无企业预付工程款的原始凭证及相关合法证明,也没有市政府及土地管理部门相关的批文,企业销售房产按已售面积分摊的土地成本382.75万元已在2010年3月底申报2009年度企业所得税税前扣除。

(2) 2009年1月,企业自用办公用房536.64平方米挂在库存商品中未作销售收入,也未列作固定资产处理。其实价为715 328.34元,成本为608 029.1元。

(3) 该企业工资扣除实行计税工资,2009年度所得税申报中列支的工资为287 897.80元,企业实发工资为250 877元,未发工资37 020.8元已在税前扣除。

(4) 企业列支的成本、费用中存在一定量的白条,如2009年11月30日(6号凭证)在管理费用中列支的招待费31 000元为白条入账,2009年2月28日(5号凭证)中列支的费用8 962元为白条入账。

(5) 该企业2009年4~6月向个人借款1 000万元按照月利息2.5%列支财务费用,而同期银行和非金融机构同期贷款最高月利息0.79%。

针对上述情况,税务机关认定该企业存在偷税行为,对该企业的处理意见如下:补缴偷逃税款,加收滞纳金,并对该企业的应纳税所得改为核定计税方式,因该企业积极配合税务机关的检查工作,不再处以罚款。要求:① 计算该税务机关认定房地产企业偷逃的税款金额,并分析该企业偷税的主要方式;② 税务机关做出对该企业的应纳税所得改为核定计税方式是否正确?为什么?

5. 某企业2010年销售收入为3 500万元,经过调整后准予扣除的成本费用为2 100万元,适用的企业所得税税率为25%。要求计算该企业2010年应缴纳的企业所得税税额并作出相应的会计处理。

项目(二)　个人所得税

项目目标及能力培养

熟悉个人所得税的基本征收制度,学会正确计算和缴纳个人所得税。

知识点或技能点

个人所得税的概念和特点;个人所得税的纳税人、征税对象、税率;个人所得税的税收优惠;个人所得税的计算缴纳以及会计核算。

案 例 导 入

薛某是中国公民,在境内有住所,现在安徽新源公司担任财务总监(CFO),2011 年每个月从公司领取工资 8 630 元;因其本年度工作业绩突出,年终取得奖金 50 000 元;另外他利用休假时间为宏发公司提供财务咨询取得咨询费 5 000 元;出版财经专著一本,取得稿酬 23 000 元;购买国债取得利息收入 6 580 元;支出 1 000 元购买体育彩票,中得奖金 50 000 元;赴国外讲学,取得收入 80 000 元,已按该国规定缴纳了 20 000 元的个人所得税。

问题思考:① 薛某是否是个人所得税的纳税人?如果是,其境内、境外所得是否都要交税?② 薛某每月工资所得是否要交税?如果交税,交多少税?③ 薛某就年终奖金该如何交税?④ 薛某就取得的咨询费、稿酬、利息收入、中奖收入、讲学收入又该如何交税?⑤ 薛某就 2011 年全年所得共需缴纳多少个人所得税?

任务一　认识个人所得税

任务目标

理解个人所得税的概念及特点,学会区分个人所得税与企业所得税及流转税等其他税种。

一、个人所得税的概念

个人所得税是对个人取得的各项应税所得征收的一种税,体现的是国家和个人之间的分配关系。现行征收个人所得税的法律依据是 2011 年 6 月 30 日第十一届全国人民代表大会常务委员会第 21 次会议第六次修正通过,自 2011 年 9 月 1 日起实施的《中华人民共和国个人所得税法》(简称《个人所得税法》)。

二、个人所得税的特点

(一) 实行分类征收

个人所得税制大体分为三种类型:分类课征制、综合课征制和混合课征制。我国现行个人所得税采用的是分类所得税制。即将个人取得的各项应税所得划分为11类,分别适用不同的税率、不同的计征方法以及不同的费用扣除规定。实行分类课征制度,有利于加强源泉监控、简化纳税手续。

小 知 识

多数发达国家如美国、英国、澳大利亚、瑞典等国都采用综合课征制;发展中国家如拉美、非洲和中东地区的一些国家则大多数采用分类综合课征制;相比较而言,目前世界上只有极少数国家如韩国采用分类课征制。

(二) 累进税率与比例税率并用

我国现行个人所得税根据各类个人所得的不同性质和特点,将累进税率和比例税率两种形式的税率运用于个人所得税制。适用累进税率的税目包括:工资、薪金所得,个体工商户生产经营所得,对企事业单位的承租、承包经营所得。采用累进税率可以合理调节收入分配,实行量能负担,体现税负公平。适用比例税率的税目包括:劳务报酬所得、稿酬所得、特许权使用费所得、偶然所得等其他所得。采用比例税率,实行等比负担,便于源泉扣缴。

(三) 费用扣除额较宽

我国现行个人所得税本着费用扣除从宽、从简的原则,主要采用费用定额扣除和定率扣除两种方法减除费用。比如对工资、薪金所得,每月减除费用3 500元;对劳务报酬所得、稿酬所得、特许权使用费所得、财产租赁所得,每次收入不超过4 000元的,减除费用800元;4 000元以上的,减除20%的费用。费用扣除额的规定对于低收入者有利,使低收入者在一般情况下都可以免缴个人所得税,有利于保障低收入群体的生活。

(四) 费用扣除采用总额扣除法,计算简便

我国个人所得税在费用扣除上采用总额扣除法,避免了个人实际生活费用支出逐项计算的繁琐。在分类征收的制度下,各项应税所得分别按各自的税率和费用扣除标准计算,便于掌握,有利于税务部门提高工作效率。

(五) 采取源泉扣缴和自行申报两种征税方法

现行个人所得税征管采用支付单位代扣代缴和纳税人自行申报两种模式。凡是可以在应税所得的支付环节扣缴个人所得税的,均由扣缴义务人履行代扣代缴义务。对于没有扣缴义务人,以及个人在两处以上取得工资、薪金所得的,由纳税人自行申报纳税。此外,对其他不便于扣缴税款的亦规定由纳税人自行申报纳税。也就是说目前对个人所得税采用的是代扣代缴为主,自行申报为辅的征纳模式。

小知识

个人所得税1799年首创于英国，此后世界各国相继仿效，开征此税种。到目前为止，世界上已有140多个国家和地区开征了个人所得税。

任务二　个人所得税主要法律规定

任务目标

理解居民纳税人和非居民纳税人的划分，学会判断纳税人及其所承担的纳税义务；掌握个人所得税的征税对象、税率的规定；熟悉个人所得税的税收优惠；明确个人所得税的征收管理规定。

一、个人所得税的纳税人

个人所得税的纳税人是指在中国境内有住所，或者无住所但在中国境内居住满一年的个人，以及无住所又不居住，或居住不满一年但有从中国境内取得所得的个人。包括中国公民、个体工商户以及在中国有所得的外籍人员(包括无国籍人员)。另外个人独资企业和合伙企业不缴纳企业所得税，其投资者也为个人所得税的纳税人。按照国际惯例，依据住所和居住时间两个标准，可以将我国个人所得税的纳税人划分为居民纳税人和非居民纳税人，分别承担不同的纳税义务。

(一) 居民纳税人

居民纳税人是指在中国境内有住所，或者在中国境内无住所但在中国境内居住满一年的个人。中国境内是指中国内地，目前还不包括中国香港特别行政区、中国澳门特别行政区和中国台湾地区。居民纳税人负有无限纳税义务。其所取得的应税所得，无论是来源于中国境内还是中国境外任何地方，都要在中国缴纳个人所得税。

1. 在中国境内有住所的个人

中国境内有住所的个人是指因户籍、家庭、经济利益关系，而在中国境内习惯性居住的个人。习惯性居住地，是指个人因学习、工作、探亲等原因消除以后，没有理由在其他地方继续居留时，所要回到的地方，而不是指实际居住或在某一个特定时期内的居住地。一个纳税人因学习、工作、探亲、旅游等原因，原来是在中国境外居住，但是在这些原因消除之后，如果必须回到中国境内居住的，则中国为该人的习惯性居住地，如中国的出国留学生。尽管该纳税义务人在一个纳税年度内，甚至连续几个纳税年度，都未在中国境内居住过一天，但它仍然是中国居民纳税义务人，应就其来自境内、境外的应税所得，向中国缴纳个人所得税。

2. 在中国境内无住所，但在境内居住满一年的个人

在中国境内居住满一年的个人是指在一个纳税年度(即公历1月1日起12月31日止，下同)内，在中国境内居住满365日的个人。在计算居住天数时，对临时离境应视为在华居住，不扣减其在华居住的天数。这里所说的临时离境，是指在一个纳税年度内，一次不超过30日或者多次累计不超过90日的离境。

【示例1】 某外籍人员2009年11月在中国境内公司任职，在2010年纳税年度内，曾于3月8日至15日离境回国，12月25日至12月31日又离境回国一次，问该外籍人员在2010年是否属居民纳税人？

【分析】 该纳税人第一次3月8日至15日离境回国，离境天数为8日，第二次12月25日至12月31日离境回国，离境天数为7日，两次离境时间累计为15日，未超过90日，视同在华居住，不扣减其在华居住天数。因此该纳税人2010年在中国境内居住时间仍为365天，应为中国居民纳税人。

(二) 非居民纳税人

非居民纳税人是指在中国境内无住所又不居住，或者在中国境内无住所且居住不满一年的个人。非居民纳税义务人，承担有限纳税义务，仅就其来源于中国境内的所得缴纳个人所得税。非居民纳税义务人，实际上只能是在一个纳税年度中，没有在中国境内居住，或者在中国境内居住不满1年的外籍人员、华侨或中国香港、中国澳门和中国台湾同胞。

这里的来源于境内、境外所得按以下原则确定：

(1) 工资、薪金所得，以纳税人任职、受雇的单位所在地作为所得来源地；

(2) 生产、经营所得，以生产、经营活动实现地作为所得来源地；

(3) 劳动报酬所得，以纳税人实际提供劳务的地点，作为所得来源地；

(4) 不动产转让所得，以不动产坐落地为所得来源地；动产转让所得，以实现转让的地点为所得来源地；

(5) 财产租赁所得，以被租赁财产的使用地作为所得来源地；

(6) 利息、股息、红利所得，以支付利息、股息、红利的单位所在地作为所得来源地；

(7) 特许权使用费所得，以特许权的使用地作为所得来源地。

小 知 识

在英国，结婚意味着要多交税。英国所得税属于递加税，以家庭为单位征收，每年收入在0到2 230英镑的税率为10%；每年收入2 231到3.46万英镑为22%；3.46万英镑以上的为40%。纳税人结婚后，所适用的税率很可能将大幅跳涨。

二、个人所得税的征税对象

个人所得税的征税对象是个人取得的应税所得，共11项所得。具体包括：

(一) 工资、薪金所得

工资、薪金所得是指个人因任职或者受雇而取得的工资、薪金、奖金、年终加薪、劳动分红、津贴、补贴以及与任职或者受雇有关的其他所得。

(1) 不属于工资、薪金性质的补贴、津贴，不予征收个人所得税的项目有：独生子女补贴；执行公务员工资制度未纳入基本工资总额的补贴、津贴差额和家属成员的副食补贴；托儿补助费；差旅费津贴、误餐补助。

【示例2】 某人在中国境内有住所，2011年9月份从任职单位获得工资3 000元，奖金1 000元，误餐补助500元，问该人是否是个人所得税的纳税人？如果是纳税人的话承担无限的还是有限的纳税义务？上述所得哪些需要纳税？

【分析】 该人在中国境内有住所，又在境内取得工资、薪金所得，所以是个人所得税的纳税人，而且是居民纳税人，承担无限的纳税义务。工资、薪金所得包括因任职或者受雇而取得的工资、薪金、奖金、年终加薪、劳动分红、津贴、补贴等，但不包括差旅费津贴、误餐补助等，所以只就工资 3 000 元，奖金 1 000 元按工资、薪金所得纳税。

(2) 内部退养人员工资。在办理内部退养手续后从原任职单位取得的一次性收入，应按办理内部退养手续至法定离退休年龄之间的所属月份进行平均，并与领取当月的"工资、薪金"所得合并后减除当月费用扣除标准，按"工资、薪金所得"征收个人所得税。

个人在办理内部退养手续后至法定退休年龄之间重新就业取得的"工资、薪金所得"，应与其从原任职单位取得的同一月份的"工资、薪金所得"合并缴纳个人所得税。

【示例 3】 某人法定退休年龄 60 岁，50 岁时办理内部退养手续，从原单位一次取得 12 万元，在内部退养期间，每月从单位取得工资 1 200 元，问该人就内部退养工资和一次性收入如何纳税。

【分析】 应将该人从原单位取得的一次性收入 12 万元除以办理内部退养手续至法定离退休年龄之间的月份数(60－50)×12＝120，再与每个月从单位取得的工资 1 200 元合并，按"工资、薪金所得"纳税。

(3) 退休人员再任职工资。退休人员再任职取得的收入，在减除按税法规定的费用扣除标准后，按"工资、薪金所得"应税项目缴纳个人所得税。

(4) 劳动分红。公司职工取得的用于购买企业国有股权的劳动分红，按"工资、薪金所得"项目计征个人所得税。

(二) 个体工商户的生产经营所得

个体工商户的生产经营所得是指个体工商户从事工业、手工业、建筑业、交通运输业、商业、饮食业、服务业、修理业及其他行业取得的所得；个人经政府有关部门批准，取得执照，从事办学、医疗、咨询以及其他有偿活动取得的所得；其他个人从事个体工商业生产、经营取得的所得；上述个体工商户和个人取得的与生产、经营有关的各项应税所得。

(1) 个人独资企业、合伙企业生产经营所得比照"个体工商户生产经营所得"项目征税。

(2) 出租车驾驶员从事客货营运取得的收入的处理办法有两种：一是对出租车拥有所有权的出租车驾驶员从事客货营运取得的收入比照"个体工商户的生产经营所得"项目征税；二是对出租车不拥有所有权的出租车驾驶员从事客货营运取得的收入按"工资、薪金所得"项目征税。

(三) 对企事业单位的承包、承租经营所得

对企事业单位的承包经营、承租经营所得是指个人承包经营或承租经营以及转包、转租取得的所得，包括个人按月或者按次取得的工资、薪金性质的所得。

个人对企事业单位的承包经营、承租经营形式很多，分配方式也各不相同。承包、承租人按合同(协议)的规定向发包、出租方缴纳一定费用后，企业经营成果归其所有的承包、承租人取得的所得，按"对企事业单位的承包、承租经营所得"项目征税。承包、承租人对承包、承租企业经营成果不拥有所有权的，仅是按合同(协议)规定取得一定所得的，其所得按"工资、薪金所得"项目征税。

（四）劳务报酬所得

劳务报酬所得是指个人独立从事各种非雇用的劳务取得的所得。内容包括：设计、装潢、安装、制图、化验、测试、医疗、法律、会计、咨询、讲学、新闻、广播、翻译、审稿、书画、雕刻、影视、录音、录像、演出、表演、广告、展览、技术服务、介绍服务、经纪服务、代办服务及其他劳务。

(1) 个人担任董事职务所取得的董事费收入。个人担任董事、监事，且不在公司任职、受雇的，其担任董事职务所取得的董事费收入，按“劳务报酬所得”项目征税。在公司（包括关联公司）任职、受雇，同时兼任董事、监事的，应将董事费、监事费与个人工资收入合并，统一按“工资、薪金所得”项目征税。

(2) 在校学生勤工俭学收入。在校学生因参与勤工俭学活动取得的应税所得项目，按“劳务报酬所得”项目征税。

(3) 对营销成绩突出的非雇员以培训班、研讨会、工作考察等名义组织旅游活动，所发生费用的全额作为该营销人员当期的劳务收入，按“劳务报酬所得”项目征税。

(4) 个人兼职取得的收入，按“劳务报酬所得”项目征税。

（五）稿酬所得

稿酬所得是指个人因其作品以图书、报刊形式出版、发表而取得的所得。作品包括文学作品、书画作品、摄影作品，以及其他作品。

(1) 遗作稿酬。作者去世后，财产继承人取得的遗作稿酬，按“稿酬所得”项目征税。

(2) 记者、编辑等专业人员以外的人员取得的稿酬。任职、受雇于报纸、杂志等单位的记者、编辑等专业人员之外的其他人员在本单位的报纸、杂志上发表作品取得的所得，应按“稿酬所得”项目征税。任职、受雇于报纸、杂志等单位的记者、编辑等专业人员，因在本单位的报纸、杂志上发表作品取得的所得，属于因任职、受雇而取得的所得，应与其当月工资收入合并，按“工资、薪金所得”项目征收个人所得税。

(3) 出版社的专业作者取得的稿酬。出版社的专业作者撰写、编写或翻译的作品，由本社以图书形式出版而取得的稿费收入，应按“稿酬所得”项目征税。

（六）特许权使用费所得

特许权使用费所得是指个人提供专利权、商标权、著作权（不包括稿酬所得）、非专利技术以及其他特许权的使用权取得的所得。

(1) 文字作品手稿原件或复印件公开拍卖（竞价）取得的所得。对于作者将自己的文字作品手稿原件或复印件公开拍卖（竞价）取得的所得，属于提供著作权的使用所得，故应按“特许权使用费所得”项目征税。

(2) 特许权的经济赔偿收入。个人取得特许权的经济赔偿收入，应按“特许权使用费所得”项目征税。

(3) 剧本使用费所得。编剧从电视剧的制作单位取得的剧本使用费，统一按“特许权使用费所得”项目征税。

（七）利息、股息、红利所得

利息、股息、红利所得是指个人拥有债权、股权而取得的利息、股息、红利所得。

(1) 国债和国家发行的金融债券利息免税；

(2) 个人储蓄存款利息，自 2008 年 10 月 9 日(含)起暂免征收个人所得税；

(3) 职工个人取得的量化资产的规定。对职工个人以股份形式取得的企业量化资产参与企业分配而获得的股息、红利，应按“利息、股息、红利所得”项目征税。对职工个人以股份形式取得的仅作为分红依据，不拥有所有权的企业量化资产，不征收个人所得税。

（八）财产租赁所得

财产租赁所得是指个人出租建筑物、土地使用权、机器设备、车船以及其他财产取得的所得。个人取得的财产转租收入，按“财产租赁所得”征税。

（九）财产转让所得

财产转让所得，是指个人转让有价证券、股票、建筑物、土地使用权、机器设备、车船以及其他财产取得的所得。

(1) 股票转让所得暂不征收个人所得税；

(2) 集体所有制企业在改制为股份合作制企业时，对职工个人以股份形式取得的拥有所有权的企业量化资产，暂缓征收个人所得税；待个人将股份转让时，就其转让收入额，减除个人取得该股份时实际支付的费用和合理转让费用后的余额，按“财产转让所得”项目征税；

(3) 对个人转让自用 5 年以上并且是家庭唯一生活用房取得的所得，免征个人所得税。

（十）偶然所得

偶然所得是指个人得奖、中奖、中彩以及其他偶然性质的所得；

(1) 个人因参加企业的有奖销售活动而取得的赠品所得，应按照“偶然所得”项目征税；

(2) 个人取得单张有奖发票奖金所得不超过 800 元(含 800 元)的，暂免征收个人所得税；个人取得单张有奖发票奖金所得超过 800 元的，应全额按照《个人所得税法》规定的“偶然所得”项目征税；

(3) 个人购买福利彩票、赈灾彩票、体育彩票，一次中奖收入在 1 万元以下的(含 1 万元)暂免征收个人所得税，超过 1 万元的，全额按“偶然所得”项目征税。

（十一）其他所得

除上述各项个人应税所得外，经国务院财政部门确定征税的其他所得。比如：个人因任职单位缴纳有关保险费用而取得的无赔款优待收入、股民个人从证券公司取得的回扣或交易手续费返回收入等。

小 知 识

在美国，恋人之间互赠礼物，要依法纳税。礼金价值超过 1 万美元的，应按 18%税率缴税；礼金价值超过 3 万美元，其适用税率也就达到 55%。所赠礼物范围包括飞机票、差旅费、服装等。

三、个人所得税的税率

个人所得税按所得项目不同，分别采用超额累进税率和比例税率两种形式，并对部分税目作了减征或加成征收的规定。具体规定如下：

（一）工资、薪金所得

工资、薪金所得适用3%～45%的七级超额累进税率，具体见表2.2.2。

表2.2.2　工资、薪金所得适用税率

级数	全月应纳税所得额	税率	速算扣除数
1	不超过1 500元的	3%	0
2	超过1 500元至4 500元的部分	10%	105
3	超过4 500元至9 000元的部分	20%	555
4	超过9 000元至35 000元的部分	25%	1005
5	超过35 000元至55 000元的部分	30%	2775
6	超过55 000元至80 000元的部分	35%	5505
7	超过80 000元的部分	45%	13505

注：本表所称"全月应纳税所得额"指的是每月收入额减除费用3 500元以及附加减除费用1 300后的余额。

（二）个体工商户的生产经营所得和对企事业单位的承包、承租经营所得

个体工商户的生产经营所得和对企事业单位的承包、承租经营所得适用5%～35%的超额累进税率，具体见表2.2.3。

表2.2.3　个体工商户的生产经营所得和对企事业单位的承包、承租经营所得适用税率

级数	全年应纳税所得额	税率	速算扣除数
1	不超过15 000元的部分	5%	0
2	超过15 000元至30 000元的部分	10%	750
3	超过30 000元至60 000元的部分	20%	3 750
4	超过60 000元至100 000元的部分	30%	9 750
5	超过100 000元的部分	35%	14 750

注：本表所称"全年应纳税所得额"指的是每一纳税年度的收入总额减除成本、费用以及损失后的余额。

（三）稿酬所得

适用比例税率，税率为20%，并按应纳税额减征30%，实际税率为14%。

（四）劳务报酬所得

适用比例税率，税率为20%。对劳务报酬所得一次收入畸高的，实行加成征收。劳务报

酬一次收入畸高，是指个人一次取得的劳务报酬，其应纳税所得额超过 20 000 元。

劳务报酬实行加成征收的具体规定：对个人取得的劳务报酬收入的应纳税所得额一次超过 20 000 至 50 000 元的部分，按照税法规定计算应纳税额后，再按照应纳税额加五成，超过 50 000 元的部分，按照税法规定计算应纳税额后，再按照应纳税额加十成。实践中劳务报酬所得适用 20%～40%的三级超额累进税率，具体见表 2.2.4。

表 2.2.4 劳务报酬所得适用税率表

级数	每次应纳税所得额	税率	速算扣除数
1	不超过 20 000 元的部分	20%	0
2	超过 20 000 元至 50 000 元的部分	30%	2 000
3	超过 50 000 元的部分	40%	7 000

注：本表所称“每次应纳税所得额”指的是每次收入额减除费用 800 元(每次收入额不超过 4 000 元时)或者减除 20%的费用(每次收入额超过 4 000 元时)后的余额。

(五) 特许权使用费等其他所得

特许权使用费所得，利息、股息、红利所得，财产租赁所得，财产转让所得，偶然所得和其他所得，适用比例税率，税率为 20%。但对个人按市价出租居住用房取得的租金所得按 10%的税率计征。

小 知 识

在印度，个人年收入 5 万卢比以下，免征所得税；年收入 5 万～6 万卢比，征收 10%的所得税。年收入 6 万～15 万卢比，征收 20%的所得税；年收入超过 15 万卢比，征收 30%的所得税。

四、个人所得税的税收优惠

《个人所得税法》及其实施条例，以及财政部、国家税务总局的若干规定等，都对个人所得项目给予了减税、免税的优惠，具体规定如下：

(一) 免税项目

(1) 省级人民政府、国务院部委和中国人民解放军军以上单位，以及外国组织颁发的科学、教育、技术、文化、卫生、体育、环境保护等方面的奖金。

(2) 国债和国家发行的金融债券利息。国债利息，是指个人持有中华人民共和国财政部发行的债券而取得的利息。国家发行的金融债券利息，是指个人持有经国务院批准发行的金融债券而取得的利息。

(3) 按照国家统一规定发给的补贴、津贴。即指按照国务院规定发给的政府特殊津贴、院士津贴、资深院士津贴以及国务院规定免纳个人所得税的其他补贴、津贴。

(4) 福利费、抚恤金、救济金。福利费是指根据国家有关规定，从企业、事业单位、国家机关、社会团体提留的福利费或者工会经费中支付给个人的生活补助费。救济金是指国家民政部门支付给个人的生活困难补助费。

(5) 保险赔款。

(6) 军人的转业费、复员费。

(7) 按照国家统一规定发给干部、职工的安家费、退职费、退休工资、离休工资、离休生活补助费。

(8) 依照我国有关法律规定应予免税的各国驻华使馆、领事馆的外交代表、领事官员和其他人员的所得。即指依照《中华人民共和国外交特权与豁免条例》和《中华人民共和国领事特权与豁免条例》规定免税的所得。

(9) 中国政府参加的国际公约以及签订的协议中规定免税的所得。

(10) 关于发给见义勇为者的奖金问题。对乡、镇及其以上人民政府或经县以上人民政府主管部门批准成立的有机构、有章程的见义勇为基金或类似组织,奖励见义勇为者的奖金或奖品,经主管税务机关核准,免税。

(11)个人领取原提存的住房公积金、医疗保险金、基本养老保险金时,免予征收个人所得税。

(12) 国务院财政部门批准免税的所得。

(二) 减征项目

(1) 残疾、孤老人员和烈属的所得。

(2) 因严重自然灾害造成重大损失的。

(3) 其他经国务院财政部门批准减税的。

(三) 暂免征收项目

(1) 外籍个人以非现金形式或实报实销形式取得的住房补贴、伙食补贴、搬迁费、洗衣费。

(2) 外籍个人按合理标准取得的境内、外出差补贴。

(3) 外籍个人取得的探亲费、语言训练费、子女教育费等,经当地税务机关审核批准为合理的部分。

(4) 外籍个人从外商投资企业取得的股息、红利所得。

(5) 个人举报、协查各种违法、犯罪行为而获得的奖金。

(6) 个人办理代扣代缴税款手续,按规定取得的扣缴手续费。

(7) 个人转让自用达5年以上,并且是唯一的家庭生活用房取得的所得。

(8) 个人购买福利彩票、赈灾彩票、体育彩票,一次中奖收入在1万元(含1万元)以下的,暂免征收个人所得税。

(9) 个人取得的单张有奖发票奖金所得不超过800元(含800元)的,暂免征收个人所得税。

(10) 自2008年10月9日起个人取得的储蓄存款利息,暂免征收个人所得税。

(11) 对按《国务院关于高级专家离退休若干问题的暂行规定》和《国务院办公厅关于高级专家暂缓离休审批问题的通知》精神,达到离休、退休年龄,但确因工作需要,适当延长离休、退休年龄的高级专家(指享受国家发放的政府特殊津贴的专家、学者),其在延长离休、退休期间的工资、薪金所得,视同退休工资、离休工资免征个人所得税。

(12) 凡符合下列条件之一的外籍专家取得的工资、薪金所得可免征个人所得税:① 根据世界银行专项贷款协议由世界银行直接派往我国工作的外国专家；② 联合国组织直接派往我国工作的专家；③ 为联合国援助项目来华工作的专家；④ 援助国派往我国专为该国无偿援助项目工作的专家；⑤ 根据两国政府签订文化交流项目来华工作 2 年以内的文教专家，其工资、薪金所得由该国负担的；⑥ 根据我国大专院校国际交流项目来华工作 2 年以内的文教专家，其工资、薪金所得由该国负担的；⑦ 通过民间科研协定来华工作的专家，其工资、薪金所得由该国政府机构负担的。

任务三　个人所得税的计算缴纳和会计核算

任务目标

掌握个人所得税应纳税额的计算，学会进行个人所得税纳税申报和相关会计核算。

一、个人所得税应纳税额的计算

（一）个人所得税应纳税所得额的确定

由于个人所得税的应税项目不同，取得某项所得所需费用也不相同。因此计算个人应纳税所得额，需按不同应税项目分项计算，以某项应税项目的收入额减去税法规定的该项费用减除标准后的余额为该项目的应纳税所得额。个人取得的应纳税所得，包括现金、实物和有价证券。所得为实物的，应按照取得的凭证上的价格计算应纳税所得额；无凭证的实物或者凭证上所注明的价格明显偏低的，由主管税务机关参照当地的市场价格核定应纳税所得额。所得为有价证券的，由主管税务机关根据票面价格和市场价格核定应纳税所得额。

1. 确定应纳税所得额的一般规定

(1) 工资、薪金所得

工资、薪金所得实行按月计征的办法，以每月收入额减除费用 3 500 元后的余额，为应纳税所得额。其计算公式为：应纳税所得额＝每月收入额－费用 3 500 元。

对在中国境内无住所而在中国境内取得工资、薪金所得的外籍人员和在中国境内有住所而在中国境外工作取得工资、薪金所得的中国公民，税法规定了附加减除费用，即以每月收入额减除费用 3 500 元后，再附加减除费用 1 300 元，余额作为应纳税所得额。

其计算公式为：应纳税所得额＝每月收入额－费用 3 500 元－附加减除费用 1 300 元。

附加减除费用适用的范围和标准由国务院规定，具体包括：

①在中国境内的外商投资企业和外国企业中工作取得工资、薪金所得的外籍人员；

②应聘在中国境内的企业、事业单位、社会团体、国家机关中工作取得工资、薪金所得的外籍专家；

③在中国境内有住所而在中国境外任职或者受雇取得工资、薪金所得的个人；

④国务院财政部、税务主管部门确定的取得工资、薪金的其他人员。华侨和中国香港、中国澳门、中国台湾同胞参照上述附加减除费用执行。

【示例 4】 安徽信达利公司财务总监陈某（非外籍人员）2011 年 9 月获得工资所得 5 500元，确定其应纳税所得额。

【计算与分析】 陈某是非外籍人员，不符合附加减除费用的照顾，其工资、薪金应纳税所得额＝每月收入额－费用 3 500 元，陈某 2011 年 9 月获得工资所得 5 500 元，即每月收入额为 5 500 元，则应纳税所得额＝5 500－3 500＝2 000（元）。

【示例 5】 某外籍人员李某在一外商投资企业中工作，2011 年 9 月份该企业发放给其工资 20 000 元人民币，确定其应纳税所得额。

【计算与分析】 李某是在中国境内的外商投资企业和外国企业中工作取得工资、薪金所得的外籍人员，符合附加减除费用的照顾，其应纳税所得额＝每月收入额－费用 3 500 元－附加减除费用 1 300 元＝20 000－3 500－1 300＝15 200（元）。

（2）个体工商户的生产、经营所得

个体工商户的生产、经营所得实行按年计征的办法，以每一纳税年度的收入总额减除成本、费用以及损失后的余额，为应纳税所得额。其计算公式为：应纳税所得额＝全年收入总额－（成本＋费用＋损失）。

成本、费用是指纳税义务人从事生产、经营所发生的各项直接支出和分配计入成本的间接费用以及销售费用、管理费用、财务费用；损失是指纳税义务人在生产、经营过程中发生的各项营业外支出。从事生产、经营的纳税义务人未提供完整、准确的纳税资料，不能正确计算应纳税所得额的，由主管税务机关核定其应纳税所得额。

计算个体工商户的生产、经营所得应纳税所得额时的具体费用扣除标准如下：

① 自 2011 年 9 月 1 日起，业主的费用扣除标准统一确定为 42 000 元/年，即 3 500 元/月。

② 个体工商户向其从业人员实际支付的合理的工资、薪金支出，允许在税前据实扣除。

③ 个体工商户拨缴的工会经费，发生的职工福利费、职工教育经费支出分别在工资薪金总额 2%、14%、2.5%的标准内据实扣除。

④ 个体工商户每一纳税年度发生的广告费和业务宣传费用不超过当年销售（营业）收入 15%的部分，可据实扣除；超过部分，准予在以后纳税年度结转扣除。

⑤ 个体工商户每一纳税年度发生的与其生产经营业务直接相关的业务招待费支出，按照发生额的 60%扣除，但最高不得超过当年销售（营业）收入的 5‰。

⑥ 在生产、经营期间借款利息支出，凡有合法证明，不高于按金融机构同类、同期贷款利率计算的数额部分，准予扣除。

个人独资企业与合伙企业比照个体工商户生产、经营所得执行。个人独资企业的投资者以全部生产经营所得为应纳税所得额；合伙企业的投资者按照合伙企业的全部生产经营所得和合伙协议约定的分配比例，确定应纳税所得额，合伙协议没有约定分配比例的，以全部生产经营所得和合伙人数量平均计算每个投资者的应纳税所得额。上述所称生产经营所得，包括企业分配给投资者个人的所得和企业当年留存的所得（利润）。

查账征收个人所得税的个人独资企业和合伙企业具体费用扣除标准如下：

① 自 2011 年 9 月 1 日起，业主的费用扣除标准统一确定为 42 000 元/年，即 3 500 元/月。投资者的工资不得在税前扣除。

② 投资者及其家庭发生的生活费用不允许在税前扣除。

③ 企业生产经营和投资者及其家庭生活共用的固定资产，难以划分的，由主管税务机关根据企业的生产经营类型、规模等具体情况，核定准予在税前扣除的折旧费用的数额或比例。

④ 向其从业人员实际支付的合理的工资、薪金支出，允许在税前据实扣除。

⑤ 拨缴的工会经费，发生的职工福利费、职工教育经费支出分别在工资薪金总额 2%、14%、2.5%的标准内据实扣除。

⑥ 每一纳税年度发生的广告费和业务宣传费用不超过当年销售(营业)收入 15%的部分，可据实扣除；超过部分，准予在以后纳税年度结转扣除。

⑦ 每一纳税年度发生的与其生产经营业务直接相关的业务招待费支出，按照发生额的 60%扣除，但最高不得超过当年销售(营业)收入的 5‰。

⑧ 在生产、经营期间借款利息支出，未超过中国人民银行规定的同类、同期贷款利率计算的数额部分，准予扣除。

⑨ 计提的各种准备金不得扣除。

【示例 6】 杨某投资开办了一家酒店(个人独资企业)，其自行核算的 2011 年度销售收入为 100 万元，各项支出合计为 80 万元，应纳税所得额为 20 万元。经会计师事务所审计，发现有以下几项支出未按税法规定处理：

① 杨某的工资费用 6 万元全部在税前扣除；

② 广告费 14 万元、业务宣传费 8 万元全部计入销售费用在税前扣除；

③ 业务招待费 5 万元全部计入管理费用在税前扣除；

④ 计提了 1 万元的坏账准备金在税前扣除。

要求：① 计算杨某的工资费用应调整的应纳税所得额；

② 计算广告费和业务宣传费应调整的应纳税所得额；

③ 计算业务招待费应调整的应纳税所得额；

④ 计算坏账准备金应调整的应纳税所得额；

⑤ 计算杨某 2011 年个人所得税的应纳税所得额。

【计算与分析】 ① 投资者的工资不得在税前直接扣除，2011 年 1～8 月投资者费用扣除标准每月为 2 000 元，2011 年 9～12 月投资者费用扣除标准每月为 3 500 元。

工资费用扣除限额＝2 000×8＋3 500×4＝3 (万元)

应调增应纳税所得额＝6－3＝3 (万元)

② 每一纳税年度发生的广告费和业务宣传费用不超过当年销售(营业)收入 15%的部分，可据实扣除。

广告费和业务宣传费扣除限额＝100×15%＝15 (万元)

应调增应纳税所得额＝14＋8－15＝7 (万元)

③ 个人独资企业每一纳税年度发生的与其生产经营业务直接相关的业务招待费支出，按照发生额的 60%扣除，但最高不得超过当年销售(营业)收入的 5‰。

业务招待费×60%＝5×60%＝3 (万元)

销售(营业)收入×5‰＝100×5‰＝0.5 (万元)

业务招待费扣除限额为 0.5 万元，应调增应纳税所得额＝5－0.5＝4.5 (万元)。

④ 计提的各种准备金不得扣除，应调增应纳税所得额为 1 万元。

⑤ 应纳税所得额＝20＋3＋7＋4.5＋1＝35.5 (万元)。

(3) 对企事业单位的承包、承租经营所得

对企事业单位的承包经营、承租经营所得实行按年计征的办法，以每一纳税年度的收入总额，减除必要费用后的余额，为应纳税所得额。其计算公式为：

应纳税所得额＝纳税年度收入总额－必要费用

每一纳税年度的收入总额，是指纳税义务人按照承包经营、承租经营合同规定分得的经营利润和工资、薪金性质的所得；所说的减除必要费用，是指按月减除 3 500 元。

【示例 7】 2011 年 1 月 1 日张某与某单位签订承包合同经营招待所，据合同协议承包期为两年，每年上缴费用 80 000 元，2011 年招待所实现利润总额 200 000 元，张某每月已领取工资 3 000 元。确定其 2011 年应纳税所得额。

【计算与分析】 对企事业单位的承包经营、承租经营所得应纳税所得额＝纳税年度收入总额－必要费用，其中收入总额包括分得的经营利润和工资、薪金所得，必要费用为 3 500 元/月。所以张某 2011 年应纳税所得额＝(200 000＋3 000×12－80 000)－3 500×12＝114 000 (元)。

(4) 劳务报酬所得、稿酬所得、特许权使用费所得

劳务报酬所得、稿酬所得、特许权使用费所得实行按次征收，每次收入不超过 4 000 元的，定额减除费用 800 元；每次收入超过 4 000 元的，定率减除 20%的费用，其余额为应纳税所得额。其计算公式为：每次收入额不超过 4 000 元的，应纳税所得额＝每次收入额－800 元；每次收入额超过 4 000 元的，应纳税所得额＝每次收入额×(1－20%)。

这里每次收入的确定方法如下：

① 劳务报酬所得，属于一次性收入的，以取得该项收入为一次；属于同一项目连续性收入的，以一个月内取得的收入为一次；

② 稿酬所得，以每次出版、发表取得的收入为一次。

具体规定为：同一作品再版取得的所得，应视为另一次稿酬所得；同一作品先在报刊上连载，然后再出版，或先出版再在报刊上连载的，应视为两次所得；同一作品在报刊上连载取得收入的，以连载完成后取得的所有收入合并为一次；同一作品在出版和发表时，以预付稿酬或分次支付稿酬等形式取得的稿酬收入，应合并为一次；同一作品出版、发表后，因添加印数而追加稿酬的，应与以前出版、发表时取得的稿酬合并计算为一次。

③ 特许权使用费所得，以一项特许权的一次许可使用所取得的收入为一次。

【示例 8】 张某是一名演员，2011 年 8 月、9 月、10 月因为演出分别取得一次性劳务报酬 3 800 元、5 000 元、30 000 元，分别计算张某 8 月、9 月、10 月份个人所得税的应纳税所得额。

【计算与分析】 (1) 8 月份张某取得的劳务报酬为 3 800 元，不超过 4 000 元。

应纳税所得额＝每次收入额－800 元＝3 800－800＝3 000 (元)

(2) 9 月份张某取得的劳务报酬为 5 000 元，超过 4 000 元。

应纳税所得额＝每次收入额×(1－20%)＝5 000×(1－20%)＝4 000 (元)

(3)10 月份张某取得的劳务报酬为 30 000 元，超过 4 000 元。

应纳税所得额＝每次收入额×(1－20%)＝30 000×(1－20%)＝24 000 (元)

【示例 9】 某歌手与一卡拉 OK 签约，2011 年一年内每天到卡拉 OK 厅演唱一次，每次演出后得到 50 元，计算其每次应纳税所得额(一个月按 30 天)。

【计算与分析】 劳务报酬所得，属于同一项目连续性收入的，以一个月内取得的收入为一次，一个月的收入为 30×50＝1 500 (元)，不超过 4 000 元，应纳税所得额＝每次收入额－800 元，所以，该歌手每次应纳税所得额为[(30×50)－800]＝700 (元)。

【示例 10】 某作家 2011 年 1 月 5 日从甲出版社取得稿酬 600 元，4 月 20 日从乙出版社取得稿酬 2 000 元。问其个人所得税应纳税所得额如何计算？

【计算与分析】 因为稿酬实行按次征收，所以1月5日和4月20日作为两次所得分别征收，不能合并征收，1月5日取得的稿酬小于800元，不需要缴纳个人所得税；4月20日的稿酬所得为2 000元，不超过4 000元，应纳税所得额＝每次收入额－800元。所以，应纳税所得额＝2 000－800＝1 200（元）。

【示例11】 某作家完成了一部短篇小说，3月份第一次出版获得稿酬5 000元，8月份该小说再版获得稿酬2 000元。问其个人所得税应纳税所得额如何计算？

【计算与分析】 根据规定，同一作品再版取得的所得，应视作另一次稿酬所得计征个人所得税。

3月份第一次出版的稿酬所得为5 000元，超过了4 000元，应纳税所得额＝每次收入额×(1－20%)，所以3月份第一次稿酬的应纳税所得额为5 000×(1－20%)＝4 000（元）。

8月份再版的稿酬所得为2 000元，不超过4 000元，应纳税所得额＝每次收入额－800元。

所以，8月份再版稿酬的应纳税所得额为2 000－800＝1 200（元）。

【示例12】 某作家的一篇小说在一家晚报上连载三个月，三个月的稿酬收入分别为700元、800元和900元。问其个人所得税应纳税所得额如何计算？

【计算与分析】 根据规定，同一作品在报刊上连载取得收入，以连载完成后取得的所有收入合并为一次，计征个人所得税，该作家三个月的稿酬合并是700＋800＋900＝2 400元，不超过4 000元，应纳税所得额＝每次收入额－800元，所以，该作家三个月所获稿酬的应纳税所得额＝(700＋800＋900)－800＝1 600（元）。

【示例13】 张某于2011年2月一次性取得特许权使用费收入3 000元，3月份又一次取得特许权使用费收入4 500元，问其个人所得税应纳税所得额如何计算？

【计算与分析】 特许权使用费实行按次征收，张某2月份取得的特许权使用费3 000元作为一次，3月份取得的特许权使用费4 500元作为另一次。

2月份的特许权使用费3 000元，不超过4 000元，应纳税所得额＝每次收入额－800元。

2月份的特许权使用费的应纳税所得额＝3 000－800＝2 200（元）

3月份的特许权使用费4 500元，超过4 000元，应纳税所得额＝每次收入额×(1－20%)。

3月份的特许权使用费的应纳税所得额＝4 500×(1－20%)＝3 600（元）

(5) 财产租赁所得

财产租赁所得实行按次征收，以一个月取得的收入为一次。每次收入不超过4 000元的，定额减除费用800元；每次收入超过4 000元的，定率减除20%的费用，其余额为应纳税所得额。

在确定财产租赁应纳税得额时，纳税人在出租财产过程中缴纳的税金及教育费附加，可持完税(缴款)凭证，从其财产租赁收入中扣除。准予扣除的项目除了规定费用和有关税费外，还准予扣除能够提供有效、准确凭证，证明由纳税人负担的该出租财产实际开支的修缮费用。允许扣除的修缮费用，以每次800元为限。一次扣除不完的，准予在下一次继续扣除，直到扣完为止。所以其计算公式为：

① 每次收入额不超过4 000元

应纳税所得额＝每次(月)收入额－准予扣除项目－修缮费用(800元为限)－800元

② 每次收入额超过 4 000 元

应纳税所得额=[每次(月)收入额-准予扣除项目-修缮费用(以 800 元为限)]×(1-20%)

【示例 14】 张某出租住房,2011 年 3 月取得租金收入 3 000 元,当月发生的准予扣除项目合计为 200 元,修缮费用 300 元,均取得合法票据,计算张某出租住房的应纳税所得额。

【计算与分析】 张某 3 月取得租金收入 3 000 元,不超过 4 000 元,应纳税所得额=每次(月)收入额-准予扣除项目-修缮费用(800 元为限)-800 元,其修缮费用为 300 元,没有超过 800 元,所以其修缮费用扣除额为 300 元。

张某出租住房的应纳税所得额=3 000-200-300-800=1 700 (元)

【示例 15】 接示例 14,假定张某 2011 年 3 月取得租金收入 8 000 元,当月发生的准予扣除项目合计为 200 元,修缮费用 1 300 元,均取得合法票据,计算张某出租住房的应纳税所得额。

【计算与分析】 张某 3 月取得租金收入 8 000 元,超过 4 000 元,应纳税所得额=[每次(月)收入额-准予扣除项目-修缮费用(800 元为限)]×(1-20%),其修缮费用为 1 300 元,超过 800 元的限额,所以其修缮费用扣除额为 800 元。

张某出租住房的应纳税所得额=(8 000-200-800)×(1-20%)=5 600 (元)

(6) 财产转让所得

财产转让所得实行按次征收,以一件财产的所有权一次转让取得的收入为一次。应纳税所得额为每次转让财产的收入额减除财产原值和合理费用后的余额。其计算公式为:

应纳税所得额=收入总额-财产原值-合理费用

财产原值含义如下:有价证券,为买入价以及买入时按照规定缴纳的有关费用;建筑物,为建造费或者购进价格以及其他有关费用;土地使用权,为取得土地使用权所支付的金额、开发土地的费用以及其他有关费用;机器设备、车船,为购进价格、运输费、安装费以及其他有关费用;其他财产,参照以上方法确定。纳税义务人未提供完整、准确的财产原值凭证,不能正确计算财产原值的,由主管税务机关核定其财产原值。

合理费用,是指卖出财产时按照规定支付的有关费用。

【示例 16】 某人建房一座,工程造价 40 000 元,支付费用 2 000 元。后该人转让房屋,售价 70 000 元,在卖房过程中按规定支付交易费等有关费用 2 500 元,计算其应纳税所得额。

【计算与分析】

财产转让应纳税所得额=收入总额-财产原值-合理费用

=70 000-40 000-2 000-2 500=25 500 (元)

(7) 利息、股息、红利所得

利息、股息、红利所得实行按次征收,以支付利息、股息、红利时取得的收入为一次。应纳税所得额为每次收入额,不扣减任何费用。其计算公式为:应纳税所得额=每次收入额。

【示例 17】 张先生 2011 年 8 月从 A 公司分得红利 7 000 元,计算其应纳税所得额。

【计算与分析】 利息、股息、红利所得应纳税所得额=每次收入额=7 000 元。

(8) 偶然所得、其他所得

偶然所得、其他所得实行按次征收,以每次取得该项收入为一次。应纳税所得额为每次收入额。其计算公式为:应纳税所得额=每次收入额。

【示例 18】 张某用 2 000 元现金买彩票,中奖金额 100 000 元,其应纳税所得额应该是多少?

【计算与分析】 偶然所得应纳税所得额=每次收入额=100 000 元。

2. 确定应纳税所得额的特殊规定

(1) 捐赠的扣除。个人将其所得对教育事业和其他公益事业捐赠的部分,按照国务院有关规定从应纳税所得中扣除。这里所说的个人将其所得对教育事业和其他公益事业的捐赠,是指个人将其所得通过中国境内的社会团体、国家机关向教育和其他社会公益事业以及遭受严重自然灾害地区、贫困地区的捐赠。捐赠额未超过纳税义务人申报的应纳税所得额30%的部分,可以从其应纳税所得额中扣除。

个人通过非营利性的社会团体和国家机关进行的下列公益救济性捐赠支出,在计算缴纳个人所得税时,准予在税前的所得额中全额扣除:① 向红十字事业的捐赠;② 向农村义务教育的捐赠,包括对农村义务教育与高中在一起的学校的捐赠;③ 对公益性青少年活动场所(其中包括新建)的捐赠;④ 对汶川灾区的捐赠。

【示例19】 谈某用3 000元现金购买彩票,其中有一张中奖,获奖金100 000元。谈某拿出10 000元通过教育局捐赠给某农村小学;5 000元通过民政部门捐给遭受水灾的地区;3 000元直接捐给其曾就读过的某高中学校。问其应纳税所得额为多少?

【计算与分析】 按税法规定,通过教育局捐赠给某农村小学的10 000元允许全额扣除;直接捐给其曾就读过的某高中学校的3 000元不允许扣除;通过民政部门捐给遭受水灾的地区的5 000元,因为扣除限额为100 000×30%=30 000(元),没有超过限额,因此可以全额扣除。

所以,其应纳税所得额=100 000-10 000-5 000=85 000(元)。

(2) 资助的扣除。个人的所得(不含偶然所得和经国务院财政部门确定征税的其他所得)用于资助非关联的科研机构和高等学校研究开发新产品、新技术、新工艺所发生的研究开发经费,经主管税务机关确定,可以全额在下月(工资、薪金所得)或下次(按次计征的所得)或当年(按年计征的所得)计征个人所得税时,从应纳税所得额中扣除,不足抵扣的,不得结转扣除。

(3) 三险一金的扣除。按照国家规定,单位为个人缴付和个人缴付的基本养老保险费、基本医疗保险费、失业保险费、住房公积金,允许从纳税义务人的应纳税所得额中扣除。

(二) 个人所得税应纳税额的计算

1. 工资、薪金所得

(1) 个人取得的一般工资、薪金所得应纳税额的计算

应纳税额=应纳税所得额×适用税率-速算扣除数

=(每月收入额-费用3 500元或4 800元)×适用税率-速算扣除数

【示例20】 按示例4,计算陈某2011年9月份应缴纳的个人所得税。

【计算与分析】 通过示例4的计算得到应纳税所得额为2 000元,查阅现行税法规定的工资、薪金所得七级超额累进税率表,得到适用的税率为10%,速算扣除数为105。

所以,陈某2011年9月份应纳税额=2 000×10%-105=95(元)。

(2) 个人取得的全年一次性奖金所得应纳税额的计算

全年一次性奖金,是指行政机关、企事业单位等扣缴义务人根据其全年经济效益和对雇员全年工作业绩的综合考核情况,向雇员发放的一次性奖金。一次性奖金也包括年终加薪、实行年薪制和绩效工资办法的单位根据考核情况兑现的年薪和绩效工资。

纳税义务人取得全年一次性奖金,单独作为一个月工资、薪金所得计算纳税,由扣缴义

务人发放时代扣代缴。具体的计算办法及步骤如下：

首先，将雇员当月内取得的全年一次性奖金，除以12个月，按其商数查阅工资、薪金税率表确定适用税率和速算扣除数。如果在发放年终一次性奖金的当月，雇员当月工资薪金所得低于税法规定的费用扣除额，应将全年一次性奖金减去"雇员当月工资薪金所得与费用扣除额的差额"后的余额，除以12个月，按其商数查阅工资、薪金税率表确定适用税率和速算扣除数。

然后，代入公式计算应纳税额。

① 雇员当月工资薪金所得高于(或等于)税法规定的费用扣除额，其计算公式为：应纳税额＝雇员当月取得全年一次性奖金×适用税率－速算扣除数。

② 雇员当月工资薪金所得低于税法规定的费用扣除额，其计算公式为：应纳税额＝(雇员当月取得全年一次性奖金－雇员当月工资薪金所得与费用扣除额的差额)×适用税率－速算扣除数。

【示例21】 中国公民王某，2011年12月份领取工资4 500元，12月31日又一次性领取年终奖12 400元(兑现绩效工资)。要求计算王某12月份应缴纳的个人所得税。

【计算与分析】

(1) 王某领取的工资4 500元，其应纳税所得额为4 500－3 500＝1 000 (元)。

查阅税率表，税率为3%，速算扣除数为0，则应纳税额＝(4 500－3 500)×3%－0＝30 (元)。

(2) 王某取得的年终奖为12 400元，单独作为一个月工资、薪金所得计算纳税。

① 该笔奖金适用的税率和速算扣除数为：每月奖金平均额＝12 400÷12＝1 033. 334 (元)。查阅税率表，适用税率为3%，速算扣除数为0。

②该笔奖金应缴纳个人所得税为：应纳税额＝12 400×3%－0＝372 (元)。

(3)王某12月份应纳税额＝30＋372＝402 (元)。

【示例22】 按示例21假定王某2011年12月份领取工资2 500元，12月31日一次性领取年终奖12 400元(兑现绩效工资)。要求计算王某12月份应缴纳的个人所得税。

【计算与分析】

① 王某领取的工资2 500元，小于减除费用3 500元，不用交税。

② 王某取得的年终奖12 400元，单独作为一个月工资、薪金所得计算纳税。

(a) 该笔奖金适用的税率和速算扣除数为：每月奖金平均额＝[12 400－(3 500－2 500)]÷12＝950 (元)。

查阅税率表，适用税率为3%，速算扣除数为0。

(b) 该笔奖金应缴纳个人所得税为：应纳税额＝[12400－(3500－2500)]×3%－0＝342 (元)。

③ 王某12月份应纳税额＝342 (元)。

(3) 个人取得的除全年一次性奖金之外的其他名目的奖金所得应纳税额的计算

个人取得的除全年一次性奖金之外的其他各种名目的奖金，如半年奖、季度奖、先进奖、考勤奖、加班奖等，一律与当月工资、薪金合并缴纳个人所得税。

【示例23】 中国公民王某，2011年9月份在我国境内取得工资收入2 000元，季度奖1 000元，考勤奖800元，计算王某9月份的应纳个人所得税额。

【计算与分析】 除全年一次性奖金之外的季度奖、考勤奖、加班奖一律与当月工资、薪金合并缴纳个人所得税；王某 9 月份应纳税所得额＝(2 000＋1 000＋800)－3 500＝300(元)，查阅税率表，得到适用税率为 3%，速算扣除数为 0。

所以，王某 9 月份应纳税额＝[(2 000＋1 000＋800)－3 500]×3%－0＝9 (元)。

(4) 在中国境内无住所的个人一次取得数月奖金或年终加薪、劳动分红(以下简称奖金，不包括应按月支付的奖金)所得应纳税额的计算

对在中国境内无住所的个人一次取得数月奖金或年终加薪、劳动分红(不包括按月支付的奖金)，可单独作为一个月的工资、薪金所得计算纳税。由于对每月的工资、薪金计税时已按月扣除了费用，因此对上述奖金原则上不再减除费用，全额作为应纳税所得额直接按适用税率计算应纳税额，并且不再按居住天数进行计算。上述个人应在取得奖金月份的次月 7 日内申报纳税。

(5) 特定行业职工取得的工资、薪金所得应纳税额的计算

为了照顾采掘业、远洋运输业、远洋捕捞业因季节、产量等因素的影响，对这三个特定行业的职工取得的工资、薪金所得，可按月预缴，年度终了后 30 日内，合计全年工资、薪金所得，再按 12 个月平均并计算实际应纳的税款，多退少补。用公式表示为：

应纳税额＝[(全年工资、薪金收入÷12－费用扣除标准)×适用税率－速算扣除数]×12

2. 个体工商户的生产、经营所得

个体工商户的生产、经营所得应纳税额的计算公式为：

应纳税额＝应纳税所得额×适用税率－速算扣除数
＝[全年收入总额－(成本＋费用＋损失)]×适用税率－速算扣除数

【示例 24】 接示例 6，要求计算杨某 2011 年应缴纳的个人所得税税额。

【计算与分析】 通过示例 6 的计算得到应纳税所得额为 35.5 万元，1～8 月份共 8 个月按原税法规定计算，查阅原税法规定的个体工商户的生产、经营所得五级超额累进税率表，得到适用的税率为 35%，速算扣除数为 6 750；9～12 月份共 4 个月按现行税法规定计算，查阅现行税法规定的个体工商户的生产、经营所得五级超额累进税率表，得到适用的税率为 35%，速算扣除数为 14 750。

所以，杨某 2011 年应纳税额＝(355 000×35%－6 750)×8/12＋(355 000×35%－14 750)×4/12＝114 833.334 (元)。

3. 企事业单位承包、承租经营所得

企事业单位承包、承租经营所得应纳税额的计算公式为：

应纳税额＝应纳税所得额×适用税率－速算扣除数
＝(纳税年度收入总额－必要费用)×适用税率－速算扣除数

【示例 25】 接示例 7，要求计算张某 2011 年应缴纳的个人所得税税额。

【计算与分析】 通过示例 7 的计算得到应纳税所得额为 114 000 元，1～8 月份共 8 个月按原税法规定计算，原税法规定的个体工商户的生产、经营所得五级超额累进税率表，得到适用的税率为 35%，速算扣除数为 6 750；9～12 月份共 4 个月按现行税法规定计算，查阅现行税法规定的企事业单位承包、承租经营所得五级超额累进税率表，得到适用的税率为 35%，速算扣除数为 14 750。

所以，张某 2011 年应纳税额＝(114 000×35%－6 750)×8/12＋(114 000×35%－14 750)×4/12＝30 483.334 (元)。

4. 劳务报酬所得

劳务报酬所得应纳税额的计算公式为：

(1) 每次收入不超过 4 000 元，应纳税额＝应纳税所得额×适用税率＝(每次收入额－800)×20%。

(2) 每次收入大于 4 000 元，应纳税额＝应纳税所得额×适用税率＝每次收入额×(1－20%)×20%。

(3) 每次应纳税所得额大于 20 000 元，应纳税额＝应纳税所得额×适用税率－速算扣除数＝每次收入额×(1－20%)×适用税率－速算扣除数。

【示例 26】 接示例 8，要求计算张某 8 月、9 月、10 月份应缴纳的个人所得税税额。

【计算与分析】 (1) 8 月份张某取得的劳务报酬为 3 800 元，不超过 4 000 元。

应纳税所得额＝每次收入额－800 元＝3 800－800＝3 000 (元)

应纳税额＝3 000×20%＝600 (元)

(2) 9 月份张某取得的劳务报酬为 5 000 元，超过 4 000 元。

应纳税所得额＝每次收入额×(1－20%)＝5 000×(1－20%)＝4 000 (元)

应纳税额＝4 000×20%＝800 (元)

(3) 10 月份张某取得的劳务报酬为 30 000 元，超过 4 000 元。

应纳税所得额＝每次收入额×(1－20%)＝30 000×(1－20%)＝24 000 (元)

大于 2 0000 元，查阅税率表，适用税率为 30%，速算扣除数为 2 000 元。

应纳税额＝24 000×30%－2 000＝5 200 (元)

5. 稿酬所得

稿酬所得应纳税额的计算公式为：

(1) 每次收入额不超过 4 000 元

应纳税额＝应纳税所得额×适用税率＝(每次收入额－800)×20%×(1－30%)

(2) 每次收入额超过 4 000 元

应纳税额＝应纳税所得额×适用税率＝每次收入额×(1－20%)×20%×(1－30%)

【示例 27】 接示例 11，计算该作家应缴纳的个人所得税税额。

【计算与分析】 (1) 3 月份第一次出版的稿酬所得为 5 000 元，超过 4 000 元，应纳税所得额＝5 000×(1－20%)＝4 000 (元)，应纳税额＝4 000×20%×(1－30%)＝560 (元)。

(2) 8 月份再版的稿酬所得为 2 000 元，不超过 4 000 元，应纳税所得额＝2 000－800＝1 200 (元)，应纳税额＝1 200×20%×(1－30%)＝168 (元)。

6. 特许权使用费所得

特许权使用费所得应纳税额的计算公式为：

(1) 每次收入额不超过 4 000 元

应纳税额＝应纳税所得额×适用税率＝(每次收入额－800)×20%

(2) 每次收入额超过 4 000 元

应纳税额＝应纳税所得额×适用税率＝每次收入额×(1－20%)×20%

【示例 28】 接示例 13，计算张某应缴纳的个人所得税税额。

【计算与分析】 (1) 张某 2 月份的特许权使用费 3 000 元，不超过 4 000 元，应纳税所得额＝3 000－800＝2 200 (元)，应纳税额＝2 200×20%＝440 (元)。

(2) 张某 3 月份的特许权使用费 4 500 元，超过 4 000 元，应纳税所得额＝4 500×(1

－20％）＝3 600（元），应纳税额＝3 600×20％＝720（元）。

7. 财产租赁所得

财产租赁所得应纳税额的计算公式为：

（1）每次（月）收入额不超过4 000元

应纳税额＝应纳税所得额×适用税率＝［每次（月）收入额－准予扣除项目－修缮费用（800元为限）－800元］×20％。

（2）每次（月）收入额超过4 000元

应纳税额＝应纳税所得额×适用税率＝［每次（月）收入额－准予扣除项目－修缮费用（800元为限）］×（1－20％）×20％。

【示例29】 接示例14，计算张某出租住房应缴纳的个人所得税税额。

【计算与分析】 通过示例14计算得出张某出租住房的应纳税所得额＝每次（月）收入额3 000－准予扣除项目200－修缮费用300－800＝1 700（元）。

根据税法规定，居民个人出租住房取得的租金按10％的税率计税，所以，张某出租住房应缴纳的个人所得税税额＝1 700×10％＝170（元）。

8. 财产转让所得

财产转让所得应纳税额的计算公式为：

应纳税额＝应纳税所得额×适用税率＝（收入总额－财产原值－合理费用）×20％

【示例30】 接示例16，计算该人转让房屋应缴纳的个人所得税税额。

【计算与分析】 通过示例16计算得出财产转让应纳税所得额＝收入总额70 000－财产原值（40 000＋2 000）－合理费用2 500＝25 500（元）。

所以，该人转让房屋应缴纳的个人所得税税额＝25 500×20％＝5 100（元）。

9. 利息、股息、红利所得

利息、股息、红利所得应纳税额的计算公式为：

应纳税额＝应纳税所得额×适用税率＝每次收入额×20％

【示例31】 接示例17，计算张先生从A公司分得的红利应缴纳的个人所得税税额。

【计算与分析】 通过示例17计算得出张先生从A公司分得的红利应纳税所得额为7 000元。所以，其应纳税额＝7 000×20％＝1 400（元）。

10. 偶然所得

偶然所得应纳税额的计算公式为：应纳税额＝应纳税所得额×适用税率＝每次收入额×20％。

【示例32】 接前例示例18，计算张某中奖应缴纳的个人所得税税额。

【计算与分析】 通过示例18，张某中奖奖金的应纳税所得额为100 000元，所以，其应纳税额＝100 000×20％＝20 000（元）。

11. 其他所得

其他所得应纳税额的计算公式为：应纳税额＝应纳税所得额×适用税率＝每次收入额×20％。

【示例33】 中国公民李某2011年9月取得如下收入：① 薪金收入4 800元；② 一次性稿费收入5 000元；③ 一次性讲学收入500元；④ 一次性翻译收入3 000元；⑤ 到期国债利息收入550元。要求：计算李某当月应缴纳的个人所得税税额。

【计算与分析】 ① 薪金收入应纳税额＝（4 800－3 500）×3％－0＝39（元）。

② 稿费收入应纳税额＝5 000×(1－20％)×20％×(1－30％)＝560 (元)。

③ 讲学收入不足 800 元,不需纳税。

④ 翻译收入应纳税额＝(3 000－800)×20％＝440 (元)。

⑤ 国债利息收入免税。

李某当月应缴纳个人所得税税额＝39＋560＋440＝1 039 (元)

【示例 34】 中国公民张某 2011 年 12 月份取得以下收入:全年一次性奖金 21 600 元(假定张某当月工资高于减除费用 3 500 元);为某公司设计产品营销方案,取得一次性设计收入 18 000 元;购买福利彩票支出 500 元,取得一次性中奖收入 15 000 元;股票转让所得 20 000元;转让自用住房一套,取得转让收入 100 万元,支付转让税费 5 万元,该套住房购买价为 80 万元,购买时间为 2005 年 6 月份并且是唯一的家庭生活用房。要求:计算张某当月应缴纳的个人所得税额。

【计算与分析】

① 全年一次性奖金应纳税额＝21 600×10％－105＝2 055 (元)。

② 设计收入应纳税额＝18 000×(1－20％)×20％＝2 880 (元)。

③ 中奖收入应纳税额＝15 000×20％＝3 000 (元)。

④ 股票转让收入暂不征收个人所得税。

⑤ 转让自用 5 年以上并且是唯一家庭生活用房取得的收入暂免征收个人所得税。

张某当月应缴纳的个人所得税额＝2 055＋2 880＋3 000＝7 935 (元)

(三) 境外已纳税额的抵免

在对纳税人的境外所得征税时,会存在其境外所得已在来源国家或地区缴税的实际情况。基于对同一所得避免重复征税的原则,我国在计算个人所得税时,采取了税额扣除的办法。即:纳税义务人从中国境外取得的所得,准予其在应纳税额中扣除已在境外缴纳的个人所得税税额,但扣除额不得超过其境外所得依照我国《个人所得税法》规定计算的应纳税额。具体规定如下:

(1) 已在境外缴纳的个人所得税税额是指纳税义务人从中国境外取得的所得,依照该所得来源国家或地区的法律规定应当缴纳并实际已经缴纳的税额。

(2) 扣除限额的确定。扣除限额是依照我国税法规定计算的应纳税额,采取既分国(地区)又分项的方法计算。即纳税义务人从中国境外取得的所得,区别不同国家或者地区和不同应税项目,依照我国税法规定的费用减除标准和适用税率计算应纳税额;同一国家或者地区内不同应税项目,依照我国税法规定计算的应纳税额之和,为该国家或者地区的扣除限额。

(3) 税额扣除规定。纳税义务人在中国境外一个国家或地区实际已经缴纳的个人所得税税额,低于该国家或者地区的扣除限额的,应当在中国缴纳差额部分的税款;超过该国家或者地区的扣除限额的,其超过部分不得在本纳税年度的应纳税额中扣除,但是可以在以后纳税年度的该国家或者地区的扣除限额的余额中补扣,补扣期最长不得超过 5 年。

【示例 35】 某居民纳税人秦某本年度在 A 国工作,取得一年的工资、薪金收入为 60 000元,转让一项专用技术使用权,取得特许权使用费收入 30 000 元,两项所得在 A 国已缴纳个人所得税 5 200 元;在 B 国出版专著,获得稿酬收入 15 000 元,在 B 国已缴纳个人所得税 720 元,计算其可抵扣的限额及补交的税额。

【计算与分析】 境外已纳税额的抵免采用分国又分项的方法计算,扣除限额为依照我国税法规定计算的应纳税额。

(1) 秦某在A国取得的工资、薪金所得应纳税所得额＝(60 000÷12)－3 500－1 300＝200(元)，秦某在A国取得的工资、薪金所得应纳税额＝(200×3%－0)×12＝72(元)，秦某在A国取得的特许权使用费所得应纳税额＝30 000×(1－20%)×20%＝4 800(元)，在A国所得依照我国税法计算的抵免限额为72＋4 800＝4 872(元)。

(2) 秦某在B国取得的稿酬应纳税额＝[15 000×(1－20%)]×20%×(1－30%)＝1 680(元)，在B国所得依照我国税法计算的抵免限额为1 680元。

(3) 在A国缴纳的税额5 200元高于该国的扣除限额4 872元，当期可抵扣4 872元，其超出抵扣限额328元(5 200－4 872＝328(元))，不能在本年度扣除，但可在以后5个纳税年度内从扣除限额的余额中抵扣。在B国缴纳的税额720元低于该国的扣除限额1 680元，当期可抵扣720元，需补交1 680－720＝960(元)。

二、个人所得税的缴纳

(一) 个人所得税缴纳方法

个人所得税的纳税方法，有自行申报纳税和代扣代缴两种。

1. 自行申报纳税

是由纳税人在规定的纳税期限内，向税务机关申报取得的应纳税所得项目和数额，如实填写个人所得税纳税申报表，并根据税法规定计算应纳税额，据此缴纳个人所得税的一种方法。

纳税人有下列情形之一的，应当按照规定自行到主管税务机关办理纳税申报：① 年所得12万元以上的；② 从中国境内两处或两处以上取得工资、薪金所得的；③ 从中国境外取得所得的；④ 取得应纳税所得，没有扣缴义务人的；⑤ 国务院规定的其他情形。

年所得12万元以上的纳税人，在年度终了后3个月内到主管税务机关办理纳税申报。

自行申报的纳税人可以由本人或委托他人或采用邮寄方式在规定的申报期限内申报纳税。邮寄申报纳税的，以寄出地的邮戳日期为实际申报日期。

2. 代扣代缴

是指按照税法规定负有扣缴税款义务的单位或者个人，在向个人支付应纳税所得时，应计算应纳税额，从其所得中扣除并缴入国库，同时向税务机关报送扣缴个人所得税报告表。这种方法有利于控制税源，防止漏税和逃税。

个人所得税的缴纳除自行申报纳税的情形外，一律实行代扣代缴。个人所得税以取得应纳税所得的个人为纳税义务人，以支付所得的单位或个人为扣缴义务人。

扣缴义务人向个人支付下列所得，应代扣代缴个人所得税：工资、薪金所得；对企事业单位的承包经营、承租经营所得；劳务报酬所得；稿酬所得；特许权使用费所得；利息、股息、红利所得；财产租赁所得；财产转让所得；偶然所得；经国务院财政部门确定征税的其他所得。

扣缴义务人向个人支付应纳税所得(包括现金、实物和有价证券)时，不论纳税人是否属于本单位人员，均应代扣代缴其应纳的个人所得税税款。这里所说支付，包括现金支付、汇拨支付、转账支付和以有价证券、实物以及其他形式的支付。

(二) 个人所得税的缴纳地点

自行申报纳税一般应向收入来源地的主管税务机关申报纳税。纳税人从两处或两处以上取得工资、薪金所得的，可选择并固定向其中一地税务机关申报纳税；从境外取得所得的，应向境内户籍所在地或经常居住地的税务机关申报纳税。纳税人要求变更申报纳税地点的，需经原主管税务机关批准。

个人独资企业和合伙企业投资者应向企业实际经营管理所在地主管税务机关申报个人所得税。投资者从合伙企业取得的生产经营所得，由合伙企业向企业实际经营管理所在地主管税务机关申报缴纳投资者应纳的个人所得税，并将个人所得税申报抄送投资者。

（三）个人所得税的缴纳期限

一般来讲，自行申报纳税义务人、扣缴义务人每月应纳的税款，都应当在次月 7 日内缴入国库，并向税务机关报送纳税申报表。

(1) 工资、薪金所得应纳的税款，按月计征，由扣缴义务人或者纳税义务人在次月 7 日内缴入国库，并向税务机关报送纳税申报表。特定行业的工资、薪金所得应纳税款，可以实行按年计算，分月预缴的方式计征，即工资、薪金所得应纳的税款，按月预缴，年度终了后 30 日内，合计其全年工资、薪金所得，然后按 12 个月平均并计算实际应纳税款，多退少补。

(2) 个体工商户的生产经营所得应纳的税款，按年计算，分月预缴，由纳税义务人在次月 7 日内预缴，年度终了后 3 个月内汇算清缴，多退少补。

(3) 企事业单位的承包经营、承租经营所得应纳的税款，按年计算，由纳税义务人在年度终了后 30 日内缴入国库。纳税义务人在 1 年内分次取得承包经营、承租经营所得的，应当在每次取得所得后的 7 日内预缴，年度终了后 3 个月内汇算清缴，多退少补。

(4) 从中国境外取得所得的纳税义务人，应当在年度终了后 30 日内，将应纳税款缴入国库，并向税务机关报送纳税申报表。扣缴义务人和自行申报纳税义务人，应当按照税法规定期限报送个人所得税报告表或纳税申报表。如遇特殊原因，不能按照规定期限报送时，应当在报送期内提出申请，经主管税务机关批准，可以适当延期。

（四）个人所得税的纳税申报表

(1) 年应税所得 12 万元以上的个人所得税年度申报表表样如表 2.2.5 所示。

(2) 查账征收个人独资和合伙企业投资者个人所得税年度（季度）申报表表样如表 2.2.6所示。

三、个人所得税的会计核算

（一）工资、薪金个人所得税的会计核算

工资、薪金应纳的个人所得税款，由支付工资、薪金的单位代扣代缴。扣缴义务人在代扣代缴个人所得税时，需在“应交税费”科目下设置“代扣代缴个人所得税”明细科目。

(1) 单位在核算工资、薪金的同时，提取应代扣代缴的个人所得税时的账务处理：

借：应付职工薪酬

　　贷：应交税费——代扣代缴个人所得税

(2) 实际缴纳时的账务处理：

借：应交税费——代扣代缴个人所得税

　　贷：银行存款

表 2.2.5　个人所得税纳税申报表

（适用年应税所得 12 万元以上的纳税人申报）

所得年份：　　　　年　　　　　　　　　　　　　　　　　　　　　　填表日期：　　年　　月　　日

金额单位：　　人民币元（列至角分）

纳税人姓名		国籍（地区）		身份证照类型		身份证照号码			
任职、受雇单位		任职受雇单位税务代码		任职受雇单位所属行业		职务		职业	
在华天数		境内有效联系地址				境内有效联系地址邮编		联系电话	
此行由取得经营所得的纳税人填写	经营单位纳税人识别号					经营单位纳税人名称			

所得项目	年所得额			应纳税所得额	应纳税额	已缴（扣）税额	抵扣税额	减免税额	应补税额	应退税额	备注
	境内	境外	合计								
1、工资、薪金所得											
2、个体工商户的生产、经营所得											
3、对企事业单位的承包经营、承租经营所得											
4、劳务报酬所得											
5、稿酬所得											
6、特许权使用费所得											
7、利息、股息、红利所得											
8、财产租赁所得											
9、财产转让所得											
其中：股票转让所得				—	—	—	—	—	—	—	

续表

所得项目	年所得额			应纳税所得额	应纳税额	已缴(扣)税额	抵扣税额	减免税额	应补税额	应退税额	备注
	境内	境外	合计								
个人房屋转让所得											
10、偶然所得											
11、其他所得											
合　计											

我声明，此纳税申报表是根据《中华人民共和国个人所得税法》及有关法律、法规的规定填报的，我保证它是真实的、可靠的、完整的。

纳税人(签字)

代理人(签章)：

联系电话：

机关受理人(签字)：　　税务机关受理时间：　　年　　月　　日　　受理申报税务机关名称(盖章)

表 2.2.6　查账征收个人独资企业和合伙企业投资者个人所得税年度(季度)申报表

纳税人识别号：　　　　　　　　　　　　申报所属日期：　年　月　日至　　年　月　日

金额单位:元

投资者姓名		投资者身份证号码		行业代码	
企业名称		企业类型	独资(　　) 合伙(　　)	计算机代码	
企业地址		行业类别		企业银行账号	

项　目	行次	本期数	累计数	补充资料
一、企业收入总额	1			
减:成本	2			
费用、税金	3			
营业外支出	4			
二、企业利润总额(1－2－3－4)	5			
三、纳税调整增加额(7＋19＋30)	6			
1. 超过规定比例扣除的项目	7			
(1)从业人员工资支出	8			
(2)职工福利费	9			
(3)职工教育经费	10			
(4)工会经费	11			
(5)利息支出	12			
(6)广告费	13			
(7)业务招待费	14			
(8)教育和公益事业捐赠	15			
(9)提取折旧费	16			
(10)无形资产摊销	17			
(11)其他	18			
2. 不允许扣除的项目	19			
(1)资本性支出	20			
(2)无形资产受让、开发支出	21			填表人签字：
(3)违法经营罚款和被没收财物损失	22			纳税人签字：
(4)税收滞纳金、罚金、罚款	23			
(5)灾害事故损失赔偿	24			
(6)非教育和公益事业捐赠	25			
(7)各种赞助支出	26			

续表

项目	行次	本期数	累计数	补充资料
(8)计提的各种准备金	27			(本栏目由税务机关填写) 收到日期： 接受人： 审核日期： 审核记录： 主管税务机关盖章： 年　月　日 主管税务官员签字：
(9)投资者的工资	28			
(10)与收入无关的支出	29			
3.应税收益项目(31＋32)	30			
(1)少计应税收益	31			
(2)未计应税收益	32			
四、纳税调整减少额(34＋…＋37)	33			
1.弥补亏损	34			
2.国库券利息收入	35			
3.投资者标准费用扣除额	36			
4. 其他	37			
五、经纳税调整后的生产、经营所得	38			
六、应纳税所得额(分配比例)	39			
七、适用税率	40			
八、应纳税所得额	41			
减:减、免所得税额	42			
九、应缴入库所得税额	43			
加:期初未缴所得税额	44			
减:实际已缴纳所得税额	45			
十、期末应补(退)所得税额	46			

【示例 36】 某企业每月支付李某工资 4 500 元,企业每月为李某代扣代缴个人所得税 30 元。要求作出相关会计账务处理。

【计算与分析】

(1) 该企业代扣个人所得税时的账务处理:

借:应付职工薪酬　　4 500

　　贷:银行存款(库存现金)　　4 470

　　　　应交税费——代扣代缴个人所得税　　30

(2) 实际缴纳时的账务处理:

借:应交税费——代扣代缴个人所得税　　30

　　贷:银行存款　　30

(二) 个体工商户个人所得税的会计核算

实行查账征收的个体工商户,其应缴纳的个人所得税,通过“所得税费用”和“应交税费—应交个人所得税”等账户核算。

(1) 发生个人所得税时的账务处理:

借:所得税费用

　　贷:应交税费——应交个人所得税

(2) 实际缴纳个人所得税时的账务处理:

借:应交税费——应交个人所得税

　　贷:银行存款(库存现金)

(三) 承包、承租经营、劳务报酬、稿酬等个人所得税的会计核算

支付承包、承租经营所得,劳务报酬所得,稿酬所得,特许权使用费用所得,利息、股息、红利所得,财产租赁所得,财产转让所得,偶然所得和其他所得的单位,代扣代缴个人所得税时,应通过“应交税费—代扣代缴个人所得税”科目核算,同时借记有关期间费用账户。

(1) 企业代扣个人所得税时的账务处理:

借:管理费用、销售费用、财务费用等

　　贷:应交税费——代扣代缴个人所得税

(2) 实际缴纳个人所得税时的账务处理:

借:应交税费——代扣代缴个人所得税

　　贷:银行存款(库存现金)

【示例37】 某工程师向一家公司提供一项专利使用权,取得收入50 000元,王某应缴纳的个人所得税为8 000元。要求作出相关会计账务处理。

【计算与分析】

(1) 该公司代扣个人所得税时的账务处理:

借:管理费用　　50 000

　　贷:银行存款(库存现金)　　42 000

　　　　应交税费——代扣代缴个人所得税　　8 000

(2) 实际缴纳个人所得税时的账务处理:

借:应交税费——代扣代缴个人所得税　　8 000

　　贷:银行存款(库存现金)　　8 000

项目小结

个人所得税是对个人取得的各项应税所得征收的一种税。目前我国应税的个人所得包括工资、薪金所得,个体工商户的生产经营所得,对企事业单位的承包、承租经营所得,劳务报酬所得,稿酬所得,特许权使用费所得,利息、股息、红利所得,财产租赁所得,财产转让所得,偶然所得,其他所得共11项所得,其税率按所得项目不同,分别采用超额累进税率和比例税率两种形式。个人所得税采取自行申报和源泉扣缴两种缴纳方法。个人所得税会计核算时,需设置“应交税费”科目核算应纳税额。

思考与讨论

1. 怎样判定个人所得税的居民纳税人与非居民纳税人？其纳税义务是如何规定的？

2. 个人所得税的应税所得项目有哪些？其税率是如何设置的？

3. 个人所得税的优惠政策主要体现在哪些方面？

4. 现行我国个人所得税中工资薪金所得的费用扣除标准是如何规定的？说明其调整的必要性。

5. 对发给职工的年终一次性奖金及其他奖金如何计算个人所得税？

6. 我国个人所得税的征收模式有哪些？说明个人所得税纳税申报的必要性和可行性。

训练与测试

一、单项选择

1. 下列人员中是个人所得税非居民纳税人的是（　　）。

A. 中国境内有住所的个人　　B. 有中国国籍的国内公民

C. 中国境内定居的外国侨民　　D. 在中国境内居住不满一年的外籍人员

2. 下列在中国境内无住所的人员中，属于中国居民纳税人的是（　　）。

A. 外籍个人甲2007年9月1日入境，2008年10月1日离境

B. 外籍个人乙来华学习180天

C. 外籍个人丙2008年1月1日入境，2008年12月31日离境

D. 外籍个人丁2008年1月1日入境，2008年11月20日离境至12月31日

3. 在一个纳税年度内，一次离境不超过一定期限的，均为临时离境，仍应被视为全年在华居住而判定为居民纳税义务人。其期限规定是（　　）。

A. 一次不超过15日或累计不超过45日

B. 一次不超过30日或累计不超过60日

C. 一次不超过15日或累计不超过60日

D. 一次不超过30日或累计不超过90日

4. 下列所得，要依法计征个人所得税的是（　　）。

A. 外籍人员从外商投资企业取得的股息红利所得

B. 个人将劳务报酬所得直接捐赠给希望工程小学

C. 股票转让所得

D. 国债利息所得

5. 下列项目中，不构成工资薪金所得的项目是（　　）。

A. 加班费　　B. 特殊工种补助

C. 独生子女补贴　　D. 奖金

6. 下列项目中，属于劳务报酬的是（　　）。

A. 发表论文取得的报酬

B. 提供著作的版权取得的报酬

C. 将国外的作品翻译出版取得的报酬

D. 高校老师受出版社委托进行审稿取得的报酬

7. 某画家 2011 年 8 月将其精选的书画作品交由某出版社出版。从出版社取得报酬 10 万元。该笔报酬在缴纳个人所得税时适用的税目是(　　)。

A. 工资、薪金所得　　B. 劳务报酬所得

C. 稿酬所得　　D. 特许权使用费所得

8. 下列各项中,不应按特许权使用费所得征收个人所得税的是(　　)。

A. 专利权　　B. 著作权

C. 稿酬　　D. 非专利技术

9. 以下各项所得中适用加成征税的有(　　)。

A. 劳务报酬所得　　B. 稿酬所得

C. 特许权使用费所得　　D. 财产租赁所得

10. 下列个人所得中,应缴纳个人所得税的是(　　)。

A. 财产租赁所得　　B. 退休工资

C. 保险赔偿　　D. 国债利息

二、多项选择

1. 下列各项中,属于个人所得税居民纳税人的有(　　)。

A. 在中国境内无住所,但一个纳税年度中在中国境内居住满一年的个人

B. 在中国境内无住所且不居住的个人

C. 在中国境内无住所,而在境内居住超过 90 天(或 183 天)且不满一年的个人

D. 在中国境内有住所的个人

2. 下列所得应纳入个体工商户生产经营所得缴纳个人所得税的有(　　)。

A. 个体工商户对外投资取得的股息所得

B. 出租汽车经营单位将出租车所有权转移给原单位职员的,原单位职员从事客货运营取得的收入

C. 经有关部门批转,凭执照行医而取得的报酬

D. 个人从事彩票代销业务而取得的所得

3. 个人所得税纳税人对企事业单位进行承包、承租经营,取得的所得包括(　　)。

A. 个人承包、承租经营所得

B. 个人经政府有关部门批准,取得执照,从事咨询服务取得的所得

C. 外商投资企业采取发包,出租经营且经营人为个人的,经营人从外商投资企业分享的受益

D. 个人转包、转租取得的所得

4. 以下人员取得的工资、薪金所得适用附件费用减除标准的是(　　)。

A. 在中国境内的外商投资企业和外国企业中工作取得工资、薪金所得的外籍人员

B. 应聘在中国境内的企业、事业单位、社会团体、国家机关中工作取得工资、薪金所得的外籍专家

C. 在中国境内有住所而在中国境外任职或受雇取得工资、薪金所得的个人

D. 中国港澳台同胞

5. 个人取得下列所得,可以免征个人所得税的有(　　)。

A. 个人取得的保险赔款

B. 军人的转业安置费

C. 外国组织颁发的科教方面的奖金

D. 企业职工从依法破产的企业取得的一次性安置费收入

6. 下列个人收入，属于纳税人应按“劳务报酬”所得缴纳个人所得税的有(　　)。

A. 张某办理内退手续后，在其他单位重新就业取得的收入

B. 陈某为供货方介绍业务，从供货方取得的佣金

C. 演员江某外地演出取得由当地主办方支付的演出费

D. 供货方给予购货方业务员钱某以免收旅游费用方式奖励其旅游所发生的费用

7. 下列个人所得中，适用20%比例税率的有(　　)。

A. 股息所得　　B. 财产转让所得

C. 承租经营所得　　D. 偶然所得

8. 下列个人所得中，适用累进税率的有(　　)。

A. 工资、薪金所得　　B. 个体工商户的生产经营所得

C. 对企事业单位的承租、承包经营所得　　D. 股息所得

9. 下列各项中，以取得的收入为应纳税所得额直接计征个人所得税的有(　　)。

A. 稿酬所得　　B. 偶然所得

C. 股息所得　　D. 特许权使用费所得

10. 个人购买福利彩票、赈灾彩票、体育彩票，一次中奖收入缴纳个人所得税的规定是(　　)。

A. 一次中奖收入在1万元以下(含1万元)的，减半征收个人所得税

B. 一次中奖收入在1万元以下(含1万元)的，暂免征收个人所得税

C. 一次中奖收入超过1万元的，超过部分征收个人所得税

D. 一次中奖收入超过1万元的，全额征收个人所得税

三、思考并判断

1. 个人所得税的纳税人是指在中国境内有住所的个人。(　　)

2. 个人所得税中工资、薪金所得包括差旅费津贴、误餐补贴。(　　)

3. 个人购买的国库券取得的利息不用缴纳个人所得税。(　　)

4. 某歌舞团歌手到外地“走穴”演出取得3万元收入，应按照“工资、薪金所得”缴纳个人所得税。(　　)

5. 在校学生从事家教，应以学生每次取得的收入合并为一次按照“劳务报酬所得”计算缴纳个人所得税。(　　)

6. 在个人所得税征管中，对特许权使用费所得一次收入畸高的，可以实行加成征收。(　　)

7. 纳税义务人取得的全年一次性奖金，应该平均后和当月工资合并缴纳个人所得税。(　　)

8. 对于个人购买福利彩票，一次中奖收入在1万元以下的暂免征收个人所得税，超过1万元的，就超过部分征收个人所得税。(　　)

9. 某单位将购置的住房出售给本单位的职工，已知购置成本为100万元，出售给职工的售价为85万元，则该个人应该按照差额15万元与20%的比例税率计算缴纳个人所得税。(　　)

10. 在一个纳税年度中，承包经营或承租经营期限不足 1 年的，以其实际经营期为纳税年度。（　）

四、实务题

1. 国内某作家创作的一部小说在报刊上连载三个月，第一个月支付稿酬 3 000 元，第二个月支付稿酬 4 000 元，第三个月支付稿酬 5 000 元，计算该作家取得稿酬收入应缴纳的个人所得税。

2. 中国公民王某 2011 年 9 月份工资 4 000 元，计算王某 2011 年 9 月份应缴纳个人所得税。

3. 中国公民薛某 2011 年 12 月份工资 5 000 元，12 月份除当月工资以外，还取得全年一次性奖金 100 000 元。计算薛某取得的全年一次性奖金应缴纳的个人所得税。

4. 某演员王某进行演出，取得出场费 40 000 元，计算其应交纳的个人所得税。

5. 某作家写作一本书出版，取得稿酬 20 000 元。计算其应纳个人所得税。

6. 2011 年我国某作家出版一部长篇小说，2 月份收到预付稿酬 20 000 元，4 月份小说正式出版又取得稿酬 20 000 元；9 月份将小说手稿在境外某国公开拍卖，取得收入 100 000 元，并按该国有关规定缴纳了个人所得税 10 000 元。要求：计算该作家上述所得在中国境内应缴纳的个人所得税税额。

7. 王某从 2011 年 4 月 1 日出租用于居住的住房，每月取得出租住房的租金收入为 3 000元；7 月份发生房屋的维修费 1 600 元，不考虑其他税费。计算王某 2011 年出租房屋应纳个人所得税。

8. 王某 2011 年 4 月 1 日将一套居住了 2 年的普通住房出售，原值 12 万元，售价 30 万元，售房中发生费用 1 万元。要求：计算王某出售房屋应纳个人所得税。

9. 张某是某设计院的高级职员，2011 年全年收入如下：每月领取工资 8 500 元；利用休假时间为国内某单位进行工程设计取得收入 60 000 元；出版专著一本，获得稿酬 50 000 元；为 A 国一企业提供一项专利技术的使用权，一次取得收入 150 000 元，已按收入来源国税法在该国交纳了个人所得税 20 000 元；购买国债，获得利息收入 10 000 元；支出 1 000 元购买体育彩票，获得奖金 100 000 元，将奖金中的 20 000 元通过教育部门捐给农村小学；到 B 国讲学，获得收入 80 000 元，已按收入来源国税法在该国交纳了个人所得税 20 000 元。请确定张某在我国 2011 年应缴纳多少个人所得税。

10. 张教授应邀为注册会计师培训班讲学，按协议规定，在 2011 年上半年，每周讲学 16 小时，每小时 60 元，在课程全部结束时，共讲授 400 小时，取得报酬 24 000 元；同年 5 月，张教授受某司法部门委托，对某一经济案件中涉及的财务会计问题进行鉴定，鉴定结束后，取得鉴定费 3 000 元和价值 2 000 元的实物。5 月终了，张教授计算了其当月应纳的所得税额：应纳税额＝640＋480＝1 120（元）。问张教授计算得是否正确，如果不正确，正确的应纳税额为多少？

11. 安徽新星公司每月支付张强工资 6 000 元，计算该公司每月为张强代扣代缴的个人所得税为多少元并作出相关会计账务处理。

项目三　财产类税收

财产类税收是以财产为征税对象所征收的一类税。财产类税收是我国现行税制结构体系中的辅助税类，它对增加财政收入、调节社会收入和财富发挥着重要作用。我国现行的财产类税收主要包括房产税、契税、车船税。

项目(一)　房　产　税

项目目标及能力培养

熟悉房产税的基本征收制度，学会正确计算和缴纳房产税。

知识点或技能点

房产税的概念、特点；房产税的纳税人、征税范围、税率；房产税的计税依据和应纳税额的计算；房产税的会计核算。

案例导入

有一大型国有企业，其生产用房原值是8 000万元，内部建设一座医院，房产原值为300万元，一个托儿所房产原值为150万元。

问题思考：该企业是否应缴纳房产税？如果是，应如何缴纳？

任务一　认识房产税

任务目标

理解房产税的概念、特点，明确房产税的开征意义。

一、房产税的概念

房产税是以房产为征税对象，按照房产的计税余值或租金收入，向产权所有人或经营人征收的一种财产税。

房产税是我国一个古老的税种。新中国成立后，中央人民政府政务院颁布的《全国税政实施要则》中，把房产税列为全国开征的一个独立税种。1973年进行税制改革，在简化税制的原则下，把试行工商税的企业缴纳的城市房产税并入了工商税，但保留城市房产税这一税种，只对居民个人和房产管理部门以及外侨的房屋继续征收。1984 年进行工商税制全面改革中，重新恢复对房产征税。1986 年 9 月 15 日，国务院正式发布了《中华人民共和国房产税暂行条例》，从当年 10 月 1 日开始施行。各省、自治区、直辖市人民政府根据暂行条例规定，先后制定了施行细则。至此，房产税又在全国范围内全面征收。

二、房产税开征的意义

1. 筹集地方财政收入

房产税属于地方税，征收房产税可以为地方财政筹集一部分市政建设资金，缓解地方财力不足的矛盾。而且，房产税以房产为征税对象，税源比较稳定，随着地方经济的发展，城市基础设施的改善和工商业的兴旺，房产税收将成为地方财政收入的一个主要来源。

2. 有利于加强房产管理，配合城市住房制度改革

对房屋所有者征收房产税，可以调节纳税人的收入水平，有利于加强对房屋的管理，提高房屋的使用效益，控制固定资产的投资规模。另一方面，房产税规定对个人拥有的非营业用房屋，不征房产税，可以鼓励个人建房、购房和改善住房条件，配合和推动城市住房制度改革。

3. 调节财富分配

房屋是法人组织和个人拥有财富的一种表现形式。对房屋，尤其是对个人拥有的经营性房屋征收房产税，在调节财富分配方面可以发挥积极作用。

三、房产税的特点

1. 属于财产税中的个别财产税

财产税按征收方式分类，可分为一般财产税与个别财产税。一般财产税也称综合财产税，是对纳税人拥有的财产综合课征的税收。个别财产税，也称特种财产税，是对纳税人所拥有的土地、房屋、资本或其他财产分别课征的税收。房产税属于个别财产税。

2. 征税范围限于城镇的经营性房屋

房产税是在城市、县城、建制镇和工矿区范围内征收的，不涉及农村。农村的房屋，大部分是农民居住用房，为了不增加农民负担，对农村的房屋没有纳入征税范围。另外，对某些拥有房屋但自身没有纳税能力的单位，如国家拨付行政经费、事业经费和国防经费的单位自用的房产，税法也通过免税的方式将这类房屋排除在征税范围之外。因为这些单位本身没有经营收入，若对其征税，就要相应增加其财政拨款，征税也就失去意义。

3. 通过区别房屋的经营使用方式规定征税办法

拥有房屋的单位和个人，既可以自己使用房屋，又可以把房屋用于出租、出典。房产税根据纳税人经营形式不同，确定对房屋征税既可以按房产计税余值征收，又可以按租金收入征收，使其符合纳税人的经营特点，便于平衡税收负担和征收管理。

任务二　房产税主要法律规定

任务目标

掌握房产税的纳税人、征税范围、税率，熟悉房产税的减免规定和征收管理。

房产税的征税对象是房产。房产是指有屋面和护围结构，能遮风避雨，可供人们在其中生产、工作、学习、娱乐、居住或储藏物资的场所。而那些独立于房屋之外的建筑物，如围墙、烟囱、水塔、酒窖菜窖、室外游泳池、玻璃暖房等，不属于房产。

一、房产税纳税人

房产税的纳税人是房产的产权所有人，即指在我国境内拥有房屋产权的单位和个人。具体包括：产权属于国家所有的，由经营管理单位缴纳；产权属于集体和个人所有的，由集体单位和个人缴纳；产权出典的，由承典人缴纳；产权所有人、承典人不在房产所在地的，或者产权未确定及租典纠纷未解决的，由房产代管人或者使用人缴纳。

由此可见，房产税的纳税人包括：产权所有人、经营管理单位、承典人、房产代管人或者使用人。

1. 产权所有人

简称"产权人"、"业主"或"房东"，是指拥有房产的单位和个人，即房产的使用、收益、出卖、赠送等权利归其所有。

2. 承典人

是指以押金形式付出一定费用，在一定的期限内享有房产的使用、收益之权的人。所谓产权出典，是指产权所有人将房屋、生产资料等的产权，在一定期限内典当给他人使用，而取得资金的一种融资业务。这种业务大多发生于出典人急需用款，但又想保留产权回赎权的情况。承典人向出典人支付一定的典价之后，在质典期内即获抵押物品的支配权，并可转典。产权的典价一般要低于卖价。出典人在规定期间内须归还典价的本金和利息，方可赎回出典房屋等的产权。由于在房屋出典期间，产权所有人已无权支配房屋，因此，税法规定由房屋具有支配权的承典人为纳税人。

3. 代管人、使用人

"代管人"是接受产权所有人、承典人的委托代为管理房产或虽未受委托而在事实上已代管房产的人。"使用人"是在直接使用房产的人。

二、房产税征税范围

《中华人民共和国房产税暂行条例》第一条规定，房产税的征税范围限于城市、县城、建制镇和工矿区的房屋。其中，城市是指国务院批准设立的市，其征税范围为市区、郊区和市辖县县城，不包括农村；县城是指未设立建制镇的县人民政府所在地的地区；建制镇是指经省、自治区、直辖市人民政府批准设立的镇，其征税范围为镇人民政府所在地的地区，不包括镇政府所辖的行政村；工矿区是指工商业比较发达，人口比较集中的大中型工矿企业所在地，开征房产税的工矿区须经省、自治区、直辖市人民政府批准。

三、房产税税率

房产税的计算依据采用从价计税和从租计税，具体税率如表 2.3.1 所示。

表 2.3.1 房产税税率表

房产用途	计税依据	税率
经营自用	房产原值一次减除 30%后的余额	1.2%
出租房屋	房产租金收入	12%
个人出租住房	房产租金收入	4%

四、房产税的减免

房产税的免税项目主要有：

(1) 国家机关、人民团体、军队自用的房产；

(2) 国家财政部门拨付事业经费的单位自用的房产；

(3) 宗教寺庙、公园、名胜古迹自用的房产；

(4) 个人拥有的非营业用房产；

(5) 经财政部批准免税的其他房产。这些房产主要包括：

① 因损毁不堪使用的房屋和危险房屋；

② 微利、亏损、停产、撤销企业的房产；

③ 大修停用期间的房屋；

④ 房屋大修停用在半年以上的，经纳税人申请，税务机关审核，在大修期间可免征房产税；

⑤ 基建工地的临时性房屋免税；

⑥ 企业办的各类学校、医院、托儿所、幼儿园自用的房产免税；

⑦ 为鼓励利用地下人防设施，地下人防设施的房屋暂不征收房产税；

⑧ 纳税单位与免税单位共同使用的房屋，按各自使用部分划分，分别征收或免征房产税；

⑨ 老年服务机构自用的房产暂免征房产税；

⑩ 对于邮政部门坐落在城市、县城、建制镇、工矿区范围内的房产，应当依法征收房产税；

⑪ 对房地产开发企业建造的商品房，在出售前不征收房产税。但对出售前房地产开发企业已使用或出租、出借的商品房应按规定征收房产税；

⑫ 铁道部所属铁路运输企业自用的房产，免征房产税；

⑬ 对行使国家行政管理职能的中国人民银行总行(含国家外汇管理局)所属分支机构自用的房产，免征房产税；

⑭ 天然林的保护工程相关的房产免税；

⑮ 国家直属储备粮、棉、糖、肉、盐库免征房产税。

五、房产税的征收管理

(一) 纳税义务发生时间

(1) 纳税人将原有房产用于生产经营，从生产经营之月起缴纳房产税；

(2) 纳税人自行新建房屋用于生产经营,从建成之次月起缴纳房产税;

(3) 纳税人委托施工企业建设的房屋,从办理验收手续之次月起缴纳房产税,纳税人在办理手续前,即已使用或出租、出借的新建房屋,从使用或出租、出借的当月起缴纳房产税;

(4) 纳税人购置新建商品房的,自房屋交付使用之次月起缴纳房产税;

(5) 购置存量房的,自办理房屋权属转移、变更登记手续,房屋权属登记机关签发房屋权属证书之次月起缴纳房产税;

(6) 纳税人出租、出借房产的,自交付出租、出借房产之次月起缴纳房产税;

(7) 房地产开发企业自用、出租、出借本企业建造的商品房的,自房屋使用或交付之次月起缴纳房产税。

(二) 纳税期限

房产税实行按年征收,分期缴纳。纳税期限由省、自治区、直辖市人民政府核定。各地一般规定按季或按半年预征,每季度或半年缴纳一次。

(三) 纳税地点

房产税在房产所在地缴纳。房产不在同一地的纳税人,应按房产的坐落地点分别向房产所在地的税务机关缴纳。

(四) 纳税申报

房产税的纳税申报是房屋产权所有人或纳税人缴纳房产税必须履行的法定手续。纳税义务人应根据税法要求,将现有房屋的坐落地点、结构、面积、原值、出租收入等情况,据实向当地税务机关办理纳税申报,并按规定纳税。如果纳税人住址发生变更、产权发生转移,以及出现新建、改建、扩建、拆除房屋等情况,而引起房产原值发生变化或者是租金收入变化的,都要按规定及时向税务机关办理变更登记,以便税务机关及时掌握纳税人的房产变动情况。

任务三　房产税的计算缴纳和会计核算

任务目标

掌握房产税应纳税额的计算,学会对房产税进行会计核算。

一、房产税的计税依据

房产税的计税依据有按计税余值计税和按租金收入计税两种形式,具体又分为:

(一) 对经营自用的房屋,以房产的计税余值作为计税依据

即依照房产原值一次减除10%至30%的损耗价值以后的余值计税。其中:房产原值是指纳税人按规定记载的房屋造价或原值。纳税人未按规定记载的,应调整房产原值;房产原值明显不合理的,应重新予以评估;对没有房产原值的,应由房屋所在地的税务机关参考同

类房屋的价值核定。房产原值应包括与房屋不可分割的各种附属设备或一般不单独计算价值的配套设施。主要有：暖气、卫生、通风、照明、煤气、中央空调等设备；各种管线，如蒸汽、压缩空气、石油、给水排水等管道及电力、电讯、电缆导线；电梯、升降机、过道，晒台等。

纳税人对原有房屋进行改建、扩建的，要相应增加房屋的原值。

在确定计税余值时，房产原值的具体减除幅度，由省、自治区、直辖市人民政府确定。这样规定，既有利于各地根据本地情况因地制宜的确定计税余值，又有利于平衡税收负担，简化计算手续，提高征管效率。

（二）对于出租的房屋，以租金收入为计税依据

房产的租金收入，是房屋产权所有人出租房产使用权所得的报酬，包括货币收入和实物收入。对以劳务或其他形式为报酬抵付房租收入的，应根据当地同类房产的租金水平，确定一个标准租金额依率计征。

（三）投资联营及融资租赁房产的计税依据

对投资联营的房产，在计征房产税时应区别对待：对于以房产投资联营，投资者参与投资利润分红、共担风险的，按房产的余值作为计税依据计征房产税；对以房产投资，收取固定收入，不承担联营风险的，实际是以联营名义取得房产租金，应由出租方按租金收入计算缴纳房产税。

对融资租赁房屋的情况，由于租赁费包括购进房屋的价款、手续费、借款利息等，且租赁期满以后，当承租方偿还最后一笔租赁费时，房屋产权一般都转移到承租方，实际上是一种以分期付款方式购买房屋的形式，所以在计征房产税时，应以房产余值计算征收。而租赁期内的房产税纳税人，由当地税务机关根据实际情况确定。

二、房产税的计算缴纳

房产税的应纳税额计算公式为：

（1）从价计税的，应纳税额＝房产原值×（1－原值减除率）×1.2%。

（2）从租计税的，应纳税额＝房产租金收入×12%。

（3）个人出租住房的，应纳税额＝房产租金收入×4%。

【示例1】 某厂自有房屋10栋，其中8栋用于生产，房产原值800万元，不包括冷暖通风设备30万元；2栋房屋租给某公司作经营用房，年租金收入10万元。计算该厂应纳的房产税。（该省规定按房产原值一次扣除30%后的余值计税。）

【计算与分析】 （1）适用税率：房产余值1.2%；租金收入12%。

（2）自用房产应纳税额＝[（800＋30）×（1－30%）]×1.2%＝6.972（万元）。

（3）租金收入应纳税额＝10×12%＝1.2（万元）。

该厂全年应纳房产税8.172万元。

【示例2】 某公司有部分闲置房屋对外出租，年租金收入为8万元。请计算其应纳房产税税额。

【计算与分析】 应纳税额＝80 000×12%＝9 600（元）。

三、房产税的会计核算

企业按规定计算出应交纳的房产税时，借记“管理费用”科目，贷记“应交税费——应交房产税”科目。实际上交时，借记“应交税费——应交房产税”科目，贷记“银行存款”科目。如果企业分期缴纳，而且每期缴纳的房产税数额比较大时，可以先通过“预付账款”科目，然后分期摊入有关成本费用中去。

(1) 按月计算出应缴纳的房产税时的账务处理：

借：管理费用

　　贷：应交税费——应交房产税

(2) 实际以银行存款缴纳房产税时的账务处理：

借：应交税费——应交房产税

　　贷：银行存款

【示例3】 某公司2011年12月31日“固定资产——房产”账面原值为1 000 000元。2012年2月1日，企业将房产原值为500 000元的房屋租给其他单位使用，每年收取租金收入90 000元。当地政府规定，按房产原值扣除30%后作为房产余值，适用税率1.2%纳税；对于出租房屋取得租金的房产，按其租金收入适用12%的年税率纳税；房产税按年计算，分季缴纳。试计算企业1～3月应纳房产税并进行会计处理。

【计算与分析】 1月份按房产余值计算全年应纳税额为：

年应纳税额＝1 000 000×(1－30%)×1.2%＝8 400（元）

月应纳税额＝年应纳税额÷12＝8 400÷12＝700（元）

则1月份应纳税额为700元。

2月份企业应按房产余值和租金收入分别计算应纳税额：

按房产余值计算的应纳税额：

年应纳税额＝(1 000 000－500 000)×(1－30%)×1.2%＝4 200（元）

月应纳税额＝4 200÷12＝350（元）

按租金收入计算的应纳税额为：

年应纳税额＝90 000×12%＝10 800（元）

月应纳税额＝10 800÷12＝900（元）

2月份、3月份应纳房产税税额为：

月应纳税额＝350＋900＝1 250（元）

1月末应作如下账务处理：

借：管理费用　　700

　　贷：应交税费——应交房产税　　700

2月末、3月末企业应分别作如下会计分录：

借：管理费用　　1 250

　　贷：应交税费——应交房产税　　1 250

4月初企业交纳一季度应纳税额1 950元，作如下会计分录：

借：应交税费——应交房产税　　1 950

　　贷：银行存款　　1 950

项目小结

房产税是以房产为征税对象，按照房产的计税余值或租金收入，向产权所有人或经营人征收的一种财产税。其征税范围限于城市、县城、建制镇和工矿区的房屋。房产税的纳税人是房产的产权所有人，即指在我国境内拥有房屋产权的单位和个人。房产税属于地方税。开征房产税，有利于筹集地方财政收入，加强房产管理，配合城市住房制度改革，调节财富分配。

思考与讨论

1. 什么是房产税？开征房产税有何意义？
2. 房产税的纳税人、征税范围、税率是如何规定的？
3. 房产税有何减免规定？如何缴纳房产税？

训练与测试

一、单项选择

1. 非个人出租房产的，依据房产租金收入计算缴纳房产税，其税率为（　　）。

A. 1.2%　　B. 12%　　C. 4%　　D. 20%

2. 房产税由房产所在地的（　　）负责征收。

A. 国家税务局　　B. 财政机关　　C. 地方税务局　　D. 其他机关

3. 属于房产税征税对象的是（　　）。

A. 农村居民住房　　B. 国家机关自用房产

C. 国有企业所有的职工宿舍　　D. 中外合资企业房产

4. 余某自有一处平房，共8间，其中自住4间，出租4间，每月收取租金10 000元。已知该地区规定按照房产原值一次扣除20%后的余值计税，房产税税率为4%。则余某当年应纳房产税额为（　　）元。

A. 400　　B. 940　　C. 3 840　　D. 4 800

二、多项选择

1. 房产税的计税依据是（　　）。

A. 房产余值　　B. 房产租金　　C. 房产原值　　D. 房产售价

2. 下列各项中，应征收房产税的是（　　）。

A. 城市居民拥有的营业用房　　B. 城市居民拥有的自住用房

C. 城市居民出租的房产　　D. 城市居民投资联营的房产

3. 下列各项中符合房产税纳税时间规定的是（　　）。

A. 纳税人将原有房产用于生产经营，从生产经营之次月起缴纳房产税

B. 纳税人自行新建房屋用于生产经营，从建成之次月起缴纳房产税

C. 纳税人购置新建商品房的，自房屋交付使用之次月起缴纳房产税

D. 纳税人出租、出借房产的，自交付出租、出借房产之次月起缴纳房产税

4. 属于房产税纳税人的有(　　)。

A. 经营管理单位　B. 出典人　C. 房产使用人　D. 房产代管人

三、思考并判断

1. 房产税税率依照房产余值计税征收的,其税率为12%。(　　)

2. 宗教寺庙、公园、名胜古迹中附设的营业单位使用或出租的房产,应计征房产税。(　　)

3. 承租使用房产,以支付修理费,抵付房产租金的,房产所有人可免交房产税。(　　)

4. 个人所有非营业用房产免征房产税。(　　)

四、实务题

1. 某企业有原值为2 500万元的房产,当年1月1日将其中的40%用于对外投资联营,每年固定取得分红40万元,不承担投资风险。已知当地政府规定的扣除比例为30%。试计算该企业应缴纳的房产税。

2. 2011年某国有企业在其所在城市市区有房屋三幢,其中两幢用于本企业的生产经营,这两幢房产账面原值为700万元;另外一幢房屋租给某私营企业,年租金收入20万元。当地政府规定允许按房产原值一次扣除30%,计算该企业2011年度应纳房产税。

项目(二)　契　税

项目目标及能力培养

熟悉契税的基本征收制度,学会正确计算和缴纳契税。

知识点或技能点

契税的概念、特点;契税的征税范围、纳税人和税率;契税的征收管理规定;契税的计算缴纳和会计核算。

案例导入

甲企业将其拥有的库房10间,与乙企业拥有的一座厂房相交换,双方协议规定由甲企业补付现金1 000 000元。

问题思考:企业是否应该缴纳契税?企业应如何计算和缴纳契税?

任务一　认识契税

任务目标

理解契税的概念和特点,明确开征契税的意义。

一、契税的概念

契税是以在中华人民共和国境内发生所有权转移的不动产为征税对象，向产权承受人征收的一种财产税。

新中国成立后，政务院于1950年3月第26次政务会议通过并公布了《契税暂行条例》，规定凡土地、房屋的买卖、典当、赠予或交换，均应凭土地房屋所有证，由当事人双方订立契约，并由承受人申报缴纳契税。到"文革"后期，我国的契税征收工作基本处于停滞状态。改革开放后，城乡房屋买卖、赠与、典当、交换活动又重新活跃起来。在这种情况下，为保护房屋产权，避免和减少产权纠纷，有利于产权的变动转移，从法律上保障产权承受人的合法权利，我国又恢复对产权发生转移变动的房屋征收契税。但由于《契税暂行条例》已不能适应经济发展的要求，因此，1997年7月7日，国务院重新发布了《中华人民共和国契税暂行条例》，并于同年10月1日起实施。

二、契税开征的意义

1. 广辟财源，增加地方财政收入

契税按财产转移价值征税，税源较为充足，它可以弥补其他财产课税的不足，扩大其征税范围，为地方政府增加一部分财政收入。随着市场经济的发展和房地产交易的日趋活跃，契税的财政作用将日愈显著。

2. 保护合法产权、避免产权纠纷

不动产所有权和使用权的转移，涉及转让者和承受者双方的利益。而且，由于产权转移形式多种多样，如果产权的合法性得不到确认，事后必然会出现产权纠纷。契税规定对承受人征税，一方面有利于调节承受人的财富，另一方面有利于通过法律形式确定产权关系，维护公民的合法利益，避免产权纠纷。

3. 调节财富分配，体现社会公平

土地、房屋交易活动意味着财富的流动与分配，在土地、房屋的交易环节征收契税，可以适当调节财产所有者或财产取得者的收入，缓解社会财富分配不公的矛盾。

三、契税的特点

1. 契税属于财产转移税

它以权属发生转移的土地和房屋为征税对象，具有对财产税转移课税性质。

2. 契税由财产承受人缴纳

一般税种在税制中确定纳税人，都确定销售者为纳税人，即卖方纳税。而契税属于土地、房屋产权发生交易过程中的财产税，由承受人纳税，即买方纳税。对买方征税的主要目的，在于承认不动产转移生效，承受人纳税以后，便可拥有转移过来的不动产的产权或使用权，法律保护纳税人的合法权益。

任务二 契税主要法律规定

任务目标

掌握契税的纳税人、征税范围和税率,熟悉契税的减免和征收管理规定。

一、纳税人

契税的纳税义务人是境内转移土地、房屋权属的承受单位和个人。土地、房屋权属是指土地使用权和房屋所有权;单位是指企业单位、事业单位、国家机关、军事单位和社会团体以及其他组织;个人是指个体经营者及其他个人,包括中国公民和外籍人员。

二、征税范围

契税的征税范围是在我国境内发生土地使用权和房屋所有权权属转移的土地和房屋。具体包括:

1. 国有土地使用权出让

是指土地使用者向国家交付土地使用权费用,国家将国有土地使用权在一定年限内让与土地使用者的行为。

2. 土地使用权的转让

是指土地使用者以出售、赠与、交换或者其他方式将土地使用权转移给其他单位或个人的行为。土地使用权的转让不包括农村集体土地承包经营权的转移。

3. 房屋买卖

是指房屋所有者将其房屋出售,由承受者交付货币、实物、无形资产或者其他经济利益的行为。以下几种特殊情况,视同买卖房屋:

(1) 以房产抵债或以实物交换房屋。经当地政府和有关部门批准,以房产抵债和以实物交换房屋,均视同房屋买卖,应由产权承受人按房屋现值缴纳契税。

(2) 以房产作投资或作股权转让。这种交易业务属于房屋产权转移,应根据国家房地产管理的有关规定,办理房屋产权交易和产权变更登记手续,视同房屋买卖,由产权承受方按投资房产的价值或房产买价缴纳契税。但以自有房产作股投入本人独资经营的企业,免纳契税。

(3) 买房拆料或翻建新房。这种行为构成房屋的买卖,应照章征收契税。

4. 房屋赠与

是指房屋所有者将其房屋无偿转让给他人所有的行为。以获奖方式取得房屋产权的,其实质是接受赠与房产,应照章缴纳契税。

5. 房屋交换

是指房屋所有者之间互相交换房屋的使用权或所有权的行为。若房屋产权交换,双方交换价值相等,免纳契税;其交换价值不相等的,按超出部分由支付差价方缴纳契税。

三、税率

契税实行幅度比例税率,税率幅度为3%～5%。各省、自治区、直辖市人民政府可以在规定的幅度范围内，按照本地区的实际情况确定。

财政部、国家税务总局、住房和城乡建设部 2010 年 9 月 29 日颁布的《关于调整房地产交易环节契税个人所得税优惠政策的通知》规定，对个人购买普通住房，且该住房属于家庭(成员范围包括购房人、配偶以及未成年子女，下同)唯一住房的，减半征收契税。对个人购买 90 平方米及以下普通住房，且该住房属于家庭唯一住房的，减按 1%税率征收契税。

四、契税的减免

有下列情形之一的，减征或者免征契税：

(1) 国家机关、事业单位、社会团体、军事单位承受土地、房屋用于办公、教学、医疗、科研和军事设施的，免征；

(2) 城镇职工按规定第一次购买公有住房的，免征；

(3) 因不可抗力灭失住房而重新购买住房的，酌情准予减征或者免征；

(4) 土地、房屋被县级以上人民政府征用、占用后，重新承受土地、房屋权属的，是否减征或者免征契税，由省、自治区、直辖市人民政府确定。

(5) 纳税人承受荒山、荒沟、荒丘、荒滩土地使用权，用于农、林、牧、渔业生产的，免征契税。

(6) 依照我国有关法律规定以及我国缔结或参加的双边和多边条约或协定的规定应当予以免税的外国驻华使馆、领事馆、联合国驻华机构及其外交代表、领事官员和其他外交人员承受土地、房屋权属的，经外交部确认，可以免征契税。

(7) 财政部规定的其他减征、免征契税的项目。纳税人符合减征或者免征契税规定的，应当在签订土地、房屋权属转移合同后 10 日内，向土地、房屋所在地的契税征收机关办理减征或者免征契税手续。

五、契税的申报与缴纳

1. 纳税义务发生时间

契税的纳税义务发生时间，为纳税人签订土地、房屋权属转移合同的当天，或者纳税人取得其他具有土地、房屋权属转移合同性质凭证的当天。

纳税人因改变土地、房屋用途应当补缴已经减征、免征契税的，其纳税义务发生时间为改变有关土地、房屋用途的当天。

2. 纳税期限

纳税人应当自纳税义务发生之日起 10 日内，向土地、房屋所在地的契税征收机关办理纳税申报，并在契税征收机关核定的期限内缴纳税款。

3. 纳税地点

契税在土地、房屋所在地的征收机关缴纳。

纳税人办理纳税事宜后，契税征收机关应当向纳税人开具契税完税凭证。纳税人应当持契税完税凭证和其他规定的文件材料，依法向土地管理部门、房产管理部门办理有关土地、房屋的权属变更登记手续。纳税人未出具契税完税凭证的，土地管理部门、房产管理部门不予办理有关土地、房屋的权属变更登记手续。

任务三　契税的计算缴纳和会计核算

任务目标

掌握不同情况下契税应纳税额的计算和缴纳，学会对契税进行会计核算。

一、计税依据

契税的计税依据为不动产的价格。由于土地、房屋权属转移方式不同，定价方法不同，因而具体计税依据视不同情况而定。

(1) 国有土地使用权出售、房屋买卖，以成交价格为计税依据。成交价格是指土地、房屋权属转移合同确定的价格，包括承受者应交付的货币、实物、无形资产或其他经济利益。

(2) 土地使用权赠与、房屋赠与，由征收机关参照土地位用权出售、房屋买卖的市场价格核定计税依据。

(3) 土地使用权交换、房屋交换，以所交换的土地位用权、房屋的价格差额为计税依据。即交换价格相等时，免征契税；交换价格不等时，由多交付货币、实物、无形资产或者其他经济利益的一方交纳契税。

(4) 国有土地使用权出让，以承受人为取得该土地使用权而支付的全部经济利益为计税依据。

① 以协议方式出让的，其契税计税价格为成交价格。具体包括土地出让金、土地补偿费、安置补助费、地上附着物和青苗补偿费、拆迁补偿费、市政建设配套费等承受者应支付的货币、实物、无形资产及其他经济利益。

没有成交价格或者成交价格明显偏低的，征收机关可依次按下列两种方式确定：一是评估价格，由政府批准设立的房地产评估机构根据相同地段、同类房地产进行综合评定，并经当地税务机关确认的价格。二是土地基准价，即由县级以上人民政府公示的土地基准价。

② 以竞价方式出让的，其计税价格一般包括竞价的成交价、土地出让金、市政建设配套费以及各种补偿费。

③ 以划拨方式取得土地使用权，经批准转让房地产时，以补交的土地使用权出让费用或者土地收益为计税依据。由房地产转让者补交契税。

④ 已购公有住房经补缴土地出让金和其他出让费用成为完全产权住房的，免征土地权属转移的契税。

⑤ 房屋买卖的契税计税价格为房屋买卖合同的总价款，买卖装修的房屋，装修费用应包括在内。

为了避免偷、逃税款，税法规定，成交价格明显低于市场价格并且无正当理由的，或者所交换土地使用权、房屋的价格的差额明显不合理并且无正当理由的，征收机关可以参照市场价格核定计税依据。

二、契税的计算缴纳

契税采用比例税率。应纳税额的计算公式为：应纳税额＝计税依据×税率。

【示例 1】　居民甲将一栋私有房屋出售给居民乙，房屋成交价格为 50 000 元。甲另将一处两室住房与居民丙交换成两处一室住房，支付换房差价款 7 000 元。试计算甲、乙、丙相关行为应缴纳的契税（假定税率为 5%）。

【计算与分析】 (1) 乙应纳税额＝50 000×5%＝2 500（元）。

(2) 甲应纳税额＝7 000×5%＝350（元）。

(3) 丙无需缴纳契税。

三、契税的会计核算

契税是一次性缴纳的税种，因此，对契税的会计核算，可以不通过"应交税费"科目核算，按照规定，企业和事业单位取得土地使用权、房屋按规定交纳的契税，应计入所取得土地使用权和房屋的成本，借记"固定资产"、"无形资产"等科目，贷记"银行存款"科目。

借：固定资产或无形资产

　　贷：银行存款

【示例 2】 某企业接受甲公司以土地使用权作价为 60 万元投资入股，当地规定契税税率为 5%。按规定，以土地使用权作价投资，应视同土地使用权转让，按规定缴纳契税。试计算该企业应缴纳的契税并进行相应的账务处理。

【计算与核算】 应纳税额＝60×5%＝3（万元）。

企业应进行如下账务处理：

借：无形资产	630 000	
贷：实收资本		600 000
银行存款		30 000

项目小结

契税是以在我国境内发生所有权转移的不动产为征税对象，向产权承受人征收的一种财产税。其征税范围是境内发生土地使用权和房屋所有权权属转移的土地和房屋，计税依据为不动产的价格。契税实行幅度比例税率，税率幅度为 3%～5%。各省、自治区、直辖市人民政府可以在规定的幅度范围内，按照本地区的实际情况确定。契税属于地方税。开征契税，有利于增加地方财政收入，保护合法产权，避免产权纠纷，调节财富分配，缓解社会财富分配不公的矛盾。

思考与讨论

1. 什么是契税？开征契税有何意义？
2. 契税的征税范围、纳税人和税率是如何规定的？
3. 契税有何减免规定？

训练与测试

一、单项选择

1. 下列情形中应征收契税的是（　　）。

A. 以自有房产作股投入本人经营的独资企业

B. 非债权人承受破产企业土地和房屋权属

C. 有限责任公司整体改造为股份有限公司，改建后的公司承受原企业的土地和房屋权属

D. 国有控股公司以部门资产组建新公司，该国有控股公司占新公司股份 90%，新公司承受该国有控股公司的土地和房屋权属

2. 2011 年 4 月中国公民王某首次购买商品房一套，面积 85 平方米，合同总价格 56.8 万元，其中含装修费 9.2 万元。王某购买该住房应缴纳契税（　）元。

A. 4 760　　B. 5 680　　C. 6 600　　D. 8 870

3. 某房地产开发公司购买某企业闲置的房产，合同上注明土地使用权价款 1 200 万元，厂房和附着物共计价款 750 万元。该房地产开发公司应缴纳契税（　）万元。（当地省人民政府规定的契税税率为 3%。）

A. 36　　B. 36.5　　C. 58　　D. 58.5

4. 某企业经批准改制成全体职工持股的有限责任公司，承受原企业价值 500 万元的房产所有权；以债权人身份接受某破产企业价值 200 万元的房产抵偿债务，随后将此房产投资于另一企业。该有限责任公司上述业务应缴纳契税（　）万元。（适用税率 3%。）

A. 0　　B. 6　　C. 15　　D. 21

二、多项选择

1. 下列情形中，由征收机关参照市场价格核定契税计税依据的有（　）。

A. 房屋赠与　　B. 国有土地使用权赠与

C. 以协议方式出让国有土地使用权的　　D. 以竞价方式出让国有土地使用权的

2. 以竞价方式出让国有土地使用权的，契税的计税依据一般为竞价的成交价格，包括（　）。

A. 土地出让金　　B. 土地补偿费用　　C. 拆迁补偿费　　D. 市政设施配套费

3. 林某将自有住房无偿捐赠给非法定继承人李某，已向税务机关提交经审核并签字盖章的“个人无偿赠与不动产登记表”。下列有关林某赠房涉及税收的表述中，正确的有（　）。

A. 林某应缴纳契税　　B. 李某应缴纳契税

C. 林某应缴纳印花税　　D. 李某应缴纳印花税

4. 下列以成交价格作为计算契税依据的有（　）。

A. 土地使用权出让　　B. 土地使用权转让

C. 土地使用权出售　　D. 土地使用权赠与

三、思考并判断

1. 发生房屋产权买卖时，出售方应缴纳契税。（　）

2. 房屋赠与未发生销售，没有取得收入，不必缴纳契税。（　）

3. 购买住房的残疾人可免征契税。（　）

四、实务题

1. 某企业破产清算时，将价值 2 000 万元的房地产进行拍卖，取得收入 2 500 万元；将价值 5 000 万元的房地产低偿债务，债务总额 4 200 万元。假定契税税率 3%，试就这些经济事项，计算该企业应缴纳的契税。

2. 某专家2011年受赠一套房屋，市场价值100万元，该省契税税率5%。同年获奖励住房一套，市场价值60万元，房产所在地契税税率为4%。

根据资料回答下列问题：① 该专家受赠的房屋是否应该缴纳契税？如果缴纳，应纳多少？② 该专家接受奖励的房屋是否应该缴纳契税？如果缴纳，应纳多少？

项目(三) 车 船 税

项目目标及能力培养

掌握车船税的基本征收制度，区别车船税与车辆购置税，学会正确计算和缴纳车船税。

知识点或技能点

车船税的概念、特点；车船税的纳税人、征税范围和税率；车船税的计算缴纳和会计核算。

案 例 导 入

某公司拥有载货汽车10辆，载重净吨位均为5吨；四门六座客货两用汽车4辆，载重净吨位均为2.6吨；大客车4辆(其中子弟学校2辆)，均为45座；小轿车10辆。假定该地车船税年税额汽车为40元/吨，乘人汽车在31座以上每辆180元，11座以下每辆160元。

问题思考：① 载货汽车应缴纳多少车船税？② 乘人汽车应缴纳多少车船税？③ 客货两用汽车应缴纳多少车船税？

任务一 认识车船税

任务目标

理解车船税的概念，明确开征车船税的意义。

一、车船税的概念

车船税是对在中华人民共和国境内的车辆、船舶(以下简称车船)的所有人或者管理人征收的一种税。

新中国成立后，人民政府政务院于1951年9月颁布了《车船使用牌照税暂行条例》，在全国部分地区开征。1973年简化税制、合并税种时，把对国有企业和集体企业征收的车船使用牌照税并入工商税。从那时起，车船使用牌照税只对不缴纳工商税的单位、个人及外侨征收，征税范围大大缩小。1984年10月国务院决定恢复对车船征税，因原税名“车船使用牌照税”不太确定，实际工作中往往误认为是对牌照征税，因此，改名为车船使用税。1986年9月15日，国务院发布了《中华人民共和国车船使用税暂行条例》，决定从1986年10月1日起在全国施行。2006年12月27日国务院第162次常务会议通过修订《中华人民共和国车船税暂行条例》,自 2007 年 1 月 1 日起施行。

2011 年 2 月 15 日十一届全国人大常委会第十九次会议表决通过了《中华人民共和国车船税法》。根据该法的规定,乘用车的计税依据,按排气量大小分档计征:乘用车排气量 1.0 升以下的,为 60 元至 360 元,1.0 升以上至 1.6 升的为 300 元至 540 元,1.6 升以上至 2.0 升的为 360 元至 660 元。车船税法还规定,对节约能源、使用新能源的车船可以减征或者免征车船税。

车船税法规定,车辆的具体适用税额由省、自治区、直辖市人民政府依照本法规定的税额幅度和国务院的规定确定。车船税法自 2012 年 1 月 1 日起施行。2006 年 12 月公布的《车船税暂行条例》同时废止。

二、车船税开征的意义

1. 筹集地方财政资金

开征车船税,能够将分散在车船使用人手中的部分资金集中起来,可以增辟地方财源,缓解地方财政收入的紧张状况。

2. 加强对车船使用的管理,促进车船的合理配置

随着经济发展,车船的数量急剧增加,开征车船使用税后,购置、使用车船越多,应缴纳的车船使用税越多,促使纳税人加强对自己拥有、使用的车船管理和核算,改善资源配置,合理使用车船。

3. 调节财富分配,体现社会公平

车船税属于对不动产的征税范围,这类税收除了筹集地方财政收入外,另一重要功能是对个人拥有的财产或财富进行调节,缓解社会财富分配不公。随着我国经济增长,部分先富起来的个人拥有私人轿车、游艇及其他车船的情况将会增加,我国征收车船税的财富再分配作用亦会显得更为重要。

任务二 车船税主要法律规定

任务目标

掌握车船税的纳税人、征税范围、税率;熟悉车船税的减免规定和征收管理。

一、车船税纳税人、扣缴义务人

(一) 纳税人

在中华人民共和国境内,车辆、船舶(以下简称车船)的所有人或者管理人为车船税的纳税人。管理人是指对车船具有管理权,不具有所有权的单位和个人。

(二) 扣缴义务人

(1) 车船的所有人或者管理人未缴纳车船税的,使用人应当代为缴纳车船税。

(2) 从事机动车交通事故责任强制保险业务的保险机构为机动车车船税的扣缴义务人,应当依法代收代缴车船税。

地方税务机关应当按照规定支付扣缴义务人代收代缴车船税的手续费。税务机关付给扣缴义务人代收代缴手续费的标准由国务院财政部门、税务主管部门制定。

(3) 机动车车船税的扣缴义务人依法代收代缴车船税时,纳税人不得拒绝。由扣缴义务人代收代缴机动车车船税的,纳税人应当在购买机动车交通事故责任强制保险的同时缴纳车船税。

(4) 纳税人对扣缴义务人代收代缴税款有异议的,可以向纳税所在地主管地方税务机关提出。

(5) 纳税人在购买机动车交通事故责任强制保险时缴纳车船税的,不再向地方税务机关申报纳税。

(6) 扣缴义务人在代收车船税时,应当在机动车交通事故责任强制保险的保险单上注明已收税款信息,作为纳税人完税的证明。除另有规定外,扣缴义务人不再给纳税人开具代扣代收税款凭证。纳税人如有需要,可以持注明已收税款信息的保险单,到主管地方税务机关开具完税凭证。

(7) 扣缴义务人应当及时解缴代收代缴的税款,并向地方税务机关申报。扣缴义务人解缴税款的具体期限,由各省、自治区、直辖市地方税务机关依照法律、行政法规的规定确定。

二、车船税征税范围

车船税的征税范围是依法在车船管理部门登记的车船。车船管理部门是指公安、交通、农业、渔业、军事等依法具有车船管理职能的部门。在机场、港口以及其他企业内部场所行驶或者作业,并在车船管理部门登记的车船,应当缴纳车船税。

三、车船税税率

车船税的税率采用定额税率,依据《中华人民共和国车船税法》所附的车船税税目税额表执行。车船税税目税率如表 2.3.2 所示。

车船税确定税额总的原则是:排气量小的车辆税负轻于排气量大的车船;载人少的车辆税负轻于载人多的车辆;自重小的车辆税负轻于自重大的车辆;小吨位船舶税负轻于大吨位船舶。由于车辆和船舶的行使情况不同,车船税的税额也不同。

表 2.3.2 车船税目税率表

税目		计税单位	年基准税额	备注
乘用车〔按发动机汽缸容量(排气量)分档〕	1.0升(含)以下的	每辆	60元至360元	核定载客人数9人(含)以下
	1.0升以上至1.6升(含)的		300元至540元	
	1.6升以上至2.0升(含)的		360元至660元	
	2.0升以上至2.5升(含)的		660元至1 200元	
	2.5升以上至3.0升(含)的		1 200元至2 400元	
	3.0升以上至4.0升(含)的		2 400元至3 600元	
	4.0升以上的		3 600元至5 400元	

续表

税目		计税单位	年基准税额	备注
商用车	客车	每辆	480元至1 440元	核定载客人数9人以上，包括电车
	货车	整备质量每吨	16元至120元	包括半挂牵引车、三轮汽车和低速载货汽车等
挂车		整备质量每吨	按照货车税额的50%计算	
其他车辆	专用作业车	整备质量每吨	16元至120元	不包括拖拉机
	轮式专用机械车		16元至120元	
摩托车		每辆	36元至180元	
船舶	机动船舶	净吨位每吨	3元至6元	拖船、非机动驳船分别按照机动船舶税额的50%计算
	游艇	艇身长度每米	600元至2 000元	

四、车船税减免

（一）法定减免

（1）非机动车船(不包括非机动驳船)。非机动车是指以人力或者畜力驱动的车辆，以及符合国家有关标准的残疾人机动轮椅车、电动自行车等车辆；非机动船是指自身没有动力装置，依靠外力驱动的船舶；非机动驳船是指在船舶管理部门登记为驳船的非机动船。

（2）拖拉机。拖拉机是指在农业(农业机械)部门登记为拖拉机的车辆。

（3）捕捞、养殖渔船。捕捞、养殖渔船是指在渔业船舶管理部门登记为捕捞船或者养殖船的渔业船舶。不包括在渔业船舶管理部门登记为捕捞船或者养殖船以外类型的渔业船舶。

（4）军队、武警专用的车船。军队、武警专用的车船是指按照规定在军队、武警车船管理部门登记，并领取军用牌照、武警牌照的车船。

（5）警用车船。警用车船，是指公安机关、国家安全机关、监狱、劳动教养管理机关和人民法院、人民检察院领取警用牌照的车辆和执行警务的专用船舶。

（6）按照有关规定已经缴纳船舶吨税的船舶。

（7）依照我国有关法律和我国缔结或者参加的国际条约的规定应当予以免税的外国驻华使馆、领事馆和国际组织驻华机构及其有关人员的车船。我国有关法律是指《中华人民共和国外交特权与豁免条例》、《中华人民共和国领事特权与豁免条例》。

外国驻华使馆、领事馆和国际组织驻华机构及其有关人员在办理条例第三条第(七)项规定的免税事项时，应当向主管地方税务机关出具本机构或个人身份的证明文件和车船所有权证明文件，并申明免税的依据和理由。

（二）特定减免

省级人民政府可以根据当地实际情况，对城市、农村公共交通车船给予定期减税、免税。

对尚未在车辆管理部门登记，属于应减免税的新购置车辆，车辆所有人或管理人可提出减免税申请，并提供机构或个人身份证明文件和车辆权属证明文件以及地方税务机关要求提供的其他资料。经税务机关审验符合车船税减免条件的，税务机关可为纳税人出具纳税年度的减免证明，以方便纳税人购买机动车交通事故责任强制保险。

新购置应予减免税的车辆所有人或管理人在购买机动车交通事故责任强制保险时已经缴纳车船税的，在办理车辆登记手续后可向税务机关提出减免税申请，经税务机关审验符合车船税减免税条件的，税务机关应退还纳税人多缴的税款。

五、车船税申报与缴纳

（一）车船税的纳税义务发生时间

车船税的纳税义务发生时间，为车船管理部门核发的车船登记证书或者行驶证书所记载日期的当月。纳税人未按照规定到车船管理部门办理应税车船登记手续的，以车船购置发票所载开具时间的当月作为车船税的纳税义务发生时间。对未办理车船登记手续且无法提供车船购置发票的，由主管地方税务机关核定纳税义务发生时间。

车船税按年申报缴纳。具体申报纳税期限由省、自治区、直辖市人民政府确定。

（二）车船税的纳税地点

车船税由地方税务机关负责征收。纳税地点由省、自治区、直辖市人民政府根据当地实际情况确定。跨省、自治区、直辖市使用的车船，纳税地点为车船的登记地。

（三）车船税的管理规定

(1) 各级车船管理部门应当在提供车船管理信息等方面，协助地方税务机关加强对车船税的征收管理。纳税人应当向主管地方税务机关和扣缴义务人提供车船的相关信息。拒绝提供的，按照《中华人民共和国税收征收管理法》有关规定处理。

(2) 在一个纳税年度内，已完税的车船被盗抢、报废、灭失的，纳税人可以凭有关管理机关出具的证明和完税证明，向纳税所在地的主管地方税务机关申请退还自被盗抢、报废、灭失月份起至该纳税年度终了期间的税款。

已办理退税的被盗抢车船，失而复得的，纳税人应当从公安机关出具相关证明的当月起计算缴纳车船税。

(3) 在一个纳税年度内，纳税人在非车辆登记地由保险机构代收代缴机动车车船税，且能够提供合法有效证明的，纳税人不再向车辆登记地的地方税务机关缴纳机动车车船税。

(4) 在一个纳税年度内，已经缴纳车船税的车船变更所有权或管理权的，地方税务机关对原车船所有人或管理人不予办理退税手续，对现有车船所有人或管理人也不再征收当年度的税款；未缴纳车船税的车船变更所有权或管理权的，由现车船所有人或管理人缴纳该纳税年度的车船税。

任务三　车船税的计算缴纳和会计核算

任务目标

掌握车船税的计算缴纳，学会对车船税进行会计核算。

一、车船税计税依据

(1) 纳税人在购买机动车交通事故责任强制保险时，应当向扣缴义务人提供地方税务机关出具的本年度车船税的完税凭证或者减免税证明。不能提供完税凭证或者减免税证明的，应当在购买保险时按照当地的车船税税额标准计算缴纳车船税。

(2) 拖船按照发动机功率每 2 马力折合净吨位 1 吨计算征收车船税。

(3) 车辆自重尾数在 0.5 吨以下(含 0.5 吨)的，按照 0.5 吨计算；超过 0.5 吨的，按照 1 吨计算。船舶净吨位尾数在 0.5 吨以下(含 0.5 吨)的不予计算，超过 0.5 吨的按照 1 吨计算。1 吨以下的小型车船，一律按照 1 吨计算。

(4) 对于按《车船税暂行条例实施细则》的规定，无法准确获得自重数值或自重数值明显不合理的载货汽车、三轮汽车、低速货车、专项作业车和轮式专用机械车，由主管机关根据车辆自身状况并参照同类车辆核定计税依据。对能够获得总质量和核定载质量的，可按照车辆的总质量和核定载质量作为车辆的自重；无法获得核定载质量的专项作业车和轮式专用机械车，可按照车辆的总质量确定自重。

二、车船税的计算缴纳

(一) 车船税应纳税额的计算

购置的新车船，购置当年的应纳税额自纳税义务发生的当月起按月计算。计算公式为：

$$应纳税额=(年应纳税额/12)\times 应纳税月份数$$

【示例 1】 某运输公司拥有载货汽车 12 辆(货车载重净吨位全部为 10 吨)；乘人大客车 25 辆；小客车 10 辆。试计算该公司应纳车船税。(假设当地核定载货汽车每吨年税额 80 元，乘人大客车每辆年税额 500 元，小客车每辆年税额 400 元)

【计算与分析】 (1) 载货汽车应纳税额＝12×10×80＝9 600 (元)。

(2) 乘人汽车应纳税额＝25×500＋10×400＝16 500 (元)。

(3) 全年应纳车船税额＝9 600＋16 500＝26 100 (元)。

(二) 保险机构代收代缴车船税和滞纳金的计算

为了做好机动车车船税代收代缴工作，中国保险监督管理委员会下发了《关于修改机动车交通事故责任强制保险保单的通知》，在机动车交通事故责任强制保险(以下简称“交强险”)保单中增加了与车船税有关的数据项目。有关涉税问题进一步明确如下：

1. 特殊情况下车船税应纳税款的计算

(1) 购买短期“交强险”的车辆。对于境外机动车临时入境、机动车临时上道路行驶、机动车距规定的报废期限不足 1 年而购买短期“交强险”的车辆，保单中“当年应缴”项目的计算公式为：当年应缴=计税单位×年单位税额×应纳税月份数÷12。

其中，应纳税月份数为"交强险"有效期起始日期的当月至截止日期当月的月份数。

(2) 已向税务机关缴税的车辆或税务机关已批准减免税的车辆。对于已向税务机关缴税或税务机关已批准免税的车辆，保单中"当年应缴"项目应为0；对于税务机关已批准减税的机动车，保单中"当年应缴"项目应根据减税前的应纳税额扣除依据减税证明中注明的减税幅度计算的减税额确定，计算公式为：

减税车辆应纳税额=减税前应纳税额×(1−减税幅度)

2. 滞纳金计算

对于纳税人在应购买"交强险"截止日期以后购买"交强险"的，或以前年度没有缴纳车船税的，保险机构在代收代缴税款的同时，还应代收代缴欠缴税款的滞纳金。

保单中"滞纳金"项目为各年度欠税应加收滞纳金之和。

每一年度欠税应加收的滞纳金=欠税金额×滞纳天数×0.5‰

滞纳天数的计算自应购买"交强险"截止日期的次日起到纳税人购买"交强险"当日止。纳税人连续两年以上欠缴车船税的，应分别计算每一年度欠税应加收的滞纳金。

三、车船税的会计核算

企业按规定计算出应交纳的车船税时，借记"管理费用"科目，贷记"应交税费——应交车船税"科目。实际上交时，借记"应交税费——应交车船税"科目，贷记"银行存款"科目。

① 按月计算出应缴纳车船税时的账务处理：

借：管理费用

　　贷：应交税费——应交车船税

② 实际以银行存款缴纳车船税时的账务处理：

借：应交税费——应交车船税

　　贷：银行存款

【示例2】 某企业当月应交的车船税为4 500元，其账务处理如下：

借：管理费用　　4 500

　　贷：应交税费——应交车船税　　4 500

项目小结

车船税是对在我国境内的车辆、船舶的所有人或者管理人征收的一种税。其征税范围是依法在车船管理部门登记的车船。车船税法规定，车辆的具体适用税额由省、自治区、直辖市人民政府依照本法规定的税额幅度和国务院的规定确定。车船税属于地方税，征收车船税，有利于筹集地方财政资金，加强对车船使用的管理，促进车船的合理配置。同时，开征车船税对调节财富分配，体现社会公平，缓解社会财富分配不公发挥着一定的作用。

思考与讨论

1. 什么是车船税？开征车船税有何意义？
2. 车船税的纳税人、征税范围和税率是如何规定的？

3. 车船税的减免形式有哪些？

训练与测试

一、单项选择

1. 某企业有货车10辆，挂车6辆，每辆自重吨位均为4.6吨，按当地政府规定的货车年税额50元/吨计算应缴纳的车船税为(　　)元。

A. 4 350　　B. 4 680　　C. 3 680　　D. 4 300

2. 车船税的纳税义务发生时间，为车船管理部门核发的车船登记证书或者行驶证书所记载日期的(　　)。

A. 当日　　B. 当月　　C. 次日　　D. 次日10日前

二、多项选择

1. 根据车船税法的规定，下列使用的车船属于应缴纳车船税的有(　　)。

A. 私有拥有的汽车　　B. 外商投资企业拥有的汽车

C. 国有运输企业拥有的货船　　D. 旅游公司拥有的客船

2. 下列车船中，可享受车船税减免政策的有(　　)。

A. 货运车船　　B. 农用汽车　　C. 警用车船　　D. 捕捞用渔船

三、思考并判断

1. 车船的所有人或者管理人未缴纳车船税的，使用人应当代为缴纳车船税。(　)

2. 非机动驳船免征车船税。(　　)

3. 购置的新车船，购置当年的应纳税额自纳税义务发生的当月起按月计算。(　　)

4. 地方税务机关应当按照规定支付扣缴义务人代收代缴车船税的手续费。(　　)

5. 客货两用汽车按照载货汽车的计税单位和税额标准计征车船税。(　)

四、实务题

某机关本年度1月份共有汽车60辆，其中机关公务用车为40辆，每辆可载人45人，另有2辆车为机关、学校和幼儿园使用，还有18辆车由机关服务中心对外营业使用，其中载人大客车3辆，每辆可载人58人，中型面包车5辆，每辆可载人20人，小轿车8辆，2.5吨载货汽车2辆。当地人民政府规定，乘人汽车在20座以上(包括20座)每辆180元，20座以下每辆160元。载货汽车按净吨位每年每吨应纳税额为50元，试计算该机关全年应缴纳的车船税税额。

项目四　资源类税收

资源类税收是指以各种自然资源及其级差收入为征税对象所征收的一类税收。因为资源属于国家所有，资源的自然条件各有差异，资源类税收的开征有利于政府对利用自然资源取得的级差收入进行直接有效的调节，促使资源利用企业公平地开展竞争；有利于保护和合理安排使用土地、矿藏等各种宝贵资源，取得最大的经济效益，避免资源的无偿使用和浪费。我国现行税制中，资源类的税收主要有资源税、土地增值税、城镇土地使用税、耕地占用税等。

项目（一）　资　源　税

项目目标及能力培养

熟悉资源税的基本征收制度，掌握资源税的计算和缴纳。

知识点或技能点

资源税的征税范围；从量定额税率的使用。

案例导入

某盐厂以生产液态盐为主。为了扩展经营范围，开拓新的消费市场，该厂决定在销售液态盐的基础上，将液态盐加工为固态盐销售。2011 年 5 月，该厂生产液态盐 2 000 吨，其中1 000吨用于加工成固体盐共 500 吨。由于财务混乱，该厂未将销售的固体盐和液态盐分别核算。该月生产的固态盐和液态盐全部实现销售。根据地方政府规定，当地固体盐的税率为 30 元/吨，液体盐的税率为 4 元/吨。月末，财务人员计算应纳的资源税为：2 000×4＋500×30＝23 000 元。

问题思考：① 国家为什么要征收资源税？② 资源税的应纳税额应如何计算？③ 该厂财务人员在计算应纳税额时存在哪些问题？

任务一　认识资源税

任务目标

掌握资源税的概念，了解资源税的特点，明确开征资源税的意义。

一、资源税的概念

目前我国开征的资源税是以部分自然资源为课税对象，是对在我国境内开采应税矿产品及生产盐的单位或个人，以其应税资源销售数量或自用数量为课税对象而征收的一种税。

资源，一般指自然界存在的天然物质财富，包括地下资源、地上资源和空间资源。作为征税对象的资源是具有商品属性的资源，它不仅具有使用价值，而且有交换价值。

新中国成立后，《全国税政实施要则》规定对盐的生产、运销征收盐税。1984 年 9 月 18 日国务院根据人大常委会六届七次会议的决定发布了《中华人民共和国资源税条例(草案)》，并于当年 10 月 1 日起正式开征，但其征收范围仅限于原油、天然气、煤炭等三种资源，同时国务院颁布了《中华人民共和国盐税条例(草案)》，将盐税从原工商税中分离出来，重新成为一个独立的税种。随着我国市场经济的不断发展，资源税在征税范围等诸多方面已经不能适应新形势的需要，为此，根据普遍征收、级差调节的原则，1993 年 12 月 25 日国务院颁布了《中华人民共和国资源税暂行条例》，扩大了资源税的征税范围，将盐税归并到资源税中，同时提高了征收税额，修订后的资源税自 1994 年 1 月 1 日起施行。2011 年 9 月 21 日国务院第 173 次常务会议通过了《国务院关于修改〈中华人民共和国资源税暂行条例〉的决定》，在现有资源税从量定额计征基础上增加从价定率的计征方法，新《中华人民共和国资源税暂行条例》自 2011 年 11 月 1 日起施行。

二、资源税的作用

1. 调节资源级差收入，有利于企业在同一水平上竞争

我国地域辽阔，各地资源结构和开发条件存在着很大差异。资源贮存条件好、品位高、开采条件优越的企业成本低，利润水平高，反之利润水平就低。由此不能反映企业的真实成果，在利润分配上失去了合理的基础，形成企业间的苦乐不均。通过资源税的开征，合理确定差别税率，把由于自然条件优越而形成的级差收入收归国家所有，排除了由资源因素造成的分配上的不合理，使企业在较为合理的利润水平上开展竞争。

2. 加强资源管理，有利于促进企业合理开发、利用

长期以来，我国由于没有开征资源税或者税率偏低，出现了一些企业采富弃贫、采易弃难、采大弃小、乱采滥挖等破坏和浪费国有资源的现象。开征资源税，可根据资源的开发条件和优劣，确定不同的税率，一方面有利于加强国家对自然资源的保护和管理，防止经营者乱占滥采资源，减少资源的损失和浪费；另一方面有利于经营者为了自己的利益，提高资源的开发利用率，最大限度合理、有效、节约地开发利用国有资源，并将税收优惠政策的重点由鼓励资源开采转为鼓励资源节约和资源综合利用方面，保护资源，以缓解经济发展带来的日益突出的资源供需矛盾。

3. 与其他税种配合,有利于发挥税收杠杆的整体功效

资源税作为调节经济的杠杆,它为引导社会投资向节能型能源产品生产转移,提高资源开采效率和利用效率,促使经济与资源协调发展,保证未来我国资源的有效供给,建立资源节约型、环境友好型社会至关重要。

三、资源税的特点

从我国目前资源税的开征情况来看,其特点表现在以下几个方面:

1. 征税范围较窄

目前我国的资源税征税范围较窄,仅将部分级差收入差异较大,资源较为普遍,易于征收管理的矿产品和盐列入征税范围。随着我国经济的快速发展,对自然资源的合理利用和有效保护将越来越重要,因此,资源税的征税范围应逐步扩大。

2. 实行差别税额从量征收与从价定率征收相结合

我国现行资源税实行从量定额征收,一方面税收收入不受产品价格、成本和利润变化的影响,能够稳定财政收入;另一方面有利于促进资源开采企业降低成本,提高经济效率。同时,资源税按照"资源条件好、收入多的多征;资源条件差、收入少的少征"的原则,根据矿产资源等级分别确定不同的税额,以有效地调节资源级差收入。

3. 实行源泉课征

不论采掘或生产单位是否属于独立核算,资源税均规定在采掘或生产地控制征收,这样既照顾了采掘地的利益,又避免了税款的流失。这与其他税种由独立核算的单位统一缴纳不同。

小 知 识

资源税的改革历程

(1) 1984 年,只对原油、天然气、煤炭、铁矿石征收,其他矿产品暂缓征收资源税。

(2) 1986 年,财政部发布《关于对煤炭实行从量定额征收资源税的通知》。

(3) 1994 年,扩大了矿产资源的征税范围,但对其他非金属矿原矿征收范围仍然有限,有百种以上的非金属矿原矿未纳入征税范围。

(4) 2010 年 6 月,新疆率先进行资源税费改革,将原油、天然气资源税由从量计征改为从价计征。

(5) 2010 年 12 月,石油、天然气资源税改革推广到西部地区的 12 个省、区、市。

(6) 2011 年 6 月,国务院批准了国家发改委《关于 2011 年深化经济体制改革重点工作的意见》中扩大资源税改革的议案,继新疆试点成功之后,将在全国范围内推行从价资源税。

(7) 2011 年 9 月 21 日国务院常务会议在总结原油、天然气资源税改革试点经验的基础上,决定对《中华人民共和国资源税暂行条例》作出修改,在现有资源税从量定额计征基础上增加从价定率的计征办法,调整原油、天然气等品目资源税税率。扩大从价定率计征的范围。

任务二　资源税主要法律规定

任务目标

掌握资源税的纳税人、征税对象、税率，熟悉资源税的征收管理规定。

一、资源税的纳税人及扣缴义务人

（一）资源税的纳税人

资源税的纳税义务人，是指在中华人民共和国领域管辖海域开采应税资源的矿产品或者生产盐的单位和个人。

上述单位是指国有企业、集体企业、私有企业、股份制企业、其他企业和行政单位、事业单位、军事单位、社会团体及其他单位。个人，是指个体经营者及其他个人。

（二）扣缴义务人

税法规定，收购未税矿产品的单位为资源税的扣缴义务人。

为便于加强对资源税的征管和保证税款及时、安全入库，堵塞漏洞，在资源税暂行条例和细则中规定以收购未税矿产品的单位作为资源税的扣缴义务人。扣缴义务人主要是对那些税源小、零散，不定期开采，税务机关难以控制，容易发生漏税的单位和个人，在收购其未税矿产品时代扣代缴其应纳的税款。具体包括独立矿山、联合企业及其他收购未税矿产品的单位。

扣缴义务人是对各有关单位收购的未税矿产品进行代扣代缴。具体实施、操作和管理，由各地根据本地的实际情况，确定具体代扣代缴办法。

二、资源税征税范围

资源税的征税范围，应当包括一切开发和利用的国有资源，但考虑到我国开征资源税还缺乏经验，所以资源税暂行条例本着纳入征税范围的资源必须具有商品属性，即具有使用价值和交换价值的原则，只将原油、天然气、煤炭、其他非金属矿原矿、黑色金属矿原矿、有色金属矿原矿和盐列入了征税范围。水资源等由于价格及征管经验等因素，暂未列入征税范围。这样，属于资源税征税范围的资源就可以分为矿产品和盐两大类。

（一）矿产品

1. 原油

原油系指开采的天然原油，不包括人造石油。

2. 天然气

系指专门开采或与原油同时开采的天然气，暂不包括煤矿生产的天然气。

3. 煤炭

煤炭系指原煤，不包括洗煤、选煤及其他煤炭制品。

4. 其他非金属矿原矿

包括宝石、宝石级金刚石、玉石、膨润土、石墨、石英砂、萤石、重晶石、毒重石、蛭石、长石、沸石、滑石、白云石、硅灰石、凹凸棒石黏土、高岭土、耐火黏土、云母、大理石、花岗石、石灰石、菱镁矿、天然碱、石膏、硅线石、工业用金刚石、石棉、硫铁矿、自然硫、磷铁矿等。

5. 黑色金属矿原矿和有色金属矿原矿

黑色金属矿原矿包括铁矿石、锰矿石和铬矿石。有色金属矿原矿包括铜矿石、铅锌矿石、铝土矿石、钨矿石、锡矿石、锑矿石、钼矿石、镍矿石、黄金矿石等。

(二) 盐

1. 固体盐

系指用海水、湖水或地下湖水晒制和加工出来成固体颗粒状态的盐。具体包括海盐原盐、湖盐原盐和井矿盐。

2. 液体盐

液体盐俗称卤水，指氯化钠达到一定程度的溶液，是用于生产碱和其他产品的原料。

三、资源税税率

资源税的税目、税率，依照所附资源税税目税率表(如表 2.4.1 所示)及财政部的有关规定执行。税目、税率的部分调整，由国务院决定。

纳税人具体适用的税率，在《资源税税目税率表》规定的税率幅度内，根据纳税人所开采或者生产应税产品的资源状况、开采条件等情况，财政部未列举名称且未确定具体适用税率的其他非金属矿原矿，由省、自治区，直辖市人民政府根据实际情况确定，报财政部和国家税务总局备案。

表 2.4.1 资源税税目税率表

税目		税率
一、原油		销售额的 5%～10%
二、天然气		销售额的 5%～10%
三、煤炭	焦煤	每吨 8～20 元
	其他煤炭	每吨 0.3～5 元
四、其他非金属矿原矿	普通非金属原矿	每吨或每立方米 0.5～20 元
	贵重非金属原矿	每千克或每克拉 0.5～20 元
五、黑色金属矿原矿		每吨 2～30 元
六、有色金属矿原矿	稀土矿	每吨 0.4～60 元
	其他有色金属矿原矿	每吨 0.4～30 元
七、盐	固体盐	每吨 10～60 元
	液体盐	每吨 2～10 元

四、税收优惠

根据资源税税法规定，税收优惠政策主要有以下内容：

(1) 开采原油过程中用于加热、修井的原油,免税。

(2) 纳税人开采或者生产应税产品过程中,因意外事故或者自然灾害等原因遭受重大损失的,由省、自治区、直辖市人民政府酌情决定减税或者免税。

(3) 国务院规定的其他减税、免税项目。

对纳税人的减税、免税项目,应单独核算销售额或销售数量,未单独核算或不能准确提供销售额或销售数量的,不予减税或者免税。

任务三 资源税的计算缴纳和会计核算

任务目标

正确计算资源税的应纳税额,熟悉资源税的申报缴纳,学会进行资源税的会计核算。

一、资源税应纳税额的计算

(一) 从量定额的应纳税额计算

1. 应纳税额的一般规定

从量定额的应纳税额按照应税产品的课税数量和规定的单位税额计算。其计算公式为:

应纳税额=课税数量×单位税额

课税数量的确定如下:

(1) 各种应税产品,凡直接对外销售的,均以实际销售数量为课税数量。

(2) 各种应税产品,凡自产自用的,均以自用数量为课税数量。

(3) 不能准确提供应税产品销售数量或移送使用数量的,以应税产品的产量或主管税务机关确定的折算比换算成的数量为课税数量。

【示例 1】 某煤矿某月份销售原煤 100 万吨(单位税额为每吨 4 元),另自用生产的原煤 30 万吨加工成洗煤 21 吨;以自产原煤 200 吨用作本矿生活用煤,计算该矿本月应纳资源税额。

【计算与分析】 课税数量=100+30+0.02=130.02 (万吨),应纳资源税额=1 300 200×4=5 200 800 (元)。

2. 应纳税额计算的特殊规定

(1) 纳税人开采或者生产不同税目应税产品的,应当分别核算不同税目应税产品的课税数量。未分别核算或者不能准确提供不同税目应税产品的课税数量的,从高适用税额计税。

【示例 2】 某矿山某月份生产铁矿石 20 000 吨,当月销售 40 000 吨,同时销售伴采的锰矿石原矿 10 000 吨,铁矿石适用的单位税额为 13 元/吨,锰矿石适用的单位税额为 2 元/吨。

【计算与分析】 铁矿石的应纳税额=40 000×13=520 000 (元),锰矿石的应纳税额=10 000×2=20 000 (元)。

如果当月销售的铁矿石和伴采的锰矿石未能分开核算其数量,则当月应纳税额:

应纳税额=(40 000+10 000)×13=650 000 (元)。

(2) 对于连续加工前无法正确计算原煤移送使用量的,可按加工产品的综合回收率,将加工产品实际销量和自用量折算成原煤使用数量作为课税数量。

【示例 3】 某煤矿 2010 年 3 月开采原煤 350 万吨,销售 240 万吨;将一部分原煤移送加工生产选煤 40 万吨,销售选煤 30 万吨,选煤综合回收率 30%,资源税单位税额 5 元/吨。计算该煤矿 2010 年 3 月应纳资源税。

【计算与分析】 课税数量=240+30/30%=340 (万吨),应纳资源税额=340×5=1 700 (万元)。

(3) 纳税人以自产的液体盐加工固体盐,按固体盐税额征税,以加工的固体盐数量为课税数量。纳税人以外购的液体盐加工固体盐,其加工固体盐所耗用液体盐的已纳税额准予抵扣。

【示例 4】 某盐场 2011 年 3 月生产液体盐 30 万吨,销售自产液体盐 15 万吨,将自产液体盐 10 万吨和外购已税液体盐 10 万吨加工成固体盐 9 万吨,本月全部对外销售。计算该盐场当月应纳资源税。(液体盐和固体盐单位税额分别为 3 元/吨和 12 元/吨。)

【计算与分析】 当月应纳税额=15×3+9×12-10×3=123 (万元)。

(二) 从价定率的应纳税额的计算

从价定率的应纳税额按照应税产品的课税数量和规定比例税率计算。其计算公式为:

应纳税额=销售额×征收比率

上式中的销售额,按照《中华人民共和国增值税暂行条例》及其实施细则的有关规定确定,征收比率以核定的实际征收率为准。

目前,我国对新疆及西部 12 个省、区、市的原油及天然气资源采用从价定率的方法计征资源税,征收比率为 5%。

二、资源税的缴纳

(一) 纳税义务发生时间

资源税纳税义务的发生时间应根据不同的销售方式分别确定。主要有以下几种:

(1) 纳税人采取分期收款结算方式销售应税产品的,其纳税义务发生时间为销售合同规定的收款日期的当天。

(2) 纳税人采取预收货款结算方式销售应税产品的,其纳税义务发生时间为发出应税产品的当天。

(3) 纳税人采取除分期收款和预收货款以外的其他结算方式销售应税产品的,其纳税义务发生时间为收讫价款或者取得索取价款凭证的当天。

(4) 纳税人自产自用应税产品,其纳税义务发生时间为移送使用应税产品的当天。

(5) 扣缴义务人代扣代缴税款的,其纳税义务发生时间为支付货款的当天。

(二) 纳税地点

资源税纳税人应当向应税产品的开采地或者生产所在地主管税务机关缴纳。

纳税人跨省开采资源税应税产品,其下属生产单位与核算单位不在同一省、自治区、直辖市的,对其开采的矿产品,一律在开采地纳税。

扣缴义务人代扣代缴的资源税，应当向收购地主管税务机关缴纳。

（三）纳税期限

资源税的纳税期限为1日、3日、5日、10日、15日或者1个月。以1个月为一期纳税的，自期满之日起10日内申报纳税；以1日、3日、5日、10日、15日为一期纳税的，自期满之日起5日内预缴税款，于次月1日起10日内申报纳税并结清上月税款。

不定期开采矿产品的纳税人，可以按次计算缴纳资源税。

三、资源税缴纳的会计核算

企业缴纳资源税，应通过“应交税费——应交资源税”账户核算。具体情形主要有以下几种：

1. 销售应税产品

企业销售应税产品时，借记“营业税金及附加”账户，贷记“应交税费——应交资源税”账户，实际缴纳时，借记“应交税费——应交资源税”账户，贷记“银行存款”账户。

2. 企业自产自用应税产品

企业自产自用应税产品的应纳税额，计算资源税时借记“生产成本”、“制造费用”等账户，贷记“应交税费——应交资源税”账户，实际缴纳时，借记“应交税费——应交资源税”账户，贷记“银行存款”账户。

3. 收购未税矿产品

根据《资源税暂行条例》的相关规定，收购未税矿产品的单位为资源税的扣缴义务人。企业应将收购未税矿产品实际支付价款以及代扣代缴的资源税，作为收购矿产品的采购成本。支付收购款时，借记“材料采购”、“应交税费——应交增值税(进项税额)”等账户，贷记“银行存款”、“应交税金——应交资源税”账户。

4. 企业外购液体盐加工成固体盐

按税法规定，纳税人以自产的液体盐(卤水)加工成固体盐，按固体盐税额征税，以加工的固体盐数量为课税数量，自产自用的液体盐不再征税。如果纳税人是以外购的液体盐加工固体盐，加工固体盐所耗用液体盐的已纳资源税准予抵扣。在购入时按所允许抵扣的资源税，借记“材料采购”、“应交税费——应交资源税”、“应交税费——应交增值税(进项税额)”账户，贷记“银行存款”等账户。

项目小结

我国现行的资源税是以部分自然资源为课税对象，对在我国境内开采应税矿产品及生产盐的单位或个人，以其应税资源销售数量或销售额为计税依据而征收的一种税。资源税的纳税义务人是我国境内开采应税资源的矿产品或者生产盐的单位和个人。目前属于资源税征税范围的资源就是矿产品和盐两大类。资源税的开征，有利于调节资源级差收入，有利于国家对资源的宏观管理，有利于促进企业合理开发、利用自然资源。

思考与讨论

1. 什么是资源税？开征资源税有何意义？

2. 我国资源税的征收范围包括哪些?

3. 资源税的税率是如何规定的?

训练与测试

一、单项选择

1. 对独立矿山应纳的铁矿石资源税减征(　　)。

A. 30%　　B. 40%　　C. 50%　　D. 60%

2.《资源税暂行条例》规定,纳税人以一个月为一期纳税的,自期满之日起(　　)内申报纳税。

A. 5 日　　B. 7 日　　C. 10 日　　D. 15 日

3. 按规定,纳税人开采或者生产应税产品销售的,以(　　)为课税数量。

A. 销售数量　　B. 开采数量　　C. 生产数量　　D. 计划产量

4. 独立矿山收购未税矿产品代扣代缴资源税的计税依据是(　　)。

A. 开采数量　　B. 销售数量　　C. 收购数量　　D. 使用数量

5. 根据资源税的有关规定,下列表述正确的是(　　)。

A. 开采应税资源的单位以应税资源的开采量为课税数量

B. 纳税人开采不同税目的应税产品,一律从高适用税额计税

C. 资源税扣缴义务人扣缴资源税的依据是收购的未税矿产品的销售数量

D. 连续加工前无法正确计算原煤移送使用量的,按照加工产品的综合回收率,将加工产品实际销量折算成原煤数量作为课税数量

6. 下列油类产品中,应征收资源税的为(　　)。

A. 人造石油　　B. 天然原油　　C. 汽油　　D. 柴油

7. 依据资源税的有关规定,下列煤炭中属于资源税征收范围的是(　　)。

A. 煤矿开采销售的原煤　　B. 商业企业销售的选煤

C. 生产企业销售的蜂窝煤　　D. 商业企业销售的原煤

8. 依据资源税的有关规定,下列说法中正确的是(　　)。

A. 自产自用应税资源不缴纳资源税

B. 销售应税资源,应以实际销售数量为资源税的课税数量

C. 收购未税矿产品的单位代扣代缴资源税的依据是销售数量

D. 纳税人不能准确提供应税产品销售或移送使用数量的不缴纳资源税

二、多项选择

1. 根据资源税暂行条例规定,下列资源产品应按规定计算缴纳资源税的有(　　)。

A. 原油　　B. 人造原油

C. 与原油同时开采的天然气　　D. 煤矿生产的天然气

2. 下列各项中,符合资源税暂行条例及其实施细则规定的有(　　)。

A. 对纳税人开采或生产不同税目应税产品,应当分别核算;不能准确提供应税产品课税数量的,从高适用税额

B. 纳税人的减税、免税项目,应当分别核算;未单独核算或不能准确提供课税数量的,不予减税或未税

C. 纳税人应当向应税产品的开采地或生产地主管税务机关申报纳税

D. 扣缴义务人代扣代缴的资源税，应当向收购地主管税务机关解缴

3. 某国有煤矿 2011 年 7 月生产销售原煤 100 万吨，此项业务需要缴纳的税收有(　　)。

A. 增值税　　B. 消费税　　C. 资源税　　D. 城市维护建设税

4. 下列各项中，符合资源税法有关课税数量规定的有(　　)。

A. 纳税人开采应税产品销售的，以开采数量为课税数量

B. 纳税人生产应税产品销售的，以生产数量为课税数量

C. 纳税人开采或生产应税产品销售的，以销售数量为课税数量

D. 纳税人生产应税产品自用的，以自用数量为课税数量

5. 下列表述中符合资源税纳税义务发生时间规定的有(　　)。

A. 纳税人采取分期收款结算方式销售应税产品的，其纳税义务发生时间为销售合同规定的收款日期的当天

B. 纳税人采取预收货款的结算方式销售应税产品的，其纳税义务发生时间为收到预收款的当天

C. 纳税人自产自用应税产品的，其纳税义务发生时间为移送使用应税产品的当天

D. 扣缴义务人代扣代缴税款的，其纳税义务发生时间为支付货款的当天

三、思考并判断

1. 资源税是对开采，生产所有自然资源的单位和个人征收的一种税。(　　)

2. 资源税实行差别税额，从量征收。(　　)

3. 纳税人开采应税产品直接用于生产加工的部分不计缴资源税。(　　)

4. 原煤、洗煤、选煤及其他煤制品均应缴纳资源税。(　　)

5. 资源税扣缴义务人代扣代缴税款的纳税义务发生时间，为支付货款的当天。(　　)

四、实务题

1. 某煤矿 2011 年 3 月开采原煤 400 万吨，销售 200 万吨；将一部分原煤移送加工生产选煤 50 万吨，销售选煤 30 万吨，选煤综合回收率 30%，另向外单位赠送原煤 5 万吨。该地区资源税单位税额 5 元/吨。计算该煤矿 2011 年 3 月应纳资源税。

2. 2011 年 5 月，某盐场以自产液体盐 40 万吨和外购液体盐 50 万吨共加工成固体盐 25 万吨，生产的固体盐本月全部销售。该企业液体盐和固体盐资源税税额分别为 6 元/吨和 40 元/吨，外购液体盐资源税税额为 8 元/吨。计算该盐场 2011 年 5 月应纳资源税。

项目(二)　土地增值税

项目目标及能力培养

熟悉土地增值税的基本征收制度，掌握土地增值税的计算和缴纳。

知识点或技能点

土地增值税的概念、特点；土地增值税的征税范围；超率累进税率的应用；土地增值税增

值额的计算；土地增值税应纳税额的计算。

案例导入

某房地产开发公司近期受国家房地产业宏观调控政策的影响，公司楼盘销售业绩不佳，资金周转不畅，企业拟将在售商品房对外出租，公司会计在进行纳税申报时不能确定在售商品房出租收入要不要缴纳土地增值税。

问题思考：① 房产开发公司在售商品房出租收入是否需要缴纳土地增值税？② 其土地增值税应如何计算？

任务一 认识土地增值税

任务目标

理解土地增值税概念，掌握土地增值税特点，明确开征土地增值税的意义。

一、土地增值税的概念

土地增值税是对有偿转让国有土地使用权及地上建筑物和其他附着物(简称房地产)产权并取得增值性收入的单位和个人所征收的一种税。所谓国有土地使用权是指土地使用人根据国家法律、合同的规定对国家所有的土地享有的使用权利。土地增值税只对转让国有土地使用权的行为课税，转让非国有土地和出让国有土地的行为不征税。这里所说的“地上建筑物”是指建于土地上的一切建筑物、构筑物，地上、地下的各种附属设施，“附着物”是指附着于土地上的不能移动或一经移动即遭损坏的物品，如房屋、仓库、排污、排水、供电设施及种植物等。

我国于 1994 年 1 月起开征此税。开征土地增值税的主要目的在于加强国家对房地产开发、交易行为的宏观调控，抑制土地炒买炒卖的投机行为，保障国家的土地权益，规范国家参与土地增值收益的分配方式，增加财政收入。

二、土地增值税的特点

1. 以转让房地产取得的增值额为征税对象

这里的“增值额”是指纳税人转让房地产的收入减去税法规定准予扣除项目金额后的余额。

2. 征税面比较广

凡在我国境内转让房地产并取得增值收入的单位和个人，除税法规定免税的外，无论其经济性质如何，均应依照税法规定缴纳土地增值税。

3. 实行超率累进税率

即以征税对象数额的相对率划分若干级距，分别规定相应的差别税率，相对率每超过一个级距，对超过的部分就按高一级的税率计算征税。增值率高的，适用高税率，多纳税；增值率低的，适用的税率低，少纳税，税收负担合理。

4. 实行按次征收

土地增值税发生在房地产转让环节，实行按次征收，每发生一次转让行为，就应根据每次取得的增值额征收一次税。其纳税时间和缴纳方法根据房地产转让情况而定。

任务二　土地增值税主要法律规定

任务目标

掌握土地增值税的纳税人、征税范围、税率，熟悉土地增值税的税收优惠。

一、土地增值税的纳税人

《土地增值税暂行条例》规定，土地增值税的纳税人是指在我国境内转让国有土地使用权及地上的一切建筑物及其附着物产权，并取得收入的一切单位和个人。包括机关、团体、部队、企业、事业单位、个体工商户及境内其他单位和个人，还包括外商投资企业、外国企业、外国机构、华侨、中国港澳台同胞及外籍人员等。

二、土地增值税的征税范围

（一）一般规定

（1）土地增值税只对“转让”国有土地使用权的行为征税，对“出让”国有土地使用权的行为不征税。

（2）土地增值税既对转让国有土地使用权的行为征税，也对转让地上建筑物及其他附着物产权的行为征税。

（3）土地增值税只对“有偿转让”的房地产征税，对以“继承、赠与”等方式无偿转让的房地产，不予征税。不予征收土地增值税的行为主要包括两种：一是房产所有人、土地使用人将房产、土地使用权赠与“直系亲属或者承担直接赡养义务人”。二是房产所有人、土地使用人通过中国境内非营利的社会团体、国家机关将房屋产权、土地使用权赠与教育、民政和其他社会福利、公益事业。

（二）特殊规定

（1）以房地产进行投资联营一方以土地作价入股进行投资或者作为联营条件，免征土地增值税。

（2）房地产开发企业将开发的房产转为自用或者用于出租等商业用途，如果产权没有发生转移，不征收土地增值税。

（3）房地产的互换，由于发生了房产转移，因此属于土地增值税的征税范围。但是对于个人之间互换自有居住用房的行为，经过当地税务机关审核，可以免征土地增值税。

综上所述，界定土地增值税征税范围的标准有三个：一是转让的土地使用权必须是国家所有的；二是产权必须发生转移；三是必须取得增值额。

三、土地增值税的税率

土地增值税实行30%～60%的四级超率累进税率。土地增值额未超过扣除项目金额50%的部分，税率为30%；增值额超过扣除项目50%、未超过100%的部分，税率为40%；增值额超过扣除项目100%、未超过200%的部分，税率为50%；增值额超过扣除项目200%以上的部分，税率为60%. 具体见表2.4.2。

表2.4.2 土地增值税的税率

级数	增值额占扣除项目金额的比率	适用税率	速算扣除数
1	50%以下(含50%)	30%	0
2	50%～100%(含100%)	40%	5%
3	100%～200%(含200%)	50%	15%
4	200%以上	60%	35%

四、土地增值税的税收优惠

(1) 纳税人建造普通标准住宅出售，增值额未超过扣除项目金额20%的免税。普通住宅不包括高级别墅、高级公寓、度假村及超面积、超标准豪华装修的住宅，普通标准住宅和其他住宅的具体划分标准由各省、自治区和直辖市人民政府规定。纳税人建造标准住宅出售，增值额超过扣除项目金额20%的，应就其全部增值额按规定计税。

(2) 国家建设需要依法征用、收回的房地产，免征土地增值税。税法之所以对政府依法征用、收回的房地产免税主要是因为经营这类房地产一般属于政策上必建的微利项目。因此，国家应从政策上给予支持和鼓励，同时也可以避免征收土地增值税后又征所得税，从而导致负担过重。

(3) 自2008年11月1日起，对居民个人转让住房一律免征土地增值税。

(4) 企事业单位、社会团体以及其他组织转让旧房作为廉租房、经济适用房房源且增值额未超过扣除项目20%的，免征土地增值税。

任务三　土地增值税的计算缴纳和会计核算

任务目标

掌握土地增值税应纳税额的计算，熟悉土地增值税的申报缴纳，学会对土地增值税进行会计核算。

一、土地增值税的计算

土地增值税以纳税人转让房地产取得的增值额和规定的税率计算征收，用公式表示为：

$$应纳税额=\sum(每级距的土地增值额\times适用税率)$$

在实际工作中，一般采用速算扣除法计算，公式如下：

$$应纳土地增值税=土地增值额\times适用税率-扣除项目金额\times速算扣除率$$

在这里,土地增值税的计税依据是转让房地产所取得的增值额,土地增值额是指纳税人转让房地产的收入减除按税法规定的扣除项目后的金额。用公式表示为:

增值额=转让房地产收入总额-扣除项目金额

因此,要正确计算土地增值税首先要确定土地增值额,而确定土地增值额关键取决于转让房地产取得的收入和扣除项目的金额两个因素。对这两个因素的内涵、范围及确定方法,税法都作了明确的规定。

(一) 转让房地产收入的确定

纳税人转让房地产的收入,是指纳税人转让房地产的全部价款及有关经济利益的总和,具体包括货币收入、实物收入和其他收入。

转让房地产收入如为外币的,应以取得收入当天或当月1日国家公布的外汇牌价折合成人民币计税;转让房地产收入为实物收入的,要按收入的市场价格折算出货币收入;转让房地产收入如为一项无形资产,则要进行专门的评估,在确定其价值后折算成货币收入。

(二) 扣除项目及其金额的确定

税法中允许扣除的项目依据具体内容的不同可分为以下六类:

1. 取得土地使用权所支付的金额

是指纳税人为取得土地使用权支付的地价款和按国家统一规定缴纳的有关费用之和。这里支付的“地价款”主要有三种情况:一是以协议、招标、拍卖等出让方式取得土地使用权的,为支付的土地出让金;二是以转让方式取得土地使用权的,为向原土地使用权人实际支付的地价款;三是以行政划拨方式取得土地使用权的,为按规定补缴的土地出让金。这里的“有关费用”是纳税人在取得土地使用权过程中办理相关手续按规定缴纳的有关登记、过户手续费等费用。

2. 房地产开发成本

是指纳税人开发土地和新建房及配套设施等项目实际发生的成本,具体包括土地征用及拆迁补偿费、前期工程费、建筑安装工程费、基础设施费、公共配套设施费及开发间接费用。

3. 房地产开发费用

是指与房地产开发项目有关的销售费用、管理费用和财务费用。根据会计制度规定,这三项费用作为期间费用应直接计入当期损益,不按房地产开发项目进行归集和分摊。《土地增值税暂行条例实施细则》对有关费用的扣除,尤其是财务费用中数额较大的利息费用支出作了较为详细的规定。

一是财务费用中的利息支出,凡能够按转让房地产项目计算分摊并提供金融机构证明的,允许据实扣除,但最高不得超过按商业银行同类同期贷款利率计算的金额;其他的开发费用,按取得土地使用权所支付的上述1、2项之和的5%以内计算扣除。用公式表示为:允许扣除的房地产开发费用=利息+(取得土地使用权所支付的金额+房地产开发成本)×5%以内。

二是财务费用中的利息支出,凡不能按转让房地产项目计算分摊或不能提供金融机构证明的,则所有的房地产开发费用按取得土地使用权所支付的上述1、2项之和的10%以内计算扣除。用公式表示为:允许扣除的房地产开发费用=(取得土地使用权所支付的金额+

房地产开发成本)×10%以内。

上述计算扣除的具体比例,由各省、自治区、直辖市人民政府规定。

4. 与转让房地产有关的税金

是指转让房地产时缴纳的营业税、城市维护建设税、印花税,教育费附加也可视同税金予以扣除。需强调的是,这里允许扣除的印花税,是指在转让房地产时缴纳的印花税,房地产开发企业缴纳的印花税直接列入管理费用,不再单独扣除;房地产开发企业以外的其他纳税人在计算土地增值税时,允许扣除在转让环节缴纳的印花税。

5. 旧房及建筑物的评估价格

是指转让已使用房屋及建筑物时,由政府批准设立的房地产评估机构评定的重置成本乘以成新度折扣率后的价格。评估价格需经当地税务机关确认。

6. 加计扣除

对从事房地产开发的纳税人可按取得土地使用权所支付的金额与房地产开发成本金额之和的20%加计扣除。用公式表示为:加计扣除费用=(取得土地使用权支付的金额+房地产开发成本)×20%。

这项扣除政策的基本立法意图是保证一般正常从事房地产开发的纳税人取得基本的投资回报,调动房地产开发企业开发的积极性。因此,对于取得土地使用权或房屋产权后未进行开发即转让的,不允许加计20%扣除。

需要注意的是,为了准确计算转让房地产取得的收入总额和扣除项目金额,税法规定,纳税人有下列情况之一的,按照房地产评估价格计算征税:一是隐瞒、虚报房地产成交价的,应由评估机构参照同类房地产成交的市场交易价格进行评估,税务机构根据评估价格确定转让收入;二是提供扣除项目金额不实的,应由评估机构按照房屋重置成本乘以成新度折扣率计算的房屋成本和取得土地使用权时的基准地价进行评估,税务机构据此确定扣除项目金额;三是转让房地产成交价格低于房地产评估价格,又无正当理由的,应由税务机关参照评估价格确定转让收入。

(三) 土地增值税应纳税额的计算方法与示例

土地增值税应纳税额计算方法主要有两种:

1. 分步计算法

即先计算出每一级的增值额及应纳税额,然后相加得出纳税人转让该项房地产的应纳税额,具体计算时可分两个步骤:

第一步,计算各级距的增值额。计算公式为:

第一级增值额=扣除项目金额×50%

第二级增值额=扣除项目金额×(100%-50%)

第三级增值额=扣除项目金额×(200%-100%)

第四级增值额=全部应纳税增值额-以上各级增值额之和

第二步,以每级的增值额乘以该级的税率,得出该级的应纳税额,然后相加即为纳税人全部的应纳税额。计算公式为:应纳税额=$\sum$(每级距的土地增值额×适用税率)。

2. 速算法

该种方法是事先计算出各级的速算扣除率,然后计算出应纳税额。具体计算过程如下:

第一,计算增值额。增值额=收入总额-扣除项目金额。

第二,计算增值率。增值率=(增值额÷扣除项目金额)×100%。

第三,确定适用税率。依据计算出的增值率,按其税率表确定适用税率。

第四,确定土地增值税应纳税额。应纳税额=增值额×该级税率-扣除项目金额×该级的速算扣除率。

【示例1】 某房地产开发公司出售一幢楼房,实现销售收入2 000万元,随即依法缴纳营业税、城市维护建设税、教育费附加和印花税,相关税金税率为:营业税5%,城建税7%,教育费附加3%,印花税按产权转移书据所载金额的0.5‰缴纳。根据有关资料查实,该公司建造该幢楼房为取得土地使用权而支付的地价款为500万元;投入的房地产开发成本为300万元;发生的开发费用合计为80万元,其中利息支出30万元,能按出售房地产项目计算分摊,并有金融机构证明;该房产所在地规定房地产开发费用的扣除比率为3%,计算该房地产开发公司出售该幢楼房应纳的土地增值税。

【计算与分析】 (1)转让房地产收入为2 000(万元)。

(2)各扣除项目金额的确定:

取得土地使用权所支付的金额=500(万元)

房地产开发成本=300(万元)

房地产开发费用=30+(500+300)×3%=54(万元)

与转让房地产有关的税金=2 000×5%×(1+7%+3%)=110(万元)

注:印花税直接列入管理费用,不再单独扣除。

加计20%扣除数=(500+300)×20%=160(万元)

扣除项目金额合计=500+300+54+110+160=1 124(万元)

土地增值额=2 000-1 124=876(万元)

(3)应纳土地增值税的计算有两种计算方法:

方法一:

应纳土地增值税=$\sum$(每级距的土地增值额×适用税率)

第一级增值额=1 124×50%=562(万元)

第二级增值额=876-562=314(万元)

应纳税额=562×30%+314×40%=294.2(万元)

方法二:

土地增值额=2 000-1 124=876(万元)

增值率=(876÷1 124)×100%≈78%

应纳土地增值税=876×40%-1 124×5%=294.2(万元)

【示例2】 某单位(非房地产开发企业)转让一幢旧厂房,当时造价为200万元,无偿取得土地使用权,如果按照现行的市场价格建造同样的房子需800万元,该房子六成新,按1 200万元出售,支付有关税费共计66.6万元(含印花税0.6万元),计算该单位转让该厂房应缴纳的土地增值税额。

【计算与分析】 (1)转让收入为1 200万元。

(2)扣除项目金额=800×0.6+66.6=546.6(万元)。

(3)增值额=1 200-546.6=653.4(万元)。

(4)增值率=653.4÷546.6≈120%。

(5)应纳税额=546.6×50%×30%+546.6×(100%-50%)×40%+(653.4-546.6)

×50%＝244.71（万元）或应纳税额＝653.4×50%－546.6×15%＝244.71（万元）。

二、土地增值税的缴纳

1. 纳税时间和缴纳方法

根据《土地增值税暂行条例》规定，纳税人应在转让房地产合同签订之日起 7 日内向所在地税务机关办理纳税申报，并在税务机关核定的期限内缴纳土地增值税。纳税人因经常发生房地产转让而难以每次转让后申报的，经税务机关同意，可以定期纳税。在实际操作中，由于计算缴纳土地增值税要涉及房地产开发费用和成本，有时还需要进行评估等，因此，其纳税时间就不可能同其他税种那样作统一规定，具体情况由税务机关分不同情况确定。

2. 纳税地点

土地增值税由房地产所在地的税务机关负责征收。房产所在地是指房地产坐落地，无论纳税人的机构所在地、经营所在地、居住所在地设在何处，均应在转让的房地产所在地申报纳税。

三、土地增值税的会计核算

企业缴纳的土地增值税应通过"应交税费——应交土地增值税"账户核算，在具体核算时应根据不同性质的企业分别进行账务处理。

（一）主营房地产的企业

企业计算出当期应纳的土地增值税时，借记"主营业务税金及附加"账户，贷记"应交税费——应交土地增值税"账户；企业用银行存款缴纳土地增值税时，借记"应交税费——应交土地增值税"账户，贷记"银行存款"账户。

【示例 3】 承示例 1，该房地产公司缴纳土地增值税的有关账务处理如下：

(1) 计算应纳土地增值税时的账务处理：

借：主营业务税金及附加　　2 942 000

　贷：应交税费—应交土地增值税　　2 942 000

(2)实际缴纳时的账务处理：

借：应交税费—应交土地增值税　　2 942 000

　贷：银行存款　　2 942 000

（二）兼营房地产企业

企业计算出当期应纳的土地增值税时，借记"其他业务支出"账户，贷记"应交税费——应交土地增值税"账户；企业用银行存款缴纳土地增值税时，借记"应交税费——应交土地增值税"账户，贷记"银行存款"账户。

（三）不从事房地产业务的企业

企业转让的国有土地使用权及地上建筑物和附着物原先在"固定资产"或"在建工程"账户核算的，其在转让时应缴纳的土地增值税，应借记"固定资产清理"或"在建工程"账户，贷记"应交税费——应交土地增值税"账户；企业用银行存款缴纳土地增值税时，借记"应交税费——应交土地增值税"账户，贷记"银行存款"账户。

【示例 4】 承示例 2,该单位缴纳土地增值税的有关账务处理如下:

(1) 计算应纳土地增值税时的账务处理:

借:固定资产清理　　2 447 100

　贷:应交税费——应交土地增值税　　2 447 100

(2) 实际缴纳时的账务处理:

借:应交税费——应交土地增值税　　2 447 100

　贷:银行存款　　2 447 100

项目小结

土地增值税是对有偿转让国有土地使用权及地上建筑物和其他附着物产权并取得增值性收入的单位和个人所征收的一种税。土地增值税以转让房地产取得的增值额为计税依据,实行四级超率累进税率,在房地产转让环节,实行按次征收。开征土地增值税有利于加强国家对房地产开发、交易行为的宏观调控,抑制土地炒买炒卖的投机行为,保障国家的土地权益,规范国家参与土地增值收益的分配方式,增加财政收入。

思考与讨论

1. 什么是土地增值税?开征土地增值税有何意义?
2. 如何理解土地增值税的征税范围及纳税义务人?
3. 房地产开发企业和非房地产开发企业在转让房地产时,扣除项目的确定有何不同?

训练与测试

一、单项选择

1. 纳税人如果不能按转让房地产项目计算分摊利息支出,其房地产开发费用按地价款加开发成本之和的(　　)计算扣除。

A. 5%之内　　B. 10%以内　　C. 10%　　D. 20%以内

2. 集体所有的土地自行转让(　　)。

A. 属于违法行为　　B. 应予征收土地增值税

C. 对其增值额征收土地增值税　　D. 应予免税

3. 根据土地增值税相关规定,下列行为中,需要缴纳土地增值税的是(　　)。

A. 某人将自己一套闲置的住房出售

B. 某人将个人的房产无偿赠与自己的子女

C. 某房地产开发企业以建造的商品房作价入股进行对外投资

D. 某企业通过残疾人联合会将一套房产无偿赠与当地一家福利企业

4. 依据土地增值税相关规定,纳税人办理纳税申报的期限是(　　)。

A. 签订房地产建筑合同之日起 30 日内

B. 自转让房地产合同签订之日起 7 日内

C. 向有关部门办理过户登记手续之日起 7 日内

D. 签订房地产转让合同且收回款项之日起10日内

5. 出售旧房及建筑物计算土地增值税的增值额时，其扣除项目金额中的旧房及建筑物的评估价格应按(　　)计算。

A. 账面余额　　B. 重置成本

C. 账面原值乘以成新折扣率　　D. 重置成本价乘以成新折扣率

6. 某公司销售一幢已经使用过的办公楼，取得收入500万元，办公楼原价480万元，已提折旧300万元。经房地产评估机构评估，该楼重置成本价为800万元，成新度折扣率为五成，销售时缴纳相关税费30万元。该公司销售该办公楼应缴纳土地增值税(　　)万元。

A. 21　　B. 30　　C. 51　　D. 60

7. 土地增值税的纳税人是法人的，如果转让的房地产坐落地与其机构所在地或经营所在地不一致，则应在(　　)的税务机关申报纳税。

A. 房地产坐落地所管辖　　B. 机构所在地所管辖

C. 经营所在地所管辖　　D. 房地产转让实现地

8. 现行土地增值税实行的税率属于(　　)。

A. 比例税率　　B. 超额累进税率　　C. 超率累进税率　　D. 定额税率

二、多项选择

1. 土地增值税的扣除项目有(　　)。

A. 与转让房地产有关的税金　　B. 土地征用费

C. 房地产开发销售费用　　D. 基础设施费

2. 土地增值税中由税务机关核定转让收入的情形有(　　)。

A. 虚报房地产成交价

B. 房地产成交价高于其评估价

C. 房地产成交价低于其评估价又无正当理由

D. 隐瞒房地产成交价

3. 下列各项中，属于土地增值税征税范围的有(　　)。

A. 转让国有土地使用权　　B. 出让国有土地使用权

C. 转让地上建筑物产权　　D. 转让地上附着物产权

4. 房地产开发公司支付的下列相关税费，可列入加计20%扣除范围的有(　　)。

A. 取得土地使用权缴纳的契税　　B. 占用耕地缴纳的耕地占用税

C. 销售过程中发生的销售费用　　D. 开发小区内的道路建设费用

5. 下列各项中，属于土地增值税免税范围的有(　　)。

A. 房产所有人将房产赠与直系亲属

B. 个人之间互换自有居住用房地产

C. 个人因工作调动而转让购买满5年的经营性房产

D. 因国家建设需要而搬迁，由纳税人自行转让房地产

三、思考并判断

1. 两个单位互换房产，双方都应缴纳土地增值税。(　　)

2. 房地产开发企业印花税已列入管理费用中，故不允许扣除。(　　)

3. 纳税人提供扣除项目不实的应按照房地产评估价格计算征收土地增值税。(　　)

4. 单位或个人只要有偿转让房地产，均为土地增值税的纳税人。(　　)

5. 土地增值额占转让收入比率不超过50%的，适用的土地增值税税率为30%。(　　)

四、实务题

1. 某房地产开发公司建造一幢普通标准住宅出售，取得销售收入600万元(假设城建税税率为7%，教育费附加征收率为3%)。该公司为建造普通标准住宅而支付的地价款为100万元，建造此楼投入了300万元的房地产开发成本，另该地规定房地产开发费用的计提比例为8%，计算该公司转让此普通标准住宅应缴纳土地增值税。

2. 某单位有一幢旧楼房转让后，实现转让收入2 000万元，随即依法缴纳了有关税金(税率为印花税0.5‰，营业税5%，城建税7%，教育费附加3%)，根据有关资料查实，该楼当时造价600万元，现经当地政府批准设立的房地产评估公司评定，确定其重置成本价格为2 500万元，楼房现有五成新，根据有关规定转让以行政划拨方式取得的土地使用权补交出让金100万元，计算应纳土地增值税。

项目(三)　城镇土地使用税

项目目标及能力培养

熟悉城镇土地使用税的基本征收制度，掌握城镇土地使用税的计算和缴纳。

知识点或技能点

城镇土地使用税的开征范围、纳税人、税率；城镇土地使用税的税收优惠；城镇土地使用税的计算缴纳与会计核算。

案例导入

某市地税部门2011年5月在对某投资公司纳税检查时发现，该公司于2009年6月30日和国土局签订一份国有土地转让合同，并支付定金500万元。约定于当年12月31日交付土地。但该公司在2010年和2011年并没有向税务部门申报缴纳城镇土地使用税，该公司解释说，因为金融危机，这片土地暂时还没有开发，所以土地一致闲置着，不需要缴税。

问题思考：① 该片还没有开发的土地是否要纳城镇土地使用税？② 该投资公司应如何补税？

任务一　认识城镇土地使用税

任务目标

理解城镇土地使用税的含义，明确征收城镇土地使用税的意义。

一、城镇土地使用税的概念

城镇土地使用税是以开征范围的土地为征税对象，以实际占用的土地面积为计税标准，按规定的税额向使用土地的单位和个人征收的一种税。

1988年9月27日国务院发布了《中华人民共和国城镇土地使用税暂行条例》。随着土地有偿使用制度的实施和经济的快速发展，土地需求逐渐增加，土地价值不断攀升，1988年规定的税额标准就明显偏低。此外，仅对内资纳税人征收城镇土地使用税也不符合公平税负、鼓励竞争的原则。根据上述情况，国务院于2006年12月30日重新修订、公布了《中华人民共和国城镇土地使用税暂行条例》，并自2007年1月1日起执行。此次修订的主要内容为：一是将税额幅度提高两倍；二是将征税对象扩大到外商投资企业、外国企业、外籍个人。

二、城镇土地使用税的征收作用

(1) 能够促进土地资源的合理配置和节约使用，提高土地使用效益；

(2) 能够调节不同地区因土地资源的差异而形成的级差收入；

(3) 有利于进一步增加地方财政收入，完善地方税体系。

任务二　城镇土地使用税主要法律规定

任务目标

掌握城镇土地使用税的纳税人、征税范围、税率，熟悉城镇土地使用税征收管理规定。

一、城镇土地使用税纳税人

城镇土地使用税的纳税人是在城市、县城、建制镇、工矿区范围内使用土地的单位和个人，这里所称单位，包括国有企业、集体企业、私营企业、股份制企业、外商投资企业、外国企业以及其他企业和事业单位、社会团体、国家机关、军队以及其他单位；所称个人，包括个体工商户以及其他个人。具体规定如下：

(1) 城镇土地使用税由拥有土地使用权的单位或个人缴纳；

(2) 土地使用权未确定或权属纠纷未解决的，由实际使用人纳税；

(3) 土地使用权共有的，由共有各方分别纳税。

注：2007年1月1日起，国家将外商投资企业、外国企业列为城镇土地使用税的纳税人。

二、城镇土地使用税征税范围

城镇土地使用税的征税范围，包括在城市、县城、建制镇和工矿区内的国家所有和集体所有的土地。

三、城镇土地使用税税率

城镇土地使用税采用定额税率，即采用有幅度的差别税额，按大、中、小城市和县城、建制镇、工矿区分别规定每平方米土地使用税年应纳税额。具体标准如下：

(1) 大城市1.5元至30元；

(2) 中等城市1.2元至24元；

(3) 小城市0.9元至18元；

(4) 县城、建制镇、工矿区0.6元至12元。

大、中、小城市以公安部门登记在册的非农业正式户口人数为依据，按照国务院颁布的《城市规划条例》中规定的标准划分。人口在50万以上者为大城市；人口在20万至50万之间者为中等城市；人口在20万以下者为小城市。城镇土地使用税税率如表2.4.3所示。

各省、自治区、直辖市人民政府可根据市政建设情况和经济繁荣程度在规定税额幅度内，确定所辖地区的适用税额幅度。经济落后地区，土地使用税的适用税额标准可适当降低，但降低额不得超过上述规定最低税额的30%。经济发达地区的适用税额标准可以适当提高，但须报财政部批准。

表2.4.3　城镇土地使用税税率表

级别	人口(人)	每平方米税额(元)
大城市	50万以上	1.5～30
中等城市	20万～50万	1.2～24
小城市	20万以下	0.9～18
县城、建制镇、工矿区		0.6～12

四、税收优惠

下列土地免缴城镇土地使用税：

(1) 国家机关、人民团体、军队自用的土地；

(2) 由国家财政部门拨付事业经费的单位自用的土地；

(3) 宗教寺庙、公园、名胜古迹自用的土地；

(4) 市政街道、广场、绿化地带等公共用地；

(5) 直接用于农、林、牧、渔业的生产用地；

(6) 经批准开山填海整治的土地和改造的废弃土地，从使用的月份起免缴土地使用税5年至10年；

(7) 由财政部另行规定免税的能源、交通、水利设施用地和其他用地。

位于城镇土地使用税征税范围内的煤炭企业已取得土地使用权，未利用的塌陷地，自2006年9月1日起恢复征收城镇土地使用税。房地产开发公司经批准开发建设经济适用房的用地，免征城镇土地使用税。

企业关闭、撤销后，其占地未作他用的，经各省、自治区、直辖市税务局批准，可暂免征收城镇土地使用税。

除上述规定外，纳税人缴纳土地使用税确有困难需要定期减免的，由省、自治区、直辖市税务机关审核后，报国家税务局批准。

任务三　城镇土地使用税的计算缴纳和会计核算

任务目标

掌握城镇土地使用税应纳税额的计算，熟悉城镇土地使用税的申报缴纳，学会对城镇土地使用税进行会计核算。

一、城镇土地使用税的计算

土地使用税以纳税人实际占用的土地面积为计税依据，依照规定税额计算征收。其计算公式为：全年应纳税额＝计税土地面积（平方米）×适用税额。

土地使用权由几方共有的，由共有各方按各自实际使用土地面积占总面积的比例，分别计算缴纳土地使用税。

【示例1】 某市一服装厂坐落在该市繁华地段，企业土地使用证上记载占用土地面积为3 000平方米，经确定属一等地段；该厂另设一个统一核算的分厂坐落在市区三等地段，占地5 000平方米；一座仓库位于市郊，属五等地段，占地面积为1 000平方米；另外，该企业自办托儿所，占地面积2 100平方米，属三等地段。计算该厂全年应纳城镇土地使用税。（注：该市一等地段年税额6元/平方米，三等地段年税额3元/平方米，五等地段年税额1元/平方米，当地规定托儿所占地面积免征土地使用税。）

【计算与分析】 (1) 服装厂占地应纳税额＝3 000×6＝18 000（元）。

(2) 分厂占地应纳税额＝5 000×3＝15 000（元）。

(3) 仓库占地应纳税额＝1 000×1＝1 000（元）。

(4) 服装厂自办托儿所按规定免税。

全年应纳城镇土地使用税＝18 000＋15 000＋1 000＝34 000（元）

二、城镇土地使用税缴纳

（一）城镇土地使用税纳税义务发生时间

(1) 购置新建商品房，自房屋交付使用之次月起计征城镇土地使用税。

(2) 购置存量房，自办理房屋权属转移、变更登记手续，房地权属登记机关签发房屋权属证书之次月起计征城镇土地使用税。

(3) 出租、出借房产，自交付出租、出借房产之次月起计征城镇土地使用税。

(4) 房地产开发企业自用、出租、出借本企业建造的商品房，自房屋使用或交付之次月起计征城镇土地使用税。

纳税人新征用的土地，必须于批准新征用之日起30日内申报登记。

（二）城镇土地使用税的缴纳

土地使用税按年计算、分期缴纳。缴纳期限由省、自治区、直辖市人民政府确定。

土地使用税由土地所在地的税务机关征收。土地管理机关应当向土地所在地的税务机关提供土地使用权属资料。

新征用的土地，依照下列规定缴纳土地使用税：

(1) 征用的耕地，自批准征用之日起满1年时开始缴纳土地使用税。

(2) 征用的非耕地，自批准征用次月起缴纳土地使用税。

三、城镇土地使用税的会计核算

城镇土地使用税税金通过“管理费用”和“应交税费——应交城镇土地使用税”账户核算。

【示例 2】 承示例 1,服装城应进行如下账务处理:

(1) 计算应纳城镇土地使用税时的账务处理:

借:管理费用——城镇土地使用税　　34 000

　贷:应交税费——应交城镇土地使用税　　34 000

(2) 实际缴纳城镇土地使用税时的账务处理:

借:应交税费——应交城镇土地使用税　　34 000

　贷:银行存款　　34 000

项目小结

城镇土地使用税是以城市、县城、建制镇、工矿区范围内土地为征税对象,以实际占用的土地面积为计税标准,按规定的税额向使用土地的单位和个人征收的一种税。城镇土地使用税采用定额税率,即采用有幅度的差别税额,按大、中、小城市和县城、建制镇、工矿区分别规定每平方米土地使用税年应纳税额。城镇土地使用税属于地方税。开征城镇土地使用税,能够促进土地资源的合理配置和节约使用,提高土地使用效益;调节不同地区因土地资源的差异而形成的级差收入;有利于增加地方财政收入,完善地方税体系。

思考与讨论

1. 什么是城镇土地使用税? 开征城镇土地使用税有何意义?
2. 城镇土地使用税的适用税额是怎样确定的?

训练与测试

一、单项选择

1. 下列属于城镇土地使用税计税依据的是(　　)。

A. 建筑面积　　B. 实际占用的土地面积

C. 使用面积　　D. 居住面积

2. 我国现行城镇土地使用税的税率形式为(　　)。

A. 比例税率　　B. 累进税率　　C. 定额税率　　D. 复合税率

3. 下列应征土地使用税的是(　　)。

A. 财政局办公楼　　B. 学校出租的房屋　　C. 公园自用土地　　D. 军队训练场

4. 下列不属于城镇土地使用税征税范围的有(　　)。

A. 农村　　B. 县城　　C. 城市　　D. 工矿区

5. 关于城镇土地使用税的说法,不正确的是(　　)。

A. 凡公共用地均可免征城镇土地使用税

B. 煤炭企业已取得土地使用权但未利用的塌陷地须缴纳城镇土地使用税

C. 房地产开发公司经批准开发建设经济适用房的用地,免征城镇土地使用税

D. 企业关闭撤销后的占地未作他用的,经各省、自治区、直辖市财政部门批准,暂免征收城镇土地使用税

二、多项选择

1. 城镇土地使用税的纳税人包括(　　)。

A. 拥有土地使用权的单位　　B. 拥有土地使用权的个人

C. 土地使用人　　D. 土地使用权共有的各方

2. 关于城镇土地使用税的说法，正确的有(　　)。

A. 城镇土地使用税调节的是土地的级差收入

B. 城镇土地使用税只在城市、县城、建制镇、工矿区范围内征收

C. 城镇土地使用权属纠纷未解决的，由实际使用人纳税

D. 纳税单位无偿使用免税单位的土地，由实际使用人纳税

3. 以下土地中，可以免征城镇土地使用税的有(　　)。

A. 盐场的生产厂房用地　　B. 港口的码头用地

C. 机场飞行区用地　　D. 房地产开发公司建造商品房的用地

4. 关于城镇土地使用税的说法，正确的有(　　)。

A. 由《城镇土地使用税暂行条例》统一规定分级幅度税额

B. 经济发达地区城镇土地使用税可适当提高，但须报经国家税务总局批准

C. 经省、自治区、直辖市人民政府批准，经济落后地区的城镇土地使用税适用税额标准可以适当降低，但降低额不得超过规定的最低税额的30%

D. 省、自治区、直辖市人民政府应当在法定税额幅度内，根据市政建设状况、经济繁荣程度等条件，确定所辖地区的适用税额幅度

三、思考并判断

1. 凡在中国境内的单位和个人，均应依法缴纳城镇土地使用税。(　　)

2. 纳税人尚未领取土地证书的，先据实申报，等土地证书核发下来后多退少补。(　　)

3. 在城镇范围内纳税人占用耕地，已依法缴纳了耕地占用税后，不再缴纳城镇土地使用税。(　　)

4. 城镇使用税的免税单位无偿使用纳税单位的土地需纳税。(　　)

5. 大中型工矿企业所占用的空间范围即为工矿区，其实际占用的土地均应依法缴纳城镇土地使用税。(　　)

四、实务题

1. 某公司2010年提供的政府部门核发的土地使用证书显示：公司实际占地面积80 000平方米，其中：农业生产用地30 000平方米，其余均为生产经营用地，每平方米土地年税额为5元，计算该公司2010年应纳的城镇土地使用税。

2. 甲企业和乙企业共同使用面积为10 000平方米的土地，甲企业使用其中的60%，乙企业使用其中的40%。除此之外，经有关部门的批准，乙企业在2011年1月份新征用耕地6 000平方米。甲乙企业共同使用土地所处地段的城镇土地使用税年税额为4元/平方米，乙企业新征用土地所处地段的土地使用税年税额为2元/平方米。计算2011年甲、乙企业各自应缴纳城镇土地使用税

项目(四)　耕地占用税

项目目标及能力培养

熟悉耕地占用税的基本征收制度,掌握耕地占用税的计算和缴纳。

知识点或技能点

耕地占用税的特点、征税范围;耕地占用税的计算和征收管理。

案例导入

农村某居民占用自用耕地新建住宅,税务部门让其缴纳耕地占用税,该居民很是不解,占用自家耕地建房为什么还要交税呢?

问题思考:① 该农村居民是否需要缴纳耕地占用税? ② 占用自家耕地建房还要纳税吗?

任务一　认识耕地占用税

任务目标

理解耕地占用税的概念和特点,明确耕地占用税的开征意义。

一、耕地占用税的概念

耕地占用税是对占用耕地建房或从事其他非农业建设的单位和个人,就其实际占用的耕地面积征收的一种税。耕地占用税现行的法律规范是国务院于2007年12月1日修改公布并定于2008年1月1日施行的《中华人民共和国耕地占用税暂行条例》和财政部、国家税务总局于2008年2月26日公布的《中华人民共和国耕地占用税暂行条例实施细则》。

二、耕地占用税的特点

耕地占用税与其他税种相比,具有比较鲜明的特点,主要表现在:

1. 兼具资源税与特定行为税的性质

耕地占用税以占用农用耕地建房或从事其他非农用建设的行为为征税对象,以约束纳税人占用耕地的行为、促进土地资源的合理运用为课征目的,除具有资源占用税的属性外,还具有明显的特定行为税的特点。

2. 采用地区差别税率

耕地占用税采用地区差别税率,根据不同地区的具体情况,分别制定差别税额,以适应我国地域辽阔、各地区之间耕地质量差别较大、人均占有耕地面积相差悬殊的具体情况,具有因地制宜的特点。

3. 在占用耕地环节一次性课征

耕地占用税在纳税人获准占用耕地的环节征收，除对获准占用耕地后超过两年未使用者须加征耕地占用税外，此后不再征收耕地占用税。因而，耕地占用税具有一次性征收的特点。

4. 税收收入专用于耕地开发与改良

耕地占用税收入按规定应用于建立发展农业专项基金，主要用于开展宜耕土地开发和改良现有耕地之用，因此，具有“取之于地、用之于地”的补偿性特点。

小 知 识

城镇土地使用税和耕地占用税的区别

城镇土地使用税和耕地占用税不同之处在于，耕地占用税是在全国范围内，就改变耕地用途的行为在土地取得环节一次性征收的税种，目的是保护耕地。而城镇土地使用税是在城市、县城、建制镇和工矿区范围内，在土地的持有和使用环节征收的一种税，目的是引导企业节约土地，促进土地资源的合理配置。城镇土地使用税按年计算，分期缴纳。

城镇土地使用税和耕地占用税是在不同环节征收的税种，因此，占用耕地的纳税人在缴纳耕地占用税以后，在土地持有和使用过程中仍要缴纳城镇土地使用税。但是在占用耕地的当年，考虑到纳税人已经支付了较高的补偿费，缴纳了耕地占用税，因此，《城镇土地使用税暂行条例》将其缴纳城镇土地使用税的纳税义务发生时间设置为批准征用耕地的1年以后，从而保证耕地占用税和城镇土地使用税的合理衔接。

任务二 耕地占用税主要法律规定

任务目标

掌握耕地占用税的纳税人、征税范围、税率，熟悉耕地占用税征收管理规定。

一、纳税人

耕地占用税的纳税人是占用耕地建房或者从事非农业建设的单位或者个人。单位包括国有企业、集体企业、私营企业、股份制企业、外商投资企业、外国企业以及其他企业和事业单位、社会团体、国家机关、部队以及其他单位；个人包括个体工商户以及其他个人。

二、征税范围

耕地占用税的征收范围是建房或其他非农业建设占用的耕地。即衡量是否属于耕地占用税的征税范围必须同时具备两个条件：一是限于占用耕地；二是限于建房或从事其他非农业建设用地。

三、税率

耕地占用税实行地区差别幅度定额税率，即根据人均耕地面积的多少划分四类地区，分别按占用耕地的平方米规定有幅度的税额。耕地占用税的单位税额具体规定如下：

(1) 人均耕地不超过1亩的地区(以县级行政区域为单位,下同),每平方米为10元至50元;

(2) 人均耕地超过1亩但不超过2亩的地区,每平方米为8元至40元;

(3) 人均耕地超过2亩但不超过3亩的地区,每平方米为6元至30元;

(4) 人均耕地超过3亩的地区,每平方米为5元至25元。

各地适用税额,由省、自治区、直辖市人民政府在上述规定的税额幅度内,根据本地区情况核定。各省、自治区、直辖市人民政府核定的适用税额的平均水平,不得低于国务院财政、税务主管部门规定的平均税额。

经济特区、经济技术开发区和经济发达且人均耕地特别少的地区,适用税额可以适当提高,但是提高的部分最高不得超过上述规定的当地适用税额的50%。

占用基本农田的,适用税额应当在当地适用税额的基础上提高50%。

四、税收优惠

(1) 下列情形免征耕地占用税:

① 军事设施占用耕地;

② 学校、幼儿园、养老院、医院占用耕地。

(2) 下列情形减征耕地占用税:

① 铁路线路、公路线路、飞机场跑道、停机坪、港口、航道占用耕地,减按每平方米2元的税额征收耕地占用税。根据实际需要,国务院财政、税务主管部门商国务院有关部门并报国务院批准后,可以对前款规定的情形免征或者减征耕地占用税。

② 农村居民占用耕地新建住宅,按照当地适用税额减半征收耕地占用税。

③ 农村烈士家属、残疾军人、鳏寡孤独以及革命老根据地、少数民族聚居区和边远贫困山区生活困难的农村居民,在规定用地标准以内新建住宅缴纳耕地占用税确有困难的,经所在地乡(镇)人民政府审核,报经县级人民政府批准后,可以免征或者减征耕地占用税。

依照上述规定免征或者减征耕地占用税后,纳税人改变原占地用途,不再属于免征或者减征耕地占用税情形的,应当从改变用途起按照当地适用税额补缴耕地占用税。

任务三　耕地占用税的计算缴纳和会计核算

任务目标

掌握耕地占用税应纳税额的计算,熟悉耕地占用税的申报缴纳,学会进行耕地占用税的账务处理。

一、应纳税额的计算

耕地占用税是以纳税人实际占用的耕地面积为计税依据的,以每平方米土地为计税单位,按适用的定额税率计税。其计算公式如下:

应纳税额=实际占用的耕地面积(平方米)×适用的单位税额

【示例1】 某市一家企业占用10 000平方米耕地用于建设厂房,所占耕地适用的单位税额为每平方米35元,计算该企业应纳的耕地占用税。

【计算与分析】 应纳税额＝10 000×35＝350 000（元）。

二、税款的缴纳和会计核算

耕地占用税从2008年1月1日起由地方税务机关负责征收。

土地管理部门在通知单位或者个人办理占用耕地手续时，应当同时通知耕地所在地同级地方税务机关。

获准占用耕地的单位或者个人应当在收到土地管理部门的通知之日起30日内缴纳耕地占用税。土地管理部门凭耕地占用税完税凭证或者免税凭证和其他有关文件发放建设用地批准书。

企业缴纳的耕地占用税直接计入"在建工程"账户，不需要通过"应交税费"账户。企业缴纳税款时，借记"在建工程"账户，贷记"银行存款"账户。

【示例2】 承示例1，企业应进行如下账务处理：

（1）缴纳耕地占用税时的账务处理：

借：在建工程　　350 000

　贷：银行存款　　350 000

（2）工程完工时的账务处理：

借：固定资产　　350 000

　贷：在建工程　　350 000

项目小结

耕地占用税是对占用耕地建房或从事其他非农业建设的单位和个人，就其实际占用的耕地面积征收的一种税。耕地占用税采用地区差别税率，根据不同地区的具体情况，分别制定差别税额。耕地占用税属于地方税。开征耕地占用税的目的是保护耕地。

思考与讨论

1. 什么是耕地占用税？耕地占用税有何特点？
2. 开征耕地占用税有何意义？
3. 耕地占用税与城镇土地使用税主要有什么区别和联系？

训练与测试

一、单项选择

1. 耕地占用税免税用地，凡改变用途、不属于免税范围的，应从（　　）起补缴税款。

A. 改变用途　　B. 未改变用途

C. 占用耕地结束时间　　D. 占用耕地开始时间

2. 耕地占用税实行（　　）税率。

A. 比例　　B. 定额　　C. 累进　　D. 特殊

3. 耕地占用税以（　　）为计税依据。

A. 纳税人非实际占用的耕地面积　　B. 纳税人实际占用的非耕地面积
C. 纳税人实际占用的耕地面积　　D. 纳税人实际占用的荒地面积

4. 某企业占用鱼塘140万平方米建造厂房，所占耕地适用的定额税率为10元/平方米。该企业应缴纳耕地占用税(　　)。

A. 800万元　　B. 1 400万元　　C. 2 000万元　　D. 2 800万元

5. 获准占用耕地的单位或者个人应当在(　　)缴纳耕地占用税。

A. 实际占用耕地之日起7日内
B. 实际占用耕地之日起15日内
C. 收到土地管理部门的通知之日起10日内
D. 收到土地管理部门的通知之日起30日内

二、多项选择

1. 耕地占用税是(　　)征收的一种税。

A. 对占用耕地建房的单位和个人
B. 对占用耕地建房的单位，不包括个人
C. 对占用耕地从事其他非农业建设的单位和个人
D. 对占用耕地从事其他非农业建设的单位，不包括个人

2. 下列各项中，属于耕地占用税征税范围的有(　　)。

A. 占用耕地开发食品加工厂　　B. 占用2年前的农用土地建造住宅区
C. 占用菜地开发花圃　　D. 占用养殖的滩涂修建飞机场跑道

3. 占用耕地从事建房应该依法征收耕地占用税的单位包括(　　)。

A. 幼儿园校舍占用耕地　　B. 自然人占地建自住房
C. 国家机关占地建办公楼　　D. 国有企业占地建厂房

三、思考并判断

1. 耕地占用税以纳税人实际占用的耕地面积为计税依据，从价征收。(　　)
2. 外商投资企业不缴纳耕地占用税。(　　)
3. 占用基本农田的，适用税率应当在当地适用税额基础上提高50%。(　　)
4. 农村居民占用耕地建房也要缴纳耕地占用税。(　　)
5. 耕地占用税由国家税务部门负责征收。(　　)

四、实务题

某市一家企业占用8 000平方米耕地用于建设厂房，所占耕地适用的单位税额为每平方米30元，计算该企业应纳的耕地占用税并进行账务处理。

项目五　行为类税收

本项目的印花税、车辆购置税、烟叶税、城市维护建设税和教育费附加属于行为税类。行为类税收是政府为贯彻某项经济政策或为达到一定的经济目的，对某种特定行为征收的一类税收。开征行为类税收的主要目的是运用税收杠杆配合国家的宏观经济政策，对经济活动中的某些特定行为进行调节或限制。行为类税收具有鲜明的目的性、显著的政策性、较强的时效性和较大的灵活性，是我国目前税制结构体系中发挥辅助作用的税种。

项目(一)　印　花　税

项目目标及能力培养

掌握印花税的基本征收制度，学会计算和缴纳印花税。

知识点或技能点

印花税及其特点；印花税的纳税人、征税范围、税率；印花税的减免规定；印花税的计算和缴纳；印花税的会计核算。

案例导入

某商店委托某服装厂订做一批服装，并按有关规定签订了合同。现分别假定有以下三种情况：① 合同中规定由委托方(商店)提供 100 000 元的布料，由受托方(服装厂)提供 5 000元的辅助材料，委托方向受托方支付加工费 3 万元；② 合同中规定由受托方提供 100 000 元的布料及 5 000 元的辅助材料，委托方向受托方支付加工费 3 万元；③ 合同中规定由受托方提供全部布料及辅助材料，委托方向受托方共支付 135 000 元总价款。

问题思考：① 什么是印花税？ 商店和服装厂是否均需缴纳印花税？ ② 在三种不同情况下应分别如何缴纳印花税？ ③ 除了案例中的情况，印花税的征税范围还包括哪些？

任务一 认识印花税

任务目标

掌握印花税的概念和特点，明确开征印花税的意义。

一、印花税的概念

印花税是对经济活动和经济交往中书立、领受、使用应税经济凭证所征收的一种税。印花税因其采用在应税凭证上粘贴印花税票来完成纳税义务而得名。

二、印花税开征的意义

1. 有利于增加财政收入

对每个纳税人来说印花税税负不重，但由于其征税面广，税款积少成多，也是一笔可观的财政收入，对于增加国家财政收入、积累更多的财政资金具有积极的作用。同时，在分税制体制下，印花税属于地方税，其收入归地方政府所有，这对于完善地方税体系和分税制财政体制也具有重要的作用。

2. 有利于配合和加强经济合同的监督管理

根据印花税条例的规定，发放或办理各种应税凭证的单位负有监督纳税的义务，这样可以配合各种经济法规的实施，加强经济合同的监督管理；同时，各种合同贴花以后，不论是否兑现，都已负担了税款，可以促使经济往来各方信守合同，减少由于盲目签约而造成的经济损失和纠纷，提高合同的兑现率。

3. 有利于增强公民的纳税意识

印花税实行自行贴花纳税的方法，有助于培养纳税人自觉纳税的意识；而且印花税又具有轻税重罚的特点，这有利于增强纳税人的税收法制观念。

4. 有利于维护国家经济权益

随着对外开放和对外经济交往的扩大，涉外经济活动中书立、领受应税凭证的情况也越来越多。目前世界上多数国家都开征了印花税，我国开征印花税有利于贯彻对等原则，维护国家的经济权益。

5. 有利于配合对其他税种的监督管理

印花税的应税凭证反映了纳税人的生产、经营活动情况，税务机关对纳税人各种应税凭证的贴花和检查，客观上可以及时掌握纳税人经济活动中涉及应纳其他各税种的相关情况，有利于加强对其他应纳税种的监督管理。

三、印花税的特点

1. 兼有凭证税和行为税性质

印花税是对单位和个人书立、领受的应税凭证征收的一种税，具有凭证税性质。另一方面，任何一种应税经济凭证反映的都是某种特定的经济行为，因此，对凭证征税，实质上是对经济行为课税。

2. 征税范围广

印花税的征税对象是经济活动和经济交往中书立、领受、使用应税凭证的行为，其征税范围十分广泛，主要表现在两个方面：一是涉及的应税行为广泛，包括书立和领受应税凭证的行为，这些行为在经济生活中是经常发生的；二是涉及的应税凭证范围广泛，包括各类经济合同、营业账簿及权利、许可证照等，这些凭证在经济生活中被广泛地使用。

3. 税率低、税负轻

印花税税负较轻，主要表现在其税率或税额明显低于其他税种，最低比例税率为应税凭证所载金额的0.05‰，最高为10‰；按定额税率是每件应税凭证5元。

4. 由纳税人自行完税

印花税的纳税方法完全不同于其他税种，它采取纳税人自行计算应纳税额、自行购买印花税票、自行贴花、自行在每枚税票的骑缝处盖戳注销或划销的纳税方法。

任务二　印花税主要法律规定

任务目标

明确印花税的纳税人、征税范围、税率，了解印花税的减免规定，熟悉印花税的征收管理规定。

一、印花税的纳税义务人

根据《印花税条例》的规定，凡在我国境内书立、领受、使用应税凭证的单位和个人，都是印花税的纳税义务人。包括国内各类企事业单位、机关团体、部队以及外商投资企业、外国企业和其他经济组织及其在华机构等单位和个人。

上述单位和个人，按照书立、使用、领受应税凭证的不同，可以分为立合同人、立据人、立账簿人、领受人和使用人五种：

1. 立合同人

书立各类经济合同的，以立合同人为纳税人。所谓立合同人，是指合同的当事人。即对凭证有直接权利义务关系的单位和个人，但不包括合同的担保人、证人和鉴定人。

2. 立据人

订立各种财产转移书据的，以立据人为纳税人。如立据人未贴印花或少贴印花，书据的持有人应负责补贴印花。所立书据以合同方式签订的.应由持有书据的各方分别按全额贴花。

3. 立账簿人

指设立并使用营业账簿的单位和个人。

4. 领受人

领取权利许可证照的，以领受人为纳税人。

5. 使用人

在国外书立、领受，但在国内使用的应税凭证，其纳税人为使用人。

6. 各类电子应税凭证的签订人

即以电子形式签订的各类应税凭证的当事人。

对于同一凭证,如果由两方或者两方以上当事人签订并各执一份的,各方均为纳税人,应当由各方就所持凭证的各自金额贴花。所谓当事人,是指对凭证有直接权利义务关系的单位和个人,不包括担保人、证人、鉴定人。如果应税凭证是由当事人的代理人代为书立的,则由代理人代为承担纳税义务。

二、印花税的征税范围

印花税的征税范围为在我国境内书立、领受印花税条例所列举的应税凭证和各类经济合同。主要包括五大类:

(一)经济合同

是以经济业务活动作为内容的合同,是在经济交往中为了确定、变更或终止当事人之间的权利和义务关系的合同法律行为,其书面形式即经济合同书。印花税应税经济合同具体有以下十种:

1. 购销合同

包括供应、预购、采购、购销结合及协作、调剂、补偿、易货等合同;还包括各出版单位与发行单位(不包括订阅单位和个人)之间订立的图书、报刊、期刊、音像征订凭证。

2. 加工承揽合同

包括加工、定做、修缮、修理、印刷、广告、测绘、测试等合同。

3. 建设工程勘测设计合同

包括勘测、设计合同的总包合同、分包合同和转包合同。

4. 建筑安装工程承包合同

包括建筑、安装工程承包合同的总包合同、分包合同和转包合同。

5. 财产租赁合同

包括租赁房屋、船舶、飞机、机动车辆、机械、器具、设备等合同;还包括企业、个人出租门店、柜台等签订的合同,但不包括企业与主管部门签订的租赁承包合同。

6. 货物运输合同

包括民用航空、铁路运输、海上运输、内河运输、公路运输和联运合同,以及作为合同使用的单据。

7. 仓储保管合同

包括仓储、保管合同或作为合同使用的仓单、栈单(或称入库单)。

8. 借款合同

包括银行及其他金融组织和借款人(不包括银行同业拆借)所签订的借款合同以及只填开借据并作为合同使用、取得银行借款的借据。融资租赁合同也属于借款合同。

9. 财产保险合同

包括财产、责任、保证、信用等保险合同以及作为合同使用的单据。财产保险合同分为企业财产保险合同、机动车辆保险合同、货物运输保险合同、家庭财产保险合同和农牧业保险合同五大类。

10. 技术合同

包括技术开发、转让、咨询、服务等合同以及作为合同使用的单据。技术转让合同包括专利申请转让、非专利技术转让所书立的合同,但不包括专利权转让、专利实施许可所书立的合同。后者适用于产权转移书据合同。

此外，印花税条例还明确规定，具有合同效力的协议、契约、合约、单据、确认书及其他各种名称的凭证，具有合同性质的凭证，都属于应税凭证。

（二）产权转移书据

是指单位和个人产权的买卖、交换、继承、赠与、分割等所立的书据。属于印花税征税范围的产权转移书据有财产所有权、版权、商标专用权、专利权、专有技术使用权转移书据。

另外，土地使用权出让合同、土地使用权转让合同、商品房销售合同、个人无偿赠与不动产登记表征收印花税。

（三）营业账簿

是指生产经营账簿，即单位和个人记载生产经营活动的财务会计核算账簿。营业账簿按其反映内容的不同，分为记载资金的账簿和其他账簿两类。记载资金的账簿是指反映生产经营单位资本金数额增减变化的账簿，或者专门设置的记载固定资产原值和自有流动资金的账簿。其他账簿是指除上述记载资金的账簿以外的账簿，包括日记账簿和各明细分类账簿。

（四）权利、许可证照

是指政府部门确认单位和个人某种法定权利的各种证书以及颁发的准予单位和个人从事生产经营活动的营业执照的统称。纳入印花税征税范围的权利、许可证照包括房屋产权证、工商营业执照、商标注册证、专利证、土地使用证。

（五）经财政部确定征税的其他凭证

适用于中国境内，并在中国境内具备法律效力的应税凭证，无论在中国境内或者境外书立，均应依照印花税的规定贴花。

三、印花税的税率

现行印花税采用比例税率和定额税率两种税率。

（一）比例税率

比例税率见表 2.5.1。

（二）定额税率

其他营业账簿、权利许可证照采取按件规定固定税额。由于这类凭证没有金额记载，规定按件定额征税，可以方便征纳，简化手续。

在印花税的 13 个税目中，适用定额税率的是权利许可证照和“营业账簿”税目中的其他账簿，单位税额均为每件 5 元。

表 2.5.1 比例税率

序号	税目	税率	纳税义务人	说明
1	购销合同	购销金额 0.3‰	立合同人	
2	加工承揽合同	加工或承揽收入 0.5‰	立合同人	
3	建设工程勘测设计合同	收取费用 0.5‰	立合同人	
4	建筑安装工程承包合同	承包金额 0.3‰	立合同人	
5	财产租赁合同	租赁金额 1‰，税额不足 1 元的按 1 元贴花	立合同人	
6	货物运输合同	运输费用 0.5‰	立合同人	单据作为合同使用的，按合同贴花
7	仓储保管合同	仓储保管费用 1‰	立合同人	仓单或栈单作为合同使用的，按合同贴花
8	借款合同	借款金额 0.05‰	立合同人	单据作为合同使用的，按合同贴花
9	财产保险合同	投保金额 1‰	立合同人	单据作为合同使用的，按合同贴花
10	技术合同	所载金额 0.3‰	立合同人	
11	产权转移书据	所载金额 0.5‰	立据人	
12	营业账簿生产经营用账册	固定资产原值与自有流动资金总额 0.5‰，其他账簿按件贴花 5 元	立账簿人	
13	权利、许可证照	按件贴花 5 元	领受人	

四、印花税的减免税规定

根据《印花税暂行条例》及其实施细则和其他有关税法的规定，以下凭证免征印花税：

(1) 已缴纳印花税的凭证的副本或抄本。

(2) 财产所有人将财产赠给政府、社会福利单位、学校所立的书据。

(3) 国家指定的收购部门与村民委员会、农民个人书立的农副产品收购合同。

(4) 无息、贴息贷款合同。

(5) 外国政府或国际金融组织向我国政府及国家金融机构提供优惠贷款所书立的合同。

(6) 房地产管理部门与个人签订的用于生活居住的租房合同。

(7) 农牧业保险合同。

(8) 特殊货运凭证，包括军事物资运输凭证、抢险救灾物资运输凭证、新建铁路的工程临管线运输凭证。

(9) 企业改制过程中有关印花税征免的规定：

① 实行公司制改造的企业在改制过程中成立的新企业(重新办理法人登记的)，其新启用的资金账簿记载的资金和因企业建立资本纽带关系而增加的资金，凡原已贴花的部分可不再贴花，未贴花的部分和以后新增加的资金按规定贴花；以合并或分立方式成立的新企

业，其新启用的资金账簿记载的资金，凡原已贴花的部分可不再贴花，未贴花的部分和以后新增加的资金按规定贴花。

② 企业改制前签订但尚未履行完的各类应税合同，改制后需要变更执行主体的，仅改变执行主体、其余条款未作变动且改制前已贴花的，不再贴花。

③ 企业因改制签订的产权转移书据免予贴花。

(10) 对投资者(包括个人和机构)买卖封闭式证券投资基金免征印花税。

(11) 对国家石油储备基地第一期项目建设过程中涉及的印花税予以免征。

(12) 证券投资者保护基金有限责任公司发生下列凭证和产权转移书据享受印花税的优惠政策：

① 新设立的资金账簿免征印花税；

② 与中国人民银行签订的再贷款合同、与证券公司行政清算机构签订的借款合同，免征印花税；

③ 接收被处置证券公司财产签订的产权转移书据，免征印花税；

④ 以保护基金自有财产和接收的受偿资产与保险公司签订的财产保险合同，免征印花税。值得注意的是，与保护基金有限责任公司签订上述应税合同或产权转移书据，只是对保护基金有限责任公司免征印花税，对应税合同或产权转移书据相关的其他当事人应照章征收印花税。

(13)对廉租住房、经济适用房经营管理单位与廉租住房、经济适用房相关的印花税以及廉租住房承租人、经济适用住房购买人涉及的印花税予以免征。

五、印花税的征收管理

(一) 纳税方法

1. 自行贴花方法

应税凭证较少或者贴花次数较少的纳税人采用自行贴花的方法，即纳税人自行计算应纳税额，自行购买印花税票，自行一次贴足印花税票并加以注销或划销的方法，亦称“三自纳税”方法。

2. 汇贴或汇缴方法

应纳税额较大或者贴花次数频繁的纳税人采用汇贴或汇缴的方法。

汇贴方法是指一份凭证应纳税额越过 500 元的，应向当地税务机关申请填写缴款书或者完税证，将其中一联粘贴在凭证上或者由税务机关在凭证上加盖完税标记代替贴花。

汇缴方法是指同一类应税凭证需频繁贴花的，应向当地税务机关申请按期汇总缴纳，由税务机关批准持有税务机关发给的汇缴许可证，并确定限期限额，最长不超过 1 个月。采用按期汇总缴纳方式的纳税人应事先告知主管税务机关，缴纳方式一经选定，一年内不得变更。

3. 委托代征方法

委托代征方法是指通过税务机关的委托，由发放或办理应税凭证的单位代为征收印花税税款。这些单位包括发放权利、许可证照的单位和办理凭证的鉴证、公证及其他有关事项的单位。税务机关与代征单位签订代征委托书，并按代售金额 5%支付代征手续费。

（二）纳税环节

印花税应当在书立或领受时贴花。具体是指，在合同签订时、账簿启用时和证照领受时贴花。如果合同在国外签订，并且不便在国外贴花的，应在将合同带入境时办理贴花纳税手续。

（三）纳税地点

印花税一般实行就地纳税。对于全国性商品物资订货会（包括展销会、交易会等）上签订合同应纳的印花税，由纳税人回其所在地后及时办理贴花完税手续；对地方主办、不涉及省际关系的订货会、展销会上所签合同的印花税，其纳税地点由各省、自治区、直辖市人民政府自行确定。

（四）印花税的管理

1. 对印花税应税凭证的管理

各级地方税务机关应加强对印花税应税凭证的管理，要求纳税人统一设置印花税应税凭证登记簿，保证各类应税凭证及时、准确、完整地进行登记；应税凭证数量多或内部多个部门对外签订应税凭证的单位，要求其制定符合本单位实际的应税凭证登记管理办法。有条件的纳税人应指定专门部门、专人负责应税凭证的管理。印花税应税凭证应按照《税收征管法实施细则》的规定保存10年。

2. 对按期汇总缴纳的管理

各级地方税务机关应加强对按期汇总缴纳印花税单位的纳税管理，对核准实行汇总缴纳的单位，应发给汇缴许可证，核定汇总缴纳的限期；同时应要求纳税人定期报送汇总缴纳印花税情况报告，并定期对纳税人汇总缴纳印花税情况进行检查。

3. 对印花税票代售人的管理

各级税务机关应加强对印花税代售人代收税款的管理，根据本地代售情况进行一次清理检查，对代售人违反代售规定的，可视其情节轻重，取消代售资格，发现代售人各种影响印花税票销售的行为要及时纠正。

4. 核定征收印花税

根据《税收征管法》第三十五条规定和印花税的税源特征，为加强印花税征收管理，纳税人有下列情形的，地方税务机关可以核定纳税人印花税计税依据：

（1）未按规定建立印花税应税凭证登记簿，或未如实登记和完整保存应税凭证的；

（2）拒不提供应税凭证或不如实提供应税凭证致使计税依据明显偏低的；

（3）采用按期汇总缴纳办法的，未按地方税务机关规定的期限报送汇总缴纳印花税情况报告，经地方税务机关责令限期报告，逾期仍不报告的或者地方税务机关在检查中发现纳税人有未按规定汇总缴纳印花税情况的。

地方税务机关核定征收印花税，应向纳税人发放核定征收印花税通知书，注明核定征收的计税依据和规定的税款缴纳期限。地方税务机关核定征收印花税，应根据纳税人的实际生产经营收入，参考纳税人各期印花税纳税情况及同行业合同签订情况，确定科学合理的数额或比例作为纳税人印花税计税依据。各级地方税务机关应逐步建立印花税基础资料库，包括：分行业印花税纳税情况、分户纳税资料等，确定科学合理的评估模型，保证核定征收的及时、准确、公平、合理。

5. 违章处罚

印花税纳税人有下列行为之一的，由税务机关根据情节轻重予以处罚：

(1) 在应纳税凭证上未贴或者少贴印花税票的或者已粘贴在应税凭证上的印花税票未注销或者未划销的，由税务机关追缴其不缴或者少缴的税款、滞纳金，并处不缴或者少缴的税款50%以上5倍以下的罚款。

(2) 已贴用的印花税票揭下重用造成未缴或少缴印花税的，由税务机关追缴其不缴或者少缴的税款、滞纳金，并处不缴或者少缴的税款50%以上5倍以下的罚款；构成犯罪的，依法追究刑事责任。

(3) 伪造印花税票的，由税务机关责令改正，处以2 000元以上1万元以下的罚款；情节严重的，处以1万元以上5万元以下的罚款；构成犯罪的，依法追究刑事责任。

(4) 按期汇总缴纳印花税的纳税人，超过税务机关核定的纳税期限，未缴或少缴印花税款的，由税务机关追缴其不缴或者少缴的税款、滞纳金，并处不缴或者少缴的税款50%以上5倍以下的罚款；情节严重的，同时撤销其汇缴许可证；构成犯罪的，依法追究刑事责任。

(5) 纳税人违反以下规定的，由税务机关责令限期改正，可处以2 000元以下罚款；情节严重的，处以2 000元以上1万元以下的罚款：一是凡汇总缴纳印花税的凭证，应加注税务机关指定的汇缴戳记，编号并装订成册后，将已贴印花或者缴款书的一联粘附册后，盖章注销，保存备查；二是纳税人对纳税凭证应妥善保存，凭证的保存期限，凡国家已有明确规定的，按规定办；没有明确规定的其余凭证均应在履行完毕后保存一年。

任务三　印花税的计算缴纳和会计核算

任务目标

掌握印花税应纳税额的计算和缴纳，学会对印花税进行会计核算。

一、印花税的计税依据

印花税根据不同征税项目，分别实行从价计征和从量计征两种征收方法。

(一) 从价计征方式下计税依据的确定

实行从价计征的凭证，以凭证所载金额为计税依据。

(1) 各类经济合同，以合同上所记载的金额、收入或费用为计税依据。

① 购销合同的计税依据为购销金额，不得作任何扣除，特别是调剂合同和易货合同，均应包括调剂、易货的全额。

在商品购销活动中采用以货换货方式进行商品交易签订的合同，是反映既购又销双重经济行为的合同，对此，应按合同所载的购、销合计金额计税贴花。合同未列明金额的，应按合同所载购、销数量，依照国家牌价或市场价格计算应纳税额。

② 加工承揽合同的计税依据是加工或承揽收入的金额。对于由受托方提供原材料的加工、定做合同，凡在合同中分别记载加工费金额和原材料金额的，应分别按“加工承揽合同”、“购销合同”计税，两项税额相加数额，即为合同应贴印花；若合同中未分别记载，则应就

全部金额依照加工承揽合同计税贴花。

对于由委托方提供主要材料或原料，受托方只提供辅助材料的加工合同，无论加工费和辅助材料金额是否分别记载，均以辅助材料与加工费的合计数，依照加工承揽合同计税贴花。对委托方提供的主要材料或原料金额不计税贴花。

③ 建设工程勘察设计合同的计税依据为勘察、设计收取的费用（即勘察、设计收入）。

④ 建筑安装工程承包合同的计税依据为承包金额，不得剔除任何费用。如果施工单位将自己承包的建设项目再分包或转包给其他施工单位，其所签订的分包或转包合同，仍应按所载金额另行贴花。

⑤ 财产租赁合同的计税依据为租赁金额（即租金收入）。

⑥ 货物运输合同的计税依据为取得的运输费金额（即运费收入），不包括所运货物的金额、装卸费和保险费等。

⑦ 仓储保管合同的计税依据为仓储保管的费用（即保管费收入）。

⑧ 借款合同的计税依据为借款金额。

⑨ 财产保险合同的计税依据为支付（收取）的保险费金额，不包括所保财产的金额。

⑩ 技术合同的计税依据为合同所载的价款、报酬或使用费。为了鼓励技术研究开发，对技术开发合同，只就合同所载的报酬金额计税，研究开发经费不作为计税依据。

(2) 产权转移书据以书据中所载的金额为计税依据。

(3) 记载资金的营业账簿，以实收资本和资本公积的两项合计金额为计税依据。凡“资金账簿”在次年度的实收资本和资本公积未增加的，对其不再计算贴花。

(4) 在确定合同计税依据时，有些合同在签订时无法确定计税金额，如技术转让合同中的转让收入，是按销售收入的一定比例收取或是按实现利润分成的；财产租赁合同只是规定了月（天）租金标准而无期限的。对于这类合同，可在签订时先按定额 5 元贴花，以后结算时再按实际金额计税，补贴印花。

(二) 从量计征方式下计税依据的确定

实行从量计税的其他营业账簿和权利、许可执照，以计税数量为计税依据。

二、印花税应纳税额的计算和缴纳

(1) 按比例税率计算。应纳税额＝应税凭证计税金额×适用税率。

(2) 按定额税率计算的。应纳税额＝应税凭证件数×单位税额。

(3) 营业账簿中记载资金的账簿。应纳税额＝（实收资本＋资本公积）×5‰。

(4) 其他账簿按件贴花，每件 5 元。

税法特别规定：

按金额比例贴花的应税凭证，未标明金额的，应按照凭证所载数量及市场价格计算金额，依适用税率贴足印花。

应税凭证所载金额为外国货币的，按凭证书立当日的国家外汇管理局公布的外汇牌价折合成人民币，计算应纳税额。

同一凭证由两方或者两方以上当事人签订并各执一份的，应当由各方所执的一份全额贴花。

同一凭证因载有两个或两个以上经济事项而适用不同税率，如分别载有金额的，应分别计算应纳税额。相加后按合计税额贴花;如未分别记载金额的,按税率高的计税贴花。

已贴花的凭证,修改后所载金额增加的,其增加部分应当补贴印花税票(减少部分不退印花税)。

按比例税率计算纳税而应纳税额又不足1角的,免纳印花税;应纳税额在1角以上的,其税额尾数不满5分的不计,满5分的按1角计算贴花。对财产租赁合同的应纳税额超过1角但不足1元的,按1元贴花。

【示例1】 某企业与一运输公司签订了两份运输保管合同:第一份合同载明金额合计60万元(运费和保管费未分别记载);第二份合同中注明运费20万元、保管费10万元。试分别计算该企业第一份、第二份合同应缴纳的印花税税额。

【计算与分析】

(1) 第一份合同应缴纳印花税税额=600 000×1‰=600 (元)。

(2) 第二份合同应缴纳印花税税额=200 000×0.5‰+100 000×1‰=200 (元)。

【示例2】 某公司上年度新启用非资金账簿20本,除此之外,还签订如下经济合同:

(1) 与甲单位签订购货合同,规定用50万元产品换取50万元原材料,合同已履行。

(2) 与某运输公司签订一份货物运输合同,注明运费和装卸费金额为15万元(其中1万元装卸费)。

(3) 以本公司财产80万元作抵押,取得某工商银行抵押贷款100万元,合同规定年底归还,但年底因资金周转困难,无力偿还,按照合同规定将抵押财产产权转移给该工商银行,并依法签订了产权转移书据。试计算该公司应缴纳的印花税税额。

【计算与分析】

(1) 新启用账簿应缴纳印花税税额=20×5=100 (元)。

(2) 易货购销合同应缴纳印花税税额=(500 000+500 000)×0.3‰=300 (元)。

(3) 运输合同应缴纳印花税税额=(150 000-10 000)×0.5‰=70 (元)。

(4) 借款合同应缴纳印花税税额=1 000 000×0.05‰+800 000×0.5‰=450 (元)。

三、印花税的会计核算

印花税实行由纳税人根据规定自行计算应纳税额,购买并一次贴足印花税票的缴纳方法,不需要汇算清缴,因此企业缴纳的印花税不通过“应交税费”账户核算,而直接通过“管理费用”账户核算。缴纳印花税时应借记“管理费用”账户,贷记“银行存款”或“库存现金”账户。如果一次缴纳印花税税额较大,需要分期摊入成本费用的,可通过“预付账款”账户进行核算。即:缴纳印花税时应借记“预付账款”账户,贷记“银行存款”账户,分期摊销已缴纳的印花税时,应借记“管理费用”账户,贷记“预付账款”账户。

【示例3】 某企业年初开业,领受房产权证、工商营业执照、商标注册证、土地使用证各一件,订立转移专用技术使用权书据一件,所载金额200万元;订立产品销货合同一件,所载金额500万元;订立借款合同一份,所载金额100万元;订立财产保险合同一份,保险费金额4万元。此外,企业营业账簿中资金账簿记载实收资本和资本公积两项合计金额为800万元;其他账簿8册。计算该企业应纳印花税额并进行会计核算。

领受权利许可证照4件,应纳税额为:4×5=20 (元)。

产权转移证书应纳税额为:2 000 000×0.5‰=1 000 (元)。

销售合同应纳税额为:5 000 000×0.3‰=1 500 (元)。

借款合同应纳税额为:1 000 000×0.05‰=50(元)。

财产保险合同应纳税额为:40 000×1‰=40(元)。

资金账簿应纳税额为:8 000 000×0.5‰=4 000(元)。

其他账簿5册应纳税额为:8×5=40(元)。

该企业应缴纳印花税额为:20+1 000+1 500+50+40+4 000+40=6 650(元)。

实际缴纳印花税时的会计处理:

借:管理费用　　　　　　6 650

　贷:银行存款　　　　　　　6 650

项目小结

印花税是对经济活动和经济交往中书立、领受、使用应税经济凭证所征收的一种税。其征税范围为在我国境内书立、领受印花税条例所列举的应税凭证和各类经济合同,根据不同征税项目,分别实行从价计征和从量计征两种征收方法。印花税的征税范围广,包括各类经济合同、营业账簿及权利、许可证照等。印花税税负较轻,最低比例税率为应税凭证所载金额的0.5‰,最高为3‰;按定额税率计算印花税的是每件应税凭证5元。印花税采取纳税人自行计算应纳税额、自行购买印花税票、自行贴花、自行划销的纳税方法,有利于纳税人纳税意识的培养。

思考与讨论

1. 什么是印花税?印花税有何特点?
2. 印花税的纳税人是如何规定的?
3. 印花税采用什么方法缴纳?

训练与测试

一、单项选择

1. 下列应缴纳印花税的凭证是(　　)。

A. 房屋产权证、工商营业执照、税务登记证、营运许可证

B. 土地使用证、专利证、特殊行业经营许可证、房屋产权证

C. 商标注册证、卫生许可证、土地使用证、营运许可证

D. 房屋产权证、工商营业执照、商标注册证、专利证、土地使用证

2. 某企业2010年向某汽车运输公司租入载重汽车4辆,双方签订的租赁合同中规定,4辆载重汽车的总价值为200万元,租期半年,租金18万元。该企业2010年应纳印花税为(　　)。

A. 200元　　B. 180元　　C. 182元　　D. 218元

3. 下列凭证应按5元定额缴纳印花税的是(　　)。

A. 租赁合同　　B. 借款合同　　C. 专利证　　D. 购销合同

4. 下列关于印花税征税对象的表述,正确的是(　　)。

A. 产权转移书据中包括专有技术使用权转移的书据
B. 借款合同中包括银行同业拆借所签订的借款合同
C. 技术转让合同中包括专利实施许可所书立的合同
D. 建筑安装工程承包合同中包括建筑安装工程的分包合同和转包合同

5. 专利权转让合同应按照(　　)缴纳印花税。
A. 技术合同　　B. 借款合同
C. 产权转移书据　　D. 权利、许可证照

二、多项选择

1. 下列各项属于印花税的纳税方法的有(　　)。
A. 自行贴花　　B. 汇贴或汇缴　　C. 委托代征　　D. 代扣代缴

2. 下列关于印花税征收管理的表述中,正确的有(　　)。
A. 印花税一般实行就地征收
B. 对廉租住房、经济适用住房经营管理单位免征印花税
C. 印花税票应粘贴在应纳税凭证上,并由税务机关在每枚税票骑缝处盖戳注销
D. 对财产租赁合同的应纳税额超过1角但不足1元的,按1元贴花

3. 下列各项中,应征收印花税的有(　　)。
A. 分包或转包合同　　B. 会计咨询合同
C. 财政贴息贷款合同　　D. 土地使用权出让合同

4. 记载资金的账簿,印花税计税依据是(　　)两项的合计数。
A. 注册资本　　B. 盈余公积　　C. 资本公积　　D. 实收资本

三、思考并判断

1. 纳税人营业执照正本丢失,其转作正本使用的副本免纳印花税。(　　)

2. 有些凭证只载明数量未载明金额,对这类凭证可定额征收印花税。(　　)

3. 不记载金额的营业账簿,以账簿的件数为计税依据缴纳印花税。(　　)

4. 根据印花税的规定,对同一凭证,由两方或两个以上当事人签订并各执一份的,应仅就当事人的一方计税贴花。(　　)

5. 财产所有人将财产捐赠给政府、社会福利单位、学校所立的书据免纳印花税。(　　)

四、实务题

1. 甲公司与乙公司签订一份受托加工合同,甲公司提供价值30万元的辅助材料并收取加工费25万元,乙公司提供价值100万元的原材料。请计算甲公司应纳印花税。

2. 光明汽车修配厂与某机械进出口公司签订购买价值2 000万元的设备采购合同。因资金不足,为购买该设备,光明公司又与某工商银行签订了2 000万元的借款合同。请计算光明公司应纳的印花税。

项目(二) 车辆购置税

项目目标及能力培养

掌握车辆购置税的基本征收制度,能够正确计算和缴纳车辆购置税。

知识点或技能点

车辆购置税的概念;车辆购置税的纳税人、征税范围、税率、税收优惠;车辆购置税的计算和缴纳;车辆购置税的会计核算。

案例导入

某客车制造厂将自产的一辆某型号的客车,用于本厂后勤服务,该厂在办理车辆上牌照时,主管税务机关要求其缴纳车辆购置税,于是客车制造厂自行填制并出具该车的发票,注明金额60 000元,并按此金额向主管税务机关申报纳税。经审核,国家税务总局对该车同类型车辆核定的最低计税价格为80 000元,税务部门按80 000元计征了车辆购置税。

问题思考:① 客车制造厂将自产客车用于本厂后勤是否需要缴纳车辆购置税? ② 税务部门为什么按80 000元计税价格计征车辆购置税? ③ 该辆客车在以后使用中还需缴纳什么税?

任务一 认识车辆购置税

任务目标

掌握车辆购置税的概念和特点,明确开征车辆购置税的意义。

一、车辆购置税的概念

车辆购置税是以在我国境内购置规定的车辆为课税对象,在特定的环节向车辆购置者征收的一种税。就其性质而言,属于直接税的范畴。

车辆购置税于2001年1月1日在我国实施,是在原交通部门收取的车辆购置附加费的基础上,通过"费改税"方式演变而来的。

二、车辆购置税开征的意义

1. 有利于合理筹集建设资金,积累国家财政收入,促进交通基础设施建设事业的健康发展

国家通过开征车辆购置税参与国民收入的再分配,可以更好地将一部分消费基金转化为财政资金,为国家建设筹集更多的资金,以满足国家行使职能的需要。第一,车辆购置税是在消费环节征税,具有经常税的特点,只要纳税人发生了购置、使用应税车辆的行为就要纳税,这比对所得课税和商品课税具有及时性。第二,车辆购置税按统一比例税率课征,具有相对的稳定性。第三，车辆购置税是依法征收的，具有强制性和固定性，因而具有可靠性。因此，车辆购置税更有利于依法合理地筹集交通基础设施建设和维护资金，并保证资金专款专用，从而促进交通基础设施建设事业的健康发展。

2. 有利于规范政府行为、理顺税费关系，深化和完善财税制度改革

社会主义市场经济需要有健全的宏观经济调控体系，以保证其快速协调发展和健康运行。首先，由于税与费之间的本质区别，以费改税，开征车辆购置税，有利于理顺税费关系，进一步完善财税制度，实现税制结构的不断优化。其次，“费改税”改革，不但能规范政府行为，遏制乱收费，同时对正确处理税费关系、深化和完善财税体制改革也能起到积极作用。

3. 有利于调节收入差别，缓解社会分配不公的矛盾

车辆购置税在消费环节对消费应税车辆的使用者征收，能更好地体现两条原则：一是兼顾公平的原则。该原则就是保护合法收入，取缔非法收入，整顿不合理收入，调节过高收入。因此，开征车辆购置税可以对过高的消费支出进行调节。二是纳税能力原则。即高收入者多负税，低收入者少负税，具有较高消费需求能力的人比一般消费能力的人要多负税。

4. 有利于配合打击走私，保护民族工业，维护国家权益

车辆购置税对同一课税对象的应税车辆不论来源渠道如何，都按同一比例税率征收，具有同一应税车辆税负相同的特性，因此，它可以平衡进口车辆与国产车辆的税收负担，体现国民待遇原则。同时，车辆购置税在车辆上牌使用前征收，具有源泉控管的特点，它可以配合有关部门在打击走私、惩治犯罪等方面起到积极的作用。最后，对进口自用的应税车辆以含关税、消费税的组成计税价格为计税依据，对进口应税车辆征收较高的税收，以限制其进口，有利于保护国内汽车工业的发展。

三、车辆购置税的特点

1. 征收范围单一

车辆购置税是以购置的特定车辆为课税对象，而不是对所有的财产或消费财产征税，范围窄，是一种特种财产税。

2. 征收环节单一

车辆购置税实行一次课征制，它不是在生产、经营和消费的每一环节实行道道征收，而只是在退出流通进入消费领域的特定环节征收。

3. 税率单一

车辆购置税只确定一个统一比例税率征收，税率具有不随课税对象数额变动的特点，计征简便，负担稳定，有利于依法治税。

4. 征收方法单一

车辆购置税根据纳税人购置应税车辆的计税价格实行从价计征，以价格为计税标准，课税与价值直接发生关系，价值高者多征税，价值低者少征税。

5. 征税具有特定目的

车辆购置税为中央税，由中央财政根据国家交通建设投资计划，统筹安排。这种特定目的的税收，可以保证国家财政支出的需要，既有利于合理地安排资金，又有利于保证特定事业和建设支出的需要。

6. 价外征收,税负不易转嫁

车辆购置税的计税依据中不包含车辆购置税税额,车辆购置税税额是附加在价格之外的,且纳税人即为负税人,税负没有转嫁性。

任务二　车辆购置税主要法律规定

任务目标

明确车辆购置税的纳税人、征税对象和税率,了解车辆购置税的减免规定,熟悉车辆购置税的征收和缴纳。

一、纳税义务人

车辆购置税的纳税人是指在我国境内购置应税车辆的单位和个人。车辆购置税的应税行为是指在我国境内购置应税车辆的行为。具体包括:购买使用行为、进口使用行为、受赠使用行为、自产自用行为、获奖使用行为以及以拍卖、抵债、走私、罚没等方式取得并自用的应税车辆行为。

车辆购置税的纳税人具体是指:

1. 单位

包括国有企业、集体企业、私营企业、股份制企业、外商投资企业、外资企业以及其他企业,事业单位、社会团体、国家机关、部队以及其他单位。

2. 个人

包括个体工商户及其他个人,既包括中国公民也包括外国公民。

由此可见,凡购置应税车辆、且购置行为发生在我国境内的单位和个人,都是车辆购置税的纳税人。

二、征税对象和征税范围

车辆购置税以列举的车辆作为征税对象。其征税范围包括汽车、摩托车、电车、挂车、农用运输车。具体范围按照车辆购置税征税范围表(如表 2.5.2 所示)执行。

表 2.5.2　车辆购置税征税范围表

应税车辆	具体范围	注　释
汽车	各类汽车	
摩托车	轻便摩托车	最高设计时速不大于 50 km/h,发动机气缸总排量不大于 50 cm^3 的两个或三个车轮的机动车
	二轮摩托车	最高设计时速大于 50 km/h,或者发动机气缸总排量大于 50 cm^3 的两个车轮的机动车
	三轮摩托车	最高设计时速大于 50 km/h,或者发动机气缸总排量大于 50 cm^3,空车重量不大于 400 kg 的三个车轮的机动车

续表

应税车辆	具体范围	注　释
电车	无轨电车	以电能为动力，由专用输电电缆供电的轮式公共车辆
	有轨电车	以电能为动力，在轨道上行驶的公共车辆
挂车	全挂车	无动力设备，独立承载，由牵引车辆牵引行驶的车辆
	半挂车	无动力设备，与牵引车辆共同承载，由牵引车辆牵引行驶的车辆
农用运输车	三轮农用运输车	柴油发动机，功率不大于运输车 7.4 kW，载重量不大于 500 kg，最高车速不大于 40 km/h 的三个车轮的机动车
	四轮农用运输车	柴油发动机，功率不大于运输车 28 kW，载重量不大于 1 500 kg，最高车速不大于 50 km/h 的四个车轮的机动车

注：表中 50 cm^3 = 50 立方厘米

三、税率

车辆购置税实行统一比例税率，税率为 10%。

四、税收优惠

（一）车辆购置税减免税规定

我国车辆购置税实行法定减免，减免税范围的具体规定是：

(1) 外国驻华使馆、领事馆和国际组织驻华机构及其外交人员自用车辆免税；

(2) 中国人民解放军和中国人民武装警察部队列入军队武器装备订货计划的车辆免税；

(3) 设有固定装置的非运输车辆免税；

(4) 有国务院规定予以免税或者减税的其他情形的，按照规定免税或减税。根据现行政策规定，上述“其他情形”的车辆，主要有：

① 防汛部门和森林消防部门用于指挥、检查、调度、报讯、联络的设有固定装置的指定型号的车辆；

② 回国服务的留学人员用现汇购买 1 辆个人自用国产小汽车；

③ 长期来华定居专家 1 辆自用小汽车。

(5) 自 2004 年 10 月 1 日起，对三轮农用运输车免征车辆购置税。

（二）车辆购置税的退税

纳税人已经缴纳车辆购置税但在办理车辆登记手续前，因下列原因需要办理退还车辆购置税的，由纳税人申请，征收机构审查后办理退还车辆购置税手续。

(1) 公安机关车辆管理机构不予办理车辆登记注册手续的，凭公安机关车辆管理机构出具的证明办理退税手续。

(2) 因质量等原因发生退回所购车辆的，凭经销商的退货证明办理退税手续。

五、申报与缴纳

（一）纳税申报

纳税人办理纳税申报时，应如实填写《车辆购置税纳税申报表》（以下简称纳税申报表），同时提供以下资料的原件和复印件，原件经车购办审核后退还纳税人，复印件和《机动车销售统一发票》报税联由主管税务机关留存。

(1) 车主身份证明。① 内地居民，提供内地《居民身份证》（含居住、暂住证明）或《居民户口簿》或军人（含武警）身份证明；② 中国香港特别行政区、中国澳门特别行政区、中国台湾地区居民，提供入境的身份证明和居留证明；③ 外国人，提供入境的身份证明和居留证明；④ 组织机构，提供《组织机构代码证书》。

(2) 车辆价格证明。① 境内购置车辆，提供统一发票（发票联和报税联）或有效凭证；② 进口自用车辆，提供《海关关税专用缴款书》、《海关代征消费税专用缴款书》或《海关征免税证明》。

(3) 车辆合格证明。① 国产车辆，提供整车出厂合格证明（以下简称合格证）。② 进口车辆，提供《中华人民共和国海关货物进口证明书》或《中华人民共和国海关监管车辆进（出）境领（销）牌照通知书》或《没收走私汽车、摩托车证明书》。

(4) 税务机关要求提供的其他资料。

（二）纳税环节

车辆购置税的征税环节为使用环节，即最终消费环节。具体而言，纳税人应当在向公安机关等车辆管理机构办理车辆登记注册手续前缴纳车辆购置税。即车辆购置税是在应税车辆上牌登记注册前的使用环节征收。

（三）纳税地点

纳税人购置应税车辆，应当向车辆登记注册地的主管税务机关申报纳税；购置不需办理车辆登记注册手续的应税车辆，应当向纳税人所在地主管税务机关申报纳税。车辆登记注册地是指车辆的上牌照落籍地或落户地。

（四）车辆购置税的纳税期限

纳税人购买自用的应税车辆，自购买之日起60日内申报纳税；进口自用的应税车辆，应当自进口之日起60日内申报纳税；自产、受赠、获奖和以其他方式取得并自用的应税车辆，应当自取得之日起60日内申报纳税。

这里的“购买之日”是指纳税人购车发票上注明的销售日期；“进口之日”是指纳税人报关进口的当天。

（五）缴税管理

1. 车辆购置税缴税方法的选择

车辆购置税税款缴纳方法主要有以下几种：

(1) 自报核缴。即由纳税人自行计算应纳税额、自行填报纳税申报表有关资料，向主管税务机关申报,经税务机关审核后开具完税证明,由纳税人持完税凭证向当地金库或金库经收处缴纳税款。该方法可以避免错漏现象,适用于各种纳税人的缴纳。

(2) 集中征收缴纳。包括两种情况:一是由纳税人集中向税务机关统一申报纳税。它适用于实行集中购置应税车辆的单位缴纳和经批准实行代理制经销商的缴纳。二是由税务机关集中报缴税款。即在纳税人向实行集中征收的主管税务机关申报缴纳税款,税务机关开具完税凭证后,由税务机关填写汇总缴款书,将税款集中缴入当地金库或金库经收处。它适用于税源分散、税额较少、税务部门实行集中征收管理地区(如县、市)的缴纳。

(3) 代征、代扣、代收。即扣缴义务人按税法规定代扣代缴、代收代缴税款,税务机关委托征收单位代征税款的征收方式。它适用于税务机关委托征收或纳税人依法受托征收税款。目前,税务机关委托交通部门稽征机构代征车辆购置税,就属于这种征收方式。

2. 车辆购置税的缴税管理

(1) 税款缴纳方式。纳税人在申报纳税时,税款的缴纳方式主要有:现金支付、支票、信用卡和电子结算及委托银行代收、银行划转等方式。

(2) 完税凭证及使用要求。税务机关在征收车辆购置税时,应根据纳税人税款缴纳方式的不同,分别使用税收通用完税凭证、税收转账专用完税凭证和税收通用缴款书三种税票,即纳税人以现金方式向税务机关缴纳车辆购置税的,由主管税务机关开具《税收通用完税凭证》;纳税人以支票、信用卡和电子结算方式缴纳及税务机关委托银行代收税款的,由主管税务机关开具《税收转账专用完税凭证》;纳税人从其银行存款户直接划转税款的,由主管税务机关开具《税收通用缴款书》。

任务三 车辆购置税的计算缴纳和会计核算

任务目标

掌握车辆购置税应纳税额的计算,学会对车辆购置税进行会计核算。

一、车辆购置税的计税依据

车辆购置税以应税车辆为课税对象,实行从价定率、价外征收的方法计算应纳税额,应税车辆的价格即计税价格就成为车辆购置税的计税依据。但是,由于应税车辆购置的来源不同,应税行为的发生不同,计税价格的组成也就不一样。车辆购置税的计税依据有以下几种情况:

(一) 购买自用应税车辆计税依据的确定

纳税人购买自用的应税车辆的计税依据为纳税人购买应税车辆而支付给销售方的全部价款和价外费用(不包括增值税税额)。

购买的应税自用车辆包括购买自用的国产应税车辆和购买自用的进口应税车辆,如从国内汽车市场、汽车贸易公司购买自用的进口应税车辆。

价外费用是指销售方价外向购买方收取的手续费、基金、违约金、包装费、运输费、保管费、代收款项、代垫款项和其他各种性质的价外收费。

计税价格=含增值税的销售价格÷(1+增值税税率或征收率)

主管税务机关在计征车辆购置税确定计税依据时，计算车辆不含增值税价格的方法：

不含税价＝(全部价款＋价外费用)÷(1＋增值税税率或征收率)

(二) 进口自用应税车辆计税依据的确定

纳税人进口自用的应税车辆计税依据是组成计税价格。其计算公式为：

组成计税价格＝关税完税价格＋关税＋消费税

进口自用的应税车辆是指纳税人直接从境外进口或委托代理进口自用的应税车辆，即非贸易方式进口自用的应税车辆。进口自用应税车辆的计税依据，应根据纳税人提供的、经海关审查确认的有关完税证明资料确定。

(三) 其他自用应税车辆计税依据的确定

现行政策规定，纳税人自产、受赠、获奖和以其他方式取得并自用的应税车辆的计税依据，按购置该类型号车辆的价格确认，不能提供车辆价格的，由主管税务机关依国家税务总局核定的、相应类型的应税车辆的最低计税价格确定。

(四) 以最低计税价格作为计税依据的确定

现行车辆购置税条例规定："纳税人购买自用或者进口自用应税车辆，申报的计税价格低于同类型应税车辆的最低计税价格，又无正当理由的，按照最低计税价格征收车辆购置税"。也就是说，纳税人购买和自用的应税车辆，首先应分别按前述计税价格、组成计税价格来确定计税依据。当申报的计税价格偏低，又无正当理由的，应以最低计税价格作为计税依据。实际工作中，通常是当纳税人申报的计税价格等于或高于最低计税价格时，按申报的价格计税；当纳税人申报的计税价格低于最低计税价格时，按最低计税价格计税。

最低计税价格是指国家税务总局依据车辆生产企业提供的车辆价格信息并参照市场平均交易价格核定的车辆购置税计税价格。根据纳税人购置应税车辆的不同情况，国家税务总局对以下几种特殊情形应税车辆的最低计税价格规定如下：

(1) 对已缴纳并办理了登记注册手续的车辆，其底盘(车架)和发动机同时发生更换，其最低计税价格按同类型新车最低计税价格的70%计算。同类型车辆是指同国别、同车长、同吨位、配置近似的车辆。

(2) 免税、减税条件消失的车辆，其最低计税价格的确定方法为：

最低计税价格＝同类型新车最低计税价格×[1－(已使用年限÷规定使用年限)]×100%

其中，规定使用年限国产车辆按10年计算；进口车辆按15年计算。超过使用年限的车辆，不再征收车辆购置税。

(3) 非贸易渠道进口车辆的最低计税价格，为同类型新车最低计税价格。

车辆购置税的计税依据和应纳税额应使用统一货币计算。纳税人以外汇结算应税车辆价款的，按照申报纳税之日中国人民银行公布的人民币基准汇价，折合成人民币计算应纳税额。

二、车辆购置税应纳税额的计算

车辆购置税实行从价定率的方法计算应纳税额，计算公式为：应纳税额＝计税依据×税率。

由于应税车辆的来源、应税行为的发生以及计税依据组成的不同，车辆购置税应纳税额的计算方法也有区别。

(一)购买自用应税车辆应纳税额的计算

在应纳税额的计算中，应注意以下费用的计税规定：

(1) 购买者随购买车辆支付的工具件和零部件价款应作为购车价款的一部分，并入计税依据中征收车辆购置税。

(2) 支付的车辆装饰费应作为价外费用并入计税依据中计税。

(3) 代收款项应区别征税。凡使用代收单位(受托方)票据收取的款项，应视作代收单位价外收费，购买者支付的价费款，应并入计税依据中一并征税；凡使用委托方票据收取，受托方只履行代收义务和收取代收手续费的款项，应按其他税收政策规定征税。

(4) 销售单位开给购买者的各种发票金额中包含增值税税款，在计算车辆购置税时，应换算为不含增值税的计税价格。

(5) 购买者支付的控购费，是政府部门的行政性收费，不属于销售者的价外费用范围，不应并入计税价格计税。

(6) 销售单位开展优质销售活动所开票收取的有关费用，应属于经营性收入，企业在代理过程中按规定支付给有关部门的费用，企业已作经营性支出列入核算，其收取的各项费用并在一张发票上难以划分的，应作为价外收入计算征税。

【示例 1】 韩某 2011 年 11 月份，从上海大众汽车有限公司购买一辆小汽车供自己使用，支付了含增值税税款在内的款项 117 000 元，另支付代收临时牌照费 300 元、代收保险费 790 元，支付购买工具件和零配件价款 3 100 元，车辆装饰费 4 000 元。所支付的款项均由上海大众汽车销售公司开具“机动车销售统一发票”和有关票据。请计算韩某应纳车辆购置税。

【计算与分析】 (1) 计税依据＝(117 000＋300＋790＋3 100＋4 000)÷(1＋17%)＝107 000 (元)。

(2) 应纳税额＝107 000×10%＝10 700 (元)。

(二) 进口自用应税车辆应纳税额的计算

纳税人进口自用的应税车辆应纳税额的计算公式为：

应纳税额＝自用数量×组成计税价格×税率

组成计税价格＝(关税完税价格＋关税＋消费税)

【示例 2】 某外贸进出口公司 2011 年 10 月份，从国外进口 10 辆奔驰公司生产的某型号小轿车。该公司报关进口这批小轿车时，经报关地海关对有关报关资料的审查，确定关税完税价格为每辆 215 000 元人民币，海关按关税政策规定征收关税 75 250 元/辆，并按消费税、增值税有关规定分别代征进口消费税 193 500 元/辆和增值税 82 237.5 元/辆。由于联系业务需要，该公司将一辆小轿车留在本单位使用。根据以上资料，请计算该公司应纳车辆购置税。

【计算与分析】 (1)组成计税价格＝(关税完税价格＋关税＋消费税)＝215 000＋75 250＋193 500＝483 750 (元)。

(2)应纳税额＝自用数量×组成计税价格×税率＝1×483 750×10%＝48 375 (元)。

(三)其他自用应税车辆应纳税额的计算

纳税人自产自用、受赠使用、获奖使用和以其他方式取得并自用应税车辆的，凡不能取得该型车辆的购置价格，或者低于最低计税价格的，以国家税务总局核定的最低计税价格作为计税依据计算征收车辆购置税。

应纳税额＝最低计税价格×税率

【示例3】 某客车制造厂将自产的一辆某型号的客车用于本厂后勤生活服务，该厂在办理车辆上牌落籍前，出具该车的发票，注明金额45 000元，并按此金额向主管税务机关申报纳税。经审核，国家税务总局对该车同类型车辆核定的最低计税价格为50 000元。试计算该车应纳车辆购置税。

【计算与分析】 应纳税额＝50 000×10％＝5 000（元）。

(四)特殊情形下自用应税车辆应纳税额的计算

1. 减税、免税条件消失车辆应纳税额的计算

对减税、免税条件消失的车辆，纳税人应按现行规定，在办理车辆过户手续或者办理变更车辆登记注册手续时向税务机关缴纳车辆购置税。

应纳税额＝同类型新车最低计税价格×[1－(已使用年限÷规定使用年限)]×100％×税率

2. 未按规定纳税车辆应补税额的计算

纳税人未按规定纳税的，应按现行政策规定的计税价格，区分情况分别确定征税。不能提供购车发票和有关购车证明资料的，检查地税务机关应按同类型应税车辆的最低计税价格计税；如果纳税人回落籍地后提供的购车发票金额与支付的价外费用之和高于核定的最低计税价格的，落籍地主管税务机关还应对其差额计算补税。

应纳税额＝最低计税价格×税率

三、车辆购置税的会计核算

企业缴纳的车辆购置税应当作为所购置车辆的成本。由于车辆购置税是一次性缴纳，因此它可以不通过“应交税费”账户进行核算。在具体进行会计核算时，对于企业实际缴纳的车辆购置税，应借记“固定资产”科目，贷记“银行存款”科目。

【示例4】 某公司2011年11月15日开出转账支票一张，从某汽车市场购入小汽车一辆，价款210 600元(含增值税)。

【计算与分析】

计税价格＝210 600÷(1＋17％)＝180 000（元）

应纳税额＝180 000×10％＝18 000（元）

借：固定资产　　18 000

　贷：银行存款　　18 000

项目小结

车辆购置税是以在中国境内购置规定的车辆为课税对象，在特定的环节向车辆购置者征收的一种税。其征税范围包括汽车、摩托车、电车、挂车、农用运输车。实行从价定率、价外征收的方法计算应纳税额。车辆购置税属于中央税。开征车辆购置税，对于合理筹集财政资金，促进交通基础设施建设事业的健康发展具有积极作用。

思考与讨论

1. 什么是车辆购置税？车辆购置税的计税价格是如何规定的？
2. 车辆购置税的纳税人和征税范围是如何规定的？

训练与测试

一、单项选择

1. 某市的环保局有一已登记注册的桑塔纳车辆，其底盘发生更换，支付更换款 19 528 元，其最低计税价格按同类型新车最低计税价格的(　　)计算。

A. 80%　　B. 70%　　C. 60%　　D. 55%

2. 某县工商局 2009 年 9 月从汽车贸易公司购进一辆轿车自用，取得汽车销售行业的普通发票，注明销售额 250 000 元；另外支付购买工具和零配件含税价款 8 100 元；支付控购部门控购费 35 000 元，并取得控购部门的收款收据；汽车贸易公司提供系列服务，代办各种手续并收取一定的费用，该单位支付代收费用 9 500 元，并取得汽车贸易公司开具的发票。该工商局应纳车辆购置税税额(　　)元。

A. 22 894.21　　B. 22 871.79　　C. 27 240　　D. 30 260

3. 关于车辆购置税的计算，下列说法正确的是(　　)。

A. 进口自用的应税小汽车的计税价格包括关税完税价格和关税，不包括消费税

B. 底盘发生更换的车辆，计税依据为最新核发的同类型车辆最低计税价格

C. 销售汽车的纳税人代收的保险费，不应计入计税依据中征收车辆购置税

D. 进口自用的应税小汽车，其计税价格＝关税完税价格＋关税＋消费税

4. 按照《车辆购置税暂行条例》的规定，下列车辆不需要缴纳车辆购置税的是(　　)。

A. 电车　　B. 消防部门警用车

C. 农用运输车　　D. 小轿车

二、多项选择

1. 按现行车辆购置税的有关规定，下列属于车辆购置税免税项目的有(　　)。

A. 外国驻华使馆、领事馆和国际组织驻华机构及其外交人员自用的车辆

B. 中国人民解放军和中国人民武装警察部队列入军队武器装备订货计划的车辆

C. 设有固定装置的非运输车辆

D. 防汛部门购置的由指定厂家生产的用于报汛的专用车辆

2. 按照现行车辆购置税的有关规定，下列说法正确的有(　　)。

A. 征税环节选择在使用环节

B. 购买自用车辆，自购买之日起 60 日申报纳税

C. 车辆购置税税款可以分次缴清

D. 获奖的应税车辆应自投入使用前 60 日申报纳税

3. 按照现行车辆购置税的有关规定，对下列车辆按照应税车辆最低计税价格征收车辆

购置税的有(　　)。

A. 企业从国外进口自用的卡车

B. 减税、免税条件消失的宝马小汽车

C. 受赠、获奖方式下取得已确认购置价格的家庭小汽车

D. 进口旧车不能提供有效证明

4. 根据现行车辆购置税规定，下列说法错误的有(　　)。

A. 长期来华定居专家自用小汽车免征车辆购置税

B. 汽车厂销售小汽车代收的保险费不征收车辆购置税

C. 受赠大客车的计税依据是最高的计税价格

D. 购买免税轿车的使用期限已超过10年，不再征收车辆购置税

5. 对于国家税务总局未核定最低计税价格的车辆，计税依据为已核定的同类型车辆最低计税价格。同类型车辆是指(　　)。

A. 同品牌　　B. 同国别　　C. 同排量　　D. 同车长

6. 下列需缴纳车辆购置税的行为有(　　)。

A. 购买使用行为　　B. 进口使用行为

C. 受赠使用行为　　D. 获奖使用行为

三、思考并判断

1. 某外商投资企业2011年10月从境内购进小轿车1辆，不含税价格为50万元(增值税税率为17%)，另外还支付提货费1万元(不含税)，该公司应缴纳的车辆购置税为5.1万元。(　　)

2. 轻便摩托车不属于车辆购置税的征税范围。(　　)

3. 车辆购置税条例规定的免税、减税车辆发生转让、改变用途的，不再补征车辆购置税。(　　)

4. 自产自用的车辆无须缴纳车辆购置税。(　　)

四、实务题

1. 某公司向某汽车厂购买一辆自用的载货汽车及配套的备用件，分别取得普通发票载明的价款为292 000元，备用件的价款为4 595元，货款已付，汽车已办理登记注册并交付使用。请计算该公司应缴纳的车辆购置税。

2. 某公司购进自用奥迪A8小轿车一辆，支付含增值税价款60万元，代收保险费6 000元，送车费1 000元，上牌费2 570元，均由某汽车贸易公司开具发票和有关收据。请计算该车应缴纳的车辆购置税。

3. 某汽车制造厂2011年11月将自产轿车10辆向某汽车租赁公司进行投资，双方协议投资作价120 000元/辆，将自产轿车4辆转作本企业固定资产，将自产轿车3辆奖励给对企业发展有突出贡献的员工。该企业生产的上述轿车售价为180 000元/辆(不含增值税)，国家税务总局对同类轿车核定的最低计税价格为140 000元/辆。请计算该汽车制造厂应纳车辆购置税。

项目(三) 烟 叶 税

项目目标及能力培养

掌握烟叶税的基本征收制度,学会正确计算和缴纳烟叶税。

知识点或技能点

烟叶税的概念;烟叶税的纳税人、征税范围、税率、税收优惠;烟叶税的计算和缴纳;烟叶税的会计核算。

案 例 导 入

湖南桂阳县烟叶种植始于明代万历年间。近年来,该县大力实施"科技兴烟"战略,坚持政府引导、市场运作、多方投入、农民参与的原则,着力打造"桂阳金叶"品牌,烤烟对财政的贡献逐年增加。2008 年全县收购烟叶 60.22 万担,实征烟叶税 1.03 亿元。2009 年全县收购烤烟 62.55 万担,实现烟叶税 1.04 亿元。烟叶税连续两年过亿元。据了解,烤烟已成为该县财政增税、企业增效、农民增收的支柱产业。

问题思考:① 国家为什么要开征烟叶税? ② 国家在收购烟叶环节征收烟叶税,又在生产销售卷烟环节征收消费税,是否存在重复征税呢?

任务一 认识烟叶税

任务目标

掌握烟叶税的概念,明确开征烟叶税的意义。

一、烟叶税的概念

烟叶税是以纳税人收购烟叶的收购金额为计税依据征收的一种税。

2005 年 12 月 29 日,十届全国人大常委会第十九次会议决定废止《农业税条例》。取消农业税以后,意味着农业特产税也同时取消。这样,对烟叶征收农业特产农业税也失去了法律依据。

停止征收烟叶特产农业税后,产生了一些新的问题:一是烟叶产区的地方财政特别是一些县乡的财政收入受到较大的影响;二是不利于烟叶产区县乡经济的发展,对当地基层政权的正常运转和各项公共事业的发展产生一定的负面影响;三是不利于卷烟工业的持续稳定发展。烟叶是卷烟生产的主要原料,停止征收烟叶特产农业税,会影响地方政府引导和发展烟叶种植的积极性,对于卷烟工业的持续稳定发展也是不利的。

基于以上情况,为了保持政策的连续性,充分兼顾地方利益和有利于烟叶产区可持续发展,国务院制定了《中华人民共和国烟叶税暂行条例》,开征烟叶税取代原烟叶特产农业税,并于 2006 年 4 月 28 日正式实施。

二、烟叶税开征的意义

1. 有利于充分调动地方政府发展特色经济的积极性

烟叶税独立征收后，其性质由农业税变为商品税，烟叶收购中所开具的发票成为增值税抵扣的依据，使烟叶税与增值税的征收紧密相连，但它又延续了烟叶特产税的税收分配办法，其收入全部归地方政府，这不但起到稳定地方财政收入的效果，也有利于充分调动地方政府发展特色经济的积极性。

2. 有利于保持我国烟叶税制的完整和对烟草行业的宏观调控

以烟叶税替代烟叶农业特产税，不仅使原有政策得以延续，在税收制度上也保持了烟草税制的完整。这既有利于国家取得必要的财政收入，又有利于通过税收手段对烟叶种植和收购以及烟草行业的生产和经营实施必要的宏观调控。

3. 有助于缓解地方财政的压力

烟草制品的市场需求弹性较小，烟叶需求量能够长期保持稳定。烟叶税是增加地方政府财政收入的有效方式，有助于缓解地方财政的压力。

4. 有利于税收的征管

烟叶税的征收成本低，有利于税收的征管。烟叶税的开征并没有明显增加地方税务局的行政成本，地方税务机关并没有因新税种的开征而另设机构。由于烟叶收购期、收购点都较为集中，地方税务机关也能够及时、准确地掌握税源情况，并组织人员进行征收。

任务二　烟叶税主要法律规定

任务目标

掌握烟叶税的纳税人、征税对象、税率，明确烟叶税的征收管理规定。

一、烟叶税的纳税义务人

烟叶税的纳税人是在中华人民共和国境内收购烟叶的单位，包括依照《烟草专卖法》的规定有权收购烟叶的烟草公司或者受其委托收购烟叶的单位。

二、烟叶税的征税范围

烟叶税的纳税对象为烟叶，包括晾晒烟叶和烤烟叶。其中，晾晒烟叶包括列入各晾晒烟名录的晾晒烟叶和未列入各晾晒烟叶名录的其他晾晒烟叶。

三、烟叶税的税率

烟叶税实行比例税率，税率为 20%；烟叶税税率的调整，由国务院决定。

四、烟叶税的征收与管理

烟叶税由地方税务机关征收，烟叶税的征收管理，依照《中华人民共和国税收征收管理法》及本条例的有关规定执行。

1. 纳税义务发生时间

烟叶税的纳税义务发生时间为纳税人收购烟叶的当天,具体指纳税人向烟叶销售者收讫收购烟叶款项或者开具收购烟叶凭据的当天。

2. 纳税期限

纳税人应当自纳税义务发生之日起 30 日内申报纳税,具体纳税时间由各烟叶收购地主管税务机关在不迟于次月末的期限内,在不影响税款征收的情况下自主核定。

3. 纳税地点

纳税人收购烟叶,应当向烟叶收购地主管税务机关申报纳税。

4. 征收机关

烟叶税由地方税务机关负责征收,具体是指由烟叶收购地的县级地方税务局或指定的税务分局、所负责征收。

任务三 烟叶税的计算缴纳和会计核算

任务目标

掌握烟叶税应纳税额的计算和缴纳,能够对烟叶税进行会计核算。

一、烟叶税的计税依据

烟叶税的计税依据是烟叶收购金额。收购金额包括纳税人支付给烟叶销售者的烟叶收购价款和价外补贴。价外补贴统一暂按烟叶收购价款的 10%计算。

收购金额的计算公式为:收购金额=收购价款+收购价款×10%。

二、烟叶税应纳税额的计算

烟叶税应纳税额按照纳税人收购烟叶的收购金额和规定的税率计算。其计算公式为:

应纳税额=烟叶收购金额×税率(20%)

【示例 1】 某卷烟厂 2011 年 11 月从农业生产者处收购烟叶生产卷烟,收购凭证上注明收购价款 50 万元,并向烟叶生产者支付了价外补贴。计算该卷烟厂收购烟叶应缴纳的烟叶税和可抵扣的进项税额。

【计算与分析】 烟叶税税率为 20%,进项税额抵扣率为 13%。

烟叶收购金额=50×(1+10%)=55 (万元)

烟叶应纳税额=55×20%=11 (万元)

买价=55+11=66 (万元)

进项税额=66×13%=8.58 (万元)

注:一般纳税人购进烟叶可抵扣的进项税额,按烟叶收购金额和烟叶税及法定扣除率计算,烟叶的收购金额包括向烟叶销售者支付的烟叶收购价款和价外补贴。价外补贴暂统一按烟叶收购价款的 10%计算。

三、烟叶税的会计核算

按现行的企业会计制度,涉及核算烟叶收购环节业务的会计科目主要有“材料采购”、

"材料成本差异"、"在途物资"、"原材料"、"库存商品"、"银行存款"和"应交税费"等。由于烟草公司从烟农那里收购烟叶时无法取得增值税专用发票，因此烟草公司在进行会计处理时要注意进项税额是根据烟叶收购金额和烟叶税及法定扣除率(13%)加以确定的。

【示例 2】 某烟草公司系增值税一般纳税人，10 月末收购烟叶 20 000 斤，烟叶收购价格 4.0 元/斤(含支付价外补贴 10%)，总计 80 000 元，货款已全部支付。11 月初商品提回并验收入库。试做相关账务处理。

【计算与分析】

烟叶准予抵扣的增值税进项税额=[80 000+80 000×20%]×13%=12 480 (元)

应交烟叶税=80 000×20%=16 000 (元)

(1) 10 月末，烟叶尚未提回时，根据有关收购凭证等作账务处理：

	借方	贷方
借：在途物资	83 520	
应交税费——应交增值税(进项税额)	12 480	
贷：银行存款		80 000
应交税费——烟叶税		16 000

(2) 11 月初，烟叶提回入库时，根据收货单等凭证作账务处理：

	借方	贷方
借：库存商品	83 520	
贷：在途物资		83 520

项 目 小 结

烟叶税是以纳税人收购烟叶的收购金额为计税依据征收的一种税。烟叶税的纳税人是在我国境内收购烟叶的单位。烟叶税实行比例税率，税率为 20%。烟叶税属于地方税。开征烟叶税有利于调节经济，增加地方财政收入。

思考与讨论

1. 什么是烟叶税？烟叶税的纳税人、征税范围和税率是如何规定的？
2. 我国开征烟叶税有何意义？

训练与测试

一、单项选择

1. 烟叶税的价外补贴统一暂按烟叶收购价款的(　　)计算。

A. 5%　　B. 10%　　C. 15%　　D. 20%

2. 我国现行烟叶税的税率为(　　)。

A. 5%　　B. 10%　　C. 15%　　D. 20%

二、多项选择

1. 烟叶税的计税依据是烟叶(　　)。

A. 收购金额　　B. 收购价款×(1+10%)

C. 收购价款×(1+5%)　　D. 收购价款+价外补贴

2. 下列属于烟叶税纳税人的有(　　)

A. 生产烟叶的烟农

B. 收购烟叶的烟草公司

C. 受烟草公司委托收购烟叶的单位

D. 销售卷烟的商业企业

三、思考并判断

1. 按照我国现行财政体制,烟叶税收入归县乡级财政。(　　)

2. 烟叶税可以作为抵扣进项税额的基数。(　　)

四、实务题

资料:甲卷烟厂为增值税一般纳税人,2011 年 7 月份发生以下业务:

(1) 从农民手中收购烟叶,收购凭证上注明收购买价 40 000 元,支付运输企业运费 1 000 元,装卸费 600 元,并取得了符合规定的运费发票;

(2) 将购买的烟叶直接运往乙企业(位于县城,增值税一般纳税人)委托其加工烟丝,取得增值税专用发票,注明加工费 5 000 元、增值税 850 元,乙企业代收代缴了消费税。

要求:① 计算甲卷烟厂应缴纳的烟叶税;② 计算乙企业代收代缴烟丝的消费税。

项目(四)　城市维护建设税

项目目标及能力培养

熟悉城市维护建设税的基本征收制度,掌握城市维护建设税的计算和缴纳。

知识点或技能点

城市维护建设税的概念、特点;城市维护建设税的计税依据;城市维护建设税的计算和征管。

案 例 导 入

某自然村一家宾馆 2010 年 5 月份需缴纳营业税 20 万元,因延迟缴纳被加收滞纳金 6 000元。实习生小王与该宾馆会计就是否需要缴纳城市维护建设税产生了分歧。

问题思考:① 该宾馆是否需要缴纳城市维护建设税? ② 城市维护建设税的计税基础是否包括因延迟缴纳被加收的滞纳金? ③ 在此种情况下,是否需要对延缴城市维护建设税加收滞纳金?

任务一　认识城市维护建设税

任务目标

了解城市维护建设税的特点及征收背景,理解城市维护建设税的概念。

一、城市维护建设税的概念

城市维护建设税(以下简称“城建税”)是对从事工商经营,缴纳消费税、增值税、营业税的单位和个人征收的一种税,是我国为了加强城市的维护建设,扩大和稳定城市维护建设资金的来源,对有经营收入的单位和个人征收的一个税种。

二、城市维护建设税的特点

(1) 税款专款专用,具有受益税性质;
(2) 属于一种附加税;
(3) 根据城建规模设计税率;
(4) 征收范围较广。

三、城建税的立法原则

(1) 补充城市维护建设资金不足,限制地方政府对企业的乱摊派;
(2) 调动地方政府进行城市建设和维护的积极性。

小 知 识

城市维护建设税“名不副实”

城市维护建设税自1985年开征以来,税名为独立税种,但是计税依据是增值税、消费税和营业税“三税”的税额,采用附征的形式,实际上是一种流转税的附加收入。而且现行的“城市维护建设税”不但在城市范围内征收,也在县城、乡镇以及农村范围内征收,因此现行的“城市维护建设税”税种名称不确切。有些学者建议将“城市维护建设税”改名为“城乡维护建设税”。这样更能确切地反映其征收对象、征收范围和税款的用途。

任务二　城市维护建设税主要法律规定

任务目标

掌握城市维护建设税的纳税人、征税范围及税率,熟悉城市维护建设税征收管理规定。

一、纳税人

按照现行税法的规定,城建税的纳税人是在征税范围内从事工商经营,缴纳“三税”(即增值税、消费税和营业税,下同)的单位和个人。任何单位或个人,只要缴纳“三税”中的一种,就必须同时缴纳城建税。但海关对进口产品代征的增值税等不征收城建税。

二、征税范围

城建税在全国范围内征收,不仅包括城市、县城和镇,还包括城镇以外的地区。

三、适用税率

根据《中华人民共和国城市维护建设税暂行条例》及其《实施细则》有关规定，城建税是根据城市维护建设资金的不同层次的需要而设计的，实行分区域的差别比例税率，即按纳税人所在城市、县城或镇等不同的行政区域分别规定不同的比例税率。具体规定为：

(1) 纳税人所在地在市区的，税率为7%；

(2) 纳税人所在地在县城、镇的税率为5%；

(3) 纳税人所在地不在市区、县城、县属镇的，税率为1%。

纳税人在外地发生缴纳增值税、消费税、营业税的，按纳税发生地或实际经营地的适用税率计征城建税。代征代扣城建税的按受托方所在地适用税率执行。

四、税收优惠

城建税以“三税”的实缴税额为计税依据征收，一般不规定减免税，但对下列情况可免征城建税：

(1) 海关对进口产品代征的流转税，免征城建税；

(2) 从1994年起，对三峡工程建设基金，免征城建税；

(3) 2010年12月1日前，对中外合资企业和外国企业暂不征收城建税。2010年12月1日以后，根据2010年10月18日颁布的《国务院关于统一内外资企业和个人城市维护建设税和教育费附加制度的通知》执行。

需特别注意的是：出口产品退还增值税、消费税的，不退还已纳的城建税；“三税”先征后返、先征后退、即征即退的，不退还城建税。

任务三　城市维护建设税的计算缴纳和会计核算

任务目标

掌握城市维护建设税的计算和缴纳，学会对城市维护建设税进行会计核算。

一、应纳税额的计算

城建税纳税人的应纳税额是由纳税人实际缴纳的“三税”税额决定的，不包括纳税人违反增值税、消费税或营业税有关税法规定而加收的滞纳金和罚款。用公式表示为：

应纳税额＝(实纳增值税＋消费税＋营业税)×适用税率

【示例1】 某化妆品厂(地处县城)2011年7月销售化妆品取得不含税销售额1 000万元，假设当期无其他业务，增值税税率为17%，消费税税率为30%，计算该厂当期应纳的城建税。

【计算与分析】 计算城建税，首先要计算出增值税和消费税税额。

(1) 应纳增值税＝1 000×17%＝170 (万元)。

(2) 应纳消费税＝1 000×30%＝300 (万元)。

(3) 该化妆品厂地处县城，适用城建税税率为5%，因此，应纳城建税＝(170＋300)×5%＝23.5(万元)。

二、城市维护建设税的缴纳

城建税应当与“三税”同时缴纳，其纳税期限和纳税地点也与“三税”相同。

对于按规定以1日、3日、5日、10日、15日为一期缴纳“三税”的纳税人，应在按规定预缴“三税”的同时，预缴相应的城建税。

企业应当于月度终了后在进行“三税”申报的同时，进行城建税的纳税申报。

三、城市维护建设税的会计核算

企业缴纳城建税，应通过“应交税费——应交城市维护建设税”账户核算，借方直接在“营业税金及附加”或“其他业务支出”等账户反映。

【示例2】 承示例1，该化妆品厂本月在计算缴纳城建税时的账务处理如下：

(1) 计算应交城建税时的账务处理：

借：营业税金及附加　　235 000

　贷：应交税金——应交城市维护建设税　　235 000

(2) 实际缴纳城建税时的账务处理：

借：应交税金——应交城市维护建设税　　235 000

　贷：银行存款　　235 000

项目小结

城市维护建设税是对从事工商经营，缴纳消费税、增值税、营业税的单位和个人征收的一种税。城建税实行分区域的差别比例税率，即按纳税人所在城市、县城或镇等不同的行政区域，分别规定不同的比例税率。城建税以纳税人实际实缴纳的“三税”税额为计税依据。开征城建税，有利于加强城市的维护建设，扩大和稳定城市维护建设资金的来源。

思考与讨论

1. 什么是城市维护建设税？开征城建税有何意义？
2. 城建税与增值税、消费税、营业税三税有何关系？

训练与测试

一、单项选择

1. 城建税的计税依据是（　　）。

A. 应缴纳的“三税”税额

B. 实际缴纳的“三税”税额

C. 实际缴纳的“三税”税额及滞纳金

D. 实际缴纳的“三税”税额及罚款

2. 根据城市维护建设税法律制度的规定，下列表述中，不正确的有（　　）。

A. 纳税人因违反“三税”的有关规定而加收的滞纳金和罚款，不作为城市维护建设税的

计税依据

B. 纳税人在被查补“三税”和被处以罚款时，应同时对其城市维护建设税进行补税、征收滞纳金和罚款

C. 海关对进口产品代征的增值税、消费税，不征收城市维护建设税

D. 对出口产品退还增值税、消费税的，也要同时退还已经缴纳的城市维护建设税

3. 下列对城市维护建设税的表述不正确的是(　　)。

A. 城建税是一种附加税

B. 税款专门用于城市的公用事业和公共设施的维护建设

C. 城建税征收范围广泛

D. 海关对进口产品代征增值税、消费税、城建税

4. 设在县城的A企业代收代缴市区B企业的消费税，对B企业城建税的处理办法是(　　)。

A. 由B企业在市区按7%交城建税

B. 由B企业将5%的城建税交A企业代征

C. 由A企业将7%的城建税交B企业代征

D. 由B企业按7%的税率自行选择纳税地点

5. 下列说法正确的有(　　)。

A. 只要缴纳增值税就会缴纳城建税

B. 同时缴纳增值税、消费税、营业税的纳税人才能成为城建税的纳税人

C. 只要退还三税就退还城建税

D. 城建税的纳税人是缴纳增值税、消费税、营业税的单位和个人

二、多项选择

1. 某纳税人按税法规定，增值税先征后返，其城建税的处理办法是(　　)。

A. 缴纳增值税同时缴纳城建税

B. 返还增值税同时返还城建税

C. 缴纳增值税时，按比例返还已缴城建税

D. 返还增值税时不返还城建税

2. 以下情况符合城建税计征规定的有(　　)。

A. 对出口产品退还增值税、消费税的，也一并退还已纳城建税

B. 纳税人享受增值税、消费税、营业税的免征优惠时，也同时免征城建税

C. 纳税人违反增值税、消费税、营业税有关税法而加收的滞纳金和罚款，也作为城建税的计税依据

D. 海关对进口产品代征的增值税、消费税、不征收城建税

3. 城建税税率为地区差别比例税率，其地区的确定可以是(　　)。

A. 纳税人所在地适用税率

B. 缴纳“三税”所在地适用税率

C. 受托方代征代扣“三税”的，按委托方所在地适用税率

D. 经营地的适用税率

4. 下列各项中，可以作为城市维护建设税计税依据的是(　　)。

A. 纳税人滞纳营业税而加收的滞纳金

B. 纳税人享受减免税后实际缴纳的营业税

C. 纳税人偷逃增值税被处的罚款

D. 纳税人偷逃消费税被查补的税款

三、思考并判断

1. 城建税的征收范围不包括农村。（ ）

2. 海关对进口产品代征的增值税或消费税，不征收城建税。（ ）

3. 对出口产品退还增值税的，也应退还已纳的城建税。（ ）

4. 城建税的适用税率，一般按纳税人所在地的适用税率执行。（ ）

5. 只要退还“三税”就应退还城建税。（ ）

四、实务题

1. 某县城一运输公司 2011 年 5 月份取得运输收入 120 万元、装卸收入 20 万元，计算该公司 5 月应缴纳的城市维护建设税。

2. 某市区甲企业 2011 年 7 月份实际缴纳增值税 20 万元。消费税 10 万元，营业税 5 万元，计算甲企业本月份应缴纳的城建税并进行相应的账务处理。

项目（五） 教育费附加

项目目标及能力培养

熟悉教育费附加的基本征收制度，掌握教育费附加的计算和缴纳。

知识点或技能点

教育费附加的用途、征税范围和计税依据。

案例导入

某护肤品生产企业本月缴纳增值税 10 万元，消费税 30 万元，营业税 3 万元，补交上月应纳消费税 2 万元，当月取得出口退还增值税 5 万元，缴纳进口关税 6 万元、进口增值税 10 万元和进口消费税 8 万元。

问题思考：① 该企业是否需要缴纳教育费附加？② 该企业本月应缴纳多少教育费附加？

任务一 认识教育费附加

任务目标

了解教育费附加的征收目的及背景，理解教育费附加的概念。

一、教育费附加的概念

教育费附加是对缴纳增值税、消费税、营业税的单位和个人以其实际缴纳的以上“三税”税额为计税依据征收的一种附加费。教育费附加名义上是一种专项资金，但实质上具有税的性质。征收教育费附加是为了发展地方性教育事业，扩大地方教育经费的资金来源。

二、教育费附加的征收背景

1984 年国务院颁布了《关于筹措农村学校办学经费的通知》，开征了农村教育事业经费附加。1985 年，中共中央做出了《关于教育体制改革的决定》，指出国家增拨教育经费的同时，开辟多种渠道筹措经费。为此，国务院于 1986 年 4 月 28 日颁布了《征收教育费附加的暂行规定》，并于同年 7 月 1 日开征。2005 年国务院《关于修改〈征收教育费附加的暂行规定〉的决定》规定从 2005 年 10 月 1 日起，教育费附加率提高为 3%，分别与增值税、营业税、消费税同时缴纳。教育附加费作为专项收入，由教育部门统筹安排使用。

此外，一些地方政府为发展地方教育事业，还根据教育法的规定，开征了“地方教育附加费”。地方教育附加不是全国统一开征的费种，是由地方政府决定开征用于教育的地方附加费，专款专用，属地方政府性基金，具体的开征时间还要由各省自己制订方案后报财政部审批。全国已经有 20 多个省(自治区、直辖市)开征了地方教育附加。财综[2010]98 号文件下发后，财政部要求各地统一征收地方教育附加，征收率统一为 2%。因此，企业将缴纳 3%的教育费附加，2%的地方教育附加。

现行教育费附加的相关法规有：国务院于 1986 年 4 月 28 日颁布并于同年 7 月 1 日施行的《征收教育费附加的暂行规定》、自 2005 年 10 月 1 日起施行的《国务院关于修改〈征收教育费附加的暂行规定〉的决定》以及 2010 年 10 月 18 日颁布于同年 12 月 1 日施行的《国务院关于统一内外资企业和个人城市维护建设税和教育费附加制度的通知》。

任务二　教育费附加主要法律规定

任务目标

掌握教育费附加的纳税人、征税范围及征收率，熟悉教育费附加的征收管理规定。

一、纳税人

凡缴纳增值税、消费税、营业税的单位和个人，均为教育费附加的纳费义务人(简称纳费人)。凡代征增值税、消费税、营业税的单位和个人，亦为代征教育费附加的义务人。

根据 2010 年 10 月 18 日，国务院发布的《国务院关于统一内外资企业和个人城市维护建设税和教育费附加制度的通知》，2010 年 12 月 1 日起，外商投资企业和外国在华企业均需缴纳该税。

二、征税范围

教育费附加以纳税人实际缴纳的增值税、消费税和营业税税额为计税依据，分别与增值税、消费税和营业税同时缴纳。自 2010 年 12 月 1 日起，外商投资企业、外国企业及外籍人员均列入教育费附加征收范围。

三、征收比率

教育费附加征收比率经历了一个由低到高的变化过程，1986 年开征时征收比率为 1%，1990 年 5 月增至 2%，1994 年 1 月 1 日至今，征收比率为 3%，当时对生产卷烟和烟叶的单位减半征收教育费附加的自 2005 年 10 月 1 日后已全额征收。

四、减免政策

(1) 对海关进口的产品征收的增值税、消费税，不征收教育费附加。

(2) 对由于减免增值税、消费税、营业税而发生退税的，可以同时退还已征收的教育费附加。但对出口产品退还增值税、消费税的，不退还已征的教育费附加。

(3) 对新办的商贸企业(从事批发、批零兼营以及其他非零售业务的商贸企业除外)，当年新招用下岗失业人员达到职工总数 30%以上(含 30%)，并与其签订 1 年以上期限劳动合同的，经劳动保障部门认定，税务机关审核，3 年内免征教育费附加。

(4) 对下岗失业人员从事个体经营(除建筑业、娱乐业以及广告业、桑拿、按摩、网吧、氧吧外)的，自领取税务登记证之日起，3 年内免征教育费附加。

(5) 自 2004 年 1 月 1 日起，对为安置自谋职业的城镇退役士兵就业而新办的服务型企业(除广告业、桑拿、按摩、网吧、氧吧外)当年新安置自谋职业的城镇退役士兵达到职工总数 30%以上，并与其签订 1 年以上期限劳动合同的，经县以上民政部门认定，税务机关审核，3 年内免征教育费附加。

对为安置自谋职业的城镇退役士兵就业而新办的商业零售企业当年新安置自谋职业的城镇退役士兵达到职工总数 30%以上，并与其签订 1 年以上期限劳动合同的，经县以上民政部门认定，税务机关审核，3 年内免征教育费附加。

任务三　教育费附加的计算缴纳和会计核算

任务目标

掌握教育费附加应纳税额的计算和缴纳，能够对教育费附加进行会计核算。

一、教育费附加的计算

教育费附加以纳税人实际缴纳的增值税、消费税、营业税的税额为计费依据。

其计算公式为：应纳教育费附加＝(实际缴纳的增值税＋消费税＋营业税)×征收率。

【示例 1】 某化妆品厂 2011 年 7 月销售化妆品取得不含税销售额 1 000 万元，假设当期无其他业务，增值税税率为 17%，消费税税率为 30%，计算该厂当期应纳的教育费附加。

【计算与分析】 计算教育费附加，首先要计算出增值税和消费税税额。

应纳增值税＝1 000×17%＝170 (万元)

应纳消费税＝1 000×30%＝300 (万元)

应纳教育费附加＝(170＋300)×3%＝14.1 (万元)

二、教育费附加的缴纳

教育费附加由地方税务局负责征收,也可委托国家税务局征收。教育费附加应当与“三税”同时缴纳,其纳税期限和纳税地点也与“三税”相同。

对于按规定以1日、3日、5日、10日、15日为一期缴纳“三税”的纳税人,应在按规定预缴“三税”的同时,预缴相应的教育费附加。

企业应当于月度终了后在进行“三税”申报的同时,进行教育费附加的纳税申报。

三、教育费附加的会计核算

企业缴纳教育费附加时,应通过“应交税费——应交教育费附加”账户核算,借方直接在“营业税金及附加”或“其他业务支出”等账户反映。

【示例2】 承示例1,该化妆品厂月末对缴纳的教育费附加应如何进行账务处理?

【计算与分析】 (1) 月末预计教育费附加时的账务处理:

借:营业税金及附加　　141 000

　贷:应交税费——应交教育费附加　　141 000

(2) 实际缴纳时的账务处理:

借:应交税费——应交教育费附加　　141 000

　贷:银行存款　　141 000

项目小结

教育费附加是对缴纳增值税、消费税、营业税的单位和个人,以其实际缴纳的“三税”税额为计税依据征收的一种附加费。教育费附加的征收比率为3%。教育费附加的征收,有利于扩大地方教育经费的资金来源,促进地方性教育事业的发展。

思考与讨论

1. 什么是教育费附加?教育费附加与地方教育费附加的比较。
2. 教育费附加的征收范围是如何规定的?
3. 说说教育费附加与“三税”的关系。

训练与测试

一、单项选择

1. 教育费附加的计税依据是(　　)。

A. 应缴纳的“三税”税额

B. 实际缴纳的“三税”税额

C. 实际缴纳的“三税”税额及滞纳金

D. 实际缴纳的“三税”税额及罚款

2. 现行教育费附加的征收率为(　　)。

A. 7%　　　　B. 3%　　　　C. 1%　　　　D. 5%

3. 根据教育费附加法律制度的规定，下列表述中，不正确的有(　　)。

A. 纳税人因违反“三税”的有关规定而加收的滞纳金和罚款，不作为教育费附加的计税依据

B. 纳税人在被查补“三税”和被处以罚款时，应同时对其教育费附加进行补税、征收滞纳金和罚款

C. 海关对进口产品代征的增值税、消费税，不征收教育费附加

D. 对出口产品退还增值税、消费税的，也要同时退还已经缴纳的教育费附加

4. 关于教育费附加的规定，下列表述正确的是(　　)。

A. 对出口产品退还增值税、消费税的，不退还已征的教育费附加

B. 对海关进口的产品征收增值税、消费税，同时征收教育费附加

C. 自 2004 年 1 月 1 日起，对当年安置城镇退役士兵达到职工总数 30%以上，并与其签订 1 年以上期限劳动合同的新办广告企业，经审核，3 年内免征教育费附加

D. 外商投资企业和外国企业不需要缴纳该税。

5. 某生产企业为增值税一般纳税人，主要经营内销和出口业务，2011 年 4 月实际缴纳增值税 40 万元，出口货物免抵税额 5 万元。另外，进口货物缴纳增值税 10 万元，缴纳消费税 20 万元。该企业 2011 年 4 月应纳教育费附加(　　)万元。

A. 1. 35　　　　B. 1. 20　　　　C. 2. 10　　　　D. 2. 25

二、多项选择

1. 下列各项中，关于教育费附加的正确表述是(　　)。

A. 教育费附加征收比率按照地区差别特定

B. 对海关进口的产品征收增值税、消费税，但不征收教育费附加

C. 出口产品退还增值税、消费税的，同时退还已征收教育费附加

D. 出口产品退还增值税、消费税的，不退还已征收的教育费附加

2. 下列各项中，可以作为教育费附加计税依据的是(　　)。

A. 纳税人滞纳营业税而加收的滞纳金

B. 纳税人享受减免税后实际缴纳的营业税

C. 纳税人偷逃增值税被处的罚款

D. 纳税人偷逃消费税被查补的税款

三、思考并判断

1. 教育费附加分别与增值税、消费税和营业税税款同时缴纳。(　　)

2. 对出口产品退还增值税的，也应退还已纳的教育费附加。(　　)

3. 海关对进口产品代征的增值税或消费税，不征收教育费附加。(　　)

4. 纳税人享受减免“三税”的不得同时享受减免教育费附加。(　　)

5. 企业缴纳教育费附加时应通过“其他应交款—应交教育费附加”账户核算。(　　)

四、实务题

1. 某企业 2011 年 5 月被税务机关查补增值税 45 000 元、消费税 25 000 元、所得税 30 000元；还被加收滞纳金 2 000 元、被处罚款 50 000 元。计算该企业应补缴教育费附加。

2. 甲企业 2011 年 7 月份实际缴纳增值税 20 万元，消费税 10 万元，营业税 5 万元。计算甲企业本月份应缴纳的教育费附加并进行相应的账务处理。

模块三　熟悉税收征管制度

税收征收管理活动的有效开展是政府及时稳定取得税收收入的重要保证，而税收征管制度是保证税收活动有效开展的前提和制度保障。从税务机关角度来看，税收征收管理是为实现税收职能，按照法律、法规、规章、制度的规定，采取一定的方法和手段，规范税收征纳行为，对税源、纳税户实施有效监管，以确保应征税款及时足额入库。从纳税人角度来看，纳税人从设立到注销，必须依法进行登记，做好账簿凭证管理，如实申报纳税，按时缴纳税款，接受税务检查等，这一系列的管理过程构成了纳税人接受税务管理的主要内容。税收征管法明确了在税收征管和缴纳活动中税务机关和纳税人拥有的相应的权利与义务。在税收征纳活动过程中，征纳双方如果有违反税务管理有关规定的行为，则应承担相应的法律责任。如果产生税务纠纷，则可以通过税务行政复议和诉讼解决。

目前实施的《中华人民共和国税收征管法》及其实施细则是我国税收法律制度中第一部程序法。我国的税收征管有哪些法律规定和制度要求？让我们一起来熟悉税收征管法。

项目一　税收征管基本制度

项目目标及能力培养

熟悉办理税务登记、纳税申报、税款缴纳和税务检查的基本内容和规程，能够对账簿、凭证、发票进行正确的管理；了解税收保全措施和税收强制执行措施的实施规定；能够依法配合税务机关的检查并维护自己的合法权益，增强办税能力。

知识点或技能点

税收征收管理；税务登记；纳税申报；税款缴纳；税收保全措施；税务检查。

案 例 导 入

某地税务机关在对一家新办企业进行税务检查时发现该企业存在以下问题：① 未按规定的期限办理纳税申报，并未按规定设置、保管账簿或者保管记账凭证和有关资料；② 检查中发现该企业隐瞒收入 10 万元；③ 检查中企业就一笔税款与税务机关发生激烈的争议。

问题思考：对以上存在的问题，税务机关应如何进行处理？

任务一　认识税收征管法

任务目标

理解税收征收管理的含义，明确《税收征管法》的立法宗旨和适用范围。

一、税收征收管理的含义

税收征收管理简称税收征管，是指国家税务机关依据国家税收法律、行政法规以及有关规定，依法行使征税权力，通过一定的程序，指导和监督纳税人（包括扣缴义务人、税务代理人）正确履行纳税义务，保证税款及时、足额入库的一种行政行为。税收征收管理是国家组织财政收入的基础性工作，也是贯彻实施国家税收政策法规，实现税收职能，发挥税收作用的基本保证。税收征管是国家财政管理和监督的重要组成部分。

二、《税收征管法》的立法目的与宗旨

为了加强税收征收管理，规范税收征收和缴纳行为，保障国家税收收入，保护纳税人的合法权益，促进经济和社会发展，国家制定了《中华人民共和国税收征收管理法》（简称《税收征管法》）。

《税收征管法》是我国建国以来制定的第一部税收程序法。该法律是 1992 年 9 月 4 日，第七届全国人民代表大会常委会第二十七次会议审议通过的，从 1993 年 1 月 1 日起开始实施。

其后，随着我国经济形势和税收环境的变化，1995 年 2 月 28 日第八届全国人民代表大会常委会第十二次会议对征管法的个别条款进行了修订。2001 年 4 月 28 日第九届全国人民代表大会常委会第二十一次会议对征管法进行了再次修订，从 2001 年 5 月 1 日起开始实施。

《税收征管法》的立法目的与宗旨主要表现在：

1. 加强税收征收管理

《税收征管法》的首要任务是加强税收征收管理。任何税收制度都必须通过税收征管才能有效运行。税收征管工作质量高低，直接关系到税收职能作用的发挥。从我国税收征管的实际情况来看，主要问题是征管制度不够严密，不够规范，征管手段落后，税务机关难以有效行使征管职权。因此，《税收征管法》的颁布和实施，有利于加强税收征管。

2. 规范税收征收和缴纳行为

税收征管涉及税务机关与纳税人征纳双方之间的双向互动，《税收征管法》为税务机关、税务人员依法征税，为纳税人依法纳税提供了法律保证。征纳双方只有依法征收和缴纳，才能更好地保障国家利益和纳税人自身利益。

3. 保障国家税收收入

组织收入是税收的基本职能，目前我国的税收收入占全部财政收入的比重在 95％以上，实施税收征管法，规范税收征收管理，有利于保证税收收入的及时足额入库。

4. 保护纳税人的合法权益

税收征收管理作为国家的行政行为，既要维护国家利益，又要保护纳税人的合法权益不受侵害。在税收征纳过程中，法律法规的规定和税务机关的行政行为，应当以保护纳税人的合法权益为目的，使纳税人的合法权益得到有效落实。

5. 促进经济发展和社会进步

税收是国家宏观调控的重要的经济杠杆，促进经济发展和社会进步是税收工作的宗旨，它体现了税收工作在市场经济发展中的重要地位和作用。《税收征管法》的实施，可以更加有力地保证税收促进经济发展和社会进步这一宗旨的实现。

三、《税收征管法》的适用范围

《税收征管法》第二条明确规定，凡依法由税务机关征收的各种税收的征收管理，均适用本法。税务机关是《税收征管法》及其实施细则的行政执法主体。税务机关征收的“各种税收”是指全国人大及其常委会和国务院制定并开征的各种税收。目前由税务机关征收的有：增值税、消费税、营业税、企业所得税、个人所得税、资源税、城镇土地使用税、城市维护建设税、土地增值税、房产税、城市房地产税、车船使用税、印花税、屠宰税、筵席税、车辆购置税等。因此，《税收征管法》所设定的各项权利和义务以及税收征收管理的具体措施适用于上述税种。

任务二　税务登记制度

任务目标

熟悉税务登记制度的基本内容和要求，学会办理税务登记。

一、税务登记的概念

税务登记又称纳税登记，是税务机关依法对纳税人的经济活动情况进行登记并据此实施税务管理的一项管理制度。税务登记是征纳双方法律关系成立的依据和证明，是纳税人必须依法履行的义务，也是税务机关实施税收管理的首要环节和基础工作。

二、税务登记的作用

税务登记是建立正常税收征纳秩序，加强税源监控，防止税收流失的重要措施。一方面，对税务机关来说，通过税务登记可以掌握税源情况，防止税收流失。税务登记是税收征管现代化、信息化的基础，也是税务机关为纳税人服务和与其他部门配合的基础。另一方面，税务登记有利于增强纳税人的税收法制观念，提高纳税意识，维护自身合法权益。税务登记是纳税人开立银行账户，进行正常生产经营活动和办理涉税事宜的基础条件。

三、税务登记的范围

根据《税收征管法》及其实施细则和《税务登记管理办法》规定，税务登记的范围包括：

(1) 各类企业；

(2) 企业在外地设立的分支机构和从事生产、经营的场所；

(3) 个体工商户；

(4) 从事生产、经营的事业单位；

(5) 其他发生纳税义务的各类组织和单位，但国家机关、个人和无固定生产、经营场所的流动性农村小商贩除外。

另外，根据税收法律、行政法规的规定，负有扣缴税款义务的扣缴义务人，应当按照《税收征管法》及其实施细则和《税务登记管理办法》的规定办理扣缴税款登记。

四、税务登记的种类和程序

税务登记包括设立登记(或开业登记)、变更登记、停业与复业登记、注销登记、税务登记验证和换证、非正常户处理、扣缴税款登记和报验登记等。

(一) 设立税务登记

1. 提出登记申请

企业在外地设立的分支机构和从事生产经营的场所，个体工商户和从事生产、经营的事业单位(以下统称为从事生产、经营的纳税人)，应在取得营业执照之日起 30 日内，依据《税收征管法》及其实施细则和《税务登记管理办法》规定的时限，向生产、经营所在地税务机关申请办理税务登记。

2. 应提供的证件、资料

纳税人申报办理税务登记时，应根据不同情况向税务机关如实提供下列证件和资料：工商营业执照或其他核准执业证件；有关合同、章程、协议书；组织机构统一代码证书；法定代表人或负责人或业主的居民身份证、护照或其他合法证件；税务机关要求的其他有关证件、资料。

3. 填写税务登记表

税务登记表的主要内容包括：单位名称，法定代表人或者业主姓名及其居民身份证、护照或者其他合法证件的号码；住所，经营地点；登记类型；核算方式；生产经营方式；生产经营范围；注册资金，投资总额；生产经营期限；财务负责人，联系电话；国家税务总局确定的其他有关事项。

4. 税务机关受理与核准

税务机关对纳税人填报的税务登记表、提供的证件和资料，应当自收到之日起 30 内审核完毕。对纳税人提交的证件、资料进行审验，证件资料齐全且登记表填写符合规定的，予以受理并及时核发税务登记证件。对证件资料不齐全或内容填写不符合规定的，应当场通知其补正或重新填写。

税务登记表如表 3.1.1 所示。

表 3.1.1 税务登记表(调整)

(适用单位纳税人)

国税档案号码： 填表日期： 纳税人识别号：

<table>
<tr><td>地税计算机代码</td><td colspan="3"></td><td colspan="2">纳税人名称</td><td></td></tr>
<tr><td>登记注册类型</td><td colspan="3"></td><td colspan="2">批准设立机关</td><td></td></tr>
<tr><td>组织机构代码</td><td colspan="3"></td><td colspan="2">批准设立证明或文件号</td><td></td></tr>
<tr><td>开业(设立)日期</td><td></td><td>生产经营期限</td><td></td><td>证照名称</td><td></td><td>证照号码</td></tr>
<tr><td>注册地址</td><td colspan="3"></td><td>邮政编码</td><td></td><td>联系电话</td></tr>
<tr><td>生产经营地址</td><td colspan="3"></td><td>邮政编码</td><td></td><td>联系电话</td></tr>
<tr><td>核算方式</td><td colspan="4">请选择对应项目打“√” □独立核算 □非独立核算度</td><td>从业人数</td><td>______其中外籍人数______</td></tr>
<tr><td>单位性质</td><td colspan="6">请选择对应项目打“√” □企业 □事业单位 □社会团体 □民办非企业单位 □其他</td></tr>
<tr><td>网站网址</td><td colspan="2"></td><td>国标行业</td><td colspan="3">□□□□ □□□□ □□□□ □□□□</td></tr>
<tr><td>适用会计制度</td><td colspan="6">请选择对应项目打“√”
□企业会计制度 □小企业会计制度 □金融企业会计制度 □行政事业单位会计制度</td></tr>
<tr><td colspan="2">经营范围</td><td colspan="5">请将法定代表人(负责人)身份证件复印件粘贴在此处。</td></tr>
</table>

续表

项目 内容 联系人	姓名	身份证件		固定电话	移动电话	电子邮箱
		种类	号码			
法定代表人（负责人）						
财务负责人						
办税人						

税务代理人名称	纳税人识别号	联系电话	电子邮箱

注册资本或投资总额（人民币）	币种	金额	币种	金额	币种	金额

投资方名称	投资方经济性质	投资比例	证件种类	证件号码	国籍或地址

自然人投资比例		外资投资比例		国有投资比例	

分支机构名称	注册地址	纳税人识别号

总机构名称		纳税人识别号			
注册地址		经营范围			
法定代表人姓名		联系电话		注册地址邮政编码	

代扣代缴、代收代缴税款业务情况	代扣代缴、代收代缴税款业务内容	代扣代缴、代收代缴税种

附报资料：

续表

<table>
<tr><td>经办人签章：

____年____月____日</td><td colspan="2">法定代表人(负责人)签章：

____年____月____日</td><td colspan="2">纳税人公章：

____年____月____日</td></tr>
</table>

以下由税务机关填写：

<table>
<tr><td colspan="3">纳税人所处街乡</td><td colspan="2">隶属关系</td></tr>
<tr><td>国税主管税务局</td><td></td><td>国税主管税务所(科)</td><td></td><td>是否属于国税、地税共管户</td><td></td></tr>
<tr><td>地税主管税务局</td><td></td><td>地税主管税务所(科)</td><td></td><td></td><td></td></tr>
<tr><td colspan="2">经办人(签章)：
国税经办人：____
地税经办人：____

受理日期：
____年____月____日</td><td colspan="2">国家税务登记机关
(税务登记专用章)：

核准日期：
____年____月____日
国税主管税务机关：</td><td colspan="2">地方税务登记机关
(税务登记专用章)：

核准日期：
____年____月____日
地税主管税务机关：</td></tr>
<tr><td colspan="6">国税核发《税务登记证副本》数量：　本　发证日期：____年____月____日</td></tr>
<tr><td colspan="6">地税核发《税务登记证副本》数量：　本　发证日期：____年____月____日</td></tr>
</table>

注：本表适用于各类单位纳税人填用。　　　　国家税务总局监制

(二) 变更税务登记

纳税人的税务登记内容发生变化，需要办理变更税务登记。

1. 变更情由

税务登记的内容发生下列变化之一时，应办理变更税务登记：改变单位名称或法定代表人；改变注册登记类型；改变隶属关系或经营地址；改变经营范围、经营方式；改变经营期限、开户银行及账号；改变工商营业执照等。

2. 不同情况应提供的证件、资料

纳税人在工商行政管理机关办理变更登记的，应当自工商行政管理机关变更登记之日起 30 日内，向原税务登记机关办理变更税务登记。应如实提供以下证件、资料：工商变更登记表及营业执照副本；纳税人变更登记内容的决议及有关证明文件；税务机关发放的原税务登记证件(正副本及登记表等)，不涉及税务登记证内容变更的则不需提供原税务登记证件；其他有关资料。

纳税人按规定不需要在工商行政管理机关办理变更登记，或者变更登记的内容与工商登记内容无关的，应自税务登记内容实际发生变化之日起 30 日内，或者自有关机关批准或宣布变更之日起 30 日内，持下列证件到原税务机关办理变更税务登记：纳税人变更登记内容的有关证明文件(正副本及登记表等)，不涉及税务登记证内容变更的则不需提供原税务登记证件；税务机关发放的原税务登记证件；其他有关资料。

3. 税务机关受理与核准

税务机关对申请办理变更登记的纳税人提交的证件、资料进行审验，证件、资料齐全的，如实填写变更登记表，税务机关审核合规后，予以受理；不符合规定的，应通知其补正。税务

机关应自受理之日起30日内,审核办理变更税务登记。

(三)停业、复业登记

1. 申请停业

实行定期定额征收方式的纳税人在营业执照核准的经营期限内需要停业的,应当在停业前向税务机关提出停业登记申请,办理停业登记,按要求如实填写停、复业报告书,说明停业理由、停业期限、停业前的纳税情况和发票的领、用、存情况,并结清应纳的税款、滞纳金、罚款。

2. 税务机关审核

税务机关对申请办理停业登记的纳税人提交的证件、资料进行审验,符合要求的受理、核准,责成纳税人缴清税款、滞纳金和罚款,并收存其税务登记证件及副本、发票领购簿、未使用完的发票和其他税务证件。

3. 停业期限

纳税人停业期限不得超过1年。纳税人在停业期间发生纳税义务的,应当按照税收法律、行政法规的规定申报缴纳税款。停业期满不能及时恢复生产经营的,应在停业期满前向税务机关提出延长停业登记申请并同时填写停、复业报告书。

(四)注销税务登记

1. 注销登记的情由

纳税人发生下列情形之一的,应办理注销税务登记:因经营期限届满而自动解散;企业由于改组、分立、合并等原因而被撤销;企业资不抵债而破产;因住所、经营地址迁移而脱离原主管税务机关的辖区;被工商管理部门吊销营业执照;纳税人依法终止履行纳税义务的其他情形。

2. 注销程序及要求

纳税人发生解散、破产、撤销以及其他情形依法终止纳税义务的,应当在向工商行政管理机关办理注销登记前,持有关证件向原税务登记机关办理注销税务登记;按照规定不需向工商行政管理机关办理注销登记的,应自有关机关批准或宣告终止之日起15日内,持有关证件向原税务机关申报办理注销税务登记;纳税人被工商行政管理机关吊销营业执照或者被其他机关予以撤销登记的,应当自营业执照被吊销或者被撤销登记之日起15日内,向原税务登记机关申报办理注销税务登记;纳税人因为住所、经营地点变动,涉及改变税务登记机关的,应当在向工商行政管理机关或者其他机关申请办理变更、注销登记前,或者住所、经营地点变动前,持有关证件和资料,向原税务登记机关申请办理注销税务登记,并自注销税务登记之日起30日内向迁入地税务机关申报办理税务登记。

3. 税务机关受理与核准

纳税人办理注销税务登记时,应向税务机关提交相应证明文件和资料,如实填写注销税务登记表,同时向税务机关结清应纳税款、滞纳金和罚款等,缴销发票、发票领购簿和税务登记证件和其他证件。经税务机关核准后,办理注销税务登记手续。

(五)外出经营报验登记

从事生产、经营的纳税人到外县市进行生产、经营的,应当向主管税务机关申请开具“外出经营活动税收管理证明”,经主管税务机关审核后按照一地一证原则,核发“外出经营活动税收管理证明”。证明的有效期一般为 30 日,最长不得超过 180 天。

纳税人应当在到达经营地进行生产、经营前向经营地税务机关申请报验登记,并提交税务登记证副本、外出经营活动税收管理证明或外出经营货物报验单等有关证件资料。

纳税人外出经营活动结束,应当向经营地税务机关填报“外出经营活动情况申报表”,并按规定结清税款,缴销未使用完的发票。经营地税务机关应当在“外出经营活动税收管理证明”上注明纳税人的经营、纳税及发票使用情况。纳税人持该证明在有效期届满 10 日内回到所在地税务机关办理证明缴销手续。

(六) 非正常户的处理

已经办理税务登记的纳税人未按照规定的期限申报纳税,在税务机关责令限期改正后,逾期不改正的,税务机关应当派员实地检查,查无下落并且无法强制其履行纳税义务的,由检查人员制作《非正常户认定书》,存入纳税人档案,税务机关暂停其税务登记证件、发票领购簿和发票的使用。

纳税人被列入非正常户超过三个月的,税务机关可以宣布其税务登记证件失效,其应纳税款的追征仍按规定执行。

任务三　账簿、凭证及发票管理制度

任务目标

熟悉账簿、凭证及发票管理的基本内容和要求,能够对凭证、账簿、发票进行正确的管理。

一、账簿、凭证管理

(一) 账簿、凭证设置

税收征管法规定,纳税人、扣缴义务人应按照有关法律、行政法规和国务院财政、税务部门的规定设置账簿,根据合法、有效的记账凭证进行核算。因此,所有纳税人都应该依法设立账簿。考虑到生产、经营活动的实际情况,税收征管法实施细则规定,从事生产经营的纳税人应当自领取营业执照的 15 日内设置账簿。生产、经营规模小又确无建账能力的纳税人,可以聘请经批准从事会计代理记账业务的专业机构或者经税务机关认可的财会人员代为建账和办理账务;聘请上述机构或人员有实际困难的,经县级以上税务机关批准,可以按照税务机关的规定,建立收支粘贴簿、进货销货登记簿或者使用税控装置。

税收征管法实施细则还规定,扣缴义务人应当自税收法律、行政法规规定的扣缴义务发生之日起 10 日内,按照所代扣、代收的税种,分别设置代扣代缴、代收代缴税款账簿。

(二) 账簿、凭证管理

税收征管法实施细则规定,从事生产经营的纳税人,其财务会计制度或者财务处理办法和会计核算软件,应当自领取税务登记证件之日起 15 日内,报送税务机关备案。

税收征管法规定，纳税人、扣缴义务人的财务会计制度或者财务会计处理办法与国务院或者国务院财政税务部门有关税收的规定抵触的，依照国务院或者国务院财政、税务主管部门有关税收规定计算应纳税款、代扣代缴和代收代缴税款。纳税人采用计算机记账的，其记账软件和使用说明及有关资料在使用前也应当报税务机关备案。

税法对账簿的管理与会计法对账簿的管理原则一致。纳税人应当设置的账簿主要包括总账、明细账、日记账以及与履行纳税义务有关的其他账簿。会计账簿登记必须以经过审核的凭证为依据，并符合有关规定。会计账簿、凭证和报表应当使用中文。民族自治地方可以同时使用一种当地通用的民族文字。外商投资企业和外国企业可以同时使用一种外国文字。

凭证是与账簿管理密切相关的会计资料。审核无误的凭证，可以保证账簿记录的真实可靠，而且可以检验经济活动是否真实合法，进而保证应纳税款计算正确。纳税人用于记账的凭证必须合法有效。合法，是指要按照法律、法规的规定取得和填制凭证，不得使用非法凭证；有效，是指凭证的内容要真实，要素要齐全。

从事生产、经营的纳税人、扣缴义务人必须按照国务院财政、税务主管部门规定的保管期限保管账簿、记账凭证、完税凭证及其他有关资料。账簿、记账凭证、报表、完税凭证、发票、出口凭证以及其他有关涉税资料应当保存 10 年。采用计算机记账的，由计算机存储和输出的会计记录也应当打印成书面记录并完整保存。

（三）税控装置

税控装置是具有特定功能的电子收款机，能够保证经营数据的正确生成、可靠存储、安全传输，并可以实现税务管理和稽查功能。目前税控装置包括税控收款机、税控加油机、税款计价器、税控软件等，涉及餐饮、娱乐、服务、货物运输、房地产等行业安装的税控收款机及税控软件。

国家根据税收征管需要，积极推广使用税控装置。纳税人应当按照规定安装、使用税控装置，不得擅自损毁或者擅自改动税控装置。

二、发票管理

（一）发票及其基本内容和联次

1. 发票的含义

发票是指购销双方在购销商品、提供或者接受劳务以及从事其他经营活动中开具、取得的收付款凭证。发票，是会计核算的原始依据，是财务收支的法定凭证，也是税务检查的重要内容和依据。

2. 发票管理规定

发票分为普通发票和增值税专用发票。

财政部和国家税务总局于 1993 年 12 月制定并发布了《中华人民共和国发票管理办法》及其实施细则，这是发票领购、使用、保管和管理应遵循的法律法规。为加强增值税的征收管理，国家税务总局还发布了《增值税专用发票使用规定》。

3. 发票的基本内容

发票的基本内容包括：发票名称、代码、号码、联次和用途，客户名称，开户银行和账号，商品名称或者经营项目,计量单位、数量、单价和金额,开票人,开票日期,开票单位名称等。

增值税专用发票的内容还应当包括购货人地址、税务登记号,增值税税率、税额,供货方名称、地址和税务登记号。

4. 发票的基本联次

在全国范围内统一式样的发票,由国家税务总局确定;在本省(自治区、直辖市)范围内统一式样的发票,由省级税务机关确定。

发票的基本联次为三联。其中,第一联为存根联,开票方留存备查;第二联为发票联,接收方作为付款或者收款原始凭证;第三联为记账联,开票方作为记账原始凭证。

增值税专用发票的基本联次还包括抵扣联,接收方作为抵扣税款的凭证。

5. 发票的式样

附件:(1) 增值税专用发票式样:见模块二流转税项目一(一) 增值税。

(2) 普通发票式样(手工开具发票)如图 3.1.1 所示。

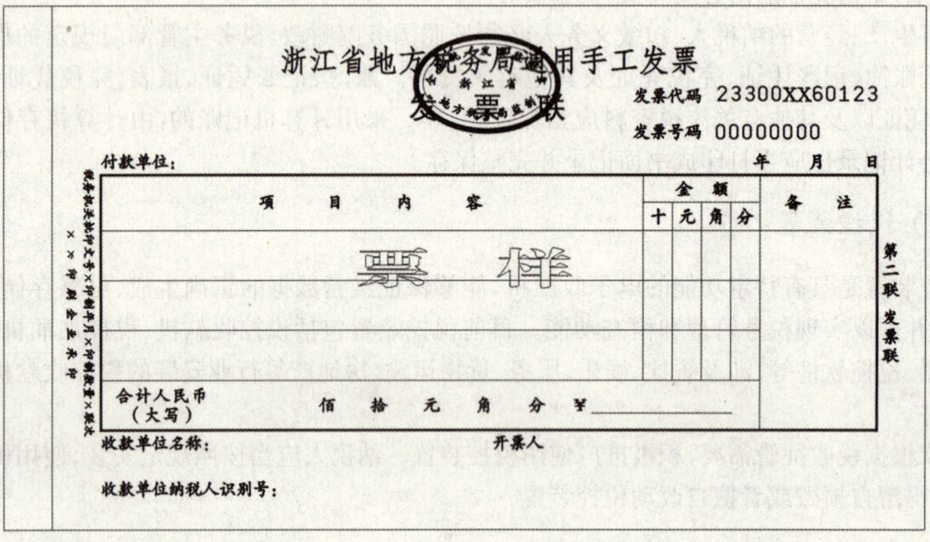

图 3.1.1

(二) 税务机关对发票的管理

发票管理是指税务机关依法对发票的印制、领购、使用、保管、检查及违法处理全过程进行的监督检查,是税源控制的主要手段,也是税收征管的重要组成部分。

发票管理的作用:促进企业规范会计核算,加强财务收支监督;保护合法经营,维护经济秩序;控制税源,堵塞漏洞,强化税收征管;促进廉政建设,纠正不正之风。

税收征管法规定,单位、个人在购销商品,提供或者接受经营服务以及从事其他经营活动中,应当按照规定开具、使用、取得发票。

税收征管法第二十二条规定:“增值税专用发票由国务院税务主管部门指定的企业印制;其他发票按照国务院税务主管部门的规定,分别由省、自治区、直辖市国家税务局、地方税务局指定企业印制。”禁止私印、伪造、变造发票。未经省级以上税务机关的指定,任何单位和个人不得印制发票。

《发票管理办法》规定,国家税务总局统一负责发票管理工作,省、自治区、直辖市税务机关依据各自的职责，做好本行政区域内的发票管理工作。

（三）发票的领购和保管

1. 发票的领购对象和手续

依法办理税务登记的单位和个人领取税务登记证件后，可以向税务机关提出购票申请，提供经办人身份证明、税务登记证件、财务印章或发票专用章的印模等，经主管税务机关审核后，发给发票领购簿，凭核准的种类、数量以及购票方式，向税务机关领购发票。购票方式包括限量供应、交旧购新或验旧购新等。

依法不需要办理税务登记的单位需要购领发票的，以及临时需要使用发票的单位和个人，可以直接向税务机关申请办理。

2. 发票的保管

纳税人领购的空白发票，应设置专柜由专人负责保管，确保发票的安全，做到防盗、防湿、防潮；开错的作废发票，必须将全部联次粘贴在原发票存根上，套写"作废"字样或"误填作废"字样，一起妥善保管，以备核查；已开具的发票存根联和发票登记簿，应当保存5年。在保管期内，不得私自销毁。保管期满，报经税务机关查验后，由主管税务机关予以销毁；使用发票的单位和个人应当妥善保管发票，不得丢失。如有丢失，应于丢失当日书面报告主管税务机关，并在报刊等传播媒介上公告声明作废。

（四）发票的开具和使用

发票限于领购单位和个人在本省、自治区、直辖市范围内开具。任何单位和个人不得转借、转让、代开发票；不得自行扩大专业发票使用范围。禁止倒买倒卖发票、发票监制章和发票防伪专用品。任何单位和个人未经批准，不得跨规定的区域携带、邮寄、运输空白发票。禁止携带、邮寄、运输空白发票出入境。

经营单位和个人对外发生经营业务收取款项，应向付款方开具发票；收购单位和扣缴义务人支付个人款项时，则由付款方向收款方开具发票。未发生经营业务一律不准开具发票。向消费者个人销售小额商品或提供零星服务的，是否免予逐笔开具发票，由省级税务机关确定。

单位和个人开具发票时，必须在经营业务发生确认营业收入时开具。填开时做到：按号码顺序填写，项目齐全，内容真实，字迹清楚，全部联次一次复写、打印，并在指定处加盖财务印章或者发票专用章。不得在开错的发票上涂改。未经税务机关批准，不得拆本使用发票。

开具发票应当使用中文。民族自治地区可以同时使用当地通用的一种民族文字，外商投资企业和外国企业可以同时使用一种外国文字。

使用电子计算机开具发票，须经主管税务机关批准，并使用税务机关统一监制的机外发票，开具后的存根联应按顺序号装订成册。

开具发票后，如果发生销货退回需开红字发票的，必须收回原发票并注明"作废"字样或取得对方有效证明，如对方主管税务机关的"进货退出及索取折让证明"等；发生销售折让的，在收回原发票并注明"作废"字样后，重新开具销售发票。

对不符合规定的发票，如开具或取得的发票应经而未经税务机关监制，或填写项目不齐全、内容不真实、字迹不清楚，没有加盖财务印章或发票专用章，伪造、作废以及其他不符合规定的发票，均不得作为财务报销凭证，任何单位和个人有权拒收。

国家根据科技发展和税收征管的需要，积极推广使用税控装置。纳税人应当按照规定安装、使用税控装置，不得损毁或者擅自改动税控装置。

（五）发票的缴销

发票缴销是指用票单位和个人按照规定向税务机关上缴已使用或未使用的发票。一般包括以下几种情况：

用票单位和个人已使用的发票保管期满后，应主动向税务机关缴销；用票单位和个人发生合并、联营、分设、迁移、停业、歇业等事项时，应在申报办理变更税务登记、注销税务登记的同时，将原来印制、购买的发票向税务机关申请缴销；税务机关在实行发票换版、更换发票监制章时，原来的发票使用期满后，用票单位和个人应将其登记造册，集中向税务机关缴销；用票单位有严重违反税务管理或发票管理制度行为的，由税务机关将其发票予以缴销。

办理发票缴销手续时，用票单位和个人应根据发票管理规定，编制发票缴销清册，说明发票种类、号码及使用情况，说明缴销的依据和理由，经负责人签字，加盖单位公章后，连同发票一起报送税务机关。

任务四　纳税申报制度

任务目标

熟悉纳税申报制度的基本内容，学会进行纳税申报。

一、纳税申报及其意义

纳税申报是纳税人、扣缴义务人依照法律、行政法规规定的期限和内容向主管税务机关提交有关纳税、代扣代缴税款事项书面报告的法律行为。纳税申报是纳税人、扣缴义务人履行纳税义务，界定纳税人、扣缴义务人法律责任的主要依据，是税务机关税收管理信息的主要来源和税务管理重要制度。

实行纳税申报制度，有利于加强税务管理，有利于培养纳税人主动申报的纳税意识，有利于税务机关及时掌握分析税源情况。

二、纳税申报对象

纳税人、扣缴义务人在纳税期限内，无论有无应税收入和所得以及其他应税项目，或者有无代扣、代收税款，都应按照规定的申报期限，向主管税务机关报送纳税申报表、财务会计报表、代扣代缴税款报告表，以及税务机关要求纳税人、扣缴义务人报送的其他纳税资料。

临时取得应税收入或者临时发生应税行为的纳税人，在发生纳税义务之后，应当立即向经营地税务机关办理纳税申报和缴纳税款。纳税人享受减免税待遇的，在减免税期间也要办理纳税申报。

三、纳税申报内容

纳税申报主要是报送纳税申报表、财务会计报表、代扣代缴税款报告表以及其他纳税资料。一般包括：税种、税目，应纳税项目或代扣代缴、代收代缴税款项目，适用税率或单位税额,计税依据,扣除项目及标准,应退税项目及税额,应减免税项目及税额,应纳税额或者代扣代缴、代收代缴税额,税款所属期限、延期缴纳税款、欠税、滞纳金等。

纳税人办理纳税申报时,除纳税申报表外,要根据不同情况报送下列有关资料:财务会计报表及其说明材料;与纳税有关的合同、协议书及凭证;外出经营活动税收管理证明和异地完税凭证;境内或者境外公正机构出具的有关证明文件;税务机关规定应当报送的其他有关证件、资料。

四、纳税申报期限

纳税申报期限可以分为两类:一类是税收实体法(即各个税种的单项法律、行政法规)对纳税申报期限有明确的规定,如企业所得税规定在月份或者季度终了后15日内申报纳税。另一类是税收虽有规定,但因纳税人(或扣缴义务人)实际情况不同,需要税务机关依法确定纳税人的纳税申报期限,例如增值税,其纳税期限分别为1日、3日、5日、10日、15日或者1个月。以1个月为一期纳税的,于期满后15日内必须申报缴纳税款;以1日、3日、5日、10日、15日为一期纳税的,必须于期满之日起5日内预缴税款,于次月1日起15日内申报纳税并结清上期税款。

纳税申报期限在两种情况下可以延期。一是法定延期,即纳税申报的最后1日是法定休假日的,以假日期满的次日为申报期限的最后1日,申报期内有连续3日以上休假日的,按休假日天数顺延;二是核准延期,即纳税人、扣缴义务人不能按期办理纳税申报或者报送代扣代缴、代收代缴税款报告表的,经税务机关核准,可以延期申报。

五、纳税申报方式

1. 直接申报

直接申报又称上门申报,是指纳税人、扣缴义务人自行到税务机关办理纳税申报或者报送代扣代缴、代收代缴税款报告表。这是一种传统的申报方式。

2. 邮寄申报

是指经税务机关批准的纳税人、扣缴义务人使用统一的纳税申报专用信封,通过邮政部门办理交寄手续,并索取收据作为申报凭据的方式。邮寄申报以寄出的邮戳日期为实际申报日期。

3. 数据电文申报

数据电文申报是指经税务机关批准的纳税人通过电话语音、电子数据交换和网络传输等形式办理纳税申报。这种申报方式具有快捷、准确、方便的特点。

纳税人采用数据电文申报方式办理纳税申报,应在申报结束后,在规定的时间内,将电子数据的书面材料报送(或邮寄)税务机关,或者按税务机关的要求保存,必要时按税务机关的要求出具。税务机关收到的纳税人电子申报的信息与报送的书面资料不一致时,应以书面数据为准。

4. 简易申报

是指实行定期定额征收方式的纳税人,经税务机关批准,以缴纳税款凭证代替申报并可简并征期的一种申报方式。

简易申报方式仅限于实行定期定额征收方式的纳税人。这种申报方式以纳税人便利纳税为原则。有两种具体途径:一是纳税人按照税务机关核定的税款按期缴纳入库,以完税凭证代替纳税申报;二是纳税人按照税务机关核定的税款和纳税期限,或3个月或半年或1年申报纳税。

5. 其他方式

其他方式申报是指纳税人、扣缴义务人采用直接申报、邮寄申报、数据电文申报、简易申报以外的其他方法向税务机关办理纳税申报或者报送代扣代缴、代收代缴税款报告表。如到银行缴税并提交申报表等。

六、延期纳税申报

纳税人、扣缴义务人因不可抗力确有困难不能按期办理纳税申报或者报送代扣代缴、代收代缴税款报告表的,经税务机关核准,可以延期申报。经核准延期申报的,应当在纳税期内按照上期实际缴纳的税额或者税务机关核定的税额预缴税款,并在核准的延期内办理税款结算。

任务五　税款征收制度

任务目标

掌握税款缴纳的程序和方式,了解税收保全措施和强制执行措施的实施条件,学会依法缴纳税款。

一、税款征收的概念

税款征收是指税务机关依据法律、行政法规确定的标准和范围,将纳税人、扣缴义务人依法缴纳的或者解缴的税款及时足额地缴入国库的一系列活动的总称。税款征收是税收管理的中心环节,是税收征管的目的和归宿。

二、税款征收的方式

税务机关征收税款可以采取以下几种方式:

(1) 按应纳税额的计算方法分类,可以分为查账征收、查定征收、查验征收、定期定额征收。

① 查账征收。是指税务机关对账目健全的纳税人,依据其报送的纳税申报表、财务会计报表和有关纳税资料,计算应纳税款,填开缴款书或完税凭证,由纳税人到银行划解税款的一种征收方式。它适用于账簿、凭证等会计核算制度比较健全,能够据实核算生产经营情况,正确计算应纳税款的纳税人。

② 查定征收。是指税务机关对账册不健全,但能掌握其材料、产量或进货的纳税人,依据其正常条件下的生产能力,对其生产的应税产品通过查定产量和销售额,计算其应纳税额的一种征收方法。它适用于生产规模小、账册不健全、产品零星、税源分散的小型厂矿和作坊。

③ 查验征收。是指税务机关对纳税人的应税商品,通过查验数量,按市场一般销售价格计算其销售收入并据以征税的一种征收方式。它适用于城乡集贸市场中的临时经营者等经营商品的征税。

④ 定期定额征收。是指对一些营业额、所得额不能准确计算的小型工商户，经过自报评议，由税务机关核定一定时期的营业额和所得额以及附征率，实行多税种合并征收的一种征收方式。

(2) 按应纳税额的缴库渠道分类，可以分为纳税人直接向国库经销处缴纳，税务机关自收税款并办理入库手续，扣缴义务人代扣代缴、代收代缴税款，委托代征税款和其他方式。

三、税款缴纳方式

纳税人缴纳税款可以采取以下几种方式：

1. 转账缴税

是指纳税人、扣缴义务人根据税务机关填制的缴款书通过其开户银行转账缴纳税款的方式。

2. 自核自缴(三自纳税)

是指纳税人、扣缴义务人自行计算应纳税额，自行填开缴款书，自行到银行缴纳税款的方式。

3. 支票缴税

是指纳税人、扣缴义务人用支票缴纳税款的方式。支票缴税需要在税务机关、银行、国库实现计算机联网后方可实施。

4. 现金缴税

是指纳税人、扣缴义务人用现金缴纳税款的方式。

5. 信用卡缴税

是指纳税人、扣缴义务人用信用卡缴纳税款的方式。

6. 税银一体化缴税

是指纳税人、扣缴义务人在指定银行开设税款解缴专用账户，按期提前存入当期应纳税额，并在规定的期限内由税务机关通知银行直接划解税款，或者是纳税人、扣缴义务人自行到税务机关指定银行网点缴纳税款的方式。按实施方式不同，可以分为一般缴税专户缴税、网上实时缴税和批量扣款征收。

7. 邮寄缴税

是指有能力按期缴税但采用其他方式又不便的纳税人、扣缴义务人，以邮寄的方式缴纳税款。

8. 委托代征缴税

是指委托代征单位按照税务机关规定的代征范围和要求，以税务机关名义向纳税人征收零散税款的方式。

四、税款征收的保障措施

(一) 加收滞纳金

滞纳金是对纳税人未按规定的纳税期限及时缴纳税款所采取的一种惩罚性措施。纳税人、扣缴义务人未按照规定的期限缴纳或解缴税款的，税务机关除了责令限期缴纳外，从滞纳税款之日起，按日加收滞纳税款万分之五的滞纳金。滞纳金的计算从按规定缴纳税款期限届满的次日起到税款缴纳入库的当天止。计算公式为：

$$应纳滞纳金=滞纳税款额\times 滞纳天数\times 万分之五$$

（二）纳税担保

纳税担保是纳税人依法向税务机关提供一定的财产作为抵押或者由第三人作为纳税保证人，以担保其依法及时、足额缴纳税款的一种制度。根据税收征管法的规定，纳税人可以采取提供纳税担保的方式缴纳税款。

纳税担保方式有两种：一是以“人”担保。作为纳税担保人必须是税务机关认可的、符合担保要求的纳税担保人，即在我国境内有纳税担保能力的公民、法人或者其他经济组织，但国家机关不得作为纳税担保人；二是以“物”担保。纳税人所拥有的未设置抵押权的财产，可以作为纳税担保财产。

有下列情况的，税务机关可以要求纳税人提供纳税担保：一是税务机关有根据认为有纳税义务行为的纳税人在规定的纳税期限内被发现有明显转移隐匿其应纳税商品、货物及财产或应纳税收入迹象的；二是纳税人需要出境，而又未能结清税款的。

（三）税收保全措施

税收保全措施是指税务机关对可能由于纳税人的行为或某种原因，致使以后税款的征收不能保证或难以保证的情况，采取限制纳税人处理或者转移商品、货物或者其他财产的措施。

1. 税收保全措施的适用对象

税收保全措施的实施仅限于从事生产、经营的纳税人（即企业，企业在外地设立的分支机构和从事生产、经营的场所，个体工商户和从事生产、经营的事业单位）。不适用于非从事生产、经营的纳税人，也不适用于扣缴义务人和纳税担保人。

2. 采取税收保全措施的前提条件

一是必须有根据认为纳税人有逃避纳税义务行为。没有逃避纳税义务行为的，不能采取税收保全措施。逃避纳税义务行为即逃税行为，是指纳税人采取转移、隐匿其应税商品、货物以及其他财产或者应税收入，逃避、规避其应当履行的纳税义务。

二是必须是在规定的纳税期之前和责令限期缴纳应纳税款的期限之内。对有逃避纳税义务行为的纳税人，税务机关首先责令限期缴纳。在纳税期或者责令限期缴纳应纳税款期限届满后，纳税人没有缴纳应纳税款的，税务机关采取的强制纳税人履行纳税义务的措施，属于强制执行措施，不属于税收保全措施。

3. 税收保全措施的形式

(1) 书面通知纳税人开户银行或者其他金融机构冻结纳税人金额相当于应纳税额的存款。冻结存款是对纳税人的存款做出暂时停止使用决定的一种强制措施。银行和其他金融机构应积极协助，依法执行税务机关做出的冻结存款的决定。

(2) 扣押、查封纳税人的价值相当于应纳税款的商品、货物或者其他财产。扣押是对纳税人的应税商品、货物或者其他财产予以留置，防止纳税人转移、隐匿和处分的一种临时性强制措施。查封是对纳税人的应税商品、货物或者其他财产就地封存的一种临时性强制措施，以防止纳税人移动和处分。

以上两种税收保全措施可以单独使用，也可以并用。在并用时，一般是先实施冻结存款，在不能达到目的的情况下，再实施扣押、查封措施。

（四）税收强制执行措施

税收强制执行措施是税务机关对未按照规定的期限履行纳税义务的纳税人、扣缴义务人、纳税担保人等税收管理相对人，依法采取的法定强制手段，以迫使其履行纳税义务的一种税收管理措施。是维护税收秩序和保证税款入库的一项特别措施。

1. 税收强制执行措施的适用对象

是指从事生产、经营的纳税人、扣缴义务人和纳税担保人，不包括非从事生产、经营的纳税人。从事生产、经营的纳税人、扣缴义务人未按照规定的期限缴纳或者解缴税款，纳税担保人未按照规定的期限缴纳所担保的税款，都属于逾期未履行纳税义务。此外，对于已采取税收保全措施的纳税人，限期内仍未履行纳税义务的，可依法采取强制执行措施。

2. 税收强制执行措施的形式

(1) 书面通知其开户银行或者其他金融机构从其存款中扣缴税款。

(2) 扣押、查封、依法拍卖或者变卖其价值相当于应纳税款的商品、货物或者其他财产，以拍卖或者变卖所得抵缴税款。

采取强制执行措施，必须坚持告诫在先、执行在后的原则和程序。

（五）离境清税制度

欠缴税款的纳税人在离开国境前必须向税务机关缴清所欠税款、滞纳金，或者提供纳税担保，否则，税务机关可以通知出境管理机关阻止其出境。

离境清税制度是税收保全措施和强制执行措施在特定条件下的特殊方式，强制的对象由财产转变为人身，即阻止出境。其适用对象是需要离开中国但欠缴税款未结清的纳税人或者其法定代理人。

阻止出境的条件和程序是：经税务机关调查核实欠税人未按规定结清税款，又未能提供纳税担保且准备出境的，税务机关应首先依法向纳税人申明不准出境；对已经取得出境证件执意出境的，税务机关可按规定函请公安机关阻止其出境。

（六）税收优先权

税收优先权是指税务机关在征收税款时，遇到纳税人的财产不足以同时缴纳税款和偿付其他有关债务时，税款征收的权利优先。税收优先权主要表现在税收优先于无担保债权和发生在其后的抵押权、质权、留置权以及优先于罚款、没收违法所得。

（七）未缴或少缴税款的追征

纳税人、扣缴义务人因计算错误等失误，未缴或者少缴税款的，税务机关在 3 年内可以追征税款、滞纳金；有特殊情况的，追征期可以延长到 5 年。对偷税、抗税、骗税的，税务机关追征其未缴或者少缴的税款、滞纳金或者所骗取的税款，不受规定期限的限制，可无限期追征。因税务机关的责任，致使纳税人、扣缴义务人未缴或者少缴税款的，税务机关在 3 年内可以要求纳税人、扣缴义务人补缴税款，但是不得加收滞纳金。

（八）核定应纳税额

纳税人有下列情形之一的，税务机关有权核定其应纳税额：

(1) 依照法律、行政法规的规定可以不设置账簿的；

(2) 依照法律、行政法规的规定应当设置账簿但未设置的；

(3) 擅自销毁账簿或者拒不提供纳税资料的；

(4) 虽设置账簿，但账目混乱或者成本资料、收入凭证、费用凭证残缺不全，难以查账的；

(5) 发生纳税义务，未按照规定的期限办理纳税申报，经税务机关责令限期申报，逾期仍不申报的；

(6) 纳税人申报的计税依据明显偏低，又无正当理由的。

(九) 其他措施

除上述措施外，为保证税款的征收，税务机关可以根据实际情况依法采取其他相应措施。

任务六　税务检查制度

任务目标

明确税务检查的含义，熟悉税务机关在税务检查中的基本权利和义务，能够依法配合税务机关的检查并维护纳税人自身的合法权益。

一、税务检查的概念

税务检查又称纳税检查，是税务机关依照国家有关税收法律、行政法规、规章和财务会计制度的规定，对纳税人、扣缴义务人履行纳税义务、代扣代缴义务情况进行的审查监督管理活动。税务检查是税收征收管理的重要环节，是纳税监督的重要内容，是保证国家税收政策有效贯彻落实的重要手段。

二、税务机关的税务检查权

税务检查权是法律赋予税务机关的一项重要执法权，主要包括查账权、场地检查权、询问权、责成提供纳税资料权、在交通要道查证权、银行存款核查权等。税收征管法对税务机关税务检查职权作了具体明确的规定：

(1) 检查纳税人的账簿、记账凭证、报表和有关资料，检查扣缴义务人代扣代缴、代收代缴税款账簿、记账凭证和有关资料；

(2) 到纳税人的生产经营场所和货物存放地检查纳税人应纳税的商品、货物或者其他财产，检查扣缴义务人与代扣代缴、代收代缴税款有关的经营情况；

(3) 责成纳税人、扣缴义务人提供与纳税或者代扣代缴、代收代缴税款有关的文件、证明材料和有关资料；

(4) 询问纳税人、扣缴义务人与纳税或者代扣代缴、代收代缴税款有关的问题和情况；

(5) 到车站、码头、机场、邮政企业及其分支机构检查纳税人托运、邮寄应纳税商品、货物或者其他财产的有关单据、凭证和有关资料；

(6) 经县级以上税务局(分局)局长批准，凭全国统一格式的检查存款账户许可证明，查询从事生产、经营的纳税人、扣缴义务人在银行或者其他金融机构的存款账户；税务机关在调查税收违法案件时，经设区的市、自治州以上税务局(分局)局长批准，可以查询案件涉嫌人员的储蓄存款。

此外，税务机关在调查违法案件时，对与案件有关的情况和资料，可以记录、录音、录像、照相和复制。

应当注意：一是税务机关实施税务检查应当有两人以上参加，检查时应当出具税务检查证和税务检查通知书。未出示税务检查证和税务检查通知书的，被检查人有权拒绝检查。税务机关在法定检查职权范围内行使检查权，作出检查结论，并为被检查人保密。二是纳税人、扣缴义务人必须接受税务机关依法进行的税务检查，如实反映情况，提供有关资料，不得拒绝和隐瞒。三是税务机关检查纳税人的账簿、记账凭证、报表和有关资料，或者检查扣缴义务人代扣代缴、代收代缴税款账簿、记账凭证和有关资料时一般应当在纳税人、扣缴义务人的业务场所进行。必要时，经县以上税务局(分局)局长批准，也可以将纳税人、扣缴义务人以前年度的账簿、记账凭证、报表和其他有关资料调回税务机关检查。但税务机关必须向纳税人、扣缴义务人开付清单，3个月内应完整退还。

项目小结

为了加强税收征收管理，规范税收征收和缴纳行为，保障国家税收收入，保护纳税人的合法权益，促进经济和社会发展，国家颁布实施了《税收征管法》。本项目是税收征收管理的基本内容，包括办理税务登记，凭证、账簿和发票的管理，纳税申报，税款缴纳和税务检查。办理税务登记是纳税人履行纳税义务的第一步，加强凭证、账簿和发票的管理是税收征管的必然要求。纳税人应按照税法的规定进行纳税申报，及时缴纳税款，并接受税务机关依法进行的税务检查。

思考与讨论

1. 什么是税收征收管理？我国税收征管法的立法宗旨是什么？
2. 什么是税务登记？税务登记分为哪几种情况？
3. 纳税人办理税务登记应提供哪些资料？
4. 税收保全措施与税收强制执行措施的关系如何？
5. 税款征收的保障措施有哪些？

训练与测试

一、解释名词

税收征收管理；税务登记；纳税申报；税收保全措施；税款征收；税务检查。

二、单项选择

1. (　　)是税收征管活动的开始。

A. 税务登记　　B. 纳税申报　　C. 税款征收　　D. 凭证管理

2. 纳税人经营期限届满需办理的税务登记是(　　)。

A. 开业登记　　B. 停业登记　　C. 变更登记　　D. 注销登记

3. 从事生产经营的纳税人应自取得营业执照后的(　　)向税务机关办理税务登记。

A. 10 日内　　B. 15 日内　　C. 20 日内　　D. 30 日内

4. 纳税人在工商行政管理机关办理变更登记的，应当自工商行政管理机关变更登记之日起(　　)，向原税务登记机关办理变更税务登记。

A. 10 日内　　B. 15 日内　　C. 20 日内　　D. 30 日内

5. 税收征管法实施细则规定，从事生产经营的纳税人应当自领取营业执照的(　　)设置账簿。

A. 10 日内　　B. 15 日内　　C. 20 日内　　D. 30 日内

6. 账簿、记账凭证、报表、完税凭证、发票、出口凭证以及其他有关涉税资料应当保存(　　)。

A. 5 年　　B. 10 年　　C. 15 年　　D. 20 年

7. 在发票的基本联次中，第三联为(　　)。

A. 存根联　　B. 发票联　　C. 记账联　　D. 抵扣联

8. 在规定的纳税期限之前，税务机关有根据认为从事生产经营的纳税人有逃避纳税义务行为的，税务机关可采取的措施是(　　)。

A. 责令限期缴纳　　B. 责成纳税人提供纳税担保

C. 通知纳税人开户银行扣缴税款　　D. 扣押纳税人的财产

9. 下列不能作为纳税担保人的是(　　)。

A. 公民　　B. 法人　　C. 国家机关　　D. 其他经济组织

10. 对一些营业额、所得额不能准确计算的小型工商户，税务机关经核定一般采取(　　)征收方式。

A. 查账征收　　B. 查定征收　　C. 查验征收　　D. 定期定额征收

三、多项选择

1. 税务管理主要包括(　　)等。

A. 税务登记　　B. 纳税申报　　C. 税款征收　　D. 税务检查

2. 税务登记的种类包括下列(　　)。

A. 开业登记　　B. 变更登记

C. 停业与复业登记　　D. 外出经营登记

3. 纳税人在办理开业税务登记时应提交的材料包括下列(　　)。

A. 工商营业执照或其他核准执业证件

B. 有关合同、章程、协议书

C. 组织机构统一代码证书

D. 法定代表人或负责人或业主的居民身份证、护照或其他合法证件

4. 下列情形纳税人需要办理变更税务登记的有(　　)。

A. 更换法定代表人　　B. 改变经营范围

C. 经营地址变化　　D. 开户银行及账号改变

5. 纳税人可以采用(　　)进行纳税申报。

A. 直接申报　　B. 邮寄申报　　C. 代理申报　　D. 电子申报

6. 税款的缴纳方式包括下列的(　　)。

A. 自核自缴　　B. 支票缴纳　　C. 现金缴纳　　D. 邮寄缴纳

7. 税款征收的保障措施包括(　　)。

A. 加收滞纳金　　B. 税收保全措施

C. 纳税担保　　D. 税收强制执行措施

8. 纳税人办理纳税申报时,应当如实填写纳税申报表,并根据不同情况相应报送有关证件、资料,具体包括(　　)。

A. 财务、会计报表及说明材料　　B. 与纳税有关的合同、协议书

C. 本单位生产计划　　D. 税务机关规定应当报送的其他有关资料

四、思考并判断

1. 纳税人在营业执照核准的经营期限内需要停业的,应当在停业前向税务机关提出停业登记申请,办理停业登记,停业期限不得超过1年。(　　)

2. 办理纳税申报是纳税人履行纳税义务的第一步。(　　)

3. 生产经营规模小又确无建账能力的个体工商户可以不设置账簿。(　　)

4. 临时取得收入或发生纳税行为的纳税人,可以不办理税务登记,也不用进行纳税申报。(　　)

5. 纳税人无论有无应税收入、所得,也不论是否依法享受减税、免税,都必须在规定期限内办理纳税申报。(　　)

6. 领购发票的单位和个人,可以外带、拆本、代开发票。(　　)

7. 国家税务总局统一负责发票管理工作。(　　)

8. 纳税人在办理注销税务登记时,应向税务机关缴清应纳税款、滞纳金及罚款,但不必缴销发票、发票领购簿和税务证件。(　　)

9. 从事生产、经营的纳税人到外县市进行生产、经营的,应当向主管税务机关申请开具"外出经营活动税收管理证明",向营业地税务机关报验登记,接受税务管理。(　　)

10. 税务登记证件可以转借,但不能涂改,买卖或者伪造。(　　)

五、案例分析

1. 某酒厂地处城市市区,2010年6月应依法缴纳增值税30万元,消费税15万元,但税款滞纳了10天。计算该酒厂应交滞纳金共多少?

2. 某地税务机关在日常检查时发现:某机器配件加工企业,由于经营不善,在停止其主营业务时,该企业把厂房转租给其他企业经营,并将收取的租金收入挂在往来科目,未结转收入及申报缴纳有关税费。税务机关对其偷税行为依法做出补交税款、加收滞纳金和处以罚款的决定。对此,该企业提出异议,却始终不执行税务机关的处罚决定。税务机关在多次催缴无效的情况下,一方面向人民法院申请对该企业采取强制执行措施;另一方面将此案移送公安机关进一步立案侦查,追究该企业的法律责任。税务机关在与公安机关配合调查期间,得知该企业法定代表人王某已经办理好出国、出境证件,有出国(境)迹象。请说明该企业法定代表人是否可以出境。

项目二　税收当事人的权利、义务和法律责任

项目目标及能力培养

通过本项目的学习，明确税收当事人的权利与义务以及法律责任，树立税法意识，学会运用法律武器维护合法权益。

知识点或技能点

纳税人及扣缴义务人的权利与义务；税务机关的权利与义务；纳税人、扣缴义务人的法律责任；税务机关及税务人员的法律责任。

案例导入

某市税务稽查局对本市一公司进行税务检查时，发现该公司有可能将产品运往外地销售而不走账，不做销售处理，经查该公司的应收款账，有一外地客户的应收款内容不明，怀疑是货款，为查明事实，稽查局到本市码头查询该公司的货运情况，码头责任公司以难以查找为理由，拒绝了税务机关的检查。

问题思考：① 税务机关可否到码头查询该公司的有关情况？② 到码头查询时应具备哪些必备的手续？③ 该市码头责任公司的做法妥当吗？应该如何处理？

任务一　税收当事人的权利与义务

任务目标

明确纳税人、扣缴义务人以及税务机关的权力与义务，能够正确行使权利和承担义务。

在税收法律关系中，涉及的主要当事人有税务机关、纳税人、扣缴义务人和税务代理人等。2001 年 4 月经过修订的《税收征管法》充分体现了在税收征纳过程中，法律法规的规定和税务机关的行政行为，应当以保护纳税人的合法权益为目的，使纳税人的合法权益得到有效落实。我国《宪法》及有关的税收法律、法规，特别是《税收征管法》及其实施细则等有关法律法规，赋予了税收当事人应该享有的权利和必须承担的义务。

一、纳税人及扣缴义务人的权利与义务

（一）纳税人及扣缴义务人的权利

(1) 知情权。纳税人、扣缴义务人有权向税务机关或税务人员了解国家税收法律法规以及与纳税程序有关的情况。

(2) 保密权。纳税人、扣缴义务人有权要求税务机关或税务人员为其保密，税务机关或

税务人员应依法为纳税人、扣缴义务人的商业秘密和个人隐私保密。税收违法行为信息不属于保密范畴。

(3) 税收监督权。纳税人、扣缴义务人对税务机关或税务人员违反税收法律、行政法规的行为,如税务人员索贿受贿、徇私舞弊、玩忽职守,不征或者少征应征税款,滥用职权多征税款或者故意刁难等,可以进行检举和控告。同时,纳税人、扣缴义务人对其他纳税人的税收违法行为有权进行检举。

(4) 纳税申报方式选择权。纳税人、扣缴义务人可以根据自己的实际情况选择纳税申报方式。可以直接到办税服务厅办理纳税申报或者报送代扣代缴、代收代缴税款报告表,也可以按照规定采取邮寄申报、数据电文申报或者其他方式申报。但采取邮寄或数据电文方式办理上述申报、报送事项的,需经主管税务机关批准。

(5) 申请延期申报权。纳税人、扣缴义务人如果不能按期办理纳税申报或者报送代扣代缴、代收代缴税款报告表,应当在规定的期限内向税务机关提出书面延期申请,经核准,可在核准的期限内办理。

(6) 申请延期缴纳税款权。如果纳税人、扣缴义务人因有特殊困难不能按期缴纳税款,经省、自治区、直辖市国家税务局、地方税务局批准,可以延期缴纳税款,但最长不得超过3个月。纳税人、扣缴义务人满足以下任何一个条件,均可以申请延期缴纳税款:一是因不可抗力导致纳税人、扣缴义务人发生重大损失,正常生产经营活动受到较大影响的;二是当期货币资金在扣除职工薪酬、社会保险后,不足以缴纳税款的。

(7) 申请退回多缴税款权。纳税人、扣缴义务人超过应纳税额缴纳的税款,税务机关或税务人员发现后,自发现之日起10日内办理退还手续;如纳税人、扣缴义务人自结算缴纳税款之日起3年内发现的,可向税务机关要求退还多缴的税款并加算银行同期存款利息。税务机关自接到纳税人、扣缴义务人退还申请之日起30日内查实并办理退还手续,涉及从国库中退库的,依照法律、行政法规有关国库管理的规定退还。

(8) 依法享受税收优惠权。纳税人、扣缴义务人可以依照法律、行政法规的规定书面申请减税、免税。减税、免税的申请须经法律、行政法规规定的减税、免税审批机关审批。减税、免税期满,应当自期满次日起恢复纳税。减税、免税条件发生变化的,应当自发生变化之日起15日内向税务机关或税务人员报告;不再符合减税、免税条件的,应当依法履行纳税义务。

(9) 委托税务代理权。纳税人、扣缴义务人有权就以下事项委托税务代理人代为办理:办理变更或注销税务登记,除增值税专用发票的发票领购手续,纳税申报或扣缴税款报告,税款缴纳,申请退税,制作涉税文书,审查纳税情况,建账建制、办理账务,税务咨询,聘请税务顾问,申请税务行政复议以及国家税务总局规定的其他业务。

(10) 陈述与申辩权。纳税人、扣缴义务人对税务机关或税务人员做出的决定享有陈述、申辩权。如果纳税人、扣缴义务人有充分的证据证明自己的行为合法,税务机关或税务人员就不得对纳税人、扣缴义务人实施行政处罚;即使纳税人、扣缴义务人的陈述或申辩不充分合理,税务机关或税务人员也应向纳税人、扣缴义务人解释实施行政处罚的原因。

(11) 对未出示税务检查证和税务检查通知书的拒绝检查权。税务机关或税务派出人员进行税务检查时,应当向纳税人、扣缴义务人出示税务检查证和税务检查通知书;对未出示税务检查证和税务检查通知书的,纳税人、扣缴义务人有权拒绝检查。

(12) 税收法律救济权。纳税人、扣缴义务人对税务机关或税务人员做出的决定,依法享有申请行政复议、提起行政诉讼、请求国家赔偿等权利。纳税人、扣缴义务人、纳税担保人与税务机关或税务人员在纳税问题上发生争议时，必须先依照税务机关的纳税决定缴纳或解缴税款及滞纳金，或者提供相应的税务担保，然后可以依法申请税务行政复议；对行政复议不服的，可以依法向人民法院起诉。如果纳税人、扣缴义务人对税务机关或税务人员的处罚决定、强制执行措施或者税收保全措施不服的，可以依法申请行政复议，也可以依法向人民法院起诉。

(13) 依法要求听证的权利。对纳税人、扣缴义务人作出规定金额以内罚款的行政处罚之前，税务机关或税务人员应向纳税人、扣缴义务人送达“税务行政处罚事项告知书”，告知纳税人、扣缴义务人已经查明的违法事实、证据、行政处罚的法律依据和拟将给予的行政处罚。对此，纳税人、扣缴义务人有权要求举行听证。

(14) 索取有关税收凭证的权利。税务人员征收税款时，必须给纳税人、扣缴义务人开具完税凭证。扣缴义务人代扣、代收税款时，纳税人要求扣缴义务人开具代扣、代收税款凭证时，扣缴义务人应当开具。税务机关或税务人员扣押商品、货物或者其他财产时，必须开具收据；查封商品、货物或者其他财产时，必须开具清单。

（二）纳税人及扣缴义务人的义务

(1) 依法进行税务登记的义务。纳税人、扣缴义务人应当自领取营业执照之日起 30 日内，持有关证件到税务机关办理税务登记。办理不同种类的税务登记时，纳税人、扣缴义务人应当根据税务机关的规定提交相关资料，及时办理。纳税人、扣缴义务人应当按照规定使用税务登记证件。

(2) 依法设置账簿、保管账簿和有关资料，依法开具、使用、取得和保管发票的义务。纳税人、扣缴义务人应当按照有关法律、行政法规和国务院财政、税务主管部门的规定设置账簿，根据合法、有效凭证记账，进行会计核算；从事生产、经营的纳税人，必须按照国务院财政、税务部门的规定使用和保管账簿、记账凭证、完税凭证及其他有关资料。此外，纳税人、扣缴义务人在购销商品、提供或者接受经营服务以及从事其他经营活动中，应当依法开具、使用、取得和保管发票。

(3) 财务会计制度和会计核算软件备案的义务。纳税人、扣缴义务人的财务、会计制度或者财务、会计处理办法和会计核算软件应当报送税务机关备案。纳税人、扣缴义务人的财务、会计制度或者财务、会计处理办法与国务院或者国务院财政、税务主管部门有关税收规定抵触的，应当依照国务院或者国务院财政、税务主管部门有关税收的规定计算和缴纳税款，代扣代缴和代收代缴税款。

(4) 按照规定安装、使用税控装置的义务。纳税人、扣缴义务人应当按照规定安装、使用税控装置，不得损毁或者擅自改动税控装置。如果纳税人、扣缴义务人未按规定安装、使用税控装置，或者损毁或者擅自改动税控装置的，税务机关将责令纳税人或扣缴义务人限期改正，并可根据情节轻重处以规定数额内的罚款。

(5) 按时、如实申报的义务。纳税人、扣缴义务人必须依照法律、行政法规规定或者税务机关依照法律、行政法规的规定确定的申报期限、申报内容如实办理纳税申报，报送纳税申报表、财务会计报表，以及税务机关根据实际需要要求纳税人或者扣缴义务人报送的其他纳税资料。

作为扣缴义务人，必须依照法律、行政法规规定或者税务机关依照法律、行政法规的规定确定的申报期限、申报内容如实报送代扣代缴、代收代缴税款报告表，以及税务机关根据实际需要要求扣缴义务人报送的其他有关资料。

纳税人、扣缴义务人即使在纳税期内没有应纳税款，也应当按照规定办理纳税申报。享受减税、免税待遇的，在减税、免税期间应当按照规定办理纳税申报。

(6) 按时缴纳税款的义务。纳税人、扣缴义务人应当按照税收法律、行政法规规定或者税务机关依照法律、行政法规的规定确定的期限缴纳或者解缴税款。未按照规定的期限缴纳或者解缴税款的，税务机关或者税务人员除责令限期缴纳外，从滞纳税款之日起，按日加收滞纳税款万分之五的滞纳金。

(7) 代扣、代收税款的义务。按照税收法律、行政法规规定，负有代扣代缴、代收代缴税款义务的扣缴义务人，必须依法履行代扣、代收税款义务。依法履行代扣、代收税款义务时，纳税人不得拒绝。

(8) 接受依法检查的义务。纳税人、扣缴义务人有接受税务机关依法进行税务检查的义务，应主动配合税务机关按照法定程序进行的税务检查，如实向税务机关反映自己的生产经营情况和执行财务制度情况，并按有关规定提供报表和资料。不得隐瞒和弄虚作假，不得阻挠、刁难税务机关或税务人员的检查和监督。

(9) 及时提供信息的义务。纳税人、扣缴义务人除通过税务登记和纳税申报向税务机关或税务人员提供与纳税有关的信息外，还应及时提供其他信息。如纳税人或扣缴义务人有歇业、经营情况变化、遭受各种灾害等特殊情况的，应及时向税务机关说明，以便税务机关依法妥善处理。

(10) 报告其他涉税信息的义务。税法还规定了纳税人、扣缴义务人有义务向税务机关报告如下涉税信息：就纳税人、扣缴义务人与关联企业之间的业务往来向税务机关提供有关的价格、费用标准等资料；纳税人、扣缴义务人有欠税情形而以财产设定抵押、质押的，应当向抵押权人、质权人说明纳税人或扣缴义务人的欠税情况；纳税人、扣缴义务人有合并、分立情形的，应当向税务机关或税务人员报告，并依法缴清税款；报告全部账号的义务；处分大额财产报告义务。

二、税务机关的权利与义务

(一) 税务机关的权利

1. 税收管理权

是指税务机关有权对纳税人进行税务管理。这是税务机关的基本权利。只有正确行使税务管理权，才能保证税法的全面贯彻实施。

2. 税款征收权

是指税务机关有权依法将纳税人缴纳的税款及时足额收入国库。这是税务机关在税款征收管理过程中最主要的职权。

3. 委托代征权

是指税务机关有权根据有利于税收控管和方便纳税的原则，委托有关单位和人员代征零星分散和异地缴纳的税收，并发给委托代征证书。

4. 税收保全与强制执行权

是税收强制性在日常税收征管工作中的体现，是保证税款及时足额入库，有效打击税收违法行为的重要手段。

5. 批准减、免、退税和延期缴纳税款权

税务机关有权在税收法律、行政法规规定的权限内，对纳税人的减、免、退税和延期纳税申请予以审批，但不得违反法律、行政法规的规定擅自做出减税、免税和退税的决定。

6. 税务检查权

按照税法规定，税务机关有权依法对纳税人履行纳税义务的情况进行检查，并根据检查情况对纳税人的税收违法行为依法进行处理。

7. 行政处罚权

纳税人有违反税法行为的，税务机关有权对纳税人做出诸如限期改正、没收非法所得、罚款等行政处罚。但对纳税人违反刑法应该承担刑事责任的，应提交司法机关处理。

8. 税务复议权和应诉权

对公民、法人或其他组织申请的税务行政复议，税务机关有权审理并做出决定。对公民、法人或其他组织向人民法院提起的对税务机关的行政诉讼，税务机关有权应诉。

（二）税务机关的义务

（1）正确贯彻、执行国家税收法律、法规和政策的义务；广泛宣传税收法律、行政法规，普及纳税知识，无偿地为纳税人提供纳税咨询服务。

（2）税务机关进行税务检查时，有为被检查人保守秘密的义务；对检举违反税收法律、行政法规行为的检举人，税务机关应为其保密。

（3）依法办理税务登记，开具完税凭证的义务。

（4）依法征收税款，不得违法开征、停征、多征或者少征税款；征收的税款及时足额地上缴国库，不得截留或坐支；依法办理减税、免税、退税申请及延期缴纳税款申请，对多征税款及时退还。

（5）对纳税人申请复议事项，凡符合法定复议受理条件的，税务机关都有义务受理，并在规定的期限内做出复议决定。

（6）保护纳税人合法权利的义务。

（7）税法规定的其他义务。

任务二　税收当事人的法律责任

任务目标

明确纳税人、扣缴义务人以及税务机关和税务人员在税收征管活动中违反税法规定应承担的法律责任。

税收法律责任是税收法律关系主体因违反税收法律法规应承担的法律责任。税收法律责任有行政责任和刑事责任。《税收征管法》及其实施细则，主要规定了违反税法的行政责任。对于违反税法触犯刑律的，《中华人民共和国刑法》专门制定了“危害税收征管罪”，有关刑事责任按《刑法》执行。2009 年 2 月 28 日第十一届全国人民代表大会常务委员会第七次会议通过《中华人民共和国刑法修正案（七）》后，以“逃避缴纳税款罪”取代了原来的“偷税罪”。

一、纳税人、扣缴义务人的法律责任

（一）违反税务登记管理的法律责任

纳税人未按照规定期限申报办理税务登记、变更或者注销登记的，税务机关必须责令限期改正，在责令改正的同时，可以处以2 000元以下的罚款；情节严重的，可处以2 000元以上1万元以下的罚款。逾期不改正的，经税务机关提请，由工商行政管理机关吊销其营业执照。

纳税人必须妥善保管和依法使用税务登记证件，对未按照规定使用税务登记证件或者转借、涂改、损毁、买卖、伪造税务登记证件的，处以1 000元以上1万元以下罚款；情节严重的处以1万元以上5万元以下的罚款。

（二）违反账证管理及相关法规的法律责任

纳税人必须依法设置、保管账簿、记账凭证和有关资料。对未按规定设置、保管账簿或者记账凭证和有关资料的；未按照规定将财务、会计制度或者财务、会计处理办法和会计核算软件报送税务机关备查的；未按照规定将其全部银行账号向税务机关报告的；未按照规定安装、使用税控装置，或者损毁或者擅自改动税控装置的，由税务机关责令限期改正，在责令限期改正的同时，可以处以2 000元以下的罚款；情节严重的，处2 000元以上1万元以下的罚款。

扣缴义务人未按照规定设置、保管代扣代缴、代收代缴税款账簿或者保管代扣代缴、代收代缴税款记账凭证及有关资料的，由税务机关责令限期改正，在责令限期改正的同时，可以处以2 000元以下的罚款；情节严重的，处2 000元以上5 000元以下的罚款。

（三）违法发票管理的法律责任

(1) 非法印制发票。依据《税收征管法》第七十一条规定，由税务机关销毁非法印制的发票，没收违法所得和作案工具，并处1万元以上5万元以下的罚款；构成犯罪的，依法追究刑事责任。

(2) 未按规定印制、领购、开具、取得、保管发票；未按规定生产发票防伪专用品；未按规定接受税务机关对发票的检查。依据发票管理办法第三十六条规定，税务机关应责令限期改正，没收非法所得，可以并处1万元以下的罚款。

(3) 非法携带、邮寄、运输、存放空白发票。依据发票管理办法第三十七条规定，税务机关应收缴发票，没收非法所得，可以并处1万元以下的罚款。

(4) 私自印制、伪造变造、倒买倒卖发票，私自制作发票监制章、发票防伪专用品的，依据发票管理办法第三十八条规定，税务机关应查封、扣押或者销毁有关物品，没收非法所得和作案工具，可以并处1万元以上5万元以下的罚款。

违反发票管理规定，导致他人未缴、少缴或骗取税款的，依据发票管理办法第三十九条规定，税务机关除没收非法所得外，可以并处未缴、少缴或骗取的税款1倍以下罚款。

（四）不按期申报的法律责任

纳税人必须按期报送纳税申报表和有关资料，对未按规定期限办理纳税申报和报送纳税资料的，或者扣缴义务人未按规定的期限向税务机关报送代扣代缴、代收代缴税款报告表和有关资料的，由税务机关责令限期改正，在责令限期改正的同时，可以处 2 000 元以下的罚款；情节严重的，可处 2 000 元以上 1 万元以下的罚款。

（五）逃避追缴欠税的法律责任

纳税人欠缴应纳税款，采取转移或者隐匿财产的手段，妨碍税务机关追缴欠缴的税款的，依据《税收征管法》第六十五条规定，由税务机关追缴欠缴的税款、滞纳金，并处欠缴税款 50％以上 5 倍以下的罚款；构成犯罪的，依法追究刑事责任。

（六）偷税的法律责任

依据《税收征管法》第六十三条规定，纳税人采取伪造、变造、隐匿、擅自销毁账簿、记账凭证，在账簿上多列支出或者不列、少列收入，或者经税务机关通知申报而拒不申报或者进行虚假的纳税申报，不缴或者少缴应纳税款的，是偷税。

对纳税人偷税的，由税务机关追缴其不缴或者少缴税款、滞纳金，并处不缴或者少缴税款 50％以上 5 倍以下的罚款；构成犯罪的，依法追究刑事责任。

扣缴义务人采取前列手段，不缴或者少缴已扣、已收税款，由税务机关追缴其不缴或者少缴的税款、滞纳金，并处不缴或者少缴税款 50％以上 5 倍以下的罚款；扣缴义务人应扣未扣、应收而未收税款的，由税务机关向纳税人追缴税款，对扣缴义务人处应扣未扣、应收未收税款 50％以上 3 倍以下的罚款。

纳税人、扣缴义务人编造虚假计税依据的，由税务机关责令限期改正，并处 5 万元以下罚款。

偷税数额占应纳税额的 10％以上不满 30％，并且偷税数额在 1 万元以上不满 10 万元的，或者因偷税被税务机关给予过两次以上行政处罚又偷税的，处 3 年以下有期徒刑或者拘役，并处偷税数额 1 倍以上 5 倍以下罚金；偷税数额占应纳税额 30％以上，并且偷税数额在 10 万元以上的，处 3 年以上 7 年以下有期徒刑，并处偷税数额 1 倍以上 5 倍以下罚金。

扣缴义务人采取前列手段，不缴或者少缴已扣、已收税款，数额占应纳税额 10％以上并且数额在 1 万元以上的，依照上述处罚偷税罪的规定处罚。

对多次犯有上述违法行为未经处理的，按照累计数额计算处理。

（七）抗税的法律责任

以暴力、威胁方法拒不缴纳税款的，是抗税。依据《税收征管法》第六十七条规定，除由税务机关追缴其拒缴的税款、滞纳金外，依法追究刑事责任。纳税人拒不缴纳税款，情节轻微，未构成犯罪的，由税务机关追缴其拒缴的税款、滞纳金，并处以拒缴税款 1 倍以上 5 倍以下的罚款。

纳税人以暴力、威胁方法拒不缴纳税款，构成犯罪的，除由税务机关追缴其拒缴的税款、滞纳金外，还要由司法机关视其情节轻重处以 3 年以下有期徒刑或拘役；情节严重的，处 3 年以上 7 年以下有期徒刑。同时可以并处拒缴税款 1 倍以上 5 倍以下的罚金。如果以暴力方法抗税致人重伤或死亡的，按照伤害罪、杀人罪从重处罚，并依照前款规定处以罚金。

（八）骗税的法律责任

以假报出口或者其他欺骗手段骗取国家出口退税款或所缴纳的税款的行为是骗税。依据《税收征管法》第六十六条规定，以假报出口或者其他欺骗手段骗取国家出口退税款，由税务机关追缴其骗取的退税款，并处骗取税款1倍以上5倍以下的罚款；构成犯罪的，依法追究刑事责任。

对骗取国家出口退税款的，税务机关可以在规定期间内停止为其办理出口退税。骗取国家出口退税数额较大的，处5年以上有期徒刑或者拘役，并处骗取税款1倍以上5倍以下的罚金；数额巨大或者有其他严重情节的，处5年以上10年以下有期徒刑，并处骗取税款1倍以上5倍以下的罚金；数额特别巨大或者有其他特别严重情节的，处10年以上有期徒刑或者无期徒刑，并处骗取税款1倍以上5倍以下的罚金或没收财产。

（九）虚开、伪造和非法出售增值税专用发票的法律责任

(1) 虚开增值税专用发票或虚开用于骗取出口退税、抵扣税款的其他发票。虚开增值税专用发票是指有为他人虚开、为自己虚开、让他人为自己虚开、介绍他人虚开增值税专用发票行为之一的；虚开用于骗取出口退税、抵扣税款的其他发票是指有为他人虚开、为自己虚开、让他人为自己虚开、介绍他人虚开用于骗取出口退税、抵扣税款的其他发票行为之一的。

虚开增值税专用发票的，虚开税款数额1万元以上的，或者虚开增值税专用发票致使国家税款被骗取5 000元以上的，应当依法定罪处罚，处3年以下有期徒刑或者拘役，并处2万元以上20万元以下罚金；虚开的税款数额巨大或者有其他严重情节的，处3年以上10年以下有期徒刑，并处5万元以上50万元以下罚金；虚开的税款数额特别巨大或者有其他特别严重情节的，处10年以上有期徒刑或者无期徒刑，并处没收财产。

有前款行为骗取国家税款，数额特别巨大、情节特别严重、给国家利益造成特别重大损失的，处无期徒刑或者死刑，并处没收财产。

法人犯上述罪行的，对法人判处罚金，并对直接负责的主管人员和其他直接责任人员依照上述规定追究刑事责任。

(2) 伪造或者出售伪造的增值税专用发票。伪造或者出售伪造的增值税专用发票25份以上或者票面额(百元版以每份100元，千元版以每份1 000元，万元版以每份10 000元计算，依此类推，下同)累计10万元以上的，应当依法定罪处罚，处3年以下有期徒刑、拘役或管制，并处2万元以上20万元以下罚金；数额较大或者有其他严重情节的，处3年以上10年以下有期徒刑，并处5万元以上50万元以下罚金；数额巨大或者有其他特别严重情节的，处10年以上有期徒刑或者无期徒刑，并处以没收财产。

伪造并出售伪造的增值税专用发票，数额特别巨大、情节特别严重、严重破坏经济秩序的，处无期徒刑或者死刑，并处以没收财产。

伪造、出售伪造的增值税专用发票的犯罪集团的首要分子，分别依照上述规定从重处罚。

伪造并出售同一宗增值税专用发票的，数额或者票面额不重复计算。变造增值税专用发票的，按照伪造增值税专用发票行为处理。

法人犯上述罪行的，对法人判处罚金，并对直接负责的主管人员和其他直接责任人员依照上述规定追究刑事责任。

(3) 伪造、擅自制造或者出售伪造、擅自制造可以用于骗取出口退税、抵扣税款的其他发票。伪造、擅自制造或者出售伪造、擅自制造可以用于骗取出口退税、抵扣税款的其他发票50份以上的，处3年以下有期徒刑、拘役或管制，并处2万元以上20万元以下罚金。伪造、擅自制造或者出售伪造、擅自制造可以用于骗取出口退税、抵扣税款的其他发票200份以上的，处3年以上7年以下有期徒刑，并处5万元以上50万元以下罚金。伪造、擅自制造或者出售伪造、擅自制造可以用于骗取出口退税、抵扣税款的其他发票1 000份以上的，处7年以上有期徒刑，并处以没收财产。

非法出售可以用于骗取出口退税、抵扣税款的其他发票的，依照上述规定处罚。

伪造、擅自制造或者出售伪造、擅自制造以及非法出售上述规定以外的其他发票的，处2年以下有期徒刑、拘役或管制，并处1万元以上5万元以下罚金；情节严重的，处2年以上7年以下有期徒刑，并处5万元以上50万元以下罚金。

法人犯上述罪行的，对法人判处罚金，并对直接负责的主管人员和其他直接责任人员处3年以下有期徒刑、拘役或管制；数额较大或者有其他严重情节的，处3年以上10年以下有期徒刑；数额巨大或者有其他特别严重情节的，处10年以上有期徒刑或者无期徒刑。

(4) 非法出售增值税专用发票。非法出售增值税专用发票25份以上或者票面额累计10万元以上的，处3年以下有期徒刑、拘役或管制，并处2万元以上20万元以下罚金。非法出售增值税专用发票100份以上或者票面额累计50万元以上的，处3年以上10年以下有期徒刑，并处5万元以上50万元以下罚金。非法出售增值税专用发票500份以上或者票面额累计250万元以上的，处10年以上有期徒刑或者无期徒刑，并处以没收财产。

(5) 非法购买增值税专用发票或者购买伪造的增值税专用发票。非法购买增值税专用发票或者购买伪造的增值税专用发票25份以上或者票面累计10万元以上的，处5年以下有期徒刑、拘役，并处或单处2万元以上20万元以下罚金。非法购买真、伪两种增值税专用发票的，数量累计计算，不实行数罪并罚。

非法购买增值税专用发票或者伪造的增值税专用发票又虚开或出售的，分别依照虚开、伪造或者出售伪造的增值税专用发票，非法出售增值税专用发票罪的规定处罚。

(6) 盗窃、骗取增值税专用发票。盗窃增值税专用发票或者可用于骗取出口退税、抵扣税款的其他发票25份以上，或者其他发票50份以上的；骗取增值税专用发票或者可用于骗取出口退税、抵扣税款的其他发票50份以上，或者其他发票100份以上的，处5年以下有期徒刑、拘役或者管制。盗窃增值税专用发票或者可用于骗取出口退税、抵扣税款的其他发票250份以上，或者其他发票500份以上的；骗取增值税专用发票或者可用于骗取出口退税、抵扣税款的其他发票500份以上，或者其他发票1 000份以上的，处5年以上10年以下有期徒刑；情节特别严重的，处10年以上有期徒刑或者无期徒刑，可以并处没收财产。

盗窃、诈骗增值税专用发票或者其他发票后，又有虚开、出售的，按照其中的重罪定罪处罚，不实行数罪并罚。

(7) 有上述(2)、(3)、(4)、(5)行为，但未构成犯罪的。纳税人有伪造、非法出售、非法购买增值税专用发票，出售、非法购买伪造的增值税专用发票，伪造、擅自制造或者出售伪造、擅自制造可以用于骗取出口退税、抵扣税款的其他发票的行为，情节轻微，尚不构成犯罪的，由公安机关处15日以下拘留、5 000元以下罚款。

二、税务机关及税务人员的法律责任

《税收征管法》是规范税收征纳双方征纳行为的法律规范。它在规定了纳税人、扣缴义务人的法律责任的同时，也规定了税务机关及税务人员和其他有关当事人的法律责任。

(1) 税务人员与纳税人、扣缴义务人勾结，唆使或者协助纳税人、扣缴义务人偷税、欠税、骗税构成犯罪的，依法追究刑事责任；尚不构成犯罪的，依法给予行政处分。

税务机关或其他国家机关工作人员与犯罪分子相互勾结，实施虚开、伪造和非法出售增值税专用发票犯罪的；明知是虚开的发票，予以退税或抵扣税款的；明知犯罪分子实施虚开、伪造和非法出售增值税专用发票犯罪而提供其他帮助的，依法从重处罚。

(2) 税务人员利用职务上的便利，收受或者索取纳税人、扣缴义务人财物或者谋取其他不正当利益，构成犯罪的，依法追究刑事责任；尚不构成犯罪的，依法给予行政处分。

(3) 税务人员徇私舞弊或者玩忽职守，不征或者少征应征税款，致使国家税收遭受重大损失，尚不构成犯罪的，依法给予行政处分。

税务机关的工作人员徇私舞弊，不征或者少征应征税款，致使国家税收遭受重大损失的，处 5 年以下有期徒刑或者拘役；造成特别重大损失的，处 5 年以上有期徒刑。

税务机关的工作人员违反法律、行政法规的规定，在办理发售发票、抵扣税款、出口退税工作中，徇私舞弊，致使国家利益遭受重大损失的，处 5 年以下有期徒刑或者拘役；致使国家利益遭受特别重大损失的，处 5 年以上有期徒刑。

(4) 税务人员滥用职权，故意刁难纳税人、扣缴义务人的，调离税收工作岗位，并依法给予行政处分。税务人员对控告、检举税收违法违纪行为的纳税人、扣缴义务人以及其他检举人打击报复的，依法给予行政处分；构成犯罪的，依法追究刑事责任。

(5) 税务机关及税务人员违反法律、行政法规的规定提前征收、延缓征收或者摊派税款的，由其上级机关或者行政监察机关责令改正，对直接负责的主管税务人员和其他直接责任人员依法予以行政处分。

税务机关及税务人员违反法律、行政法规的规定，擅自作出税收开征、停征或者减税、免税、退税、补税以及其他同税收法律、行政法规相抵触决定的，除撤销其擅自作出的决定外，补征应征未征税款，退还不应征收而征收的税款，并由上级机关追究直接负责的主管人员和其他直接责任人员的行政责任。

(6) 税务机关及税务人员未按规定为纳税人、扣缴义务人、检举人保密的，对直接负责的主管人员和其他直接责任人员，由所在单位或者有关单位依法给予行政处分。

税务人员在征收税款或者查处税收违法案件时，未按照规定进行回避的，对直接负责的主管人员和其他直接责任人员依法给予行政处分。

三、其他税收当事人的法律责任

纳税人、扣缴义务人的开户银行或者其他金融机构拒绝接受税务机关依法检查纳税人、扣缴义务人存款账户，或者拒绝执行税务机关作出的冻结存款或者扣缴税款的决定，或者在接到税务机关的书面通知后帮助纳税人、扣缴义务人转移存款，造成税款流失的，由税务机关处以 10 万元以上 50 万元以下的罚款，对直接负责的主管人员和其他责任人员处以 1 000 元以上 1 万元以下的罚款。

项 目 小 结

税法赋予纳税人、扣缴义务人、税务机关和税务人员以及其他税收当事人相应的权利、义务和法律责任,正确行使权利和认真履行义务是税法的基本要求,也是税收当事人必须明确的责任。税收征纳双方只有明确了各自的权利与义务,正确行使权利,认真履行义务,才能形成良好和谐的税收关系。

思考与讨论

1. 纳税人有哪些权利?应承担哪些义务?
2. 税务机关有哪些权利?应承担哪些义务?

训练与测试

一、解释名词

税收监督权;委托税务代理权;税收法律救济权;申请延期缴纳税款权;偷税;欠税;抗税;骗税;骗取出口退税罪;逃避追缴欠税罪;虚开增值税专用发票罪

二、单项选择

1. 纳税人因有特殊困难,不能按期缴纳税款的,经(　　)批准,可以延期缴纳税款,但是最长不得超过三个月。

A. 国家税务总局

B. 省、自治区、直辖市国家税务局、地方税务局

C. 市(地区)、自治州国家税务局、地方税务局

D. 县(市)、自治县国家税务局、地方税务局

2. 纳税人经批准可以延期缴纳税款,但最长不得超过(　　)。

A. 1个月　　B. 2个月　　C. 3个月　　D. 半年

3. 滞纳金是按滞纳日数和滞纳税款的一定比例加收的,该比例为(　　)。

A. 5%　　B. 0.5‰　　C. 2%　　D. 2‰

4. 偷税数额不满1万元的,由税务机关追缴其所偷税款,并处以偷税数额50%以上(　　)罚款。

A. 1倍以下　　B. 3倍以下　　C. 5倍以下　　D. 7倍以下

三、多项选择

1. 纳税人的下列行为已构成偷税罪的是(　　)。

A. 偷税数额占应纳税额10%以上的

B. 偷税数额在1万元以上的

C. 偷税数额占应纳税额10%以上并且偷税数额在1万元以上的

D. 因偷税被税务机关给予两次行政处罚又偷税的

2. 纳税人偷税所采取的手段有(　　)。

A. 伪造记账凭证

B. 擅自销毁账簿

C. 进行虚假的纳税申报

D. 在账簿上多列支出或不列、少列收入

3. 下列行为中，属于虚开增值税专用发票的行为是(　　)。

A. 没有销售货物而开具增值税专用发票给他人、换取其他利益

B. 没有购进货物而虚拟一个供货单位，自己为自己开具增值税专用发票

C. 介绍他人开具增值税专用发票，收取“中介费”

D. 开具的增值税专用发票注明的金额小于实际销货金额

4. 扣缴义务人采取(　　)账簿、记账凭证，或者不缴或少缴已扣、已收税款，由税务机关追缴其不缴或者少缴的税款、滞纳金，并处不缴或者少缴的税款50%以上5倍以下的罚款。

A. 伪造　　B. 变造　　C. 隐匿　　D. 擅自销毁

四、思考并判断

1. 办理税务登记是纳税人依法应承担的义务。(　　)

2. 纳税人的财务会计制度或财务会计处理方法与有关税法规定有抵触的，应按会计法规和处理办法计算纳税。(　　)

3. 纳税人、扣缴义务人有权要求税务机关或税务人员为其保守商业秘密。(　　)

4. 税务机关或税务人员因履行税款征收权而扣押纳税人的商品、货物或者其他财产时，可以不开具收据。(　　)

5. 纳税人可以选择数据电文申报方式申报纳税，无须经过主管税务机关批准。(　　)

6. 纳税人发现超过应纳税额缴纳的各种税款，均可自结算缴纳税款之日起三年内，向税务机关提出书面申请，要求退还多缴税款。(　　)

7. 纳税人、扣缴义务人可以委托税务代理人代为办理申请退税。(　　)

8. 税务机关或税务派出人员进行税务检查时，未出示税务检查证和税务检查通知书，纳税人、扣缴义务人有权拒绝检查。(　　)

9. 纳税人对税务机关或税务人员的处罚决定、强制执行措施或者税收保全措施不服的，可以依法申请行政复议，也可以依法向人民法院起诉。(　　)

10. 纳税人可以根据实际需要改动税控装置。(　　)

五、案例分析

1. 2010年7月，某地税务机关在检查中发现某企业2007年6月采取虚假申报手段少缴营业税、城建税及教育费附加6万元。税务机关发现这一问题后要求追征这笔税款，该企业财务人员认为时间已经过去三年了，超过了税务机关的追征期限，不应该再缴这笔税款了。请说明税务机关是否可以追征这笔税款。

2. 某县一服装加工厂逾期未缴纳税款，该县国税局征管科送达了《催缴税款通知书》进行催缴，但该服装厂依然未缴纳税款。于是，经该局征管科科长批准，扣押了服装厂价值相当于应纳税款的服装。请说明税务机关的做法是否合法。

3. 某一事业单位未按照税务机关确定的申报期限报送《代扣代缴税款报告表》，经税务机关多次通知无效，税务机关对其做出限期改正并处罚款1 000元。对此，该单位负责人认为本单位不是纳税义务人，而是替税务机关代扣代缴税款，晚几天申报并不重要，税务机关不应该处罚本单位。请说明税务机关的处罚决定是否正确。

项目三　税务行政争议与救济

项目目标及能力培养

通过本项目的学习，明确在税收征管活动中发生税务行政纠纷或争议可以采取的救济办法，学会运用法律手段解决税务行政纠纷或争议。

知识点或技能点

税务行政争议；税务行政复议；税务行政诉讼。

案例导入

20××年10月22日，某市所辖大东区地方税务局收到一封群众举报信，举报兴华实业有限公司在经营过程中，不按法律规定开具发票，偷逃了国家税收。大东区地方税务局接到举报后，立即组织调查并收集证据，发现该公司的确违反规定开具发票，决定对兴华实业有限公司处以10 000元罚款。兴华实业有限公司不服，向大东区地方税务局的上一级行政机关某市地方税务局申请行政复议。

问题思考：大东区地方税务局的处罚决定是否适当？兴华实业有限公司是否可以申请税务行政复议？

在税收征管活动中，税收征纳双方当事人不可避免地会就纳税事宜产生争议。纳税人、扣缴义务人、纳税担保人因对税务机关具体的行政行为有异议或不服而产生的纠纷，称为税务行政争议。正确解决税务行政争议，对维护和监督税务机关依法行政，防止和纠正违法或不当税务行政行为，保护税收当事人合法权益，具有重要意义。《中华人民共和国税收征管法》赋予了纳税人、扣缴义务人以税收法律救济权。《中华人民共和国行政复议法》、《税务行政复议规则(暂行)》和其他有关规定也为税务行政争议提供了解决依据和办法。处理税务行政争议的主要途径有税务行政复议和税务行政诉讼。

任务一　税务行政复议

任务目标

熟悉税务行政复议的范围，掌握税务行政复议的基本规程。

税务行政复议是指纳税人、扣缴义务人、纳税担保人对主管税务机关的具体行政处理决定有异议，依法向上级税务机关提出申诉，上级税务机关对此进行审议并依法做出裁决的一种行政司法行为。

一、税务行政复议的范围

确定受理复议的范围在于确定哪些税务争议案件税务机关可以受理。税务行政复议的范围可以分为以下两类：

（一）必经复议范围

必经复议范围是指在发生行政纠纷后，必须先经过行政复议，对行政复议决定不服，才能进入行政诉讼。必经复议的范围包括：

（1）税务机关做出的征税行为，包括征收税款、加收滞纳金和对扣缴义务人、受税务机关委托征税的单位做出的代扣代缴、代收代缴税款行为不服的。

（2）税务机关不予以依法办理或答复的行为。如不予以审批减免税或出口退税，不予以抵扣税款，不予以退还税款。

税务行政复议申请人对税务机关做出的上述行为不服的，应当先向复议机关申请行政复议，对复议决定不服的，再向人民法院起诉。

需要注意的是：申请人按规定先申请行政复议的，必须先按照税务机关根据法律、行政法规确定的税额和期限缴纳或者解缴税款及滞纳金，或者提供相应的担保。在实际缴清税款和滞纳金后，或者所提供的担保得到做出具体行政行为的税务机关确认之日起60日内提出行政复议申请。

（二）选择复议范围

选择复议范围是指发生税务争议后，纳税人可以先选择税务行政复议，对复议不服，再提起行政诉讼，也可以直接向人民法院起诉。

在税收具体行政行为中，除税务机关做出的征税决定属于必经复议外，征税决定以外的其他决定均属选择复议范围。选择复议范围具体包括税务机关做出的以下行为：

（1）责令纳税人提供纳税担保行为；

（2）税收保全措施；

（3）未及时解除税收保全措施使纳税人的合法权益遭受损失的行为；

（4）税收强制执行措施；

（5）不予以依法办理或答复的行为（除不予以审批减免税或出口退税，不予以抵扣税款，不予以退还税款外）；

（6）取消增值税一般纳税人资格的行为；

（7）通知出境管理机关阻止出境行为；

（8）税务处罚行为；

（9）其他税务具体行政行为。

属于选择复议的申请人不一定非先行缴清罚款或履行义务，但必须在法定期限内提出复议：

（1）对税务机关做出的税收保全措施、强制执行措施和行政处罚行为不服，可在接到处罚通知之日起或税务机关采取税收保全措施、强制执行措施之日起15日内提出复议申请，或直接向人民法院起诉。

（2）对其他各项税务行政行为不服，应在知道这些行政行为之日起15日内，向税务机关申请复议，或直接向人民法院起诉。

二、税务行政复议的申请

纳税人、扣缴义务人及纳税担保人（简称申请人）认为税务机关（简称被申请人）的具体行政行为侵犯了其合法权益，可以依法请求做出具体行政行为的上一级税务机关对具体行政行为进行审查。

（一）申请条件

（1）申请人必须具备主体资格。申请人应该是认为税务机关具体行政行为直接侵犯其合法权益的公民、法人和其他组织（包括外国人、无国籍人、外商投资企业、外国企业和其他外国组织）；

（2）有明确的被申请人；

（3）有具体的复议请求和事实依据；

（4）属于规定的申请复议范围；

（5）属于规定的复议机关管辖；

（6）对征税决定申请复议的，已依照税务机关确定的税额缴纳或解缴税款及滞纳金；

（7）在规定期限内提出复议。

（二）申请方式

1. 书面申请

申请人通过向税务行政复议机关递交申请文书的方式表达对被申请人具体行政行为不服，并提出税务行政复议的意愿和要求。书面申请主要包括四项内容：一是申请人的基本情况；二是被申请人的基本情况；三是申请税务行政复议的要求和理由；四是税务行政复议申请书呈送的税务行政机关及提出复议申请的日期。

2. 口头申请

申请人以口头陈述方式提出申请税务行政复议的意愿和要求。对于申请人口头申请复议的，税务行政复议机关应当场记录申请人和被申请人的基本情况、申请人提出复议要求的内容、事实和理由，并在注明申请复议时间后，向当事人宣读记录内容。经申请人签字或盖章确认后，作为有效的复议申请材料。

三、税务行政复议的管辖

税务行政复议的管辖问题，就是税务行政机关之间受理税务行政复议案件的职权划分问题。对申请人来说，也就是向谁提出复议申请的问题。

税务行政复议的管辖分为一般管辖和特殊管辖。

（一）一般管辖

一般管辖也称为上一级管辖，即对税务机关做出的具体行政行为不服提出的复议，由上一级税务机关管辖。具体情况包括：

（1）对省级以下各级国家税务局做出的具体行政行为不服的，向上一级机关申请行政复议；对省级国家税务局做出的具体行政行为不服的，向国家税务总局申请行政复议；

(2) 对省级以下各级地方税务局做出的具体行政行为不服的，向上一级机关申请行政复议；对省级地方税务局做出的具体行政行为不服的，向国家税务总局或省级人民政府申请行政复议；

(3) 对国家税务总局做出的具体行政行为不服的，向国家税务总局申请行政复议。对国家税务总局行政复议决定不服的，可以向人民法院提起行政诉讼，也可以向国务院申请裁决，国务院的裁决为最终裁决。

(二) 特殊管辖

对一般管辖以外的其他机关、组织等做出的税务行政行为不服的，实行特殊管辖，具体规定为：

(1) 对税务机关依法设立的派出机构做出的具体行政行为不服提出的复议，由设立派出机关的税务机关管辖；

(2) 对扣缴义务人做出的代扣、代缴税款行为提出的复议，由主管该扣缴义务人的税务机关的上一级税务机关管辖；

(3) 对各省、自治区、直辖市税务局和计划单列市税务局，以及国家税务总局派驻各地的进出口税收管理处做出的具体行政行为提出的复议，由国家税务总局管辖；

(4) 对被撤销的税务机关在被撤销前作出的具体行政行为提出的复议，由继续行使职权的税务机关的上一级税务机关管辖；

(5) 对国税局和地税局共同做出的具体行政行为不服提出的复议，由国家税务总局管辖；对税务机关与其他机关共同做出的具体行政行为不服提出的复议，由其共同的上一级行政机关管辖。

四、税务行政复议的受理和裁决

(一) 税务行政复议的受理

税务行政复议机关收到行政复议申请后，应当在 5 日内进行审查，决定是否受理。对不符合规定的复议申请不予受理的，应书面告知申请人。对符合规定的行政复议申请，自复议机关收到申请之日起即为受理。受理行政复议申请应书面通知申请人。

对应当先向复议机关申请行政复议，对复议机关决定不服再向人民法院起诉的复议案件，复议机关决定不予受理或者受理后超过复议期限不作答复，申请人可以自收到不予受理决定书之日起，或者行政复议期满之日起 15 日内，依法向人民法院提起行政诉讼。若复议机关无正当理由而不予受理，且申请人没有向人民法院提起行政诉讼，上级税务机关应当责令其受理；必要时，上级税务机关可以直接受理。

(二) 税务行政复议的中止和终止

1. 复议的中止

行政复议期间，如果出现申请人死亡或者丧失行为能力，须等待其继承人或法定代理人表态是否参加行政复议的；作为一方当事人的行政机关、法人或其他组织终止，尚未确定其权利、义务承受人的；因不可抗力原因，致使复议机关暂时无法调查了解情况的或其他法律法规规定的特殊情形时，行政复议中止。行政复议中止应当书面通知当事人。中止复议的情形消除后,应当立即恢复行政复议。

2. 复议的终止

当出现申请人死亡,没有继承人或者继承人放弃行政复议权利的;作为申请人的法人或其他组织终止后,其权利义务的承受人放弃行政复议权利的;行政复议申请受理后,发现不符合受理条件的;法律法规规定的其他特殊情形时,行政复议终止。行政复议终止应当书面通知当事人。

(三) 税务行政复议的审理

复议机关自受理复议申请之日起 7 日内,将复议申请书副本或复议申请笔录复印件发送被申请人。被申请人应当自收到申请书副本或者复议申请笔录复印件之日起 10 日内,提出书面答复,并提交当初做出具体行政行为的证据、依据和其他有关材料。否则,该具体行政行为视为没有证据、依据,撤销该具体行政行为。

复议机关对受理的案件进行调查、收集证据,并依法对被申请人做出的具体行政行为是否合法、是否适当进行审查,为复议案件的最终决定做好工作。

(四) 复议决定及其执行

复议决定是复议机关对复议案件的审理所做出的行政裁决。复议决定有以下几种情况:

(1) 维持决定。具体行政行为认定事实清楚,证据确凿,适用依据正确,程序合法,内容适当的,决定维持;

(2) 履行决定。被申请人不履行法定职责的,决定其在一定期限内履行;

(3) 撤销、变更或者确认决定。具体行政行为有下列情形之一的,决定撤销、变更或者确认该具体行政行为违法,责令被申请人在一定期限内重新做出具体行政行为:主要事实不清、证据不足的;适用依据错误的;违反法定程序的;超越或滥用职权的;具体行政行为明显不当的。

(4) 赔偿决定。被申请人做出具体行政行为侵犯申请人合法权益造成损害,申请人请求赔偿的,复议机关可责令被申请人按照有关法律、法规的规定,负责赔偿。被申请人赔偿损失后,应责令有故意或重大过失的税务人员承担或赔偿全部费用。

复议决定采用书面形式。复议决定一经送出即发生法律效力。申请人对复议决定不服的,可在接到复议决定之日起 15 日内向人民法院起诉。申请人逾期不起诉又不履行复议决定的,或者不履行最终裁决的行政复议决定的,分别按下列情况处理:

(1) 维持具体行政行为的行政复议决定,由做出具体行政行为的行政机关依法强制执行,或者申请人民法院强制执行;

(2) 变更具体行政行为的行政复议决定,由复议机关依法强制执行,或者申请人民法院强制执行。

税务行政复议机关受理税务行政复议申请,不得向申请人收取任何费用。

任务二　税务行政诉讼

任务目标

熟悉税务行政诉讼的受案范围，掌握税务行政诉讼的基本规程。

诉讼即打官司。税务行政诉讼俗称打税务官司，它是指纳税人、扣缴义务人和其他税务当事人，认为税务机关和税务人员的具体税务行政行为违法或不当，侵犯了其合法权益，依法向人民法院提起行政诉讼，由人民法院做出裁决的司法活动。

一、税务行政诉讼的受案范围

根据《行政诉讼法》、《税收征管法》、《税务行政复议规则（暂行）》，税务行政诉讼的受案范围包括：

（1）人民法院受理当事人因不满税务行政复议决定和裁决，或者税务复议机关逾期不做出复议决定，向人民法院提起行政诉讼的税务行政争议案件；

（2）人民法院受理当事人可以直接提起行政诉讼的税务行政争议案件。这类争议主要包括：

① 对征税违章罚款，吊销税务登记证，责令停产停业，没收财物等具体行政行为不服的；

② 对限制人身自由或对财产的查封、扣押、冻结等行政强制措施不服的；

③ 认为税务机关侵犯法律规定的经营自主权的；

④ 认为符合法定条件申请税务机关颁发税务登记证、外销证、发售发票，税务机关拒绝颁发或发售的；

⑤ 认为税务机关违法要求履行义务的；

⑥ 认为税务机关侵犯其人身权、财产权的；

⑦ 法律、法规规定可以起诉的其他具体税务行政行为。

二、税务行政诉讼参加人

在税务行政诉讼活动中，与税务行政争议有直接利害关系的当事人以及与当事人诉讼地位相等的人，被称为税务行政诉讼参加人。具体可以分为以下五种：

（一）原告

原告即诉讼方，是为维护自己的合法权益，以自己的名义向人民法院提起诉讼，从而引起诉讼程序的人。原告可以是公民、法人或其他组织。在税务行政诉讼案件中原告是纳税人、扣缴义务人、纳税担保人等。

（二）被告

被告即被诉讼方，是经原告称具体行政行为侵犯其合法权益，由法院通知应诉的税务机关。在税务行政诉讼案件中，被告具体有以下几种情况：

（1）原告直接向人民法院起诉的，做出具体行政行为的税务机关是被告；

(2) 经过复议的案件,复议机关决定维持原具体行政行为的,复议机关是被告;

(3) 由税务机关委托的组织(如委托代扣代缴)所做出的具体行政行为,委托的税务机关是被告;

(4) 两个以上行政机关做出同一具体行政行为的,共同做出具体行政行为的行政机关是共同被告;

(5) 税务机关被撤销后,继续行使其职权的税务机关是被告。

(三) 共同诉讼

共同诉讼是指当事人一方或双方为两人以上的诉讼。如果是同一个案件,当事人的一方或双方是多数的,可称为必要的共同诉讼。诉讼的标的是同一类而不是同一个的,可称为一般的共同诉讼。例如,税务机关对一批同类性质的纳税人分别做了相同的行政处罚,这种情况属于一般的共同诉讼。共同诉讼的意义在于简化诉讼程序,节约诉讼成本,利于法院统一考量判决。

(四) 第三人

第三人是与税务行政争议的具体行政行为有独立的利害关系,为维护自身合法权益,申请参加诉讼或由法院通知参加诉讼的公民、法人或其他组织。

(五) 诉讼代理人

税务行政诉讼代理人是指在税务诉讼案件中,依法或受被代理人委托,以被代理人的名义,在代理权限内,从事税务行政诉讼活动的参与人。税务行政诉讼代理人具体有三种:

1. 法定代理人

法定代理人是根据法律规定行使代理权的人。主要是没有诉讼能力的人,由其法定代理人代其诉讼。

2. 指定代理人

当事人的法定代理人为两人或两人以上、并且相互推诿代理责任时,由人民法院指定其一人为代理人,以保护被代理人的利益,保证诉讼活动的顺利进行。

3. 委托代理人

委托代理人是受当事人、法定代理人的委托,在授予的权限内代理诉讼的人。可作为委托代理人的有律师、社会团体、公民的近亲属、公民所在单位推荐的人、经法院许可的其他公民。

三、提起税务行政诉讼的时限

提起税务行政诉讼具有时限,原告须在法定的时限内提起诉讼。起诉的时限有以下四种情况:

(1) 对税务机关做出的征税行为不服的,须先经过复议。对复议决定不服的,可在接到复议决定之日起 15 日内提起诉讼。

(2) 对税务机关做出的除必经复议范围以外的其他具体行政行为不服的,也可以不经过税务复议,在收到税务机关的有关通知之日起 15 日内直接向人民法院起诉;如税务机关没有通知的,可在知道具体行政行为之日起 3 个月内提出诉讼。

(3) 复议申请未被受理的,可在收到不予受理裁决书之日起 15 日内提起诉讼。

(4) 对复议机关逾期(复议机关收到复议申请之日起 60 日内)做出复议决定的,可在复议期届满之日起 15 日内向人民法院起诉。

四、税务行政诉讼的审理和判决

审理是人民法院对税务行政案件的实质性审查。除涉及国家秘密、个人隐私和法律另有规定外,一律公开审理。人民法院审理行政案件实行两审终审制。如果原告和被告对第一审判决表示服从,诉讼即告结束。

人民法院对受理的税务行政诉讼案件,经过调查取证、开庭审理后,依法做出以下判决:

1. 维持判决

税务行政具体行为证据确凿,适用法律、法规正确,符合法定程序的,维持判决。

2. 撤销判决

税收具体行政行为有下列情形之一的,判决税务机关重新做出具体行政行为:① 主要证据不足的;② 适用法律、法规错误的;③ 违反法定程序的;④ 超越职责权限的;⑤ 滥用职权的。

3. 履行判决

税务机关无正当理由不履行或者拖延履行法定职责的,判决其在法定期限内履行。

4. 变更判决

税务行政处罚显失公正的,可判决变更。

税务行政诉讼案件不论是否公开审理,宣布判决一律公开进行。宣判时还需告知当事人的上诉权利、上诉期限和上诉审理法院,保障当事人充分行使上诉权利。

税务行政诉讼案件经人民法院做出最后判决或裁决即发生法律效力。如果败诉方拒不履行判决或裁决,人民法院可对其采取强制执行措施。

项目小结

税收征收管理,是国家及其税务机关依据《中华人民共和国税收征管法》及有关法律法规,对税收活动全过程实施的计划、组织、管理、监督和控制。它主要是通过确立税务登记制度、账簿、凭证及发票管理制度、纳税申报制度、税款缴纳制度和纳税检查制度等具体制度规定,保证税收征管活动有效开展。《税收征管法》同时也明确了税收征纳双方的权利、义务和法律责任,明确了发生税务行政争议后,税务管理相对人(纳税人、扣缴义务人和纳税担保人)可以通过行使税务行政复议权和税务行政诉讼权来维护自身的合法权益。税收征收管理制度为维护国家税收秩序,保障征纳双方权益,尤其是为保护纳税人的合法权益提供了法律保障。

思考与讨论

1. 必经复议的税务纠纷范围包括哪些?
2. 选择复议的税务纠纷范围包括哪些?
3. 税务行政诉讼的受案范围包括哪些?

训练与测试

一、解释名词

税务行政复议；税务行政诉讼；必经复议；选择复议

二、单项选择

1. 下列不属于必经复议范围的是（ ）。

A. 税务机关做出的征收税款行为

B. 税务机关做出的加收滞纳金行为

C. 税务机关不予以审批减免税

D. 税务机关责令纳税人提供纳税担保

2. 下列不属于选择复议的是税务机关作出的（ ）。

A. 征收税款行为

B. 未及时解除税收保全措施使纳税人的合法权益遭受损失

C. 税收保全措施

D. 税收强制执行措施

3. 下列（ ）可以作为税务行政复议的受理机关。

A. 作出税务行政行为的税务所

B. 作出税务行政行为的税务所的上级税务机关

C. 市级地方政府

D. 任何一级税务机关

4. 对税务机关做出的征税行为不服的，须先经过复议。对复议决定不服的，可在接到复议决定之日起（ ）内提起诉讼。

A. 5 日　　B. 10 日　　C. 15 日　　D. 30 日

三、多项选择

1. 纳税人对主管税务机关作出的（ ）决定不服，必须先经税务行政复议。

A. 审批减、免税

B. 征收税款

C. 拒绝发给税务登记证

D. 通知纳税人开户银行暂停支付部分存款

2. 纳税人可直接向人民法院提起税务行政诉讼的税务争议事件包括（ ）。

A. 对出口退税不服

B. 对征税违章罚款不服

C. 对税务机关侵犯经营自主权的行为

D. 对税务机关拒绝颁发或发售外销证或发票的行为

3. 某市的区国税局委托某工商所代征税款，纳税人对工商所的代征行为不服的，错误的做法是向（ ）申请复议。

A. 区工商行政管理局　　B. 区国税局

C. 区人民法院　　D. 市国税局

4. 在税务行政诉讼审理中，税务机关的具体行政行为有下列（ ）情形之一的，可以撤销判决。

A. 主要证据不足　　B. 适用法律错误
C. 违反法定程序　　D. 超越职责权限的

四、思考并判断

1. 发生税务争议后，纳税人可先经过复议，也可以直接向人民法院起诉。(　　)

2. 纳税人同税务机关在纳税事项上发生争议时，应先解缴税款及滞纳金，然后提出申请复议。(　　)

3. 税务行政诉讼参加人是与税务行政争议有直接利害关系的当事人以及与当事人诉讼地位相等的人。(　　)

4. 纳税人对税务机关作出的征税处罚不服的，须先经过税务行政复议，对复议决定不服的，可在接到复议决定书之日起30日内起诉。(　　)

五、案例分析

1. 赵某于20××年10月7日被所在县的地税局罚款500元，王某是赵某的好朋友，他认为地税局的罚款过重，于同年11月10日以自己的名义，向该县政府邮寄了行政复议书。由于邮局的原因，该县政府次年1月10日才收到行政复议申请书，该县政府1月20日以超过复议申请期限为由做出不予受理决定，并电话通知了王某。请根据税务行政复议的有关规定回答以下问题：

(1) 王某能否作为申请人申请行政复议？为什么？

(2) 本案申请人的申请期限是否超期？为什么？

(3) 县政府对王某的行政复议申请，作出不予受理决定的期限是否符合行政复议法的规定？如果不符合，县政府应在几日内作出？

(4) 县政府用电话通知王某不予受理的做法是否符合行政复议法的规定？如果不符合，应当用什么方式？

(5) 如果赵某申请行政复议，县政府能否受理？如果不能，赵某应当向哪个机关申请？

2. 某基层税务所20××年7月15日接到群众举报，辖区内属于个体工商户的红星服装厂开业已经两个月，但没有纳税。7月16日，税务所对红星服装厂开展了税务检查。经查，该服装厂是当年的5月8日办理的营业执照，5月10日正式投产，没有办理税务登记，已经生产销售服装450套，取得销售收入90 690元，没有申报纳税。根据检查情况，税务所于7月18日拟做出如下处理建议：① 责令服装厂于7月25日前补办税务登记，并处以500元罚款；② 按规定补缴税款、加收滞纳金，并对未缴税款按规定处以6 000元罚款。

税务所于20××年7月19日送达《税务罚款事项告知书》，并于7月21日按照上述处理意见做出了《税务处理决定书》和《税务行政处罚决定书》，同时下发《限期缴纳税款通知书》，限红星服装厂于7月28日前缴纳税款和罚款并于当天将两份文书送达到服装厂。服装厂认为自己刚刚开业两个月，属于试生产，请求税务所核减税款和罚款，该税务所没有同意。7月28日，服装厂缴纳部分税款。7月29日，税务所又下达了《催缴税款通知书》，继续催缴服装厂所欠的税款、滞纳金和罚款。但服装厂坚持不交。在两次催缴无效的情况下，经税务所长会议研究决定，对服装厂采取强制执行措施。8月2日，税务所扣押了服装厂23套服装，以变卖收入抵缴部分税款和罚款。服装厂在多次找税务所交涉无果的情况下，8月15日以书面形式向税务所的上级机关某县税务局提出行政复议申请：要求撤销税务所对其做出的处理决定，并要求税务所赔偿因扣押服装给其造成的经济损失。

请分析：当地县税务局对其复议申请是否应予以受理？税务所在执法方面是否存在问题？你对该案例有何思考？

参考文献

[1] 李国淮. 中国税收[M]. 北京：高等教育出版社，2000.

[2] 李国淮. 中国税收[M]. 北京：高等教育出版社，2005.

[3] 张建松. 国家税收[M]. 北京：中国财政经济出版社，2008.

[4] 汪建国. 税收基本知识读本. 安徽省地方税务局，2008.

[5] 张冬云. 税法[M]. 大连：东北财经大学出版社，2008.

[6] 樊勇. 增值税制度与操作实务[M]. 北京：清华大学出版社，2009.

[7] 翟继光. 张晓冬. 新税法下企业纳税筹划[M]. 北京：电子工业出版社，2008.

[8] 翟继光. 增值税、营业税、消费税新规释解及企业筹划应对[M]. 北京：中国法制出版社，2009.

[9] 宗淑娟. 税法实务[M]. 北京：北京交通大学出版社，2010.

[10] 王磊. 新编税收实务[M]. 大连：大连理工大学出版社，2010.

[11] 杨维. 企业纳税会计[M]. 大连：大连理工大学出版社，2009.

[12] 孙金刚. 税法[M]. 北京：化学工业出版社，2008.

[13] 姚旭. 企业纳税实务[M]. 北京：清华大学出版社，2009.

[14] 甄立敏. 税法与实务[M]. 2 版. 北京：清华大学出版社，2009.

[15] 庞凤喜. 税收原理与中国税制[M]. 北京：中国经济出版社，2008.

[16] 王美玲. 宋振水. 税收基础与实务[M]. 北京：中国经济出版社，2010.

[17] 杨冬梅. 税收理论与实务[M]. 北京：对外经济贸易大学出版社，2007.

[18] 宋凤轩. 税收理论与实务[M]. 北京：经济管理出版社，2007.

[19] 吉文丽. 税法[M]. 北京：清华大学出版社，2010.

[20] 朱建文. 国家税收[M]. 长春：吉林大学出版社，2009.

[21] 杨则文. 国家税收[M]. 北京：中国财政经济出版社，2010.

[22] 中华人民共和国财政. 企业会计准则. 2006[M]. 北京：经济科学出版社，2006.

[23] 中华人民共和国财政. 企业会计准则：应用指南. 2008[M]. 北京：人民出版社，2008.

[24] 财政部会计资格评价中心. 经济法基础[M]. 北京：经济科学出版社，2010.

[25] 全国注册税务师执业资格考试教材编写组. 税法Ⅱ（2010 年度注册税务师执业资格考试教材）[M]. 北京：中国税务出版社，2010.

[26] 中国注册会计师协会. 税法（2010 年度注册会计师考试指定辅导教材）[M]. 北京：经济科学出版社，2010.

[27] 2011 注册税务师考试税法一，税法二

[28] 海关总署网站

[29] 财税无忧网

[30] 中国税务网